suhrkamp taschenbuch
wissenschaft 1046

Die Ethik der Trias Wissenschaft – Technik – Umwelt, also die Wissenschaftsethik in einem weiteren Verständnis, hat seit geraumer Zeit Hochkonjunktur. Zu Beginn der Debatte herrschte die Anklage vor. Dagegen – gegen ein Unisono der Wissenschaftskritik – melden namhafte Philosophen und Soziologen Widerspruch an. Ihr Widerspruch ist radikal; im Namen einer Theorie der Moderne hegen sie an einem der Moral verpflichteten Diskurs über die Wissenschaften grundsätzliche Zweifel. In dieser Situation erhebt die Wissenschaftsethik ihrerseits einen modernitätstheoretischen Anspruch und zeigt, daß die Wissenschaften und die von ihr geprägte Zivilisation fortlaufend Veränderungen durchmachen, nämlich: Modernisierungsschübe, an die sich ein höherer Moralbedarf heftet.

Otfried Höffe lehrt Philosophie an der Universität Tübingen. Im Suhrkamp Verlag hat er veröffentlicht: *Ethik und Politik* (stw 266); *Sittlich-politische Diskurse* (stw 380); *Strategien der Humanität* (stw 540); *Politische Gerechtigkeit* (stw 800); *Kategorische Rechtsprinzipien*.

Otfried Höffe

Moral als Preis der Moderne

Ein Versuch über Wissenschaft, Technik und Umwelt

Suhrkamp

Die Deutsche Bibliothek – CIP-Einheitsaufnahme
Höffe, Otfried:
Moral als Preis der Moderne : ein Versuch über
Wissenschaft, Technik und Umwelt / Otfried Höffe. –
3. Aufl. – Frankfurt am Main : Suhrkamp, 1995
(Suhrkamp-Taschenbuch Wissenschaft ; 1046)
ISBN 3-518-28646-3
NE: GT

suhrkamp taschenbuch wissenschaft 1046
Erste Auflage 1993

Satz und Druck: Wagner GmbH, Nördlingen
Printed in Germany
Umschlag nach Entwürfen von
Willy Fleckhaus und Rolf Staudt

3 4 5 6 7 8 – 00 99 98 97 96 95

Inhalt

Dritter Teil
Fliegt die moralische Vernunft erst am Abend?

1. Wissenschaftsethik im Projekt der Moderne

Die lange Konjunktur, der sich die Wissenschaftsethik mittlerweile erfreut, hat Folgelasten: Die hohe Spezialisierung der Themen führt zu einer Zersplitterung der Debatte; die Gründung eigener Fachzeitschriften und Forschungszentren läßt die Debatte von dort auswandern, wo sie lebenspraktisch hingehört, aus der Diskussion der Betroffenen; nicht zuletzt treten philosophische Vor- und Grundfragen in den Hintergrund. Diese Studie sucht derartige Folgelasten, die unvermeidbare Konsequenz einer Professionalisierung, aufzufangen. Daß die Wissenschaftsethik – gemeint ist die Ethik der Trias Naturwissenschaft-Technik-Umwelt – ein sowohl facetten- wie disziplinenreiches Unternehmen ist, räumt sie problemlos ein. Die verschiedenen Themen und Methoden sollen aber, statt beziehungslos nebeneinanderzustehen, in ihrem sachlichen Zusammenhang gesehen und in eine übergreifende philosophische Debatte integriert werden.

1. In der Frühzeit der Wissenschaftsethik herrschte die Anklage, zumindest der Legitimationsdruck vor; den Naturwissenschaften samt der von ihnen geprägten Zivilisation wurde der Prozeß gemacht. Inzwischen melden sich prominente Stimmen zu Wort, die die Wissenschaften mit einer neuartigen Strategie verteidigen. Die traditionelle Verteidigung stellte die humanitären Leistungen heraus: den Wohlstand, die höhere Lebenserwartung und eine vielfältige Erleichterung nicht nur der Arbeit. Und gegen den berechtigten Einwand, daß vieles riskant, manches sogar bedrohlich geworden sei, antwortete sie mit einer Nutzen-Kosten-Bilanz und behauptete, noch immer überwiege der Nutzen den Schaden; eine wissenschaftsgeprägte Zivilisation erbringe per Saldo eine höhere Lebensqualität. Eine derartige Verteidigung plädiert zwar für Freispruch, läßt sich aber zunächst einmal auf die Anklage ein. Die neue Verteidigungsstrategie hält den moralischen Blick auf die Wissenschaften, folglich den Prozeß gegen sie, für überhaupt fehl am Platz; sie hat den Rang und das Gewicht einer wissenschaftsethischen Skepsis.

In dieser Situation übernimmt eine gründliche Philosophie ihre traditionelle Aufgabe und beginnt, statt die spezialisierten Debatten direkt fortzusetzen, als Auseinandersetzung mit den skeptischen Einwänden. Nun stützt sich die Skepsis auf eine Theorie der Moderne ab, auf eine teils von Max Weber, teils von Carl Schmitt inspirierte, tatsächlich aber schon lange vorher, etwa von Robert Hooke (siehe Kap. 4) vertretene These, die die Berechtigung der Ethik generell einschränkt; es ist die These der Neutralisierung von Moral. Die Auseinandersetzung mit der wissenschaftsethischen Skepsis führt deshalb in die Debatte um das Projekt der Moderne, und daraus ergibt sich die Leitfrage dieser Studie: Handelt es sich bei der Wissenschaftsethik, wie es die Neutralisierungsthese will, tatsächlich um einen Rückfall in die Vormoderne?

Vertreten wird die wissenschaftsethische Skepsis in mindestens zwei Varianten. Die eine Variante neutralisiert die Moral mit Hilfe eines wissenschaftspragmatischen Arguments; ihr geht es um die »Neugier als Wissenschaftsantrieb oder die Entlastung von der Unfehlbarkeitspflicht« (Marquard 1984). Gewiß ist es richtig, daß die Wissenschaften der Neugier bedürfen und daß sie dort besser gedeihen, wo statt einer Pflicht zur Unfehlbarkeit ein »Recht«, sich zu irren, besteht. Deshalb findet eine gewisse moralische Neutralisierung tatsächlich statt; das Grundrecht der Wissenschafts- und Forschungsfreiheit hebt jeden Zwang, mit den vorherrschenden religiösen oder politischen Ansichten übereinzustimmen, auf. Das Theorem der moralischen Neutralisierung wird sich trotzdem als bestenfalls halbe Wahrheit erweisen.

Nach der anderen, sozial- und systemtheoretischen Variante sind Wissenschaft und Moral inkompatibel. Weil die Moral, sagt Luhmann (1984), eine funktions*un*spezifische Normativität ist, kann sie nicht für einen in der Neuzeit spezifischen Funktionsbereich zuständig sein. Wie die anderen autonom gewordenen Subsysteme – die Wirtschaft, das Recht, die Politik und die Kunst –, so unterliege auch das Subsystem Wissenschaft einer funktionsspezifischen Selbst- bzw. Autoregulation.

Sowohl nach Marquard wie nach Luhmann endet der gegen die Wissenschaften angestrengte Prozeß nicht erst mit einem Freispruch, sondern schon vorher, mit der Einstellung des Verfahrens nämlich. Marquard sagt, etwas überspitzt: das behauptete Defizit an Moral ist nicht nur kein Delikt, sondern geradezu die Voraussetzung für gedeihliche Wissenschaft. Und Luhmann behauptet: selbst wenn es das Delikt gäbe, wäre der angebliche Delinquent, weil autonom geworden, in Begriffen von Moraldefiziten gar nicht deliktfähig. Obwohl eine Wissenschaftsethik diese Ansicht nicht teilt, hält sie sie für so gewichtig, daß sie einen neuen, grundlegenderen Prozeß eröffnet. Dessen Frage heißt nicht unmittelbar: »Handeln die Wissenschaften hinreichend moralisch?«, sondern: »Ist der moralische Blick auf die Wissenschaften überhaupt berechtigt?« Nennen wir den moralischen Blick, sofern er unberechtigt ist, seine sachfremde Präsenz also, eine »Moralisierung« und den Widerspruch gegen jegliche Präsenz eine »Entmoralisierung«, so ging es im traditionellen Prozeß um die Frage »moralisch oder aber unmoralisch«; der neue Prozeß befaßt sich mit der Alternative »Moralisierung oder Entmoralisierung«.

2. Falls sich der moralische Blick auf die Wissenschaften als berechtigt erweist, stellt sich die Anschlußfrage: Warum findet, was »überhaupt«, also schon immer legitim ist, erst seit kurzem ein so großes Gewicht? Ein zu seiner Zeit prominenter Biochemiker, Chargaff (1989, 361), glaubt, die beiden Grundkräfte der Moral, das Gewissen und die Empathie mit anderen, seien bei früheren Naturforschern lebendig gewesen, heute jedoch verschwunden. Hier spricht ein Moralist, der insofern der Tradition der Aufklärung folgt, als er in Kategorien des Fortschritts denkt; der Optimismus ist jedoch in Pessimismus umgeschlagen; der Moralist glaubt an eine Zunahme der moralischen Verfehlungen.
Wer darüber urteilen will, braucht keine wissenschaftsgeschichtlichen Spezialkenntnisse. Schon das Schulwissen sagt: selbst große Wissenschaftler standen in Diensten, die heute nicht mehr als rundum unbedenklich gelten, in Kriegsdiensten; kein Geringerer als Leonardo da Vinci übte das Amt eines Festungsinspizienten aus, und sein Dienstherr hieß Cesare Borgia. Ein weiterer Beleg: Archimedes entwarf für seine Vaterstadt – freilich nur zur Verteidigung – Kriegsmaschinen. Ein dritter Beleg: Die Wissenschaft erlaubte sich etwas, das damals wie heute verboten war; um Sezierobjekte zu bekommen, wurden Leichname gestohlen. Nicht zuletzt nahm man Vivisektionen vor, ließ es also an jener Empathie fehlen, die Chargaff erst heute vermißt.
Die These vom moralischen Verfall kommt jener Neigung zu einfachen Erklärungen entgegen, mit der man zwar eine wachsende Zahl von Anhängern um sich schart, die gegebene Komplexität aber reduziert. Auch trifft sie auf eine Vorliebe für negative Hel-

den und für moralische Empörung; bestätigen läßt sich die »heroische Diagnose« aber nicht. Mit welchem Recht besteht dann der wachsende Legitimationsdruck? Da die Subjekte nicht wesentlich schlechter geworden sind, fällt offensichtlich die Legitimationsprüfung strenger aus; nicht die Gewissenlosigkeit ist größer geworden, sondern der moralische Anspruch.

Wie für die These, so gibt es auch für diese Antithese mancherlei Belege; gelegentlich sind die Kriterien, gelegentlich ist ihre Anwendung in der Tat strenger geworden. In der Regel urteilen wir aber nach Grundsätzen, die lange bekannt, überdies weithin anerkannt sind. Zur Einleitung nur soviel: Experimente der Medizin sind Prinzipien unterworfen, deren hohes Alter sich schon in der Sprache, der lateinischen, dokumentiert: *salus aegroti suprema lex* und *nil nocere*; zudem übernehmen die lateinischen Formeln nur das griechische Muster. Ebensowenig neu ist das Prinzip der aufgeklärten Zustimmung; es folgt aus dem Selbstbestimmungsrecht. Sogar bei einem so kontroversen Thema wie dem Tierversuch werden wir mit allgemein anerkannten Grundsätzen argumentieren können.

Die Situation ist paradox: Obwohl man die Wissenschaftler moralisch weit mehr zur Rede stellt, erscheinen sie – im großen und ganzen – nicht als gewissenloser und die angewandten Kriterien auch nicht als strenger. Die vorherrschende Antithese – Moralisierung oder Entmoralisierung – ist daher ein zweites Mal zu suspendieren. Weder halten wir die Wissenschaften für ein moralisch indifferentes Subsystem, noch vermuten wir auf seiten der Subjekte eine wachsende Gewissenlosigkeit; schließlich verzichten wir – ich schränke ein: weitgehend – sowohl auf moralisch anspruchsvollere Maßstäbe wie auf deren verschärfte Anwendung. Statt dessen rechnen wir mit Veränderungen, mit Modernisierungsschüben, die keineswegs insgesamt, aber doch zu einem wichtigen Teil das betreffen, was den moralischen Blick ipso facto auf den Plan ruft: den Handlungscharakter. Nach dieser Hypothese sind die Wissenschaften weder wesentlich unmoralischer noch moralisch neutral geworden, wohl aber moraloffener, sogar moralanfälliger. In erster Linie zugenommen haben nicht die Verfehlungen, sondern die Möglichkeiten, sich zu verfehlen; signifikant gewachsen ist statt der Gewissenlosigkeit weit mehr die moralische Fehlbarkeit; mit einem Wort: die Moral als Preis der Moderne.

Die Zunahme an Fehlbarkeit hat eine quantitative Seite; es gibt inzwischen viel mehr Forschung, mithin weit mehr Personen, die sich verfehlen können. Da und dort hat die Zunahme auch einen kommerziellen, ferner einen politischen Aspekt; einen Anreiz für Fehlverhalten bieten Geld und Macht durchaus: den Individuen, den Unternehmen, der Volkswirtschaft.

Daß die Forschergemeinschaft zahlenmäßig gewachsen ist, ist aber dem Begriff der Wissenschaft nur äußerlich. Was sie zur Folge hat, einen »Wettlauf um Themen und Einfälle«, überhaupt einen agonalen Charakter, kennen wir zudem schon aus der Zeit, als die Forschung noch ein aristokratisches Unternehmen war. Bei den einschlägigen Prioritätenstreitigkeiten – nehmen wir als Beispiel den Infinitesimalkalkül – greift gegen seinen Konkurrenten Leibniz selbst ein so überragendes Genie wie Newton zu Mitteln, die nicht jeder moralischen Rückfrage standhalten (vgl. Schneider 1988, Kap. VI–VII). Gegen eine Glorifizierung der Vergangenheit spricht auch die Art und Weise, wie Schulgründer gegen »häretische Schüler« vorzugehen pflegen; ein nicht eben nobles Muster gibt Freuds Verhalten gegen Adler und Jung ab.

Dort, wo der zweite Grund für moralisches Fehlverhalten, die Versuchung durch Geld oder Macht, nicht ebenfalls wissenschaftsextern ist, dort, wo er mit einem veränderten Wissenschaftsbegriff zusammenhängt, stellt er nur dessen Folge dar. Bevor wir die Verbindung zu Wirtschaft und Politik beklagen, empfiehlt es sich, die Ursache zu erforschen: Was ermöglicht den Wissenschaften, die entsprechenden Verbindungen überhaupt einzugehen? Die Frage führt zum dritten und entscheidenden Aspekt, daß man sich nämlich – auf dem Weg der Modernisierungsschübe – die neuen Verantwortlichkeiten selbst auflädt.

Die maßgeblichen Veränderungen entdeckt, wer auf einen Weg sich einläßt, den der Moralist in der Regel ebenso scheut wie der Skeptiker. Ein Vergleich der Neuzeit mit der Antike zeigt, wie die Wissenschaften durch Veränderungen ihrer Handlungsstruktur, also aufgrund endogener Faktoren, moralisch fehlbarer werden. Sprachbezogen sind die Wissenschaften schon immer gewesen. Die diesbezüglichen Modernisierungsschübe – man denke an die Mathematisierung der Wissenschaften oder an das höhere Maß an Spezialisierung und Professionalisierung – lassen für die Wissenschaftsethik einige charakteristische Einfärbungen erwarten; einen grundlegend neuen Zuschnitt geben sie ihr nicht; dasselbe gilt für den sozialen, dasselbe für den historischen Charakter der Wissenschaften. Wer den gewachsenen Legitimationsdruck verstehen will, forscht nach grundlegenderen Neuerungen, nach veritablen Strukturveränderungen. Wenn sie sich finden, läßt sich die Hochkonjunktur der Wissenschaftsethik bemerkenswert nüchtern erklären.

Nach Ansicht des Moralisten verhält es sich mit der Moral der Wissenschaften wie mit den fossilen Energievorräten; die Moral ist heute deshalb ein vielgefragtes Gut, weil sie, eine ehemals reichhaltige Ressource, nach langem Abbau, vielleicht sogar Raubbau, inzwischen zur Rarität geworden ist. Nach unserer Gegenthese liegt bei etwa gleichbleibendem Angebot die Veränderung bei der Nachfrage; gestiegen ist, was in Haushalten der Finanzbedarf heißt. Die Gegenthese richtet sich freilich nicht nur gegen eine moralisierende Debatte. Falls sie sich bewährt, wird auch die genannte Neutralisierungsthese außer Kraft gesetzt; im Vergleich zur Antike haben die Wissenschaften der Moderne und im Vergleich zur frühen Neuzeit die Wissenschaften von heute einen höheren Moralbedarf.

Im Rahmen der Modernisierungsschübe spielt eine besondere Rolle die Anwendbarkeit der Wissenschaften. Ihretwegen beginnt die Studie mit einer Wissenschaftsethik im engeren Sinn, mit einer Ethik (natur-)wissenschaftlicher Forschung, und setzt sich in einer Ethik jener ökologischen Schwierigkeiten fort, die im Gefolge einer wissenschaftsgeprägten Zivilisation auftauchen. Weil beide Teile in der Geschichte der Ethik ein noch sehr junges Unternehmen bilden, befassen wir uns in einem dritten Teil mit dem leitenden Erkenntnisinteresse und den erforderlichen intellektuellen und moralischen Kompetenzen.

3. Philosophen haben zur Wissenschaftsethik ein gebrochenes Verhältnis; obwohl sie erfolgreich mitdiskutieren, lassen sie das Thema in ihre eigene Kerndebatten nicht herein. Ein Grund liegt gewiß in der Berührungsangst vor Fragen, die eine Wissenschaftsethik nicht außer acht lassen darf, nämlich Fragen nach den Fakten und ihrer moralischen Bewertung. Dazu kommt die Befürchtung, es gehe lediglich um eine angewandte Ethik; denn diese setzt als schon bekannt voraus, was in ernsthafter Philosophie noch offenbleibt: die Bestimmung von Prinzipien. Eine Wissenschaftsethik erörtert diese aber durchaus, sogar in mehrfacher Hinsicht.

Erstens erörtert sie die skizzierte Frage: Moralisierung oder Entmoralisierung. Zweitens plädieren die intellektuellen Wortführer der Wissenschaftsethik für nichts weniger als für einen neuen kategorischen Imperativ bzw. für eine neue Moral. Unter Stichworten wie »Frieden mit der Natur« (Meyer-Abich 1979) und »Heiligkeit des Lebens« (Jonas 1979) oder, schon mehr als zwei Generationen früher, »Ehrfurcht vor dem Leben« (Schweitzer 1972, ausgearbeitet zwischen 1914 und 1917) verlangen sie, die bislang dominierende, anthropozentrische Moral zu verabschieden und statt dessen einer pathozentrischen oder sogar biozentrischen Moral zu folgen. Die anspruchsvollere Alternative will auf schlechthin alles Leben (»Biozentrik«), die bescheidenere auf alle leidensfähigen Wesen (»Pathozentrik«) Rücksicht nehmen. Gegen einen »Abschied vom anthropozentrischen Denken« meldet sich aber, mit durchaus guten Gründen, Widerspruch an; wer darauf verzichte, heißt es, gebe eine unverlierbare Errungenschaft preis, der Mensch widerrufe sich als selbstverantwortliche Person.
Wer glaubt, in den entsprechenden Debatten gehe es lediglich um eine neue regionale Ethik, neben der Wissenschaftsethik im engeren Sinn um eine Ethik von Technik und Natur, um eine ökologische Ethik, unterschätzt deren Gewicht bei weitem. Betroffen sind auch und drittens ethische Grundlagendispute, die schon andernorts aufgebrochen sind. Das ist einmal die Kontroverse zwischen einer eudämonistischen und einer kategorischen Ethik, mithin zwischen Aristotelikern und Kantianern; zum anderen ist es ein Streit, den man seit Rawls (1972) für schon gelöst hielt, der zwischen Utilitarismus und Kant.
Was man Kant neuerdings vorwirft und zum Anlaß nimmt, den Utilitarismus zu rehabilitieren, die Dichotomie von Person und Sache, stammt aber nicht von Kant selbst, sondern aus dem europäischen Rechtsdenken. Der Einspruch, der sowohl gegen die Anthropozentrik wie gegen Kant erhoben wird, richtet sich deshalb viertens gegen eine Unterscheidung, die nicht bloß eine lange Tradition hat, sondern auch Bestandteil eines gesamteuropäischen Konsenses ist. Außerdem fällt der Kritik die jüdisch-christliche Tradition zum Opfer, dabei insbesondere das *Genesis*-Wort »Machet euch die Erde untertan«, das sogenannte Dominium terrae.
Eine weitere Grundlagenfrage: Ob man die Prinzipien direkt diskutiert oder ein neues Licht auf schon bekannte Grundlagendispute wirft – in beiden Fällen werden die entsprechenden Debatten

aus einem lebensweltlichen Kontext heraus entwickelt. Die Wissenschaftsethik setzt sich daher gegen eine bestimmte Art von Prinzipiendebatten ab, gegen Letztbegründungsversuche, die, als bloß akademischer Disput geführt, einer neuen Scholastik Vorschub leisten; statt dessen erneuert sie das Programm einer wirklich praktischen Philosophie. Zugleich kritisiert sie, wenn auch nur indirekt, neuere Tendenzen zur Antitheorie; die Grenzen einer philosophischen Ethik verlaufen nicht so eng, wie sie beispielsweise Bernard Williams (1985) zieht.

Einige Kapitel greifen auf Vorarbeiten zurück (z. B. Höffe 1984, 1989, 1989a und 1990a); sie sind jedoch grundlegend neu gestaltet und dabei auf ein nicht nur fachphilosophisches Publikum ausgerichtet worden. Begonnen habe ich die Studie im schweizerischen Freiburg, abgeschlossen während meines ersten Jahres in Tübingen. Ich danke den Studenten für ihre aufmerksame Kritik, meinen Mitarbeitern für die ebenso kompetente wie geduldige Hilfe und Annemarie Pieper für eine erste kritische Lektüre.

Erster Teil
Modernisierungsschübe

Das Grundmuster der Wissenschaftsethik ist einfach. Nur wer sich nicht ausschließlich auf empirische Tatbestände wie die Modernisierungsschübe beruft, entgeht dem Sein-Sollens-Fehler. Nur wer sich nicht mit Sollensüberlegungen zufriedengibt, vermeidet den komplementären moralistischen Fehlschluß, der glaubt, ohne eine gründliche Kenntnis der empirischen Welt sachhaltige Aussagen gewinnen zu können.

Für die moralische Seite bietet der modisch gewordene Ausdruck »Verantwortung« einen guten Einstieg, allerdings nicht mehr, denn es handelt sich um einen weder elementaren noch neutralen Begriff. Auf der deskriptiven Seite leisten die Wissenschaften der Neuzeit, an Entdeckungen und Erfindungen überreich, in den Themen unübersehbar, in den Methoden, sogar Erkenntnisinteressen pluriform, jeder generalisierenden Beschreibung heftigen Widerstand. Um in dieser Situation nicht eingeschüchtert zu schweigen, setzen wir bei der Antike an und können dadurch, durch den historischen Kontrast, das Profil der Moderne sowohl rascher als auch schärfer begreifen. Zum anderen untersuchen wir die Moderne nur exemplarisch: wir behandeln einen Wissenschaftstheoretiker und -politiker der Frühzeit, Bacon, und eine Wissenschaftspraxis der Gegenwart, die Genforschung.

2. Begriff Verantwortung

Weil der Ausdruck »Verantwortung« zur intellektuellen Mode geworden ist, droht eine Unschärfe, die es erlaubt, fast jeden für alles verantwortlich zu machen. Zugleich tritt die Frage in den Hintergrund, ob der Ausdruck nicht schon eine Vorentscheidung in Richtung Moralisierung enthält. Eine Ethik der Verantwortung, die selber verantwortlich ist, beginnt jedenfalls, bevor sie die Verantwortung als Prinzip anerkennt, mit einer Begriffsklärung.

2.1 Belastungen

Eine erste Mehrdeutigkeit verdankt sich nicht begrifflicher Unschärfe, sondern der Vielseitigkeit des Phänomens. Schon die Umgangssprache unterscheidet eine Verantwortung, »die jemand trägt«, von einer Verantwortung, »zu der er gezogen wird«. Beide Grundbedeutungen weisen in gegenläufige Richtungen. Spielt im ersten Fall der Betreffende eine aktive Rolle, so steht er im zweiten schon grammatikalisch gesehen im Passiv.

In der ersten Grundbedeutung geht es entweder um eine spezifische Verantwortung, um die Zuständigkeit für bestimmte Rollen, Funktionen und Ämter, oder um die generelle Zuständigkeit für die Folgen und Nebenfolgen des Handelns. Insbesondere erstere, die Aufgabenverantwortung, öffnet dem Menschen Bereiche, in denen er sich entfalten und bewähren kann, was ein Mißtrauen gegen ethische Debatten weckt, die mit dem »Prinzip Verantwortung« vornehmlich an die Chancen erinnern, die geschwunden, und an die Hoffnungen, die verloren sind. Eine vorurteilsfreie Ethik hält sich für die Einsicht offen, daß die Zuständigkeiten zunächst einmal eine Chance bieten.

Bei der zweiten Grundbedeutung, der Rechenschaftsverantwortung, geht es im wörtlichen Sinn um eine Antwort. Sie wird jedoch nicht aus bloßer Neugier gesucht, sondern auf eine Frage hin verlangt, die die Anschuldigung, zumindest Verdächtigung mit sich führt, eine der Zuständigkeiten werde vernachlässigt. Die Gelegenheit, sich zu verteidigen, bietet die Rechenschaft zwar auch, sie bleibt aber die Antwort auf eine Frage mit Anklagecharakter.

An dieser Stelle verliert das Prinzip Verantwortung seine Neutralität. Hält die Aufgabenverantwortung die Bewertung noch offen, so wird man nach der Rechenschaftsverantwortung zwar nicht vorab verurteilt, aber mit einer Anschuldigung konfrontiert. Man findet sich, direkt oder indirekt, vor ein Tribunal gestellt und kämpft, mit dem Rücken an der Wand, um seinen Ruf, vielleicht sogar seine moralische Integrität. Während sich der erste Verantwortungsbegriff für beide Optionen, für die Zustimmung wie die Kritik, offenhält, erlaubt der zweite Begriff bestenfalls den Freispruch; die positive Würdigung ist nicht ernsthaft vorgesehen.

Bewahrheitet sich die Anschuldigung, so sieht man sich erneut zur Verantwortung »gezogen«. In der dritten Grundbedeutung steht man für Verfehlungen oder Vernachlässigungen gerade; es geht um eine Haftung: um Schadenersatz und Wiedergutmachung, eventuell auch um Strafe.

Jede der drei Bedeutungen verweist aus sich heraus auf die anderen; die Rechenschaft ist grundsätzlich nur dort sinnvoll, wo es Zuständigkeiten gibt, und die Haftung nur dort, wo man eine Zuständigkeitsverletzung nachweist. Zugleich besteht eine Abfolge, so daß man von einer Primär-, einer Sekundär- und einer Tertiärverantwortung sprechen kann. Gemeint ist natürlich nicht eine Rangfolge an Wichtigkeit, sondern eine logische Priorität. Haftbar machen darf man nur dort, wo man sowohl gewisse Zuständigkeiten als auch deren Verletzung nachgewiesen hat; erfolgt dieser Nachweis, dann ist allerdings die Haftung legitim.

Weil zum Gesamtphänomen die Anklage und die Haftung hinzugehören, erliegt einer Naivität und Beschönigung, wer das Prinzip Verantwortung für vorurteilsfrei hält. Die primäre Verantwortung müßte sich schon, damit die Neutralität gewahrt bleibt, nicht nur in Rechenschaft und Haftung, sondern auch in einer positiven Würdigung fortsetzen können. Weil diese Fortsetzung fehlt, gibt sich eine neutrale Ethik mit dem Prinzip Verantwortung nicht zufrieden.

2.2 Entlastungsversuche

Die gewöhnliche Diskussion setzt zwei Fragen als schon beantwortet voraus, erstens daß man überhaupt kann, was man soll, zweitens daß man auch soll, was man gegebenenfalls kann, nämlich für Handlungen oder übernommene Aufgaben eine Verantwortung tragen. Mit anderen Worten: man unterstellt, daß das Sprachspiel »Verantwortung« sinnvoll sei. Wer hier nachfragt, verfolgt nicht nur ein theoretisches Interesse. Weil zum Gesamtphänomen ein Moment der Anklage gehört, setzt sich, wer das Sprachspiel anerkennt, gewissen Risiken aus. Um die Risiken zu vermeiden, könnte er auf das Sprachspiel verzichten wollen. Wäre der Verzicht legitim?

Die Antwort auf die erste Frage – »Kann man, was man soll?« – hängt vom Begriff des erforderlichen Könnens ab. Ein anspruchsvoller Begriff bindet die Verantwortung an die Willensfreiheit und lädt sich damit eine große Beweislast auf. Kant und der Deutsche Idealismus haben den Beweis anzutreten versucht; danach, also seit immerhin mehr als eineinhalb Jahrhunderten, herrscht die Skepsis vor. Wenn die für eine Wissenschaftsethik maßgebliche Verantwortung tatsächlich die Willensfreiheit voraussetzt, stünde die Konjunktur dieser Ethik im Widerspruch zum intellektuellen Klima des nachidealistischen Denkens, da es sich genau unter diesem Stichwort lesen läßt: als Depotenzierung des in seinem Willen – angeblich – freien Subjekts. Angewiesen auf die Willensfreiheit ist aber nur eine Verantwortung, deren Zuschreibung bei unserem Thema meist ein falsches Pathos mit sich führt, die Verantwortung für Gut und Böse. In der Regel reicht jener bescheidenere Begriff aus, den der rechtliche Kontext des Verantwortungsbegriffs vorgibt. Von einem Gericht wird zur Rechenschaft gezogen, wer wissentlich und willentlich handelt, also der Täter seines Tuns und Lassens.

Die Verteidigung eines Begriffs von Handlungsfreiheit fällt nicht allzu schwer. Eine anthropologische Überlegung verweist auf die Instinktentbundenheit des Menschen und seine Intelligenz und zeigt, wie sich aus der Verbindung beider Elemente die Fähigkeit zu einem sowohl bewußten wie freiwilligen Handeln ergibt – und ebenso die Notwendigkeit dazu. Die Handlungsfreiheit näher zu begründen ist aber hier nicht die Aufgabe. Da die Wissenschaftler ihre Leistungen sich nicht nehmen lassen, weder als Individuen noch als Gruppen noch als gesellschaftliches Subsystem, und da die Kritiker auf der Zuständigkeit der Wissenschaftler ohnehin bestehen, spielt die radikale Leugnung von Verantwortung keine lebenspraktische Rolle. Wer die Position hier trotzdem diskutiert, führt nicht etwa eine gründlichere, sondern eine überflüssige Untersuchung durch. Im Prinzip ist die Verantwortung anerkannt; kontrovers ist erst die Reichweite der Anwendbarkeit.

Allerdings droht die Gefahr einer doppelten Moral; andere Personen und Gruppen mißt man an Kriterien, denen zu genügen man selber nicht bereit ist, und widerspricht damit einer Minimalbedingung von Moral, der Unparteilichkeit bzw. der Gerechtigkeit. Auch Wissenschaftler übernehmen für »positive Leistungen« die Verantwortung gern; bei »negativen Begleiterscheinungen« sprechen sie lieber von unvorhersehbaren Nebenfolgen oder von einem Restrisiko. Wissenschaftskritiker dagegen neigen dazu, die Nachteile zu betonen und die Vorteile, die die Wissenschaften allemal erbringen, zu verdrängen.

Die Gegenstände, über die wir sprechen, halten wir gern für Dinge oder für deren Eigenschaften; die Verantwortung ist etwas anderes, rein begriffslogisch eine mindestens vierstellige Relation. Die Primärverantwortung bedeutet die Zuständigkeit, die (1) *bei* jemandem, (2) *für* etwas, (3) *vor* oder *gegenüber* jemandem und (4) *nach Maßgabe von* gewissen Beurteilungskriterien liegt. Auf die Sekundär- und die Tertiärverantwortung trifft diese Vierstelligkeit ebenfalls zu; auch die Rechenschafts- und Haftungsfragen spielen sich in einem vierpoligen Spannungsfeld ab: *Wer* trägt die Verantwortung *wofür* und *vor wem gemäß* welcher Kriterien?

Eine unter Wissenschaftlern verbreitete Kritik an der Wissenschaftsethik hält für die ersten drei Fragen die negative Antwort bereit. Verantwortung, sagt man, können nur Individuen tragen, und bloß für das, was sie intentional hervorbringen; ferner schulde man eine allfällige Rechenschaft allein seinem Gewissen. Nach diesem restriktiv engen Begriff gibt es im wesentlichen nur eine Individualverantwortung, eine Schuldverantwortung und eine Gewissensverantwortung. Inspiriert ist der Begriff vielleicht von einer früheren Debatte, die, von der Existenzphilosophie geprägt, die Verantwortung vornehmlich individualethisch verstand. Unbeschadet dieser Herkunft hat der enge Begriff einen strategischen Wert; eine lästige Aufgabe, die Rechenschaft, wird auf einen möglichst engen Bereich eingeschränkt. Läßt sich aber das, was wissenschaftspolitisch verständlich ist, auch semantisch rechtfertigen?

Institutionelle Verantwortung. Es ist richtig, daß die Verantwortung, begrifflich gesehen, jemanden voraussetzt, der kann, was verlangt wird; es braucht ein Subjekt, das Aufgaben zu übernehmen oder Handlungen auszuführen versteht. Nun haben »die Wissenschaften«, sagen die Kritiker, keinen Subjektcharakter, weshalb sie fortfahren: nicht »die Wissenschaften« tragen eine Verantwortung, sondern allein, wer sie betreibt, also die einzelnen Forscher und Forschergruppen. Der Vordersatz des Einwandes enthält eine legitime Entmoralisierung; die im Nachsatz angesprochene Alternative nimmt jedoch eine zu weite Entlastung vor. Zuschreiben kann man eine Verantwortung nämlich nicht nur natürlichen Subjekten, sondern auch »juristischen Personen«: einem Verein, einem Wirtschaftsunternehmen, selbst dem Staat. Sie alle werden nicht nur de facto, sondern mit gutem Grund dem Rechenschaftsverlangen ausgesetzt. Juristische Personen erfüllen nämlich problemlos die doppelte Vorbedingung; sowohl nach innen – vereins-, unternehmens- und staatsintern – als auch nach außen, gegenüber anderen, handeln sie bewußt und freiwillig. Insofern sie förmliche Entscheidungen treffen, ist die Vorbedingung sogar oft klarer gegeben als beim Handeln von Individuen. Und für die Grund- und Rahmenbedingungen, unter denen die Individuen handeln, liegen so gut wie alle Zuständigkeiten andernorts, im Fall von Wissenschaft und Forschung bei den Organisationen, in denen sie stattfindet, ferner bei den Instanzen der Forschungsforderung, nicht zuletzt bei den Parlamenten, der Exekutive und bei den Gerichten.

Weil die dafür zuständigen Subjekte nicht einmal für immer festgelegt sind, gewinnt das viel zitierte Wort von der »Verantwortung der Wissenschaften« einen neuen Sinn. Es ist, wie in der öffentlichen Rhetorik viel geübt und häufig berechtigt: eine elliptische Redeweisc. Die Gesamtheit der bislang Verantwortlichen, die Individuen ebenso wie die Organisationen und Institutionen, letztlich das »System Wissenschaft« samt seiner politischen Umwelt, wird aufgefordert, über die Art, wie die Zuständigkeiten am besten wahrzunehmen sind, nachzudenken und gegebenenfalls rechtliche und institutionelle Neuerungen vorzunehmen. Zu stellen ist allerdings auch die »Gegenfrage« nach den Kosten der

Neuerungen, und diese sind nicht bloß in finanziellen und personellen Begriffen zu berechnen. Weit größere Kosten entstehen, wenn gefährdet wird, woraus Wissenschaft und Forschung blühen: die Kreativität. Bürokratische Lösungen stellen nur eine Notbremse dar; über eine neue Mentalität der Forscher und über institutionelle Arrangements, die die »Lernfähigkeit und freiwillige Anpassung belohnen« (Kaufmann 1993, Kap. 6.3), läßt sich vieles eleganter regeln.

Nebenwirkungsverantwortung. Wer eine Geldbörse findet, ist nicht für das Finden verantwortlich, sondern allein für das, was mit dem Gefundenen geschieht. Gegen viele Vorwürfe suchen sich die Wissenschaftler mit diesem Argument zu verteidigen: echte Forschung sei ein Gang in Neuland, dessen Ergebnis sich im nachhinein veröffentlichen oder patentieren, aber nicht von vornherein wissen und wollen lasse. Und über das, was mit dem Gefundenen geschehe, über die Nutzanwendung, entscheiden andere, vor allem Unternehmer und Politiker.

Diese zweite Entlastungsstrategie enthält wieder einen berechtigten Kern – die Nichtverantwortung für Zufälligkeiten –, der sich erneut mit einem nicht gedeckten Mehrwert an Entlastung verbindet. Weil die Forschung in einer methodischen Suche besteht, deren einzelne Schritte gezielt vorgenommen werden, ist sie weithin zurechenbar. Außerdem versteht sich von selbst, daß ein Gang in unbekanntes Gelände erhöhte Vor- und Umsicht verlangt. Bei einer alpinen Skitour bedeutet eine Abfahrtsgeschwindigkeit, die im Fall klarer Sicht zulässig ist, bei aufziehendem Nebel einen lebensgefährlichen Leichtsinn. Schließlich weiß man, daß Handeln generell nicht nur Wirkungen, sondern auch Nebenwirkungen nach sich zieht, und stellt sich darauf längst ein. Was die Arzneimittelforschung praktiziert, läßt sich auch andernorts einrichten; um von den negativen Nebenfolgen nicht überrascht zu werden, werden diese – im Rahmen des Möglichen – vorab erforscht (siehe unten, Kap. 5.3). Die hierfür zuständige Nebenwirkungsverantwortung ist dem Recht wohlvertraut, kennt es doch neben der Verschuldenshaftung auch eine Gefährdungshaftung, die – wie etwa die einschlägige Bestimmung des Straßenverkehrsgesetzes – an objektiv feststellbare Folgen anknüpft und verpflichtet, entstandene Schäden unabhängig vom Verschulden auszugleichen.

In archaischen Gesellschaften wird zumindest bei schwerwiegenden Fällen die Verantwortung grundsätzlich objektiv gesehen, das heißt: nicht an Vorsatz und Fahrlässigkeit gebunden. Das klare Beispiel bietet der Ödipus-Mythos. Die in ihm thematisierten Verbrechen, der Vatermord und der Inzest mit der Mutter, gelten als derart ausnahmslos verboten, daß die Zuwiderhandlung selbst dann gesühnt werden muß, wenn sie ohne Wissen und Willen geschieht. Auch der Betroffene hat nicht die geringsten Zweifel, Ödipus bestraft sich selbst. Nach diesem Muster ist eine Gefährdungshaftung überall dort geboten, wo gewisse Verbindlichkeiten in keinem Fall, unabhängig von Sorgfaltspflicht und Fahrlässigkeitsfragen, mißachtet werden dürfen.

Statt dessen Gewissen? Auf die Frage, *vor* wem denn die Verantwortung zu tragen sei, kann man mit einer Instanz antworten, die das Gewicht eines schlechthin letzten, weder hintergehbaren noch hinterfragbaren Richters generell hat, mit dem Gewissen. Die Berufung klingt nicht bloß hochmoralisch, sie ist auch wirkungsvoll, denn der Gewissensfreiheit kommt der Rang eines Grundrechts zu. Trotzdem ist die Berufung einseitig, häufig irreführend, gelegentlich sogar zynisch.

Bekanntlich hat der eine ein strenges, der andere ein weites Gewissen, ein dritter bringt es zum Schweigen, so daß man sich auf das Gewissen nicht verlassen kann. Außerdem wird eine Verantwortung zwar anerkannt, der öffentlichen Debatte aber entzogen. Eine so urpersönliche Instanz wie das eigene Gewissen nimmt jedem anderen das Recht auf Einspruch und auf Widerspruch; wer da sagt: »Ich folge meinem Gewissen«, beendet eine Diskussion, bevor sie noch begonnen hat.

Manche Kritik an der Berufung aufs Gewissen sieht sogar einen antiaufklärerischen Affekt am Werk. Diese Kritik begreift zu Recht das Gewissen als ein subjektives Innesein von unbezweifelbarer Gewißheit; kein geringerer Philosoph als Kant erklärt ein »irrendes Gewissen« für »ein Unding« (*Tugendlehre*, VI 401). Wer sich auf eine derart irrtumsfreie Instanz berufe, erspare sich, so lautet die Kritik, die beiden Mühen von Aufklärung: sowohl die Anstrengung des Argumentierens wie die Unannehmlichkeit, liebgewonnene Überzeugungen in Zweifel ziehen zu lassen.

Die Kritiker könnten ein Pascal-Wort zitieren, aus den *Pensées* das berühmte Fragment 277: »Le cœur a ses raisons, que la raison ne connaît point«. Mit »cœur« kann aber schon deshalb nicht das Gewissen gemeint sein, weil der Aphorismus von dem spricht, was einer Instanz der Irrtumsfreiheit fehlt, von Gründen (»raisons«). Und damit spielt er nicht etwa auf »herzhafte Gewissensgründe« an, die im Unterschied zu rationalen Argumenten nur privat, nicht auch öffentlich gelten. Pascal kritisiert eine Vernunft – den Esprit de géométrie –, die nur das demonstrative Wissen gelten läßt, und plädiert – unter dem gewiß vagen Ausdruck »Herz« – für komplementäre Erkenntnisleistungen. Dabei denkt er nicht etwa nur an den religiösen Glauben, obwohl er für ihn, wie seine berühmte Wette zeigt (vgl. *Pensée* 233), durchaus rationale Argumente anführt. Zuständig ist das »Herz« selbst für die Mathematik, für ihr Wissen um die Prinzipien nämlich (*Pensée* 282).

Hinsichtlich des Gewissens ist Pascal nüchtern; welterfahren genug sieht er: »Jamais on ne fait le mal si pleinement et si gaiment que quand on le fait par conscience« (*Pensée* 895: »Niemals tut man das Böse derart vollständig und heiter, als wenn man es mit – gutem – Gewissen tut«). Irrtumsfrei in dem Sinn, daß es stets das moralisch Richtige gebiete oder verbiete, ist das Gewissen ohne Zweifel nicht. Jedes Gewissen hat eine Geschichte; es ist intersubjektiven Einflüssen ausgesetzt, wird dabei gut ausgebildet oder auf Abwege geführt, gelegentlich sogar zutiefst verdorben. Der Kritiker sieht darin schon das entscheidende Gegenargument. Er übersieht jedoch, daß beim Gewissen zwei Seiten zu unterscheiden sind: die inhaltliche Auskunft über das Richtige, der Gewissensspruch, und die subjektive Gewißheit, die sich mit dem Gewissensspruch verbindet. Den Anspruch auf Unfehlbarkeit erhebt nur die subjektive Seite, gegen die die Kritik, etwa die im Namen der Psychoanalyse, aber nicht argumentiert. Statt dessen greift sie das Gewissen dort an, wo es die Unfehlbarkeit gar nicht beanspruchen darf, auf der inhaltlichen Seite, und geht deshalb ins Leere.

Verliert das Gewissen aufgrund seiner Fehlbarkeit jede Sonderstellung? Was das Gewissen in inhaltlicher Hinsicht einbüßt, gewinnt es in subjektiver Hinsicht hinzu. Die subjektive Seite besagt ja nicht: das für richtig Gehaltene sei stets und verläßlich, eben irrtumsfrei tatsächlich richtig. Als urpersönliche Instanz hat das Gewissen nicht mehr, aber auch nicht weniger als eine existentielle Bedeutung; es sagt: »Ich persönlich bin nun einmal davon rundum überzeugt«; und setzt hinzu: »bei dieser Überzeugung geht es um mein moralisches Selbst«. Dieses zu schützen ist die

Aufgabe des Grundrechtes auf Gewissensfreiheit; weit davon entfernt, einer antiaufklärerischen Einstellung das Wort zu reden, liegt hier eine Errungenschaft der Aufklärung vor, ein von der Rechtsordnung garantierter Anspruch auf die eigene Persönlichkeit. Wo das eigene Selbstverständnis in seinem innersten Kern betroffen ist, dort soll man seinen eigenen Überzeugungen folgen dürfen; nur in dieser Hinsicht treten »herzhafte Gewissensgründe« eventuell in Konkurrenz mit Vernunftgründen und beanspruchen dann regelmäßig die höhere Geltung. Wer zu dem existentiellen Ernst noch fähig ist und zu sagen vermag: »Hier stehe ich«, der, aber auch nur der darf mit Luther fortfahren: »ich kann nicht anders«.

Was folgt daraus für die Wissenschaftsethik? Einmal, daß sich die Berufung auf das Gewissen nicht a priori beiseite schieben läßt; zum anderen, daß sie ein Recht nur dort hat, wo nicht lediglich ein pragmatischer Wert auf dem Spiel steht, also Geld, Karriere oder Ansehen, sondern tatsächlich das moralische Selbst. Nun kann die Berufung auf das Gewissen mißbraucht werden, denn zu einer so urpersönlichen Instanz haben Außenstehende nur begrenzten Zugang. Gegen den Mißbrauch gibt es jedoch einen hinreichend verläßlichen Test: die Bereitschaft, erhebliche Opfer auf sich zu nehmen. Wo Wissenschaftler zu Einbußen an Geld, Karriere oder Ansehen bereit sind, darf man ihre Berufung aufs Gewissen ernst nehmen; in den anderen Fällen liegt eher ein »trockenes Versichern« vor: ein großes Wort, das um so leichter von den Lippen geht, je weniger es kostet.

Es gibt ein zweites Kriterium; das Gewissen pflegt dann seine Stimme zu erheben, wenn andere etwas verlangen, das nach den eigenen Überzeugungen verboten ist. In der Wissenschaftsethik pflegt die Berufung aus der genau entgegengesetzten Richtung zu kommen und bedeutet dann einen nicht bloß vermuteten, sondern offensichtlichen Mißbrauch. In der Regel geht es nämlich um bescheidenere, nicht um anspruchsvollere Verbindlichkeiten. Man sagt: »Mein Gewissen gibt mir die Erlaubnis, wer will mir etwas verbieten?« und meint: »Dies will ich; wer darf es mir ausreden?« An die Stelle der existentiellen Kompromißlosigkeit »Hier stehe ich und kann nicht anders« tritt dann das libertäre Wort »Hier bestimme *ich*, und keiner darf mir widersprechen«.

Ein letztes Argument gegen ein angebliches Exklusivrecht des Gewissens greift schon späteren Überlegungen vor: Derselbe Grund, der das Gewissen ins Recht setzt, die existentielle Betroffenheit, beinhaltet eine Relativierung, da von der Wissenschaft existentiell betroffen nicht nur die Forschenden selber sind. Dort, wo sie in die Lebensverhältnisse anderer eingreifen, in deren wirtschaftliche, gesellschaftliche und kulturelle Existenzbedingungen, also überall dort, wo die Wissenschaftler ohnehin in die Welt hineinreden, ist die Aufforderung zur Gegenrede, die zur Rechenschaft, im Prinzip berechtigt.

2.3 Modalitäten

In *The Devil's Dictionary* (1966, 290) definiert Ambrose Bierce mit erfrischender Frechheit: »*Verantwortung*: Eine abnehmbare Last, die sich leicht Gott, dem Schicksal, dem Zufall oder dem Nächsten aufladen läßt.« Fragen kann man, welcher von Bierce' Optionen die Last am leichtesten aufgeladen werden kann. Die Ethik interessiert sich für die andere Frage, ob die Wissenschaftler die Verantwortung stets und vollständig abwälzen können oder ob ihnen Zuständigkeiten bleiben, deren Wahrnehmung sie anderen schulden, so daß sie bei einer vermuteten Nichtwahrnehmung eine zweite Schuld tragen, die Aufgabe, den anderen Rechenschaft zu geben.

Die bloße Frage verweist auf einen Bereich der Moral, der einen Gutteil Entmoralisierung mit sich führt, andererseits auf einen Bereich, bei dem uns nicht mehr freisteht zu entscheiden, ob wir ihn anerkennen wollen oder nicht. Es ist die Rechtsmoral bzw. die Idee der Gerechtigkeit, deren Anerkennung – im Unterschied zur Tugendmoral, zur Moral des verdienstlichen Mehr – den anderen geschuldet ist. Damit gehen wir auf die vierte Stelle des Verantwortungsbegriffs ein. Während für die ersten Stellen – wer trägt wofür und vor wem die Verantwortung – die Gefahr begrifflicher Verengung drohte, besteht hier die gegenläufige Gefahr einer zu weiten Auslegung. Eine gründliche Wissenschaftsethik weist nicht irgendwelche Verbindlichkeiten aus, sie unterwirft sich dem strengeren Anspruch, dem einer geschuldeten Moral.

Daß es derartige Zuständigkeiten gibt, läßt sich für die Aufgabenverantwortung leicht zeigen. Nach dem Rechtsgrundsatz »volenti non fit iniuria« schuldet man die Zuständigkeiten überall dort, wo man sie sich selbst aufgeladen hat. Die Übernahme von Aufgaben ist eine Praxis von der Art des Versprechens. Was für die sogenannten Verantwortlichen, für die Eltern, Lehrer, Unternehmer oder Politiker, gilt, trifft nun auf die Wissenschaftler ebenso zu. Wer eine Aufgabe übernimmt, verpflichtet sich, das Übernommene gut auszuführen ferner, bei Verdacht auf Versäumnisse oder Fehler sich zur Rechenschaft und gegebenenfalls sich zur Haftung ziehen zu lassen. Diese dreistufige Selbstverpflichtung gilt in jedem Fall, also auch dort, wo es nach Jonas (1979, 177) keine Verantwortungsverhältnisse gibt, unter völlig Ebenbürtigen. Denn auch diese, etwa Ehepartner, Geschwister, Bürger, übernehmen gegeneinander Aufgaben.

Um die Frage zu beantworten, welche Versprechen die Wissenschaften denn abgegeben haben, werden wir einige wissenschaftsgeschichtliche Überlegungen anstellen. Ihnen ist aber die semantische Frage nach den Modalitäten des Versprechens noch vorgelagert. Um die Verbindlichkeit selbst geht es dabei nicht, diese bleibt sich vielmehr gleich; unterschiedlich ist lediglich die Art, wie die Versprechen abgegeben werden. Analog zu den Modalitäten der traditionellen Urteilstafel kann die Übernahme von Zuständigkeiten möglicherweise (problematisch), tatsächlich (assertorisch) oder notwendigerweise (apodiktisch) erfolgen; entsprechend gibt es problematische, assertorische und apodiktische Verantwortlichkeiten.

Ohne Zweifel gelten jene Zuständigkeiten apodiktisch, die im bloßen Begriff der Wissenschaft liegen. Damit wird nicht behauptet, daß die Wissenschaft selber notwendig sei, wohl aber, daß, wer Wissenschaft betreibt, eo ipso gewisse Zuständigkeiten übernimmt. Die für die Wissenschaft unaufgebbare, die ihr *angeborene* und zugleich unstrittige *Verantwortung* besteht in der Suche nach objektiver Erkenntnis. Sie erfüllt übrigens die Bedingung, die ein Skeptiker gegen die Ethik wie Luhmann von dieser einfordert; sie ist funktionsspezifisch.

Es fehlt zwar, was ein anderer Skeptiker, Marquard (1984, 24), für unerläßlich hält, eine klar definierte Verantwortlichkeit. Trotzdem ist die Zuschreibung der Verantwortung berechtigt. Denn zu bestimmen, was »objektive Erkenntnis« des näheren heißt und wie man sie methodisch sucht, also die Umsetzung der einen Generalverantwortung in dann viele spezifische, je nach Disziplin andersartige Verantwortlichkeiten, bildet selber einen Teil der der Wissenschaft angeborenen Aufgabe.

Innerhalb der apodiktischen Verantwortung kann man drei Stufen unterscheiden. Die Elementarstufe, eine methodische Gewissenhaftigkeit, ist von jedem einzelnen und zu jeder Zeit zu verlangen. Die mittlere Stufe, Originalität und Kreativität, ist nur für den Forscher unverzichtbar. Und für die anspruchsvollste Stufe, die wissenschaftliche Selbstkritik, die sich fragt, ob die Leitaufgabe durch die jeweils dominierenden Methoden noch hinreichend befördert werde, reicht es aus, wenn sich einige mit ihr befassen. Die entsprechenden Debatten, bekannt als Methodenstreit oder als Kontroversen über Rationalitätsbegriffe und erkenntnisleitende Interessen, bilden jedenfalls einen festen Bestandteil der wissenschaftskonstitutiven Verantwortung.

Die konstitutiven Verantwortlichkeiten werden im wesentlichen wissenschaftsintern, etwa durch soziale Strukturen und das in ihnen herrschende Klima, geregelt. In dieser Studie gehen wir auf sie nicht ein, ebensowenig auf die soziale Umwelt. Dort, wo noch Zensur und Inquisition drohen, ist Marquards (1984) Plädoyer für eine Neugierlizenz aktuell; von den westlichen Demokratien ist sie jedoch längst, sogar in Form eines Grundrechts, erteilt. In einem absoluten Sinn gültig ist das Grundrecht allerdings nicht; im Fall einer Konkurrenz sind Wissenschafts- und Forschungsfreiheit den anderen Grundrechten oft nachgeordnet. Was einem Wissenschaftler gegen sich selbst rechtlich erlaubt ist, wird ihm nämlich gegen andere verwehrt; weder darf er deren Leib und Leben gefährden noch deren Eigentum aufs Spiel setzen.

Damit stoßen wir auf eine zweite und wieder angeborene Zuständigkeit. Gemäß den beiden Seiten der Primärverantwortung gibt es die angeborene Verantwortung ebenfalls in zwei Formen. Wissenschaftsspezifisch, deshalb nur relativ angeboren, ist die Aufgabenverantwortung für objektive Erkenntnis. Dagegen besteht unspezifisch und absolut angeboren, unabhängig davon, ob man Wissenschaft treibt oder nicht, eine generelle Handlungsverantwortung, namentlich die Mitverantwortung für eine Anerkennung der Grund- und Menschenrechte.

Unter die zweite Modalität, die assertorische Verantwortung, fallen die Zuständigkeiten, die nicht schon im Begriff der objektiven Erkenntnis mitgesetzt, von den Wissenschaften aber de facto übernommen worden sind. Aus dem täglichen Leben kennen wir zwei Untergruppen, die sich im Fall der Wissenschaften wiederfinden dürften. Neben einer ausdrücklichen Übernahme von Ver-

antwortung (etwa in einem Ehevertrag) gibt es auch die stillschweigende Übernahme; wer Kinder zur Welt bringt, trägt für sie – ob er will oder nicht – Verantwortung.
Für die dritte Modalität, für Aufgaben, die jemand möglicherweise übernimmt, ist die Abgrenzung gegen die zweite Modalität nicht immer leicht zu ziehen. Wie sieht es beispielsweise mit Aufgaben aus, die jemandem mit einer gewissen Zwangsläufigkeit historisch zuwachsen? Aus der Theorie sozialer Institutionen (vgl. Schelsky 1970) wissen wir, daß sich in Institutionen, die sich zugunsten elementarer Bedürfnisse ausbilden, im Laufe der Geschichte neue, sekundäre und tertiäre Bedürfnisse entwickeln. Weil die Entwicklung oft so gut wie unvermeidbar ist, tragen die Institutionen, auch wenn sie zunächst nicht dafür eingerichtet worden sind, gleichwohl eine mehr als nur problematisch gültige Verantwortung.
Sprechen könnte man hier von einer moralischen Verantwortung. Etwas, das schon für die ausdrücklich übernommenen Aufgaben gilt, trifft für sie um so mehr zu: Es gibt Ermessens- und Interpretationsspielräume, auch gewisse Konventionen, die darüber entscheiden, ab wann eine Aufgabe als historisch zugewachsen gilt. Dazu ist eine generelle Bemerkung vonnöten: Nur einfache Zuständigkeiten folgen einem Muster, mit dem andere Zuständigkeiten zutiefst mißverstanden werden, einer Buchhalterverantwortung, die vorweg und in einem simplen Pflichtenheft ausbuchstabiert wird. Wenn wir von »den Verantwortlichen« sprechen, meinen wir Personen, deren Aufgaben strukturell komplexer sind. Wie bei der Idee der objektiven Erkenntnis, so gibt es auch hier lediglich allgemein formulierte Leitprinzipien, die immer wieder neu und je verschieden in konkrete Aufgaben zu »übersetzen« sind. Außerdem kann es mehrere, häufig genug konkurrierende Prinzipien geben. Die dann erforderliche Verantwortung, eine sowohl schöpferische wie abwägende Kompetenz, ist schon von den Eltern gegen ihre Kinder gefordert, ferner von Wirtschaftsführern für ihre Unternehmen und von Amtsträgern für ihre Amtsbereiche.
Für eine Zeit, die über die Urteilskraft zu reflektieren verlernt hat, ist es ungewohnt zu sehen, daß neben der genuin moralischen Seite, der Gewissenhaftigkeit, und neben kommunikativen Fähigkeiten auch ein hohes Maß an kognitiven Leistungen gefragt ist: die Fähigkeit, auch dort Zuständigkeiten wahrzunehmen, wo sie

nicht vorweg normiert sind; die Fähigkeit, verschiedene Leitaufgaben gegeneinander abzuwägen; schließlich die Fähigkeit, Ermessens- und Handlungsspielräume im Licht von Gefahren und Chancen richtig auszufüllen (siehe unten Kap. 15).

Weil es auf grundverschiedene Fähigkeiten, auf moralische, auf kommunikative und kognitive Kompetenzen, ankommt und weil diese in hohem Maß komplex sind, lassen sich die entsprechenden Rollen und Ämter auf verschiedene Weise mißbrauchen. Die »Moralisten« erheben gern den Zeigefinger und werfen, mit einem Tremolo der Empörung, den anderen Gewissenlosigkeit vor. In Wahrheit fällt der Vorwurf nicht selten auf sie zurück; sie ersparen sich die Mühe, die jeweiligen Sachgesetzlichkeiten, Funktionsabläufe und historischen Randbedingungen zu studieren und sich allfälligen Güterabwägungen zu unterziehen. »Opportunisten« machen sich dagegen die mangelnde Normierung zunutze und suchen nach persönlichen oder gruppenspezifischen Vorteilen. Die »Buchhalter« wiederum erliegen einer charakteristischen Verschiebungs- oder Verdrängungsgefahr; auf genaue Normierungen fixiert, lassen sie, was Kreativität und Urteilsfähigkeit erfordert, die Leitverantwortungen, außer acht. Für alle drei Stufen – für die Zuständigkeiten, für die Rechenschaft und die Haftung – ist deshalb vor jeder Vereinfachung zu warnen: Ohne Gewissenhaftigkeit bleibt die Rede von wissenschaftlicher Verantwortung ein trockenes Versichern, ohne ein hohes Maß an kognitiven und kommunikativen Fähigkeiten bleibt sie ein frommer Wunsch.

3. Zum Kontrast: Aristoteles

So neu, wie die Kritiker einer Wissenschaftsethik, aber auch ihre Verteidiger glauben, ist das Thema nicht. Aristoteles zeigt, daß schon die Antike es kennt; allerdings hat sie sowohl für die Wissenschaft als auch für die Moral einen anderen Begriff. Die Auseinandersetzung mit Aristoteles hilft daher nicht nur, der modernen Wissenschaft ein schärferes Profil zu geben; sie öffnet auch den Horizont für neue Fragen und dabei für jene positive Würdigung der Wissenschaft, die dem Prinzip Verantwortung, da auf Rechenschaft und Haftung ausgerichtet, fehlt.

3.1 Bloße Wißbegier

Besondere Aufmerksamkeit verdient ein Text, den man für eine Ethik wenig in Betracht zieht, das Anfangskapitel der *Metaphysik*. Er entwickelt eine Stufenfolge von epistemischen Fähigkeiten, die in der Idee eines schlechthin höchsten Wissens gipfelt. Dieses Vorgehen erlaubt es, die epistemischen Möglichkeiten in ihrem Reichtum auszubreiten, ohne sich in einer bloßen Vielfalt zu verlieren. Es verbindet jedoch deskriptive mit normativen Gesichtspunkten, so daß die Gefahr droht, »bessere« Formen des Wissens vor »weniger guten« auszuzeichnen. Namentlich die Neuzeit erklärt, von der Methode her gesehen, die Mathematik und die Naturwissenschaften zu den strengeren Disziplinen. Darauf »kontern« die Geistes- und Sozialwissenschaften mit einem neuen Gesichtspunkt, der die Rangfolge genau umkehrt, mit dem erkenntnisleitenden Interesse. Höher einzuschätzen als das technische Interesse der Natur- und mancher Sozialwissenschaften sei das praktische Interesse der historisch-hermeneutischen Disziplinen; und ein nochmals höherer Rang gebühre, wegen ihres emanzipatorischen Interesses, den kritischen Wissenschaften (vgl. Habermas 1968).

Aristoteles gelingt es, derartige »Konkurrenzkämpfe« zu unterlaufen; seine Stufenfolge zeichnet sich durch ein hohes Maß an epistemischer Toleranz aus. Da weder die Strenge der Methode eine Rolle spielt noch unmittelbar der »humane Wert« der Er-

kenntnis, kann er die Möglichkeiten in ihrem Eigengewicht anerkennen und sie trotzdem in einen systematischen Zusammenhang bringen, in eine Art Phänomenologie des Wissens. Allzu eifersüchtig auf eine Sonderstellung des Menschen pocht Aristoteles dabei nicht; er beginnt mit einer Wissensform, über die schon Tiere verfügen, mit der Wahrnehmung. Auf ihr baut jede weitere Stufe dergestalt auf, daß sie die Leistung der vorangehenden Stufe weiterführt und insofern den Rang einer höheren, aber lediglich wissensimmanent, einer epistemisch höheren Stufe einnimmt.
Von Platon bis zu Husserl und dem Wiener Kreis erhält die Wissenschaft eine Auszeichnung, derentwegen alle anderen Wissensformen zu veröden drohen; wer die Wissenschaft zur Höchst- und Vollendungsform des Wissens erklärt, verleiht ihr eine Dominanz, die auf die anderen Formen entmündigend wirkt. Aristoteles entgeht dieser Gefahr, indem er die epistemisch niedrigeren Stufen in den epistemisch höheren nicht einfachhin aufgehoben sieht. Was beispielsweise die Sinneswahrnehmung leistet, die entscheidende Kenntnis des einzelnen (*Metaphysik* I 1, 981b 11), wird durch die höheren Stufen weder erweitert noch in ihrem Rang geschmälert, womit er eine bloß relative, nicht absolute Höherstufigkeit vertritt.
Gegenüber Hegel, den man gern als den großen Aristoteliker der Neuzeit versteht, zeigt sich hier eine gewichtige Differenz. Während die *Phänomenologie des Geistes* die epistemischen Leistungen der jeweils niedrigeren Stufen vollumfänglich relativiert, läßt Aristoteles ihr Eigenrecht gelten. Er hält die früheren Stufen nicht für das Unwahre und nimmt auch keine andere Relativierung vor, außer dieser einen, daß eine fortschreitende, nicht quantitative, sondern strukturelle Anreicherung stattfindet; zu den schon vorhandenen epistemischen Leistungen treten sukzessiv neue hinzu: Aus dem Festhalten von Wahrnehmungen entsteht als zweites die Erinnerung (*mneme*). Wer Erinnerungen miteinander verknüpft und dabei Zusammenhänge entdeckt, etwa Ursache-Wirkung-Beziehungen, der macht eine Erfahrung (*empeiria*), die nach Aristoteles' Begriff das Wissen um individuelle Sachverhalte meint. Wer nun erkennt, warum die Sachverhalte so sind, wie sie sind, wer nicht bloß um das Daß (*hoti*), sondern auch um das Warum (*dioti*) weiß, der erreicht die inzwischen vierte Stufe. Auf ihr finden sich zwei Wissensformen; in beiden, sowohl der Kunst (*techne*) wie der Wissenschaft (*episteme*), geht es um ein Allgemeines.

Das entsprechende Wissen um Begriffe (*eidos*: 981 a 10; *logos*: 981 b 6) und Gründe (*aitia*: 981 a 30) läßt sich, strukturell gesehen, noch einmal, aber auch nur noch einmal steigern. Im Wissen um die Gründe von Gründen, im Wissen um die ersten Gründe und Prinzipien (*peri ta prota aitia kai tas archas*: 981 b 28 f.), wird die Wissenschaftlichkeit, verstanden als Erkenntnis des Allgemeinen, potenziert. Auf die Frage, worin genau dieses Wissen besteht, scheint Aristoteles im Laufe seiner Denkentwicklung mit verschiedenen Konzeptionen geantwortet zu haben, beispielsweise mit einem Wissen vom höchsten Seienden, also mit einer philosophischen Theologie, und mit dem Wissen von höchsten Gesichtspunkten, dem Wissen vom Seienden als Seienden, also mit einer Ontologie. Eine Phänomenologie des Wissens kann diese Frage aber beiseite lassen; ihr Ziel, den Begriff eines strukturell höchsten Wissens, hat sie schon erreicht. Aristoteles spricht von Weisheit (*sophia*: 981 b 28), andernorts von Philosophie oder Erster Philosophie und, als Tätigkeit verstanden, von Theoria. Vor allem gilt: auch wenn die Folge epistemischer Stufen ihren grundsätzlichen Abschluß erst hier findet, genügt schon die vorangehende Stufe dem hohen Anspruch, der in der *Zweiten Analytik* (I 2, 71 b 9-12) *episthastai haplos* heißt, schlecht- und einfachhin: Wissen. Weil man den Grund kennt, weiß man, daß sich die Sache nur so und nicht anders verhalten kann; man hat ein mehr als akzidentelles (*kata symbebekos*), ein wirkliches Wissen.

Obwohl diese Phänomenologie vor mehr als zwei Jahrtausenden entwickelt wurde, kann ihr Grundmuster, die epistemisch immanente Steigerung, bis heute überzeugen. Nicht so überzeugend, sogar irritierend ist erst, daß Aussagen, die wir säuberlich zu trennen gewohnt sind, miteinander verknüpft werden. Auf eine nicht nur äußerliche Weise gehen in die Beschreibung der Wissensformen normative Überlegungen ein; Aristoteles stellt die Legitimationsfrage – »Warum belastet man sich überhaupt mit dem Unternehmen Wissenschaft?« – und gibt darauf zwei grundverschiedene Antworten.

Die erste Antwort wird zwar nicht ausgesprochen, aber gewissermaßen praktiziert; mit der Art, in der er die Phänomenologie entwickelt, behauptet Aristoteles, es gebe eine dem Wissen immanente Vollendung. Die Behauptung ist teleologischer Natur und trotz der neuzeitlichen Skepsis gegen Teleologie ohne Zweifel stichhaltig. Zu suchen ist ein Wissen der beiden höchsten Stufen, weil man dann in einem epistemischen Sinn (*kata to eidenai mallon*: 981 a 27) mehr weiß. In der Tat: wer nur Wahrnehmungen sucht, aber nicht auch deren Festhalten, ferner: wer sich mit Erinnerungen begnügt, ohne deren Zusammenhänge zu erkennen, schließlich: wer Erfahrung sammelt, ohne sich für die einschlägigen Allgemeinheiten zu interessieren, verschenkt jeweils eine Möglichkeit epistemischer Steigerung. Dagegen gibt es über die Ebene des Allgemeinen hinaus, genauer: über ein Allgemeines von höherer Stufe, keine weiteren epistemischen Möglichkeiten. Zugunsten der zwei höchsten Stufen führt Aristoteles übrigens ein flankierendes Argument an; wer die Begriffe und Gründe kenne, besitze eine epistemische Souveränität; er könne die Sache auch lehren (981 b 5-10).

Das Argument der epistemischen Teleologie gibt den Wissenschaften eine gewiß nicht zureichende, aber doch gültige Legitimation. Daß es Aristoteles trotzdem nicht ausspricht, besagt, daß sein Hauptinteresse bei dem anderen, ausdrücklich vorgetragenen, der Phänomenologie sogar vorangestellten Argument liegt; ihm geht es um die Motivation oder Antriebskraft. Von der Frage einer epistemischen Steigerung unabhängig, spielt das Argument eine Rolle innerhalb der Wissensstufen und erlaubt deshalb eine weitere Differenzierung. »Alle Menschen«, heißt es zu Beginn der *Metaphysik*, »streben nach Wissen von Natur aus«.

Von einer Berufung auf die Natur befürchtet man heute generell, daß sie unkontrollierte Vorurteile einschleichen läßt. Das Argument der *Metaphysik* trägt aber die Handschrift des nüchternen Arztsohnes. Jeder schwärmerischen Spekulation abhold, führt Aristoteles einen verblüffend einfachen und um so überzeugungskräftigeren Beleg (*semeion*) an; für eine natürliche Wißbegierde spreche die Freude (*agapesis*), die Menschen an Sinneswahrnehmungen haben. Durchdeklinieren könnte man die Freude an allen fünf Sinnen; es gibt eine Lust des Hörens, eine andere des Fühlens und Begreifens, eine dritte des Schmeckens, eine vierte des Riechens und vor allem, sagt Aristoteles, die Freude am Sehen, die Augenlust.

Von »Natur« aus bedeutet in diesem Zusammenhang zweierlei. Einmal drückt die Freude eine von innen heraus erfolgende Zustimmung aus. Das Verlangen nach Wissen tritt nicht zufällig auf, da es aus dem Menschen selbst kommt; es ist nicht Last, sondern Lust, also Wiß-begier in einem wörtlichen Sinn. Zum anderen

meint »Natur« die Anfangsbedingungen; die behauptete Lust liegt nicht erst den höheren Wissensformen zugrunde; sie beschränkt sich auch nicht auf gewisse Temperamente, wie den melancholischen Grübler; die Wißbegier ist Sache des Menschen als Menschen. Diesen anthropologischen Rang der Neugier kann die heutige Forschung unschwer bestätigen. Für die individuelle Biographie finden wir in der Entwicklungspsychologie, für die Menschheitsgeschichte in der dafür maßgeblichen Wissenschaft, der der gattungsgeschichtlich gesehen jungen Kulturen, also in der Ethnologie, reiches Material dafür, daß eine bloße Lust an Sinneswahrnehmungen dem Menschen so gut wie überall und von Anfang an zu eigen ist.
In beiden Bedeutungen, in der Natur als »Wesen« der Sache und als Anfang einer Entwicklung, fehlt nun das, was dem neuzeitlichen Methodenbewußtsein die Zustimmung erschweren würde; weder schleichen sich normative Elemente noch teleologische Überlegungen ein. Trotzdem hat Aristoteles eine erste Legitimation schon erreicht; das Wissen gehört zu den Dingen, die der Mensch, so wie er sich nun einmal vorfindet, aus sich heraus bejaht. Bejaht wird freilich erst jene Elementarform, die der Mensch mit den Tieren teilt; ausgewiesen ist die natürliche Wißbegierde erst für ein (epistemisches) Subhumanum.
Um auch die Wissenschaft zu legitimieren, könnte man das Argument der natürlichen Wißbegierde mit dem der epistemischen Teleologie verbinden. Da die dem Wissen innewohnenden Chancen erst auf den höchsten Stufen ausgeschöpft werden, sei auf sie zu »übertragen«, was schon für die Elementarform gelte, ein natürliches Verlangen nach Wissen. Freilich stellt sich die Frage nach der Modalität einer derartigen Legitimation: Hat der Mensch das besagte Verlangen de facto, oder wird es lediglich postuliert? Im ersten Fall könnte man auf den Umweg der Teleologie verzichten und die entsprechende Wißbegier unmittelbar ausweisen, im andere Fall läge ein bloßer Wunsch vor; hier reicht die Teleologie nicht aus, dort ist sie überflüssig.
Aristoteles tut gut daran, sich auf eine derart »spekulative Anthropologie«, auf die Verbindung einer anthropologischen Aussage mit einer epistemischen Teleologie, nicht einzulassen. Lieber wirft er in die Welt des Menschen einen direkten Blick und entdeckt dann erneut eine innere Zustimmung. Da er das Wissen einer inzwischen höheren Stufe diskutiert, beruft er sich auch auf

eine höherstufige Zustimmung. Nicht mehr von einer unmittelbaren Zuneigung (*agapesis*) spricht er, sondern von einer strukturell komplexeren Bejahung; in Anspielung auf Platons *Theaitetos* (155 d) beruft er sich aufs Staunen (*thaumazein*: I 2, 982 b 12-17). Man könnte darunter ein achtungsvolles Bewundern verstehen, jene Ehrfurcht vor der Ordnung des Universums, die den Philosophen »mit immer neuer und zunehmender Bewunderung« erfüllt (Kant, *Kritik der praktischen Vernunft*, v, 161) und von der der Fromme sagt, die Welt sei von Gott wohlgeschaffen. In der heutigen Wissenschaftsethik spielt dieser Argumentationstyp bekanntlich eine Rolle, und Aristoteles ist er nicht einfachhin fremd, da er der Welt der Gestirne einen ontologisch höheren Rang zubilligt als dem Menschen. Ein derartiges Staunen bezieht sich aber auf das Erklärbare, während es der zitierten Stelle auf Unerklärliches (*to atopon*) ankommt. Dort geht es um die Harmonie des Universums, hier um eine Disharmonie: Ereignisse fallen anders als erwartet aus; man ist irritiert; die gewohnten Erklärungen führen in eine Sackgasse (*diaporesantes*).
Gemeint ist also weder das affirmative Staunen, das andächtig sagt: »Es ist gut so«, noch eine Art von »inkriminatorischem Staunen«, das sich über ungerechte Verhältnisse erbost. Aristoteles geht es vielmehr um jenes skeptische Staunen, das eintritt, wenn etwas Unerwartetes stattfindet; man wundert sich zum Beispiel »über die Sonnenwende oder über die Inkommensurabilität der Diagonalen« (*Metaphysik* I 2, 983 a 15 f.). Wer dann nachforscht, Gründe oder Ursachen entdeckt und durch sie die Phänomene aufzuklären versteht, zeigt wieder durch die Tat, daß er am bloßen Wissen Lust hat. Im skeptischen Staunen bezieht sich die natürliche Wißbegierde auf die epistemisch höheren Stufen; zutage tritt nicht etwa eine höherstufige Lust am Wissen, sondern die Lust an einem höherstufigen Wissen.

3.2 Steigerung der Wissenschaftsfreiheit

Von Aristoteles aus gesehen erscheint die heutige Debatte um Wissenschaft und Technik selbst dort, wo sie einen fundamentalphilosophischen Anspruch erhebt, als entschieden zu eng. Der hier maßgebliche Denker, Heidegger, bestimmt den Ursprung der Technik im wesentlichen nur ontologisch oder metaphysisch, jedenfalls theoretisch. Damit entgeht ihm, daß, innerepistemisch gesehen, technisches und nichttechnisches Wissen gar nicht verschieden sind; beide erforschen ein Allgemeines und suchen ein Allgemeines derselben Art: Begriffe, Gründe und Prinzipien. Die Differenz erschließt sich erst einer praktischen, genauer: ethischen Frage, denn technisches und nichttechnisches Wissen unterscheiden sich in ihrer Intention. Eine gründliche Wissenschaftsethik bewahrt deshalb das fundamentalphilosophische Interesse eines Heidegger, löst sich aber von einer weit verbreiteten Engführung und zeigt: Fundamentalphilosophie gibt es nicht nur im Sinne einer Ontologie, sondern ebenso als Ethik.

Ob es sich als einfache Wißbegier oder als skeptisches Staunen realisiert – in beiden Fällen eines nichttechnischen Wissens erkundet man die Welt *choris tes chreias* (*Metaphysik* I 1, 980 a 22) bzw. *me pros chresin* (981 b 19 f.; vgl. I 2, 982 b 21), also unabhängig von der Sphäre der Bedürfnisse und Nützlichkeiten. Ohne jeden Blick auf irgendeine Verwendbarkeit ist das Wissen weder ein Mittel zum Ziel noch ein Zwischenziel, es hat vielmehr den Charakter eines Selbstzwecks. Mit Hilfe dieses Kriteriums unterscheidet nun Aristoteles die eigentliche Wissenschaft, die Episteme, von der Techne; jene erfüllt dieses Kriterium, diese nicht. Wir neigen heute zur Ansicht, Technik und Wissenschaft verhielten sich zueinander wie angewandte Wissenschaft und Grundlagenforschung; Grundlagen im Sinne eines Allgemeinen untersuchen sie aber, Aristoteles zufolge, gleichermaßen. Techne nennt Aristoteles ein Wissen, das die Grundlagen für eine mögliche Anwendung erforscht, »theoretisch« eines, dem der Gedanke an Anwendbarkeit fremd ist. Was sich heute Grundlagenforschung nennt, ist also nach Aristoteles – fast – immer schon Technik.

Im Begriff »Selbstzweck« liegt nun der zweite Legitimationsgrund. Was man um seiner selbst willen tut, erfüllt das Kriterium des antiken Moralprinzips, der Eudaimonia. Sein Gutsein läßt sich nicht mehr steigern; es ist für sich selbst wünschenswert, genügt sich also selbst (vgl. *Nikomachische Ethik* I 5). Man sagt heute gern, Wissen sei ein Wert an sich. Darin liegt eine eigentümliche Umwandlung, sogar Verkehrung des Aristotelischen Gedankens, dem zufolge man die für den Menschen natürliche Wißbegier um ihrer selbst willen zur Vollendung bringen könne. Das Können realisiert sich nämlich nicht, wie das heutige Wort unterstellt, in jedem Wissen. Wissenschaftspolitisch gesehen ist die

Hochschätzung des bloßen Wissens zwar verständlich, denn es entzieht selbst jenes Wissen, das nach Aristoteles lediglich nutzenorientiert ist, einem lästigen Legitimationsdruck. Diesem Druck entzogen ist aber nur ein Wissen, das sich selbst legitimieren kann, eine radikal nutzenfreie Forschung. Wir werden von Theoria sprechen und darunter – von Aristoteles abweichend – das Wissen sowohl der Episteme wie der Sophia verstehen.
Man könnte den Charakter des Selbstzwecks psychologisch verstehen wollen: als jene volle Aufmerksamkeit, die wir »Selbstvergessenheit« nennen und bei der wir, alles andere beiseite setzen, in der gegenwärtigen Tätigkeit vollständig aufgehen. Aber der »Dieb in der Nacht«, der Eingeborene, der einem Wild nachstellt, und der Arzt, der operiert – sie alle gehen in ihrer Tätigkeit ganz auf und praktizieren trotzdem nur Techne. Aristoteles meint eine »epistemische Selbstvergessenheit«: daß die Erkenntnis rein und um ihrer selbst willen gesucht wird; das Theoria-Wissen ist sich selbst genug.
Auch ein biographisches Verständnis, demzufolge man aus dem Wissen keinerlei persönlichen Nutzen sucht, trifft nicht die Sache. Weil ein wissenschaftliches Wissen, wie Aristoteles betont, lehrbar ist, kann es, innerepistemisch gesehen, um seiner selbst willen gesucht werden und trotzdem, biographisch betrachtet, in Dienste gestellt werden, sei es des Lebensunterhaltes, sei es des didaktischen Erfolges oder der großen Auflagenziffern. Umgekehrt kann medizinisches oder ingenieurwissenschaftliches Wissen, weil wissenschaftlicher Natur, persönlich um seiner selbst willen gesucht werden und hat trotzdem seiner epistemischen Struktur nach einen technischen Charakter.
Für die epistemische Elementarstufe sieht Aristoteles die Wißbegier bei allen Menschen, für die Wissenschaft und Philosophie nur noch bei wenigen gegeben. Zuvor müßte nämlich sowohl für die Notwendigkeiten (*pros tanangkaia*: 981 b 18) wie für die Annehmlichkeiten des Lebens (*pros diagogen*: b 18; *pros hedonen*: b 21) Sorge getragen sein; erst dann gebe es, was *schole* (vgl. b 23) heißt: nicht Müßiggang, aber Muße. Nun läßt insbesondere das Kriterium »Annehmlichkeiten« einen weiten Spielraum zu. Wird es eng ausgelegt, so wird die Muße bald möglich; wird es extensiv verstanden, dann sind selbst reiche Zivilisationen und innerhalb ihrer: selbst reiche Individuen für Mußetätigkeiten zu arm.
Die Möglichkeit von Theoria ist an mindestens zwei weitere Vor-

bedingungen geknüpft, die Aristoteles jedoch übergeht. Die eine tritt, sozialgeschichtlich gesehen, erst später zutage. Erst wer entdeckt, daß den Freiraum der Muße unterschiedliche Tätigkeiten ausfüllen können, außer der Theoria etwa das Spiel, die Kunst und die Musik, stößt auf eine Konkurrenz von Mußetätigkeiten. Damit sich dann die spezifische Muße des Wissens durchsetzt, bedarf es einer Präferenz, die dort, wo man den Menschen, wie in der Antike, vom Logos her definiert, zugunsten der Theoria ausfällt, bei einem anderen »Menschenbild« aber nicht mehr. Die zweite Vorbedingung wird von den antiken Philosophen generell verdrängt: daß für die Lebensbedürfnisse, die auch Philosophen haben, die anderen sorgen müssen; die Hingabe an eine nutzenfreie Wissenschaft ist ein aristokratisches Unternehmen.

Daß es gibt, wofür sich Aristoteles einsetzt, ein Wissen, das nicht mehr, aber auch nicht weniger will, als lediglich Wissen, wird heute vom Theorem der erkenntnisleitenden Interessen grundsätzlich bestritten. Statt sich mit der »liberalen« These zu begnügen, den meisten Wissenschaften läge eines dieser Interessen zugrunde, behauptet das Theorem, Wissenschaft sei stets an ein Interesse – an das der Herrschaft, des Verstehens oder aber der Emanzipation – gebunden. Bei Aristoteles entdecken wir ein überzeugungskräftiges Gegenargument. Aus dem genannten *thaumazein*, dem weder affirmativen noch inkriminatorischen, vielmehr skeptischen und insofern rein theoretischen Staunen entsteht eine eigene, weder hermeneutische noch kritische, vielmehr rein theoretische Wissenschaft.

Schon die Wirklichkeit einer reinen Mathematik stellt den Exklusivitätsanspruch, den das Theorem der erkenntnisleitenden Interessen erhebt, in Frage. Dasselbe trifft auf die genannten Projekte einer Fundamentalphilosophie, auf die Ontologie und die philosophische Theologie zu, dasselbe auf eine Physik, die über die Grundarten natürlicher Bewegungsprozesse und über die noch vorempirischen Begriffe von Raum, Zeit und Kontinuum nachdenkt. Und wenn Aristoteles in *De motu animalium* die Bewegungsfähigkeit der Lebewesen im allgemeinen untersucht und in *De anima* die kognitiven und nichtkognitiven Grundfähigkeiten, so führt er auch hier vor, was *choris tes chreias* zu wissen heißt. Das Gesuchte steht auf einer Allgemeinheitsstufe, die eine Nutzung im Sinne einer der drei Erkenntnisinteressen nicht ernsthaft zuläßt. Aus Vorsicht mag man einen historischen Index hinzusetzen. Zumindest damals war bei dem genannten Wissen nicht an das zu denken, was man heute ein Herrschafts- oder Verfügungswissen, ein Orientierungswissen und ein emanzipatorisches Wissen nennt. An entsprechender Stelle praktiziert Aristoteles eine rein »theoretische Hermeneutik der Natur«; aus purer Lust, beobachtbaren Sachverhalten auf den letzten Grund zu gehen, will er verstehen, wie die Natur »funktioniert«, wie sie intelligibel wird.

Wer lediglich in Begriffen von Interessen denkt, neigt zwar zu einer Geringschätzung der bloß intellektuellen Neugier; für die umgekehrte Einschätzung, den Vorrang des Theoretischen, kann Aristoteles aber zwei Argumente anführen. Das eine verwendet er in den Einleitungskapiteln der *Metaphysik*, das andere in den Schlußkapiteln der *Nikomachischen Ethik*. In der *Metaphysik* beruft er sich erstaunlicherweise nicht auf eine metaphysische Eigenschaft, sondern auf etwas, das den vollberechtigten Bürger auszeichnet. Weil die entsprechende Wissenschaft nicht in fremden, sondern in eigenen, nur epistemischen Diensten stehe, sei sie *eleutheros*, frei (I 2, 982b 25-27). Dabei ist unter der Freiheit weder die (psychologische) Handlungsfreiheit noch die (moralische) Willensfreiheit, vielmehr eine politische Freiheit gemeint, die Unabhängigkeit von sozialer Fremdbestimmung. Im selben Sinn kann übrigens auch die Wahrnehmung frei genannt werden, vorausgesetzt, sie ist von bloßer Wißbegier bestimmt. Aristoteles diskutierte es zwar nicht, würde aber anerkennen, daß die Wissenschaft nicht etwa als freier denn die Sinneswahrnehmung gelten kann, ebensowenig wie sie lustvoller ist. Die Steigerung ist nur epistemischer Natur, die Freiheit bleibt dieselbe; ein Tätigsein, das um seiner selbst willen erfolgt, ist es ipso frei.

Unter der Wissenschaftsfreiheit verstehen wir heute ein Grundrecht, den subjektiven Anspruch der Wissenschaftler, ihre Themen, Methoden und Hypothesen selber zu wählen. Dem entspricht auf der institutionellen Ebene das Prinzip der Selbstverwaltung; ihm zufolge sollen die Wissenschaften in der Lage sein, den eigenen Gesetzen zu folgen. Aristoteles zeigt, daß es eine weitere Bedeutung gibt: einen weder subjektiven noch institutionellen Begriff, der zudem die Wissenschaftsfreiheit noch steigert. Die Wissenschaft folgt nicht nur ihren eigenen Gesetzen, sondern übernimmt auch keinerlei Dienste und findet genau darin, im Fehlen jedes externen Interesses, ihre Legitimation. Nun verdankt

sich diese Freiheit einem Evolutionsschub, der lange vor der Neuzeit erfolgt. Schon in der Antike geschieht also, was die Neuzeit nur bekräftigen oder aber in Frage stellen kann: die Wissenschaft gewinnt eine zweite und grundsätzlichere Stufe von Freiheit.
Um auf den Verantwortungsbegriff zurückzukommen: Wer das Unternehmen Wissenschaft legitimiert, steht durchaus Rede und Antwort; er verteidigt sich aber nicht, sondern stellt Chancen vor. Die Rechenschaft verliert den Charakter der Apologie und wird zu dem, was in der Antike »Protreptikos« hieß, zu einer Werberede, hier fürs Humanum.

3.3 Eine moralfreie Moral

Die heute dominierende Wissenschaftsethik untersucht die Kriterien, an denen sich wissenschaftliche Ziele und Verfahren als moralisch legitim oder aber illegitim ausweisen; sie befaßt sich mit einer wissenschafts*normierenden* Moral. Wer die Legitimationsfrage aufwirft, erweitert die Ethik nicht nur um eine neue Frage, sondern auch um eine neue Dimension, um die der wissenschafts*legitimierenden* Moral.
Für sie stehen im Prinzip nur zwei Argumentationsstrategien offen. Die wissenschaftsexterne oder pragmatische Legitimation erfolgt von Nützlichkeiten her, die aber nicht etwa nur technischer Natur sind. Auf eine subtilere Weise, aber eben doch einen Nutzen verfolgt auch das Orientierungswissen. Selbst wer sich in den Dienst von Emanzipation und Aufklärung stellt, vollbringt zwar eine humanitäre Leistung, bleibt aber genau damit der pragmatischen Legitimation verpflichtet; einen Selbstzweck hat sein Wissen nicht. Aristoteles schlägt die andere, die nutzenunabhängige, folglich wissenschaftsinterne Legitimation ein und führt zu diesem Zweck zwei Kriterien an. Außer mit dem politischen Begriff von Freiheit argumentiert er, jetzt in der *Nikomachischen Ethik*, in ihren Schlußkapiteln, mit dem Moralprinzip, das der antiken Ethik generell zugrunde liegt.
Nach antikem Verständnis gibt es ein Ziel, um dessentwillen man alle Ziele verfolgt, ein Leitziel, das die anderen Ziele sowohl dominiert wie in einem bestimmten Sinn in sich aufhebt; es ist die Eudaimonie. Was damit inhaltlich gemeint ist, entwickelt Aristoteles über den Gedanken eines *anthropinon agathon*, das heißt

eines Guten, das für den Menschen als Menschen charakteristisch ist (*Nikomachische Ethik* I 1, 1094 b 7; I 6, 1098 a 16 u. ö.). Auch spricht er von einer für den Menschen spezifischen Leistung, vom *ergon (tou) anthropou* (I 6, 1097 b 24 f. und 1098 a 7), nicht zuletzt von dem, was dem Menschen von Natur aus eigentümlich ist: *to oikeion te physei* (X 7, 1178 a 5).

Man übersetzt *eudaimonia* in der Regel mit »Glück«, treffender ist jedoch »Wohlergehen«, da dieser Ausdruck eine Verwechslung mit *tyche* bzw. *fortuna*, dem glücklichen Zufall, verhindert. Zu verstehen ist »Wohlergehen« aber nicht bloß subjektiv, als Wohlbefinden, sondern vor allem objektiv, als Verwirklichung des dem Menschen eigentümlichen Selbst, kurz: als Selbstverwirklichung (siehe unten, Kap. 9). Nun überlassen unsere pluralistische Gesellschaften den Individuen und Gruppen zu entscheiden, wo und wie sie ihre Selbstverwirklichung suchen. Ohne die persönliche Entscheidungsfreiheit einzugrenzen, hält Aristoteles eine für jeden Menschen gültige, insofern objektive Definition für möglich; die charakteristische Leistung des Menschen bestehe in einem Tätigsein gemäß dem *Logos*, zumindest nicht ohne ihn (I 6, 1098 a 7 f.). Erfüllt wird dieses Kriterium auf eine beispielgebende Weise von einem Leben, das zu seinem Ziel und Inhalt die Theoria macht, von der nutzenfreien Forschung des *bios theoretikos*. Die von Aristoteles im einzelnen angeführten Argumente (*Nikomachische Ethik*, X 6-8) können wir hier übergehen, uns interessiert nur deren wissenschaftsethische Tragweite.

Ein erster Gesichtspunkt: Wird die Wissenschaft um ihrer selbst willen gesucht, verwirklicht der Mensch die ihm eigentümliche Fähigkeit; er realisiert Humanität. Die Theoria ist nicht etwa bloß ein Weg; was Emanzipation und Aufklärung noch suchen müssen, ist hier schon gefunden, die Gegenwart des Humanum; Theoria ist nicht bloß ein Medium für menschliche Würde, sondern Darstellung dieser Würde selbst.

Weil die Theoria Muße voraussetzt, ist ihre Möglichkeit an eine relativ hohe ökonomische Entwicklung gebunden. Erreicht wird sie jedoch schon in der Antike, sogar vor der griechischen Kultur, für Aristoteles (*Metaphysik* I 1, 981 b 23-25) schon in Ägypten. Hier liegt ein zweiter wissenschaftsethischer Gesichtspunkt; er bekräftigt die Relativierung der Moderne, die sich schon bei der Freiheit gezeigt hat. Die Verantwortung fürs Humanum, die der Theoria innewohnt, wird bereits durch einen vorneuzeitlichen

Evolutionsschub möglich; die Moderne kann diese Verantwortung nicht mehr steigern, sondern eigentlich nur übernehmen oder aber aufs Spiel setzen. Von Belang könnte dabei sein, daß die theoretische Existenz einer nicht nur kognitiven Anstrengung bedarf; vonnöten ist auch ein Verzicht, in gewisser Weise sogar eine Selbstüberwindung. Wo sie gelingt, liegt eine derart singuläre Leistung vor, daß Aristoteles von etwas Göttlichem spricht. Darin liegt das Paradox des Humanum: nur durch Überwindung von etwas sehr Menschlichem ist man im eigentlichen und vollen Sinn Mensch. Wer zur Theorie finden will, muß etwas leisten, das sowohl den Individuen wie einer Gesellschaftsform schwerfallen mag; er muß sich von der Befangenheit in den Notwendigkeiten und Annehmlichkeiten des Lebens freimachen (vgl. *Metaphysik* I 2, 982b 23f.); nur auf diesem Weg, auch einer Emanzipation, findet man zum wahrhaft Humanen. Eine analoge Befangenheit gibt es vielleicht für kritische Theorien. Verstehen sie ihre gewiß berechtigte Aufgabe, die Emanzipation, perfektionistisch, dann verlieren sie das Worumwillen der Emanzipation aus dem Auge, das humane Leben selbst; denn diese realisiert sich erst, wenn man die Emanzipation hinter sich gelassen hat: in Mußetätigkeiten wie etwa der Theoria.

Ein Drittes: Man wirft heute der Naturforschung eine »Denaturierung des Menschen« vor und macht dafür das Verschwinden von zwei einstmals lebendigen Kräften verantwortlich, des menschlichen Gewissens und der Empathie mit anderen Lebewesen. Selbst wenn die Naturforschung die genannten Kräfte wiedergewinnt, droht die Gefahr, daß die Kräfte vorübergehend oder grundsätzlich zu schwach sind. Der Gefahr prinzipiell enthoben ist man nur dort, wo es der genannten Kräfte gar nicht bedarf. Dies ist dort der Fall, wo man erforscht, wofür sich nur eine reine Wißbegier interessiert, nämlich die unveränderlichen Strukturen des Kosmos.

Hier geschieht, was man sich für die Verantwortung öfter wünscht: man spricht nicht von ihr, sondern nimmt sie einfachhin wahr. Wer sich der Theoria verschreibt, kann sich gegen die Moral (im heutigen Verständnis) gar nicht verfehlen. Weil es die Wissensform von sich her leistet, braucht es sich der einzelne Wissenschaftler nicht mehr vorzunehmen; der genuine Theoretiker handelt lediglich in Form von Denken und realisiert dabei die neuerdings verlangte Ehrfurcht vor der Natur mit Notwendigkeit. Unabhängig von seiner persönlichen Einstellung vollbringt er, was heute als Zusatzforderung erhoben werden muß. Weil sich sein Handeln lediglich als Denken vollzieht, läßt es die Welt so, wie sie vorgefunden wird; eine Verantwortung für Nebenwirkungen ist gegenstandslos; die Theoria ist auf eine Weise, die sich nicht mehr überbieten läßt, ökologiefreundlich. Den großen Widerstand gegen die heutige Tendenz zur totalen Instrumentalisierung der Natur leistet nicht derjenige, der die Natur lediglich schont, sondern der, der sie wie der genuine Theoretiker vollständig in Ruhe läßt.

Ein vierter Gesichtspunkt: Die Theoria hat schon als solche und nicht erst aufgrund von Zusatzleistungen einen moralischen Wert. Vorausgesetzt ist allerdings der antike Moralbegriff, dem zufolge es um die Realisierung menschlicher Möglichkeiten, um Selbstverwirklichung in einem objektiven und empathischen Sinn geht. Insofern der Mensch ein zu Sprache und Wissen berufenes Lebewesen ist, realisiert, wer Mathematik, theoretische Physik, theoretische Biologie oder Philosophie, kurz: wer Theoria betreibt, die Berufung zum Logos in vollendeter Gestalt. Dieses existentielle Gewicht behält die Theoria auch dann, wenn man ihren Rang ein wenig relativiert und sie nicht für die höchste Form, sondern lediglich für eine von mehreren Möglichkeiten von Humanität hält. Wissenschaftsethisch gesehen hat es der genuin theoretische Forscher leicht. Um moralisch gerechtfertigt zu sein, braucht er weder ein Gewissen noch eine Empathie mit der nichthumanen Welt. Auch moralische Einstellungen wie Tapferkeit, Gerechtigkeit oder Großzügigkeit sind bestenfalls sekundär und subsidiär vonnöten. Die Situation ist paradox; zur Theoria im antiken Sinn gehört eine gewissens-, empathie- und tugendfreie, kurz: eine moralfreie Moral.

Wir haben die Legitimationsfrage als eine zweite Dimension der Wissenschaftsethik eingeführt. Im Fall einer wissenschaftsinternen Legitimation, sehen wir jetzt, wird sie zur einzigen Dimension. Wo die Wissenschaft nicht um externer Zwecke willen, sondern tatsächlich um ihrer selbst willen betrieben wird, dort ist die wissenschaftsnormierende Moral gegenstandslos. Folgerichtig beschränkt sich die Wissenschaftsethik auf eine »eudämonistische« Rechtfertigung; am Ende und zugleich Höhepunkt seiner *Nikomachischen Ethik* (Buch x, Kap. 6-9) weist Aristoteles die Theoria als Höchstform menschlicher Selbstverwirklichung aus. Zugleich wird die Verantwortungsfrage – wer ist wofür und vor wem zuständig – sehr einfach. Weil die Theoria weder in den Kosmos eingreift noch ins Leben der Mitmenschen, ist sie – um eine Unterscheidung aus Kapitel 2 aufzunehmen – von der generellen Handlungsverantwortung vollständig entlastet und kann sich auf die spezifische Aufgabenverantwortung konzentrieren. Da man sie in diesem Fall nur vor sich selbst und für sich selbst trägt, ist man, von der Gesellschaft aus gesehen, dem Kreislauf von Anschuldigung, Verteidigung und Urteilsspruch enthoben. Und vor sich selbst ist man a priori gerechtfertigt; denn man führt eo ipso ein gutes und gelungenes Leben.

Ein letztes: Als Gegenwart des Humanum gibt die Theoria für unsere Zivilisation ein Vor- und Gegenbild ab. In einer Gesellschaft, die sich als universales Utilitätennetz darstellt, leistet sie gegen die Tendenz Widerstand, jede Lebenstätigkeit – bald offensichtlich, bald subtil – zu instrumentalisieren. Daß die Wissenschaften noch für viele andere Aufgaben zuständig sind, bleibt ihnen unbenommen. Aber erst wenn sie das Wissen – auch – um seiner selbst willen suchen, zeigen sie, zumindest exemplarisch, was es heißt, ein nicht nur utilitäres, sondern auch humanes Leben zu führen. Zugleich liegt »Ethik« in einem wörtlichen Sinn vor; die Wissenschaften sind, was Ethos ursprünglich bedeutet: ein Aufenthaltsort für den Menschen, eine für ihn charakteristische Existenz. Und hier ist die Verantwortung nicht länger Last, sondern Lust, und zwar eine Lust, die man von niemandem sich nehmen oder abnehmen läßt.

4. Bacon oder die ambivalente Modernisierung

Manchmal sind Trouvaillen gefragt; das Profil einer Epoche sucht man besser in wirkungsmächtigen Leitfiguren. Für die frühe Neuzeit ist wichtiger als jeder andere ein Jurist und Staatsmann, dem ihre Wertschätzung so bedeutende und zugleich unterschiedliche Denker bekunden wie Descartes, d'Alembert und Rousseau, wie Kant und Hegel, Marx, Nietzsche und die frühe kritische Theorie. Erst heute sieht man in seinem Projekt statt der großen Hoffnung nur noch die »Unheilsdrohung« (Jonas 1979, 251); es geht um Francis Bacon.

Aristoteles war selber ein Naturforscher von hohem Rang; noch mehr als zwei Jahrtausende später wird ihm Darwin seine Hochachtung zollen. Der Herold des neuzeitlichen Forschungsideals – und damit beginnt die Differenz zur Antike – ist im damals traditionellen Ideal, der humanistischen Rhetorik, hochgebildet, für das neue Ideal, die experimentelle Naturwissenschaft, dagegen bloßer Amateur: Liebhaber zwar, doch Laie. Bacon, dem wir ohnehin keine nennenswerte Forschungsleistung verdanken, kann nicht einmal mit den Entdeckungen seiner Zeit erkenntnismäßig Schritt halten; selbst ein so wichtiger Vorgang wie die Mathematisierung der Naturwissenschaft bleibt ihm fremd. Der Historiker sieht, daß sogar das eigentliche Lebenswerk, die *Instauratio Magna*, die »Große Erneuerung«, im Anspruch zu hoch greift. Bacon behauptet, der wahre Weg sei noch unbetreten (*Novum Organum* [= *NO*] 1, Aphor. 19); tatsächlich ist er – man denke an Galilei – schon begangen. Aber auch wenn Bacon nur »die allgemeinen Ansichten seiner Epoche« (Rossi 1968, 9) ausgesprochen haben sollte, gilt er doch mit gutem Grund als Ahnherr des neuzeitlichen Wissenschaftsideals. Erst ihm gelingt es nämlich, Ansätze der Epoche in einer Vision von prophetischer Kraft zusammenzufassen und ihr dank einer literarisch geschliffenen Darstellung zu einer ungewöhnlichen Wirkung zu verhelfen. (Aus der Fülle der neueren Bacon-Literatur seien Blumenberg 1973, Kap. IX, Stephens 1977 und Whitney 1986 hervorgehoben.)

Man kann die *Instauratio* als einen Protreptikos lesen, als eine Werbeschrift für eine »künftige Wissenschaft, die als Forschung wird auftreten können«. Bezeichnenderweise schreibt sie in der

Antike der Wissenschaftler und Philosoph, Aristoteles, selber, während die Neuzeit sie einem Politiker und Schriftsteller verdankt. Darin deutet sich eine zweite Differenz an; weil der Wissenschaft eine größere politische Bedeutung zuwächst, tragen für die dann erforderliche Resonanz »Vermittlungsagenturen« Sorge. In der frühen Neuzeit sind es vornehmlich einzelne Schriftsteller; später treten wissenschaftliche Großunternehmen wie die *Encyclopédie* hinzu; und heute spielen die Medien eine wichtige Rolle.

Bacon, der Schriftsteller, beherrscht die Fähigkeit der Humanisten, Gedanken in Bildern auszudrücken. Die Grundmotive der *Instauratio* zeigt schon ihr Titelkupfer: ein Schiff durchfährt die beiden Säulen des Herkules und wagt sich unter vollen Segeln auf den freien Ozean heraus. Die Bildunterschrift verbalisiert das Programm: »Multi pertransibunt & augebitur scientia« (Viele werden hinausfahren, und die Wissenschaft wird wachsen); das »Vorwort« führt es näher aus.

An Modernisierungsmotiven entdecke ich zwölf, zuzuordnen drei Impulsen: einem innerepistemischen, einem humanitären und einem utopischen Impuls. Die genaue Zahl ist natürlich nicht entscheidend, wohl aber die Vielzahl und die Vielfalt. Wer glaubt, die epistemische Moderne folge einem einfachen Plan, stellt sich ein *testimonium paupertatis* aus. Dazu kommt, daß weder das eine Motiv umstandslos in das andere übergeht, noch die Gesamtheit der Motive eine nur positive oder aber bloß negative, jedenfalls eindeutige Bewertung erlaubt. Eine gründliche Diagnose verzichtet auf jene bequeme Einfachheit, die entweder nur das große Heil oder das große Unheil erwartet. Wer die Bedingung eines fairen Prozesses – audiatur et altera pars – anerkennt, gewinnt ein reicheres, auch konfliktreicheres, vor allem aber ambivalentes »Bild«.

4.1 Intellektuelle Emanzipationen

Die Moderne hält sich gern zugute, was das Schiff, das auf den Ozean hinausfährt, symbolisiert, die freie Neugier. In Wahrheit – das zeigt der Blick auf Aristoteles – ist diese sowohl vorneuzeitlich wie vorwissenschaftlich gültig. Modern ist erst, daß die Neugier, nach Aristoteles *physei*, also ein anthropologisches Faktum, jetzt zu einer Aufgabe wird. Verlangt ist ein »per- et transire«, eine

Überwindung der als Meeresenge aufgezeigten epistemischen Selbstbeschränkung. Und darin besteht das *erste Modernisierungsmotiv*: daß die Wissenschaft sich von immanenten Fesseln lösen muß; die Modernisierung geschieht in Form einer intellektuellen Emanzipation.

Die beiden Säulen, die durchfahren werden, symbolisieren Fehleinschätzungen der Erkenntniskräfte; die eine Seite – so präzisiert das »Vorwort« zur *Instauratio* – überbewerte den Verstand, die andere die Erfahrung. Die entsprechende Konkurrenz von Rationalismus und Empirismus erinnert an die *Kritik der reinen Vernunft*. Bacon denkt aber nicht so sehr, wie später Kant, an erkenntnistheoretische Positionen als an damals praktizierte Wissenschaften. Falsch wäre es, Bacon deshalb ein philosophisches Defizit anzulasten. Durch einen streng erkenntnis*theoretischen* Diskurs würde er nämlich seine Intention, einem neuartigen Wissenschaftstyp zum Durchbruch zu verhelfen, nicht erreichen; zu Recht führt Bacon eine erkenntnis*politische* Polemik.

In ihrem Rahmen richtet er die Rationalismuskritik gegen eine an den Universitäten immer noch dominierende Scholastik, der er vorwirft, statt die Welt zu erkunden, ziehe sie sich in die Gelehrtenstube zurück. Heute könnte man dieser Wissenschaft zugute halten, daß sie den moralischen Vorteil der Theoria bewahrt; sie läßt die Natur unangetastet. Bacon hält ihr entgegen, sie vermöge nur zu reden, aber nichts Neues hervorzubringen: »it can talk, but it cannot generate« (*Instauratio*, Vorwort: IV 14); man drehe sich ewig und mit erbärmlichem Fortschritt im Kreise (*NO* I, Aphor. 64), weil man bei den Experimenten ohne einen verläßlichen Plan blind herumsuche und dann nur kuriose, bestenfalls nützliche Effekte produziere. Macht man sich dagegen die Leistungsfähigkeit beider Seiten zunutze und löst sich zugleich von deren Exklusivitätsanspruch, entwickelt man also in einem durchaus dialektischen Sinn eine Synthese, dann werde möglich, was vorher vertan sei, die Chance eines gedeihlichen Zuwachses. Um genau dieser Chance willen plädiert Bacon für die »Große Erneuerung«.

Das Titelkupfer stellt die intellektuelle Emanzipation als eine menschheitsgeschichtlich einmalige Phase dar: die Meeresenge wird überwunden. Das damit beanspruchte Privileg, das der Einmaligkeit, wird aber das Schicksal aller Privilegien erfahren. Um sich des Privilegs ebenfalls zu erfreuen, werden spätere Denker die Figur wiederholen; mit Descartes angefangen, über Kant und Marx, Nietzsche und Freud bis hin zu Heidegger, der kritischen Theorie, vielleicht auch zu Foucault wird man, um das Gewicht der eigenen Leistung zu betonen, die jeweiligen Entdeckungen zur Befreiung von intellektuellen Fesseln deklarieren. Die Figur der intellektuellen Emanzipation erhält geradezu den Rang einer neuen Orthodoxie; sie wird zum Grundstein der den Wissenschaften internen, ihren Fortschritt beflügelnden Moral. Folgt aber auf die erste Meeresenge bald eine zweite, später eine dritte und vierte, dann wird, was Bacon sucht und seine Nachfolger ebenso wollen, die radikale Erneuerung, gar nicht erreicht. Da wir es inzwischen wissen sollten, müßte es auf das Pathos durchschlagen und dieses erheblich reduzieren. Im Vorübergehen nur formulieren wir ein wissenschaftsethisches Gebot, einen Imperativ der Bescheidenheit. Bescheiden soll nicht etwa die Forschungsperspektive sein, wohl aber die Einschätzung ihrer Tragweite; an die Stelle der einen Großen Erneuerung tritt in Wahrheit eine Vielzahl kleinerer, manchmal nur kleinster Veränderungen.

Auf Fesseln wie Zensur und Inquisition geht das *Neue Organum* erstaunlicherweise nicht ein. Freilich ist Bacon nicht etwa so »staats- und kirchenfromm«, daß er die Fesseln nicht sieht; er handelt sie aber, da es wissenschaftsexterne Fesseln sind, extern ab. In den Ermahnungen, die der Großen Erneuerung vorausgeschickt werden, schreibt er, was auf ein Zensur- und Inquisitionsverbot hinausläuft: an keiner Stelle sei die Naturforschung untersagt oder verboten.

Das Gewicht dieses Hinweises kann ermessen, wer einen Blick in die vorangehende Epoche wirft. In der Frühzeit des Christentums erhält die Forschung eine Qualifikation, die ihr nach Ansicht des Autors einen neuen Rang verleihen soll, sie in Wahrheit mit einer Zusatzaufgabe belastet, die der freien Wißbegier die Freiheit raubt. In einer so wirkungsmächtigen Schrift wie den *Bekenntnissen* des Augustinus (Buch v, Kap. 3) wird eine Neugier, die sich nur für Naturgesetze und die mit ihrer Hilfe möglichen Prognosen interessiere, als Hoffart und überheblicher Stolz diskreditiert. Im Gegenzug wird ein »religiose quaerere«, ein gottesfürchtiges Forschen, verlangt; die Forschung soll die Natur von vornherein als Schöpfung ansehen und dahinter den Künstler der Schöpfung, also Gott, suchen. Auf diese Weise geschieht, was Aristoteles unbekannt, man darf verallgemeinern: was dem griechischen Denken fremd ist – das bloße Wissenwollen, die *curiositas*, wird als eine Begierde (*concupiscentia*) verstanden, die Gefahr läuft, sich zu einem Laster auszuwachsen.

Augustinus' Einfluß reicht tief. Selbst Thomas von Aquin, der das Recht der natürlichen Vernunft verteidigen wird, wird sich nur für eine relative Freiheit einsetzen. Wo die Erkenntnis Gottes gefährdet ist, spricht auch er von einem Laster. Wer die natürliche Neugier verabsolutiere und hinter der Natur nicht mehr ihren Schöpfer sehe, mache sich der *acedia*, der Sorglosigkeit und Trägheit, schuldig (*Summa theologica* II-II, quaest. 35, art. 4). Nicht im Verhältnis zu Aristoteles, wohl aber zum Mittelalter zeigt sich hier, symbolisiert durch den offenen Ozean, das *zweite* Modernisierungs*motiv*: die wissenschaftliche Neugier wird von jedem der Wissenschaft externen Vorbehalt freigesetzt.

In einer Debatte mit Augustinus könnte Bacon gegen eine »Einmischung der Theologie« (*NO* I, Aphor. 65) ein ebenso einfaches wie treffendes Argument ins Feld führen, das der Differenzierung und Spezialisierung der Wissenschaften. Der erste Teil der *Instauratio*, veröffentlicht unter dem Titel *De dignitate et augmentis scientiarum*, stellt das Argument für beide Seiten vor (*Works*, I, 830; dt. 798); einmal: »Die Heilige Theologie müssen wir an dem Wort und den Orakeln Gottes nehmen, nicht vom Licht der Natur und den Diktaten der Vernunft«; zum anderen: die naturwissenschaftliche Erkenntnis richte sich »auf die Dinge, nicht auf deren Autor«, also ausschließlich auf die Natur, nicht zusätzlich auf ihren Schöpfer.

Bacons Leben fällt in das Zeitalter der Konfessionskriege. In deren Gefolge werden bekanntlich Religion und Theologie politisch neutralisiert. In der *Instauratio* findet eine andere, wissenschaftstheoretische Neutralisierung statt, und sie erfolgt auf dem Weg einer Arbeitsteilung. Zur Konsequenz hat diese nicht eigentlich eine Emanzipation, da zu dem, was Augustinus verlangt, zu einer Gotteserkenntnis, die Naturforschung ohnehin nicht fähig ist. Allenfalls bildet sie, wie schon in Aristoteles' philosophischer Theologie (*Metaphysik*, Buch XII), das notwendige Durchgangsstadium zur Gotteserkenntnis. Fähig zu einer begründeten Gottesleugnung, zu einem Atheismus, ist die Naturforschung freilich ebensowenig.

Aus der Arbeitsteilung folgt nun sowohl eine Bescheidenheit der Naturforschung wie eine Entlastung; gegen die Alternative

»Atheismus oder aber Theismus« ist sie schlicht indifferent. Bibelfest, wie Bacon ist, spielt er aufs Neue Testament an – »Gebt dem Kaiser, was des Kaisers ist« –, wenn er verlangt, nüchternen Sinnes dem Glauben zu lassen, was des Glaubens ist (*NO* 1, Aphor. 65). Bacon selber bleibt zwar der christlichen Tradition seit Augustinus treu; im Essay »Über den Atheismus« heißt es: »Oberflächliches Philosophieren verführt den menschlichen Geist zur Gottesleugnung, allein tieferes Eindringen lenkt ihn zur Religion zurück.« Die eventuell gegebene Oberflächlichkeit schlägt jedoch auf die Qualität der Naturforschung nicht durch, denn diese verbleibt im vorphilosophischen Bereich. Bloße Naturforschung kann die Vorbehaltsphäre Gottes nicht antasten; Augustinus' Diskriminierung der *curiositas* wird überflüssig; die Neugierde verliert – und jetzt für immer? – das Stigma des Lasters.
Da von derlei Fesseln die Wissenschaft schon bei Aristoteles frei ist, könnte man meinen, die Neuzeit sei lediglich Renaissance; sie gewinne nur wieder, was für die Antike selbstverständlicher Besitz war. Es ist aber etwas anderes, ob man von Fesseln schon frei ist, in aller Unbefangenheit, oder ob man sich das Freisein gegen eine Verdächtigung noch erarbeiten muß; aus einer selbstverständlichen Gegebenheit wird jetzt das Produkt einer Anstrengung. Dieser Umstand kann den Titelbegriff »Instauratio« erklären, den Bacon, der Liebhaber von Allegorien, niemals selbst erläutert hat. Gemeint sein dürfte sowohl ein Aufbau wie ein Wiederaufbau des Wissens; und in beiderlei Hinsicht ist nicht allein eine intellektuelle, sondern auch eine moralische Anstrengung vonnöten. Insofern gehört zum zweiten Modernisierungsmotiv denn doch ein Moment von Emanzipation; nicht von der Theologie bzw. dem Glauben emanzipiert sich die Naturforschung, wohl aber von dem ihr fremden Anspruch, für Theologie oder Glauben belangvoll zu sein.
Die Stufenfolge, die die natürliche Wißbegier durchläuft, schließt bei Aristoteles mit einem schlechthin höchsten Wissen ab; die Wissensformen bilden gewissermaßen eine Pyramide, deren Spitze die Philosophie bildet. Das christliche Mittelalter wird die epistemische Pyramide um eine Stufe, die Theologie, höher bauen; der Gedanke eines epistemischen Sich-Überbietens und die damit verbundene Idee einer qualitativen Vollendbarkeit des Wissens bleibt aber gültig. Bei Bacon wird der Gedanke devalorisiert, allerdings nicht durch einen frontalen Angriff, sondern per

silentiam, durch Desinteresse. Statt der Pyramide wird wichtig, was die offene See denn auch darstellt: Wer die Meeresenge überwindet, hat nicht etwa sein Ziel erreicht, sondern steht erst am Anfang der eigentlichen Aufgabe, der nie abgeschlossenen Forschung. Die Wißbegier, so das *dritte Motiv*, stellt sich dar als ein Mehr-und-immer-mehr-wissen-Wollen, wird zur entfesselten Neugier.

Beim Stichwort »Entfesselung« pflegt die heutige Wissenschaftsethik an zwei andere Phänomene zu denken: an das entfesselte Machtstreben des *homo faber* und an das rastlose Gewinnstreben des *homo oeconomicus*. Diese beiden Weisen der Entfesselung gibt es durchaus; den Beginn der epistemischen Modernisierung markiert jedoch eher eine dritte Form, die rastlose und nie endgültig gestillte Neugier des *homo quaerens*. Die erste Niederschrift zur *Instauratio*, das Fragment *Valerius Terminus* (1. Kap.), spricht von einem Wissensdurst (»thirst of knowledge«); und die Utopie der wissenschaftlichen Zivilisation, *Neu-Atlantis*, bietet eine Fülle weiterer Belege. Deutlich ist die enzyklopädische Vielfalt, in der die Naturforschung betrieben wird; ebenso deutlich ist die Aufgabe, die man als eine epistemische Transformation des christlichen Missionsgebotes lesen kann: In regelmäßigen Abständen werden zwei Schiffe in alle Welt geschickt, mit einem Auftrag versehen, der nach Wissenschaftsspionage aussehen könnte, in Wahrheit, da jedes Konkurrenzmoment fehlt, die unbegrenzte Neugier bestätigt; Erkundigungen soll man einziehen »über die Wissenschaften, die Künste, das Gewerbe und die Erfindungen« (*Neu-Atlantis*, dt. 29). Schließlich soll die Titelvignette der *Instauratio* den Wahlspruch übernommen haben, der für Karl v. geprägt worden ist: *plus ultra*, darüber hinaus, also: immer mehr.

Nur in Parenthese: Kant, der die *Kritik der reinen Vernunft* mit einem Bacon-Zitat beginnt, wird der entfesselten Neugier zu einem transzendentalen Status verhelfen, zu einer regulativen Idee der theoretischen Vernunft; denn dem universalen Horizont aller Naturerkenntnis könne man sich nur durch fortgesetzte Forschung annähern. Erneut greift er auf Bacon zurück, und wieder unterzieht er einen forschungspolitischen Gedanken einer erkenntnistheoretischen Transformation.

Man diagnostiziert für die Neuzeit gern eine Emanzipation von Metaphysik. Nur als solche, ohne jede einschränkende Qualifikation ist die Diagnose ohne Zweifel nicht richtig, denn fundamentalphilosophische Fragen werden weiterhin gestellt. Sie werden

lediglich anders formuliert: je anders von Descartes und von Leibniz, von Kant und Hegel, von Nietzsche, Husserl, Heidegger oder der analytischen Philosophie. Richtig ist dagegen, daß sich von derartigen Fragen die Naturforschung loslöst. Die eine Emanzipation von Metaphysik haben wir schon genannt; zu ihr, der Entlastung von jeder Zumutung der Gotteserkenntnis, kommt eine zweite Art von Emanzipation hinzu. Sie ist nicht nur die umfassendere und grundlegendere; sie ist, ebenso wie die erste Art, für das dritte Modernisierungsmotiv unentbehrlich. Die Naturforschung wird nicht deshalb zu einer unendlichen Aufgabe, weil man die Pyramide des Wissens höher baut und oberhalb der Philosophie bzw. Theologie noch weitere epistemische Stufen plaziert; vielmehr geht das Interesse an einer epistemisch höchsten Stufe verloren. Die Neugier wird dort unbegrenzt, wo es Aristoteles nicht bestreitet, wofür er sich zu Beginn der *Metaphysik* aber auch nicht interessiert. Nicht die qualitative Steigerung des Wissens ist unbegrenzt, sondern lediglich die Forschung innerhalb der »einfachen Wissenschaft«, also innerhalb der epistemisch vorletzten Stufe. Bei ihr gibt es zwar, Bacon zufolge, noch Untergliederungen. Die Forscherrepublik auf *Neu-Atlantis*, das Haus Salomons, kennt nämlich neun Klassen wissenschaftlicher Spezialisten, deren Aufgaben – Fakten sammeln, Axiome mittlerer Reichweite formulieren, allgemeinere Prinzipien erschließen usw. – hierarchisch aufeinander aufbauen sollen; keine dieser Aufgaben reicht aber über die vierte epistemische Stufe hinaus. Folgerichtig stehen im Pantheon von *Neu-Atlantis* statt der Philosophen und Theologen die Entdecker und Erfinder.
Bacon ist sich dieses Umstandes wohl bewußt. Im sechsten und letzten Teil der *Instauratio* spricht er von der »endgültigen Wissenschaft« und nennt sie – in bewußter Provokation der bisher endgültigen – »philosophia secunda« (134, dt. 37). Darin liegt das *vierte Motiv*, das wieder den Charakter einer Emanzipation hat. Selbst wenn der ersten Philosophie, der Metaphysik, noch ein Recht bleiben sollte, hält sich die Naturforschung für epistemisch weit wichtiger. Und unsere Zivilisation hat diese Selbsteinschätzung vielfältig und seit langem anerkannt: die Depotenzierung der Philosophie zugunsten der Wissenschaften, vor allem der Naturwissenschaften einschließlich ihrer Nutzanwendung in Technik und Medizin.
Eines ist den bisher genannten Modernisierungsmotiven (bis auf

das zweite Motiv, das nur ins »Vorwort« gehört) gemeinsam. Es geht um die Wissenschaft als solche, also um eine innerepistemische Reform, um jene wissenschaftskonstitutive Moral, die Einlösung der Objektivitätsidee, deren Beurteilung die Wissenschaftsethik durchaus einer Wissenschaftstheorie oder Wissenschaftsphilosophie überlassen kann. Ein Gesichtspunkt verdient jedoch die Aufmerksamkeit auch der Ethik: In der Devalorisierung von Aristoteles' fünfter Wissensstufe beginnt die Devalorisierung des antiken Ideals der Theoria.

4.2 »Die Natur auf die Folter spannen«

Für eine entfesselte Neugier kennt die Renaissance ein zweites Bild: ein Wanderer durchbricht seinen bislang begrenzten Horizont. Wie in Bacons Titelkupfer, so erschließt sich auch hier der neue Horizont nur dem, der eine Leistung vollbringt. Dem Wanderer ergeben sich die neuen Erkenntnisse aber durch einfaches Hinschauen; nach Bacon bedarf es einer Schiffsreise; im älteren Bild bleibt die Wißbegier, einmal ihrer Fesseln entledigt, noch kontemplativ; im modernen Bild ist selbst nach Durchfahren der Meeresenge Aktivität verlangt.

Der »Plan« der *Instauratio* erläutert diesen Umstand mit einer früher berühmten, heute eher berüchtigten Metapher: die Natur sei auf die Folter zu spannen. Das Bild klingt so plastisch und drastisch, daß der Kritiker der modernen Wissenschaft hier einen klaren Beleg findet; wer foltert, praktiziert offensichtlich, was die heutige Umweltkrise ausmacht: er quält die Natur. Dem Vorkämpfer einer neuen Wissenschaft, zumal einem so sprachbewußten Autor wie Bacon, darf man aber kaum ein ersichtlich kontraproduktives Bild zusprechen. Ökologisch sensibel war der Autor zwar nicht; mit der theologischen Tradition bleibt er jedoch so stark verbunden, daß er die Natur, immerhin Gottes Schöpfung, einer offenen Grausamkeit nicht aussetzen würde. Außerdem geben die damals vorgenommenen Experimente für Umweltzerstörungen ein denkbar ineffizientes Mittel ab. Galileis Fallversuche, v. Guerickes Versuche zu Luftdruck und Vakuumtechnik und die Experimente eines Kepler, Huygens, Descartes und Torricelli – sie alle genügen selbst heute noch den strengsten Kriterien für Umweltverträglichkeit.

Im übrigen wollen wir nicht vergessen, daß das Experiment nicht von Physikern in die Wissenschaft eingeführt wurde, sondern von Medizinern, zudem nicht in der Neuzeit, sondern in der Antike, von den hippokratischen Ärzten nämlich. Nicht zuletzt ist es ein Mediziner, Paracelsus, der in der Neuzeit schon lange vor Galilei und Torricelli Experimente durchführt.
Wer bei der Folter-Metapher auf die Grausamkeit der Methode abstellt, erliegt einem Mißverständnis. Es kommt allein auf die Intention an, auf die Ermittlung der Wahrheit; wer ein Experiment durchführt, will jemanden, der von sich aus nicht sprechen kann, trotzdem zum Reden bringen. Weil die Natur an sich selbst taubstumm ist, und dies in einem umfassenden und grundsätzlichen Sinn – sogar bei Tierversuchen geben die Antwort ja nicht die Tiere selber –, weil sie also ihr wahres Wesen nicht von sich aus freigibt, muß man es »wie ein Geständnis aus ihr herauspressen«. Die Art des Vorgehens hat dagegen mit einer Folter direkt nichts zu tun. Die Frage, wie die Experimente durchzuführen sind; die weitere Frage, ob gegen die vorherrschende Art zu experimentieren wissenschaftstheoretische Bedenken sprechen; selbst die dritte, jetzt wissenschaftsethische Frage, ob es eine unbegrenzte Experimentierlizenz gibt – sie gibt es ohne Zweifel nicht –, können wir hier auf sich beruhen lassen. Denn im Experiment als solchem, ohne eine zusätzliche Randbedingung, die etwa heißt: Leidensfähigkeit (siehe Kap. 13), kann von einer Grausamkeit gegen die Natur keine Rede sein.
Hingegen tritt in der Foltermetapher ein weiteres Modernisierungsmotiv zutage: nicht wer die Natur läßt, wie sie ist, kann sie erkennen, sondern paradoxerweise nur, wer in sie eingreift. Marx (1845, I, 7) hat die berühmte Schlußthese gegen Feuerbach für revolutionär neu gehalten: »Die Philosophen haben die Welt verschieden *interpretiert*, es kömmt drauf an, sie zu *verändern*.« Tatsächlich erhebt diese Forderung schon Bacon, und er erhebt sie dort, wo sie weit ungewöhnlicher klingt; nicht bloß gegen die Gesellschaft, auch gegen die Natur verlangt er, das überlieferte Ideal einer »scientia contemplativa« zugunsten einer »scientia activa« zu verabschieden. Das inzwischen *fünfte Motiv*: in einer veritablen Umkehr seiner Grundeinstellung gibt der Forscher auf, was das erwähnte Bild des Wanderers noch unterstellt, die »passive« Anschauung der sich selbst darbietenden Dinge. An die Stelle bloßer Anschauung tritt die kontrollierte Veränderung, das

Experiment. Natürlich gab es dieses »Mittel« schon früher; in der Neuzeit wird es aber methodisch perfektioniert, überdies zur wissenschaftlichen Pflicht gemacht; wo immer möglich, ist ein Experiment vorzunehmen.

Ein anderer Einwand sagt, durch das Experiment werde die Natur standardisiert und dabei in ihrer Komplexität verkürzt; statt mit der wirklichen Wirklichkeit befasse man sich nur mit Schatten: mit der wesentlich vereinfachten Welt der experimentellen Daten. Bacon würde dem ersten Teil des Vorwurfs widersprechen; in einer Zeit, in der die Wissenschaft »noch nichts gehörig erforscht, nichts überprüft, nichts gezählt, gewogen oder ausgemessen« habe, kann von Standardisierung noch keine Rede sein. Auch später wird es dem Experiment nicht eigentlich auf Standardisierung ankommen, wohl aber auf einen Gesichtspunkt, der für den emphatischen Begriff des Wissens unverzichtbar ist. Wer sich nicht auf vage Gerüchte verlassen (»certain rumors and vague fames«), sondern ernsthaft wissen will, der braucht gerichtsfeste, das heißt, vor einer neutralen Instanz reproduzierbare Zeugnisse (»the weight of lawful evidence«: *NO* 1, Aphor. 98).

Hannah Arendt hat für die frühneuzeitliche Wissenschaft eine Weltentfremdung konstatiert (1958, § 35), da zwischen Mensch und Natur ein Zwischen geschaltet werde: als Operation das Experiment und als Gerät das Teleskop, das Meßgerät. Eigentlich findet aber nicht eine Weltentfremdung statt, auch nicht ein Weltverlust, sondern genau das, was ein Zwischen meint: an die Stelle des »naiven«, unmittelbaren Bezuges tritt eine Mediatisierung – und diese dient der Wissenschaftlichkeit.

Nicht Standardisierung verlangt das Experiment, die einfache Nachprüfbarkeit reicht aus. Im übrigen dürfte Bacon den epistemischen Wert der Experimente überschätzt haben; im Ausdruck »lawful evidence« klingt nämlich eine verifikationistische Theorie an, gegen die schon Pascal skeptisch ist. Die einschlägigen Debatten – in diesem Jahrhundert von Duhem (1908) über Dingler (1928) zu Popper (1935), von Kuhn (1962) bis Hacking (1983), auch Franklin (1986) –, sind jedoch nur von wissenschaftstheoretischem und wissenschaftsgeschichtlichem, jedenfalls lediglich wissenschaftsinternem Belang. Eine auch wissenschaftsexterne Bedeutung gewinnt etwas anderes. Die im Experiment mitgesetzte Devalorisierung der Theoria hat eine Folgelast, die Bacon übersieht, übrigens auch Hannah Arendt; die Scientia contemplativa ist Handeln bloß in Form von Denken, die Scientia activa handelt in der Welt und an der Welt. Die Frage, wie intensiv dies geschieht und mit welchen Risiken, können wir auf später verschieben; entscheidend ist, daß, wer experimentiert, in die Natur überhaupt eingreift und damit eine Verantwortung übernimmt, die der reinen Theoria von Grund auf fremd ist.

Wegen des Experimentes erweitert sich die spezifische Aufgabenverantwortung der Wissenschaft um eine generelle Handlungsverantwortung; wer in der Welt und an der Welt handelt, ist für das, was er dann tut, zuständig. Obwohl die entsprechende Verantwortlichkeit in unserem Jahrhundert stark gestiegen ist, findet der qualitativ größere, der entscheidende Zuwachs lange vorher statt, dort nämlich, wo man als Leitbild der Forschung die Theoria aufgibt. Hier trifft das Aristoteles-Wort zu, daß der Anfang mehr als die Hälfte ist; als Scientia activa taucht die Forschung in den Gegenstand ein, das Subjekt begibt sich ins Objekt; das Experimentieren hält sich für wertfrei und ruft doch, à contre cœur, moralische Werte auf den Plan.

Bacon hat diese Tragweite nicht durchschaut. Unter den vielen Zuständigkeiten (»Ämtern«) seiner Forscherrepublik finden wir zwar die Aufgabe, die Experimente der Kollegen zu überwachen. Vorgesehen ist jedoch lediglich eine positive Selektion; die Verantwortlichen – mit gutem Grund heißen sie »Wohltäter« – haben »jene Entdeckungen herauszusuchen oder herzuleiten, die sich für die praktische Verwertung im täglichen Leben eignen oder dem Fortschritt der Wissenschaft dienen« (*Neu-Atlantis*, dt. 55). Die Frage, ob die Experimente moralisch denn überhaupt zulässig sind, wird nicht einmal gestellt. Man darf Bacon allerdings nicht vorwerfen, er habe einen a-moralischen Begriff von Wissenschaft; im Gegenteil finden wir moralische Elemente, zudem an exponierten Stellen. Zum Beispiel bittet man auf Neu-Atlantis um Gottes Schutz und Segen, »damit er unsere Arbeit zu guten und heiligen Zwecken führe«. Weiterhin heißen die Wissenschaftler »Weise«, und Bacon meint damit nicht wie Aristoteles eine bloß epistemische, sondern zugleich eine lebenspraktische Qualität. Schon der Titel der Forscherrepublik – Haus Salomons – spielt auf diese Einheit zweier Begriffe von Weisheit an, auf die des Naturforschers und die des Königs und Richters. Vorstellen darf man sich die Forscher also nicht als zynische Techniker des Experimentierens; sie verkörpern wissenschaftliche und moralische

Kompetenz zugleich. Und im Vorwort der *Instauratio* sagt schon die erste »Ermahnung«: »that men confine the sense within the limits of duty«. Trotzdem besteht ein Defizit an Moral; denn Kriterien, an denen sich die Wissenschaftler als vorbildlich und ihre Experimente als zulässig erweisen, führt Bacon nicht ein; ebenso fehlen Ämter, die über die Einhaltung der Kriterien wachen würden. Auf diese Weise bleiben die moralischen Elemente das trokkene Versichern eines generellen Vorbehaltes: ein zwar frommer, jedoch folgenloser Wunsch. Vielleicht gibt es sogar eine Generalermächtigung; weil der Experimentator nicht anders handelt als Gott bei der Schöpfung – freilich modo humano –, erscheint, was auch immer er tut, als unbegrenzt richtig.

Mit dem fünften Modernisierungsmotiv werden die vorherigen Motive nicht einfachhin erweitert; die Modernisierung schlägt hier eine neue Richtung ein. Waren die ersten Motive moralisch neutral, so geht jetzt die Neutralität verloren; mehr noch: die für sich genommen neutralen Motive erscheinen aufgrund der Verbindung mit der Scientia activa in einem neuen Licht. Daß wegen ihres Experimentalcharakters die Forschung in die Welt eingreift, könnte sich nämlich auf wenige Bereiche beschränken; wegen der entfesselten Neugier hat der Eingriff aber im Prinzip keinerlei Grenzen. Schon auf Neu-Atlantis wird in alle nur erdenklichen Richtungen experimentiert; betrieben wird Materialforschung für Kunststoffe, für Dünger und Treibstoffe; es gibt Lebensmittel-, Hochtemperatur- und Strömungsforschung sowie Versuche zur Meeresentsalzung; gearbeitet wird an künstlichen Sprachen, ferner an Maschinen bis hin zu Robotern und Automaten; in Kleintierlabors werden Nutztiere von der Art der Seidenraupe und der Honigbiene gezüchtet; man experimentiert mit Pfropfungen und Inokulationen und antizipiert sogar eine so moderne Forschung wie die Gentechnik, allerdings erst im subhumanen Bereich.

Zwei weitere Motive seien, nur der Vollständigkeit halber, erwähnt. Das eine und insgesamt *sechste Motiv* wird im Titelkupfer durch das Schiff samt seiner umfangreichen Ausrüstung symbolisiert: Die moderne Forschung braucht Geräte, so daß sie selbst als Grundlagenforschung einen technischen Charakter hat; sie bedarf der »Instrumente und Maschinen« (*NO*, Vorwort). Ebenfalls nur im Vorübergehen erwähnen wir ein *siebentes Motiv*: Wie zum Schiff eine Mannschaft, so gehört zur modernen Forschung eine soziale Komponente; getragen wird die Wissenschaft von einer zahlenmäßig immer noch wachsenden Forschergemeinschaft. Diese agiert arbeitsteilig; auf Kooperation legt Bacon hohen Wert. Dazu kommt ein zweites soziales Moment, das Bacon in seiner harmonisierenden Vision der neuen Wissenschaft allerdings unterschlägt: Forscher in einem emphatischen Sinn darf sich nur nennen, wer irgend etwas als erster erkennt; zur Forschung gehört ein Konkurrenzmoment wesentlich hinzu.

4.3 Humanität statt Freiheit

Im Verhältnis zur Antike bringt die folgenreichste Veränderung das *achte Motiv*; die Wissenschaft soll das menschliche Leben verbessern und Übeln abhelfen (*Neu-Atlantis*: *Works* III, 166, dt. 57). Um so erstaunlicher ist, daß es sich im Titelkupfer der *Instauratio* nicht entdecken läßt. Glauben könnte man, Bacon sei sich über das Motiv, eine humanitäre Wissenschaft, nicht klar geworden; die humanitäre Intention gehört aber von Anfang an und in aller Deutlichkeit zum Kern des Programms. Schon der erste Entwurf, das Fragment *Valerius Terminus*, verlangt, daß selbst der kleinste Teil von Wissen dem menschlichen Wohlergehen zu dienen habe (*Works* III, 221 f.). Eher überzeugt die Vermutung, einer handeltreibenden Nation wie England sei allzu selbstverständlich, daß man eine Seereise nicht aus purer Neugier, sondern nur wegen eines Nutzens unternimmt.
Eine Wissenschaft im Dienste des menschlichen Wohlergehens, die Techne nämlich, kennt schon die Antike. Die Modernisierung liegt also nicht in der Zielsetzung selbst, sondern erst in der Neubewertung einer schon bekannten Option. Denkbar wäre eine Aufwertung; die humanitäre Wissenschaft erhält denselben Rang wie die Theoria. Indem der Untertitel des *Novum Organum* beide Aufgaben, die theoretische (»Auslegung der Natur«) und die humanitäre Aufgabe (hier als »Herrschaft des Menschen«) durch ein schlichtes »und« verbindet, erklärt er sie für gleichrangig. Andere Stellen nehmen jedoch eine klare Umwertung vor; im »Vorwort« der *Instauratio* wird die bloße Wißbegier verworfen und statt dessen für Nächstenliebe plädiert.
Darin, daß Bacon der humanitären Aufgabe teils einen gleichen Rang, teils einen klaren Vorrang zubilligt, zeigt er eine Unentschiedenheit, die bis heute zutrifft. Unsere Zivilisation räumt dem

bloßen Wissenwollen immer noch einen hohen Rang ein; das einschlägige Subsystem erfordert aber einen derart hohen Aufwand, sowohl in personeller wie finanzieller Hinsicht, daß es sich nicht notwendig in jedem Teil, aber doch als Ganzes gesehen nur mit der Anwendbarkeit rechtfertigt. In diesem Sinn heißt die nicht unmittelbar verwendungsfähige Forschung nicht etwa freie Wissenschaft, sondern »Grundlagenforschung«; anerkannt wird sie nur als die Basis für die Indienstnahme von morgen oder übermorgen.

Mit der entsprechenden Umwertung wendet sich die Moderne ein drittes Mal gegen das Ideal der Theoria. Nach einem ersten, intentionalen Begriff bedeutet »Theoria« ein qualitativ höchstes Wissen; dagegen wendet sich die Devalorisierung der Metaphysik bzw. Fundamentalphilosophie. Nach einer zweiten, methodischen Definition meint »Theoria« eine Forschung, die den jeweiligen Gegenstand unverändert läßt; dagegen richtet sich die Forderung nach Experimenten. »Theoria« bedeutet drittens eine Wissenschaft, die nicht in epistemisch fremden, sondern nur in eigenen Diensten steht; mit der Verpflichtung auf humanitäre Zwecke nimmt die Moderne auch davon Abschied; ihre Depotenzierung der Theoria fällt also sehr gründlich aus.

Was Bacon nur positiv einschätzt, die humanitäre Intention, ist in Wahrheit ambivalent, denn die Wissenschaft unterwirft sich einer ihr externen Aufgabe. Ein weiteres Mal bezahlt sie ihre Modernisierung mit einem Verlust. Mit der ersten Devalorisierung der Theoria gibt die Forschung das Moment der epistemischen Vollendung auf; durch das Experiment verliert sie ihre (gesellschaftliche) Unschuld, schließlich durch die humanitäre Zielsetzung ihre Freiheit. Zugleich setzt sie ihre Dignität aufs Spiel: eine Kultur des Wissens, die, als Selbstzweck gepflegt, dem Menschen eine Selbstverwirklichung ermöglicht; das Humanitäre der bloßen Intention verdrängt das Humanum als Wirklichkeit.

Es ist schon merkwürdig, daß Bacon die Neugier zunächst von allen Fesseln befreit und dann doch nicht sich selbst überläßt. Auf diese Weise bleibt er dem traditionellen, Augustinischen Programm treu; die Forschung, rein als solche genommen, wird diskreditiert. Die Diskreditierung erfolgt sogar vom selben Leitbegriff – »religiose« – her; der Unterschied beginnt erst bei dessen näherer Bestimmung. Da es Augustinus auf den Schöpfungscharakter der Natur ankommt, versteht er »religiose« im Sinne einer theologischen Dogmatik; hingegen hat Bacon, da er auf »charity« abhebt (*Works* I, 132), ein praktisches Verständnis. Da man das Leitziel »Nächstenliebe« aber auch aus nicht-religiösen Gründen verfolgen kann, sagen wir, bewußt überschärfend: an die Stelle des »religiose quaerere« tritt ein »humane quaerere«. Und wie die Forderung nach einer »gottesfürchtigen Forschung«, so erlegt auch die nach einer »humanitären Wissenschaft« eine Einschränkung auf; nur die Art hat sich geändert. An die Stelle einer negativen Pflicht tritt eine positive, das Neugierverbot wird abgelöst durch ein Humanitätsgebot. In dessen Rahmen gewinnt in der Aufklärungsepoche einen besonderen Rang die Sorge für die Gesundheit; und auch darin bleiben wir Kinder der Aufklärung bis heute. Nehmen wir diesen wichtigsten Teil fürs Ganze (siehe Kap. 8.1), so heißt im Verhältnis zu Aristoteles die Baconsche Devise: Medizin statt Metaphysik.

Wer im humanitären Zweck lediglich den Verlust der Freiheit sieht, beurteilt die moderne Wissenschaft vom Standpunkt der antiken Ethik, dem der humanen Selbstverwirklichung, und versteht dann nicht, warum der Verlust überhaupt stattfindet. Von Bacons eigener Ethik her geschehen, einer letztlich christlichen Moral, liegt dagegen eine Chance, sogar eine Verpflichtung vor. Hier kehrt sich also das Verhältnis um; die Moral bildet nicht den Preis der Moderne, vielmehr ist die moderne Wissenschaft der Preis einer neuen, nicht mehr antiken Moral. Dieser Umstand spricht gegen die weit verbreitete Tendenz, die moderne Wissenschaft primär wissenschaftstheoretisch zu begreifen oder, wie Heidegger, ontologisch oder auch, wie Blumenberg, aus der Antithese zum theologischen Denken. Die dann akzentuierten Momente – das Experiment, das Kausalitätsdenken, die entfesselte Neugier – sind richtig und treffen doch nicht mehr als einen Teil. Da der neuen Wissenschaft auch eine neue Moral zugrunde liegt, kann man die epistemische Modernisierung nur dann sachgemäß verstehen, wenn man sich – zusätzlich – auf eine ethische Perspektive einläßt.

Daß die neue Moral, die Wohltätigkeit, einen Gewinn bringt, können wir – so grundsätzlich gesehen – kaum bezweifeln. Deshalb kann man zwar versuchen, der Theoria wieder mehr Gewicht zu geben; als Exklusivideal ist sie aber nicht mehr vorstellbar. Aus demselben Grund bedarf es übrigens einer Neubewertung dessen, was wir lapidar das Projekt der Moderne nennen. Die Epoche, die sich christlich nennt, das Mittelalter, interpretiert die höchste Stufe des Wissens zwar nicht mehr als Metaphysik, sondern als Theologie oder als contemplatio Dei; sie bleibt aber dem griechischen Ideal treu, der Höherschätzung der Kontemplation. Erst der nicht mehr so christlichen Epoche, der frühen Neuzeit, ist es beschieden, dem genuin christlichen Ideal, der Nächstenliebe, auch in den Wissenschaften zum Durchbruch zu verhelfen.

Eine der dominierenden Theorien der Moderne spricht von »Säkularisierung« und versteht darunter – unter anderem – eine Devalorisierung von Religion und Theologie: christliche Elemente überleben, wenn überhaupt, ohne ihre religiösen Wurzeln. Das Wissenschaftsideal der Moderne enthält eine Gegenbewegung; sie entwertet zwar die Theologie im Sinne christlicher Dogmatik, nimmt aber zugleich ein Kernelement der christlichen Praxis ernst. Bekanntlich führt Augustinus die Curiositas als einen Kampfbegriff ein, mit dem er gegen die Antike und zugunsten des Christentums zu Felde zieht. Dabei dürfte er einer zweifachen Täuschung erlegen sein; einmal ist gegen die Frage, ob sich die Natur einem Schöpfer verdanke, die Naturforschung als solche indifferent; zum anderen ist der Gedanke einer contemplatio Dei mehr dem antiken Theoria-Ideal als einem genuin neutestamentlichen Gedanken verpflichtet. Jedenfalls ereignet sich schon bei Bacon eine Wende des Religiösen zur Praxis und nicht erst bei Philosophen wie Kant. Zugleich wird dem Prinzip zur Anerkennung verholfen, das der einschlägige Autor, Jonas (1979), eher als Alternative zu Bacon versteht; eine humanitäre Wissenschaft praktiziert in hohem Maße Verantwortung.

Zu den tieferen Wurzeln der ökologischen Krise, zu jener Mentalität, die eine immer mächtiger werdende Technik hervorbringen konnte, zählt man heute das jüdisch-christliche Denken, namentlich das Genesis-Wort »Machet euch die Erde untertan«. Die Frage, wie das Wort zu lesen ist, werden wir später behandeln (Kap. 12.1); hier genügt eine Randbemerkung: Zu den Modernisierungsmotiven gehört die Entwertung des bloßen Wissenwollens zugunsten eines Wissens, das nützlich ist. Auf die Frage nach den christlichen Wurzeln der modernen Wissenschaft ist daher in erster Linie nicht mit dem *dominium terrae* zu antworten, sondern mit der Selbstverpflichtung zur Wohltätigkeit. Und anerkennen müssen wir, daß zumindest praktisch-politisch gesehen dieser Vorgang unhintergehbar ist.

Die Systemtheorie versteht die Wissenschaft als ein autonomes Teilsystem der Gesellschaft; auch dieses Verständnis bedarf einer gründlichen Korrektur. Zur »Folgelast« des Christentums gehört ein radikaler Autonomie-Verlust; das genuin Theoretische verliert an Legitimation. Sekundär hat die Systemtheorie zwar recht; die Wissenschaft organisiert sich selber und folgt dabei eigenen Kriterien der Objektivität und Kreativität. Primär steht sie aber in Diensten; bei Fragen der Finanzierung beispielsweise, nicht notwendigerweise bei der Detail-, wohl aber bei der Gesamtfinanzierung, ferner bei der Frage nach dem Existenzrecht der Wissenschaften überhaupt ist die Berufung auf humanitäre Zwecke nicht mehr wegzudenken.
Eine weitere geistes- und sozialgeschichtliche Bemerkung drängt sich für die These der Neutralisierung auf. Sie wird nämlich nicht etwa erst in unserem Jahrhundert vertreten; schon Robert Hooke, ein bedeutender Naturforscher des 17. Jahrhunderts, fordert mit Blick auf die Gründung der Royal Society (1660; vgl. Ornstein 1988, 108, Anm. 63), daß die Wissenschaft unabhängig werden solle von Metaphysik, Theologie und Moral. Die ersten beiden Unabhängigkeiten können wir bestätigen, für die Moral gilt die Gegenbewegung; während die antike Theoria von ihr unabhängig war, ist die moderne Wissenschaft von ihr zutiefst, nämlich bis zu den ersten Antriebskräften durchdrungen.

Gegen eine humanitäre Motivation ist allerdings Vorsicht erlaubt; allzuoft stößt die nähere Prüfung auf ein verstecktes Selbstinteresse, bald auf Betrug, bald auf Selbstbetrug. Zumindest objektiv gesehen ist Bacons Forscherrepublik diesem Verdacht aber enthoben; sie sucht Hilfe gegen elementare Not und stellt die Hilfe, beispielsweise gegen Krankheiten und Seuchen, gegen Hungersnöte und Unwetter (*Neu-Atlantis*, dt. 57), den Mitbürgern zur Verfügung. Bedenklich ist anderes. Wer die genannte Hilfe erbringen will, muß die einschlägigen Naturkräfte kennen und sie – dank eines Wissens von Kausalbeziehungen – zu beherrschen suchen. Die vielzitierte Devise »tantum possumus quantum scimus« (*NO* 1, Aphor. 3), das pointierte Wort »Wissen ist Macht«, trifft zwar nicht grundsätzlich zu, wohl aber unter Voraussetzung der neuen, nicht mehr kontemplativen Forschung: aus humanitären Gründen muß man den »Mechanismus« der Naturkräfte durchschauen. Hier, freilich auch erst hier tritt in den Blick, worin oberflächliche Diagnosen den Kern der Modernisierung sehen, das *neunte Motiv* (das wieder im Titelkupfer fehlt): die Wissenschaft sucht eine Herrschaft über die Natur und wird dadurch zu einer zumindest potentiellen Technik; Wissen ist in der Tat Macht.

Nicht erst zur Technikethik, um die es im zweiten Teil geht, schon zur Wissenschaftsethik im engeren Sinn gehört die Einsicht, daß sich die humanitäre Intention nicht direkt, sondern nur auf dem Weg der Macht verwirklichen läßt. Nun trifft es grundsätzlich zu, daß zu dem, was so gut wie jede Moral gebietet, zum Helfen, der »fromme Wunsch« nie ausreicht; zum Wollen muß ein Können hinzutreten, eben die Macht. Die verbreitete Tendenz, Macht generell zu verdächtigen, setzt sich also in Widerspruch zum Hilfsgebot. Andererseits stellt der damals noch erfolgreiche Staatsmann in den *Essays* (»11. Of Great Place«) selbstkritisch fest: »Es ist eine seltsame Begierde, nach Macht zu streben und seine Freiheit darüber einzubüßen.« Der *Instauratio* fehlt nun diese Selbstkritik: daß eine Wissenschaft, die wegen ihrer wissensexternen Zwecksetzung Macht sucht, in einem strukturellen Sinn zur »Technik« wird und damit ihre Freiheit, das bloße Wissenwollen, einbüßt.

Wir schreiben die Geschichte der Neuzeit gern als eine Geschichte zunehmender Freiheit; der Blick auf die Menschenrechte und auf die Demokratie gibt uns ein gutes Recht. Wir müssen aber auch die Gegenbewegung sehen, die Neuzeit als Geschichte des Freiheitsverlustes. Der Freiheitsverlust kann freilich seinerseits im Dienst der Freiheit stehen; beispielsweise sollen die Bedrohungen durch die Natur reduziert werden. Die sachgerechte Diagnose verzichtet daher erneut auf die bequeme Einfachheit, auf das gnostische Entweder-gut-oder-aber-böse, und konstatiert einen Freiheitsverlust als Preis für Freiheit.

Ein zweites Bedenken: Bei Bacon sieht es so aus, als ob sich die Wissenschaft unmittelbar auf humanitäre Zwecke verpflichten ließe. Träfe das zu, so fände die Moral ein neues Anwendungsfeld und wäre trotzdem rasch überflüssig; der Forschung würde sie die Insignien moralischer Legitimität umhängen und könnte sich anschließend auf immer verabschieden. Viele Generationen lang wird dieses Vor-Urteil dominieren; weil sie ja im Dienst des menschlichen Wohlergehens steht, hält sich die moderne Wissenschaft für grundsätzlich gerechtfertigt.

Unmittelbar auf humanitäre Zwecke läßt sich die Kenntnis der Naturkräfte aber nicht festlegen. Der Handlungsstruktur nach ist es trivial, in der praktischen Bedeutung jedoch kaum zu unterschätzen, daß der Entdeckungszusammenhang nicht über die Verwendung entscheidet. Wer die Kräfte nur um humanitärer Zwecke willen erforscht, kann sie am Ende für beliebige Zwecke einsetzen. Eine derartige Verselbständigung des Instrumentalen hat Bacon gewiß nicht gewollt; sie läßt sich aber, weil in der Handlungsstruktur verankert, nicht verhindern. Hier liegt nicht gerade ein Widerspruch vor, aber eine Selbstüberschätzung: die Wissenschaft erhebt einen Anspruch, den sie, rein als Wissenschaft gesehen, nicht einlöst. In einem sehr grundsätzlichen Sinn kann sie der Rolle des Zauberlehrlings nie entkommen: die Nächstenliebe treibt zu einer Erkenntnis der Naturkräfte, die, einmal erreicht, von der Antriebskraft unabhängig existiert.
Bacon erläutert den Sinn der intellektuellen Emanzipation durch einen Vergleich; die Wissenschaft sollte die Natur ganz neu zu sehen lernen, so unvorbelastet und vorurteilsfrei wie kleine Kinder (*Works* v, 133). Der Vergleich ist treffender, als der Autor gemeint hat. Kinder leben nicht bloß unvorbelastet, sondern handeln auch in einer bestimmten Hinsicht gedankenlos: die negativen Nebenfolgen werden meist nicht wahrgenommen, die Kosten einer Unternehmung lieber übersehen. Lange Zeit hat die Neuzeit versucht, im Stand der Unschuld zu leben und ihren Innovationen zu unterstellen, sie hätten keinerlei Folgelast. Unschuldig ist aber allenfalls die Theoria, nicht eine experimentierende Wissenschaft und noch weniger das Wissen-als-Macht. In der Frühzeit war die entsprechende Unterstellung vielleicht fruchtbar, setzte sie doch ungeheure epistemische Kräfte frei; heute läge darin eine fatale Blindheit.

4.4 Die große Utopie

Zwei Aufgaben ergänzen sich und bleiben doch grundverschieden: Hilfspotentiale entwickeln und sie jemandem zukommen lassen. Vorausgesetzt, die Naturforschung verfolgt überhaupt humanitäre Zwecke, so erfüllt sie nur die erste Aufgabe; sie stellt Hilfsmöglichkeiten bereit, deren sich die gesamte Menschheit bedienen kann, ohne daß schon ein bestimmter Adressat festgelegt würde. Gegen die Verteilung der Möglichkeiten, gegen die Gerechtigkeitsaufgabe indifferent, gibt sie sich mit dem kollektiven Wohl zufrieden. Der modernen Wissenschaft, so ein *zehntes* (im Titelkupfer wieder fehlendes) *Motiv*, liegt eine utilitaristische Ethik zugrunde. Diese erhält ihre gültige Form zwar erst durch Jeremy Bentham (1789) und John Stuart Mill (1861); der Sache nach und erstaunlich klar finden wir sie aber schon bei Bacon; und auch er erliegt der Selbstüberschätzung, die für den Utilitarismus charakteristisch ist.

Bacon beruft sich auf das christliche Prinzip der Nächstenliebe (*charity*). Wer auf das einschlägige Gleichnis des *Neuen Testamentes* blickt, bemerkt aber ein wichtiges Defizit. Der Samariter hilft einem Notleidenden wirklich; die Wissenschaften stellen allenfalls Hilfs*möglichkeiten* bereit; die Sorge für deren Verteilung, also immerhin die Verantwortung für die Realisierung der Hilfe, ist ihrer Verfügung entzogen. Nur die einäugige Kritik übersieht die positive Seite, den Versuch, das Los der Menschheit zu verbessern. Trotzdem kann man, moralisch betrachtet, eine wissenschaftsgeprägte Zivilisation nicht säkularisiert nennen, das heißt christlich, aber den religiösen Wurzeln entfremdet; denn eine humanitäre Wissenschaft praktiziert bloß ein halbiertes Christentum. (Sozialgeschichtlich könnte man freilich auch von einer gesellschaftlichen Ausdifferenzierung sprechen: während die Wissenschaft die Mittel bereitstellt, obliegt deren Verteilung einem anderen Bereich der Gesellschaft.)

Für ihr Leitziel, das menschliche Wohlergehen, kennt eine humanitäre Wissenschaft keinen substantiellen und zugleich positiven Begriff. Sie fühlt sich nicht für das gute Leben selbst zuständig, wohl aber für deren Grund- und Rahmenbedingungen, insbesondere für die Beseitigung von Hindernissen. Was ihr vorschwebt, ist vor allem ein sog. negativer Utilitarismus, die Verhinderung oder Überwindung von Übeln. Vom Samaritergleichnis her erscheint diese Selbstbescheidung als durchaus christlich; man hilft aus der Not und überläßt die Frage, worin das gute Leben besteht, der Freiheit des Betroffenen. Gleichwohl findet sich erneut eine wesentliche Differenz. Die subjektive Seite übergehen wir: daß der Samariter selbstlos hilft, der Forscher dagegen seinen Lebensunterhalt verdient, zudem, wenn er erfolgreich ist, Ansehen gewinnt, nicht selten auch noch Macht. Uns interessiert die »objektive« Seite: der Samariter hilft aus einer sowohl elementaren wie offensichtlichen Not; er bringt eine existentiell entscheidende Hilfe. Bacons Forscherrepublik mag sie zum Ausgangspunkt haben; die entfesselte und dank methodischen Vorgehens höchst erfolgreiche Neugier leistet aber bald weit mehr. Zur Folge hat die einschlägige Entwicklung nicht nur, was die Wirtschaftstheorie den abnehmenden Grenznutzen nennt: daß die Zuwachsrate an Hilfsfähigkeit immer geringer ausfällt. Etwas noch Wichtigeres geht verloren, so daß, nach einer zweiten Halbierung, vom Christlichen gewissermaßen nur noch ein Viertel übrigbleibt: Eine Forschung, die oft genug lediglich das Leben ein wenig erleichtert, verliert erheblich an existentiellem Gewicht; auf Nächstenliebe jedenfalls kann sie sich oft nur noch schwerlich berufen.

Diese Entwicklung ist weder zufällig noch nebensächlich. Heben wir sie deshalb als eigenes Motiv hervor; das inzwischen *elfte Modernisierungsmotiv* heißt: unbegrenzte Lebensverbesserung. Hier bleibt Aristoteles näher beim Samaritergleichnis; den Einleitungskapiteln der *Metaphysik* zufolge begnügt sich die Techne mit dem Lebensnotwendigen und gewissen Annehmlichkeiten; Bacon will dagegen alles in seinem vollkommenen und ursprünglichen Zustand wiederherstellen. Der Name des Hauses Salomons – Kolleg des Sechs-Tage-Werkes (»College of the Six Days Work«: *Works* III, 146, dt. 28) – ist bezeichnend: zum Zweck, die Lebensverhältnisse einer Vollkommenheit zuzuführen, richtet sich die Forschung auf fast jedes Element der Schöpfung.

Dieses ehrgeizige Projekt klingt auch im Titel an, den die Utopie der wissenschaftlichen Zivilisation trägt. Atlantis heißt nach antiker Überlieferung eine Insel, die wegen günstiger Umstände und dank der Anstrengungen ihrer Bewohner geradezu ideale Lebensverhältnisse bereithielt; Atlantis war ein Paradies an gesellschaftlicher Ordnung, an Überfluß und an Wohlbefinden (Platon, *Kritias* 112e-121c). Auch auf *Neu*-Atlantis geht es um weit mehr als nur eine Lebenserleichterung; gesucht ist eine Nachschöpfung der göttlichen Schöpfung zum Zweck einer Wiederherstellung des Paradieses. Weit entfernt vom Theoria-Verständnis des Aristoteles, läßt die Baconsche Forschung die Natur nicht nur nicht unberührt; sie versucht geradezu eine neue Natur herzustellen, eine dritte Natur, die der zweiten, der nachparadiesischen »gefallenen Natur« in vielerlei Hinsicht überlegen sein und sich der ersten, paradiesischen Natur annähern soll. Die Strafe für den Sündenfall soll freilich nicht zurückgenommen werden; da zweierlei bleibt, sowohl die Sterblichkeit des Menschen als auch die Anstrengung des Lebens, handelt es sich mehr um ein Dantisches Purgatorium als um das Paradies selbst. Gleichwohl ist das Ziel hoch gesteckt. Neu-Atlantis verkündet eine schlechthin große Hoffnung, jene Utopie, die der wissenschaftlichen Zivilisation zugrunde liegt: die zumindest stillschweigend gehegte Erwartung, mit Hilfe der Naturwissenschaft auf Erden ein Fast-Paradies einrichten zu können.

In diesem Fast-Paradies, wenn es sich überhaupt gewinnen läßt, geht allerdings nicht alles auf die Wissenschaft zurück. Die Erwartung eines so gut wie unbegrenzten Wachstums mit dem Ziel, die Güterknappheit endgültig zu überwinden, gehört in eine auch ökonomische Utopie, die bei Bacon fehlt. Ebenso fehlt der Optimismus einer naiven Aufklärung, die, wie d'Alembert in der Einleitung zur *Encyclopédie* formuliert, vom Fortschritt der Wissenschaft auch einen Fortschritt der Moral erwartet. Wenn Rousseau diesem Optimismus entgegentritt und eine gründliche Transformation der Wissenschaft verlangt – beitragen sollen die Gelehrten zum Wohlergehen der Völker (»contribuer ... au bonheur des Peuples«: *Œuvres* III, 30) –, dann erweist er sich hier als getreuer »Baconianer«.

Überhaupt ist die Erwartung eines Fortschritts im Singular, die der einen, großen Verbesserung aller Lebensverhältnisse, späteren Denkern vorbehalten. Entschieden nüchterner, wie Bacon denn doch ist, konzentriert er sich auf den Anteil der Naturwissenschaft. Diese erforscht zunächst nur die einschlägigen Naturkräfte. Dabei kommt, nach dem Ideal eines neuen Paradieses, ein zweites Ideal herein, das *zwölfte* und letzte *Motiv*, einmal mehr ein Motiv der ungezügelten Steigerung, das der entfesselten Macht. Aus der Naturbeherrschung, die schon die Antike kennt, aus ihrer einfachen und begrenzten Form, entsteht ein grenzenloses Machtinteresse. Gewiß, die Macht soll in den Händen derer bleiben, die – so wird unterstellt – damit umzugehen verstehen. Brisante Ergebnisse werden nicht veröffentlicht; es gibt so etwas wie eine Selbstkontrolle der *scientific community*; nicht einmal der König wird über alle Forschungsergebnisse unterrichtet. Gleichwohl sagt Bacon in aller Unschuld: »Unsere Stiftung bezweckt, ... die Grenzen der menschlichen Macht so weit auszudehnen, daß man alle nur möglichen Dinge bewirken kann.« Sein zeitweiliger Sekretär Thomas Hobbes wird den Gedanken auf eine Sozialanthropologie übertragen; *Neu-Atlantis* (dt. 43) antizipiert für ihn die wissenschaftsgeprägte Zivilisation: schon von der Wissenschaft aus herrscht ein ruheloses Streben nach Macht.

5. Zum Beispiel Genforschung

Erfolglos ist die moderne Forschung sicherlich nicht. Intellektuelle Fesseln werden, sobald sie nur durchschaut sind, abgelegt; das Experiment findet zu einer ungeahnten Genauigkeit; und humanitären Zwecken dient man durchaus. Allenfalls erliegen wir einer spezifischen Täuschung, der Hintergrunderfüllung; in dem Maße, wie wir uns der Leistungen sicher sein können, schätzen wir ihren Wert, den sie für uns objektiv haben, subjektiv zu niedrig ein. Wer sie sich vergegenwärtigt, die Erfolge im Kampf gegen Seuchen und Infektionskrankheiten, gegen Mütter- und Säuglingssterblichkeit oder – von der Brille bis zum Herzschrittmacher – gegen organische Mängel, wer ferner, allerdings nur für die reicheren Länder, an die Überwindung des Hungers denkt, an die Ablösung körperlicher Schwerarbeit durch Maschinen, an die Verkürzung der Arbeitszeit, nicht zuletzt an den früher unvorstellbaren Lebensstandard, der findet Stoff für eine Erfolgsgeschichte überreich. Was Bacon erwartet hat, ist trotzdem nicht eingetroffen; lediglich Segen haben die Wissenschaften nicht gebracht.

Wer nur die Erfolge sieht, hält das Projekt für rundum gelungen; wer bloß die Kehrseite wahrnimmt, spricht dramatisch von einem Scheitern; dort verdient die Forschung eine Blankovollmacht, hier ein absolutes Verbot. Wahr ist, daß die Wissenschaften noch immer Wunschträume erfüllen können; Alpträume schaffen sie allerdings auch. Die nüchterne und zugleich genauere Beschreibung lautet deshalb auf Ambivalenz; die Diagnose fragt nach deren Grund.

Weil sich die moderne Forschung aus grundverschiedenen Antriebskräften speist, aus epistemischen Motiven einerseits und aus humanitären sowie utopischen Motiven andererseits, erfolgt die Diagnose in zwei Teilen. Was die »Schicksalsfrage einer Wissenschaftsethik« heißen kann, behandeln wir zunächst für die Wissenschaft, sofern sie die Nachfolge der Episteme antritt; mit einer Ethik der Technik befaßt sich der zweite Teil.

Im komplexen Universum der Wissenschaft stellen sich die ethischen Probleme nicht überall gleich. So gern sich die Philosophie mit dem Allgemeinen befaßt – als Wissenschaftsethik rechnet sie mit Unterschieden, geht deshalb in einem bestimmten Sinn induk-

tiv vor. Sie setzt beim »sprechenden Einzelfall« an, um an ihm allgemeinere Probleme zu entdecken.
Die Auswahl ist nicht belanglos. Heidegger (1954, 13 ff.) bezieht sich auf das Wasserkraftwerk, das in den Rheinstrom gestellt ist, auf eine Technik des 19. Jahrhunderts also; von Weizsäcker (1957) bezieht sich auf das »Atomzeitalter«, mithin auf eine neuere Technik, aber nur hinsichtlich ihrer militärischen Seite. Wir wählen das Beispiel, das Bacon erstaunlich kühn antizipiert, die Genforschung. Sie steht nicht nur für einen erneut fortgeschrittenen Stand der Wissenschaft ein; Probleme wirft sie auch schon als bloße Grundlagenforschung, nicht erst in der Anwendung auf.

5.1 Risiko-Ethik

1. Eine Verantwortung nicht bloß vor den Kollegen schuldet die Wissenschaft, sobald sie in jener und an jener Welt handelt, die sie mit der Gesellschaft teilt. Für die Welt der Erziehung trifft das zwar in der Regel, aber nicht notwendig zu; die Wissenschaftler könnten sich nämlich, wie das Haus Salomons auf Neu-Atlantis, in einer autonomen Forscherrepublik organisieren, die vom gewöhnlichen »Gemeinwesen« unabhängig ist – abgesehen von Dienstleistungen, die man dem Gemeinwesen generöserweise erbringt. Anders verhält es sich bei den Eingriffen in die Natur; betroffen ist die Welt, die man mit der Gesellschaft unvermeidlicherweise teilt.
Während die einschlägige Veränderung schon zu Beginn der Neuzeit erfolgt, entwickelt sich die dazugehörende Ethik, die des Experimentierens, erst viel später. Gemeint ist dabei nicht der wissenschaftsimmanente Anteil dieser Ethik; denn deren Forderungen – etwa eine peinliche Sorgfalt – fallen in die Verantwortung, die man, weil vor den Kollegen getragen, freiwillig und sehr bald wahrnimmt. Das Defizit betrifft die Verantwortung vor der Gesellschaft. Gründen könnte das Defizit in einer mangelnden Verantwortung, in einem Versäumnis also, oder im Gegenteil darin, daß man die Verantwortung wie selbstverständlich wahrnimmt. Tatsächlich liegt die Sache einfacher; die Verantwortung bleibt wegen verschiedener Faktoren lange Zeit so gut wie inaktuell.
In der frühen Neuzeit erfolgen die Experimente in der Regel im Kleinmaßstab; sie betreffen, da sie primär zur Physik und Chemie

gehören, meist leblose Materie; die Veränderungen, die man an der Natur vornimmt, lassen sich ferner gut abschätzen; sie bringen außerdem keinen signifikanten Schaden und sind schließlich in ihrem Schaden, wenn sie ihn denn doch haben, reversibel. Aus dem Zusammenspiel dieser fünf Bedingungen – Kleinmaßstab, leblose Materie, Abschätzbarkeit der Folgen, Defizit an Schaden und Reversibilität – folgt eine sehr grundsätzliche Entlastung. Wer die Fallzeit eines Steins mißt, sorgt dafür, daß niemand im Fallweg steht, ansonsten handelt er an der Natur und trägt trotzdem für sie keine Verantwortung.

Sobald die Folgen zwar nicht theoretisch, aber praktisch gesehen, das heißt: im Verhältnis zur menschlichen Lebenszeit, irreversibel sind, entsteht eine neue Situation. Den Stein, den Galilei fallen läßt, kann er an seinen alten Platz zurückstellen, die freigesetzte Radioaktivität läßt sich nicht »wieder einsperren«. Allerdings kommt die Radioaktivität auch natürlicherweise vor, weshalb die bloße Irreversibilität – hier täuschen sich viele Kritiker – kein zureichendes Argument darstellt; bei Hahn und Strassmann waren die Experimente doch ungefährlich. Die Folgen müssen auch, wie etwa bei Atomversuchen, signifikant schädlich sein.

Bei der Genforschung werden die Randbedingungen der frühen Neuzeit noch umfassender verletzt: Als erstes experimentiert man mit den Bausteinen des Lebens; als zweites lassen sich die Folgen auf die Welt außerhalb des Labors kaum abschätzen; nicht zuletzt befürchtet man, zu Beginn vor allem, katastrophale Folgen, etwa weltweite Epidemien. Ob derlei Gefahren tatsächlich drohen und gegebenenfalls mit welcher Wahrscheinlichkeit, das heißt: welche Risiken bestehen, vermag die philosophische Ethik nicht zu entscheiden. In die Debatte über die »Risiken der Genforschung« greift sie nicht mit einem Fachgutachten ein; sie leistet aber eine vielfältige Begründungshilfe.

Diese gibt sich nicht wie Beck (1986) mit einem pauschalen Risikobegriff zufrieden, sondern beginnt mit einer Begriffsklärung. Zusammen mit Wörtern wie »Chance« und »Wahrscheinlichkeit«, »Gefahr«, »Unsicherheit« und »Ungewißheit« gehört der Ausdruck »Risiko« zu einer Familie von Wörtern, deren Mitglieder die Umgangssprache nicht deutlich genug gegeneinander abgrenzt. Zum Teil im Anschluß an die Entscheidungstheorie schlage ich folgende Definitionen vor: Unter »Chance« verstehe ich den möglichen Nutzen, unter »Gefahr« den drohenden Schaden und unter »Risiko« das Produkt entweder aus dem Schaden oder aber dem Nutzen mit der Wahrscheinlichkeit, mit der das eine bzw. andere eintritt. Im Risikobegriff wird also ein Moment präzisiert, das bei den Begriffen von Chance und Gefahr nur vage anwesend ist, die Eintrittswahrscheinlichkeit. Außerdem geht es beim so definierten Risiko im Unterschied zum Alltagsverständnis nicht notwendigerweise um einen Schaden; vielmehr gibt es sowohl, auf Nutzen bezogen, ein positives Risiko wie, in bezug auf Schaden, ein negatives Risiko. Entscheiden muß man sich in der Regel aber unter unvollständiger Information, da man entweder das mögliche Ergebnis oder die Wahrscheinlichkeit, mit der es eintritt, oder sogar beide Faktoren nicht genau kennt. Es liegt dann eine Entscheidung »unter Ungewißheit« vor, die sich, werden wir noch sehen, von einer Entscheidung »unter Risiko« durch das einschlägige Rationalitätskriterium unterscheidet.

Sind die Grundbegriffe geklärt, so ist als zweites zu überlegen, warum man heute braucht, worauf man früher verzichten konnte: eine Risikodebatte schon im Stadium der Grundlagenforschung. Wo das Handeln an der gemeinsamen Welt möglicherweise große Gefahren heraufbeschwört, steht es nicht mehr frei, zu wählen, ob man in eine Risikodebatte eintrete oder nicht; der Eintritt in diese Debatte hat den Rang einer Bringschuld. Schon aus diesem Grund müssen sich die Wissenschaften – wie in Kapitel 2 angedeutet – als verantwortungsfähige Subjekte konstituieren und von sich aus in die Risikodebatte eintreten. Andernfalls verspielen sie die Privilegien eines relativ autonomen Teilsystems der Gesellschaft. Freilich braucht man die entsprechende Debatte nicht überall. Wer sie pauschal verlangt, mag sich für kritisch halten, tatsächlich verletzt er eine Minimalbedingung von Kritik; den genauen Grund, warum es die Risikodebatte braucht, kennt er nicht.

2. Eine andere Begründungshilfe der Philosophie: Die Frage, worin die Gefahren denn liegen könnten, die weitere Frage, ob die Gefahren tatsächlich drohen, und die dritte, mit welcher Wahrscheinlichkeit sie gegebenenfalls eintreten, sind nicht a priori zu beantworten. Deshalb bedarf es einer neuen Art von kritischer Wissenschaft, einer Risikoforschung, die mit derselben Phantasie und Sorgfalt die möglichen Gefahren und deren Wahrscheinlichkeit erkundet wie die gewöhnliche Wissenschaft die neuen Chancen.

Wo die Gefahren noch unbekannt sind, besteht eine Gefahr zweiter Stufe: daß man die Gefahren erster Stufe strukturell verzerrt. Die praktizierenden Wissenschaftler neigen dazu, die Genforschung für nicht sonderlich neu zu erklären; denn in die Evolution, sagen sie, habe sich der Mensch seit der Steinzeit eingemischt: durch die Züchtung von Kulturpflanzen und Haustieren. Die Kritiker sehen dagegen etwas revolutionär Neues entstehen; der Evolutionsprozeß, der sich der Mutation und der Selektion verdanke, komme zu einem jähen Ende.

Eine wissenschaftsimmanente Aufgabe, die Begriffsbestimmung, gewinnt hier eine ethische Relevanz. Die vorgeschlagenen Begriffe, die Revolution und der gewöhnliche Fortschritt, sind nämlich nicht nur typische Halbwahrheiten; sie haben überdies einen ideologischen Einschlag; ihre Einseitigkeit läßt sich einem politischen Interesse zuordnen. Sobald die Genforschung als »science as usual« erscheint, braucht sie keine besondere Sicherheitsdiskussion; ist sie dagegen revolutionär neu, dann drängt sich eine restriktive Politik auf. Wahr ist, daß die Forschung eine umstürzende Veränderung bringt; sie ist aber nicht die erste, sondern die zweite »biotechnische Revolution«. Bei der ersten Revolution, der Züchtung, mußte man auf die gewünschte Mutation warten; bei der zweiten Revolution, der Genforschung, bringt man die Mutation hervor; das Genreservoir, das sich in Hunderten von Millionen Jahren herausgebildet hat, steht damit – im Prinzip – zur freien Disposition.

Ein weiteres Grundproblem verbirgt sich in der Bezeichnung. Wer von »Gentechnik« oder »Gentechnologie« spricht, unterschlägt, daß die gewöhnlichen technischen Produkte, daß Kunststoffe und Transistoren, Computer und Mikrochips, in einem strengen Sinn *er*funden, also nach den Plänen von Ingenieuren hergestellt werden. In der bisherigen Genforschung dagegen wird vornehmlich *ge*funden und abgewandelt. Ob man Lebewesen, wie bisher, lediglich züchtet oder ob man, wie neuerdings, in deren genetische Substanz gezielt eingreift: in beiden Fällen wird ein selbständig funktionierendes System nur marginal verändert; man entwirft nicht etwa einen neuen Plan, sondern verändert lediglich einen schon vorgegebenen. In Mary Shelleys bekanntem Roman *Frankenstein* erschafft der Titelheld ein menschliches Wesen aus totem Material. Die Genforschung versteht sich darauf nicht einmal in Annäherung; statt einen lebenden Organismus neu zu konstruieren, nimmt sie in Wahrheit nur Interventionen vor.

In der damit angedeuteten Grenze menschlicher Macht verbirgt sich eine strukturell neue Gefahr. Durchgeführt wird die Forschung, ohne daß man die überwältigende Komplexität der Organismen annähernd vollständig kennt; die Produkte sind daher nur begrenzt vorhersehbar. Die Brücke und der Motor werden auf dem Reißbrett entworfen, die Experimente um die neu kombinierten Lebewesen sind in einer wesentlichen Hinsicht vom Typ des Erratens. Ebenso strukturbedingt ist eine zweite Gefahr: Was die traditionelle Ingenieurkunst kann, nämlich Versuchsmodelle, die mißfallen, auf den Schrotthaufen werfen, ist der Gentechnik verwehrt. Wer nicht vorweg besondere Vorkehrungen trifft, läuft Gefahr, sich als Zauberlehrling wiederzufinden; das einmal entstandene Produkt entgleitet der menschlichen Verfügung und geht seine eigenen, unberechenbaren Wege.

3. Weiterhin kann die Philosophie für die Risikoforschung ein Verlaufsmuster skizzieren: Zunächst ist zu erkunden, welche Arten von Gefahren denn drohen. Sodann ist zu überlegen, ob die noch unbekannten, daher unheimlichen Gefahren sich überführen lassen in bekannte, daher überschaubare Risiken. Außerdem ist zu prüfen, ob sich die überschaubar gewordenen Risiken – wenn dies denn zutreffen sollte – domestizieren, das heißt in beherrschbare umwandeln lassen; mit anderen Worten: lassen sich die Gefahren domestizieren? Für diese Umwandlung gibt es durchaus verläßliche Vorkehrungen, beispielsweise biologische und physikalische Sicherheitsbestimmungen. Nicht zuletzt ist nach dem Preis zu fragen, zu dem die Gefahren, wenn sie überhaupt beherrschbar sind, tatsächlich beherrscht werden. Und die Währung, in der der Preis bezahlt wird, heißt nicht bloß »Geld«; ebenfalls zu berücksichtigen sind personale, soziale und kulturelle, selbst ästhetische Kosten. Vergessen darf man allerdings nicht, daß die Risiken, die man auf sich zu nehmen bereit ist, nicht ahistorisch zu bestimmen sind, sondern nur kulturabhängig (vgl. Douglas-Wildavsky 1983).

4. Bei der Anschlußfrage, ob die neue Forschung den betreffenden Preis denn wert ist, kommt die normative Seite und mit ihr eine vierte Aufgabe der Philosophie zum Tragen. Wer beides kennt, einerseits die Art der möglichen Schäden und die Wahrscheinlichkeit, mit der sie eintreten, und andererseits die möglichen Vorteile und deren Wahrscheinlichkeit, findet sich, entscheidungstheoretisch gesehen, vor einer im Prinzip einfachen Wahl, vor einer Entscheidung unter Risiko. Deren Rationalitäts-

kriterium heißt: Maximiere die Gesamtnutzenerwartung. Man bilde das Produkt aus Schaden und Wahrscheinlichkeit, was die negative Nutzenerwartung, die Schadenserwartung, ergibt, ferner das Produkt aus Vorteil und Wahrscheinlichkeit, was zur positiven Nutzenerwartung, der Vorteilserwartung, führt. Falls die Schadenserwartung höher, also die Gesamtnutzenerwartung negativ ausfällt, so optiert man vernünftigerweise gegen die neue Forschung; ist die Gesamtnutzenerwartung positiv, so optiert man für sie.

Solange die entsprechenden Kenntnisse fehlen, liegt aber eine entscheidungstheoretisch weit schwierigere Situation, die der Unwissenheit, vor. Für sie gibt es kein eindeutiges Rationalisierungskriterium; vertreten werden vor allem zwei Kriterien, die Maximin- und die Maximaxregel. Welche von ihnen man wählt, hängt von der persönlichen Einstellung zum Risiko ab. Wer der Maximaxregel folgt – *max*imiere den Vorteil für die *max*imal gute Situation –, der hofft auf einen guten Ausgang und sucht dessen Wert zu maximieren; wer nach der Maximinregel handelt – *max*imiere den Vorteil der *min*imal guten Situation –, will auch bei einem schlechten Ausgang noch möglichst gut dastehen. Die erste, risikofreundliche Regel befolgt der Glücksspieler; die zweite, risikovermeidende Regel entspricht der Versicherungsmentalität.

Käme es allein auf die Mentalität an, so wäre die Entscheidung über die Entscheidungsregel rein subjektiv; das Verhältnis zu neuen Forschungen wäre eine bloße Einstellungsfrage. Es gibt jedoch objektive Gesichtspunkte; von Belang ist etwa der Rang der zur Entscheidung stehenden Sache. Was sich für das elementare Leben empfiehlt, doppelte Vorsicht, darauf darf man bei Dingen des angenehmen Lebens durchaus verzichten. Die Empfehlung zur Vorsicht ist freilich nur pragmatischer Natur; der Hasardeur schlägt das Klugheitsgebot in den Wind. Liegt also doch eine Einstellungsfrage vor? Wegen eines zweiten Gesichtspunktes ist dies nicht der Fall. Was gegen sich selbst rechtsethisch erlaubt ist, ist gegen andere rechtsethisch verboten, nämlich menschliches Leben aufs Spiel zu setzen. Niemals darf eine Güterabwägung übersehen, daß die Risiken im Fall der Genforschung einen Wert betreffen, der gegen niederrangige Werte gar nicht aushandlungs- und kompromißfähig ist; auf dem Spiel steht das Grund- und Menschenrecht auf Leib und Leben. Was auch immer an Einsichten und Nutzen erwartet wird, hat einen geringeren Rang; die

Forschungsfreiheit und der Erkenntnisgewinn ohnehin, aber auch ein humanitärer Nutzen geben keine moralische Erlaubnis, Leib und Leben anderer zu gefährden.

Die hier einschlägige und weithin anerkannte Ethik, die der Medizin seit Hippokrates, spricht eine klare Sprache; das Verbot zu schädigen hat gegenüber dem Gebot zu helfen den Vorrang. Die Moralphilosophie liefert die Begründung, die wir von der Semantik der Verantwortung her schon kennen: das Verbot zu schädigen hat einen rechtsethischen, das Hilfsgebot einen tugendethischen Rang; dort geht es um das Geschuldete, hier um das verdienstliche Mehr.

Gelegentlich gibt es gleichrangige Güter; wenn die dann zulässige Abwägung eine für die neue Forschung positive Bilanz erbringt, bleibt ein weiterer Gesichtspunkt zu beachten, der der Gerechtigkeit: Kommt derjenige in den Genuß des größeren Vorteils, der den Preis dafür zahlt? Gegen die Idee der Gerechtigkeit verstößt, wer ein risikoträchtiges Forschungslabor den Anrainern aufbürdet, ohne zumindest eine Kompensation, einen »Sondervorteil«, zu gewähren.

Solange die Risikoforschung nicht in all diesen Schritten erfolgreich ist, sind neuartige Experimente moralisch so erlaubt wie Autos, die man dem Verkehr überläßt, ohne eine zuverlässige Bremstechnik einzubauen. Die Kernenergie bietet ein gutes Negativbeispiel: Daß es radioaktive Abfälle zu versorgen gibt, wußte man seit Beginn; wie eine Endlagersicherheit möglich ist, wußte man – wenn überhaupt – erst viel später; und noch einmal später werden die Endlager tatsächlich gebaut.

5.2 Theorie und Praxis: eine Umkehrung

1938 gelingt zwei Chemikern eine Entdeckung, auf deren Grundlage binnen fünf Jahren eine neuartige Waffe gebaut wird, welche nur zwei Jahre später gegen Japan eingesetzt wird. Ähnliches, jetzt freilich zu friedlichen Zwecken, erwartet man bei der Genbiologie: daß sie eine Entdeckung der Grundlagenforschung, die Entzifferung des genetischen Codes, binnen kurzem in eine neuartige Technologie umsetzt. Zwei Fragen stellen sich hier; einmal, wie diese rasche Umsetzbarkeit möglich ist; zum anderen, welcherart Verantwortung die Grundlagenforscher tragen.

Hinsichtlich der ersten Frage sind auch wissenschaftsexterne Faktoren, etwa politische und wirtschaftliche Antriebskräfte, zu berücksichtigen; zum Bau der Atombombe drängte die Politik, und aus der Gentechnologie erwartet den großen Gewinn die Wirtschaft. Die wissenschaftsexternen Kräfte erklären aber nur, warum man die Entwicklung so forciert; warum machbar wird, was man gern gemacht hätte, erklären sie nicht.

Wer beispielsweise sagt, unter den Bedingungen des Kapitalismus verbinde sich die entfesselte Neugier mit dem rastlosen Antrieb des *homo oeconomicus,* der übersieht, daß beide Seiten unmittelbar gar nicht in Verbindung stehen. Wirtschaftliche und intellektuelle Interessen sind zunächst einmal heterogen; Platons Theorie der Ideen oder Aristoteles' Lehre vom unbewegten Beweger lassen sich nicht nennenswert vermarkten. Es braucht ein Zwischenglied, um zu verstehen, warum die Wissenschaft überhaupt ökonomiefähig ist und warum sich die Ökonomie für die Wissenschaft interessiert.

Nach der personalisierenden bzw. moralisierenden Diagnose sind die Wissenschaftler käuflich geworden, im Fall der Atombombe mit der Erwartung von politischem Einfluß, im Fall der Genforschung mit der Aussicht auf Geld. Vielleicht kann man die Wissenschaftler käuflich nennen, die am Bau der Atombombe mitwirkten, oder jene Genforscher, die zusammen mit sogenanntem Risikokapital eigene Wirtschaftsunternehmen gründen. Wer die wirklichen Grundlagen erforscht, stößt aber auf ökonomiefähige Entdeckungen, ohne im eigentlichen Sinn käuflich zu sein. Wir müssen deshalb verschiedene Arten von Käuflichkeit unterscheiden.

Eine erste Art, die Bestechlichkeit, kommt zwar vor, beispielsweise in Form parteilicher Gutachten; denn auch Wissenschaftler unterliegen wie alle Menschen der moralischen Fehlbarkeit. Bestechung ist aber so offensichtlich verwerflich, daß wir uns bei ihr nicht aufhalten. Die zweite Art von Käuflichkeit, daß ein Forscher seinen Lebensunterhalt in der Wirtschaft verdient, ist nicht als solche verwerflich. Die nähere Beurteilung hängt vom Einzelfall bzw. Falltyp ab. Daß man Entdeckungen patentieren läßt, ist in vielen Fällen unbedenklich; daß ein Grundlagenforscher, der von der Öffentlichkeit reiche Subsidien erhält, ein Privatunternehmen gründet, nur um seine Entdeckungen unmittelbar zu vermarkten, sollte sich, selbst wenn es das Gesetz erlaubt, von seinem wissenschaftlichen Ethos her verbieten.

Ein dritter, nicht mehr personaler, sondern struktureller Begriff von Käuflichkeit klingt in der antiken Unterscheidung zweier Arten von Intellektuellen an. Unter der ersten Art, dem Sophisten, versteht die heutige Umgangssprache zwar einen Scheingelehrten und Wortverdreher, mithin einen Intellektuellen, dessen Gewerbe von bedenklicher Käuflichkeit nicht weit entfernt ist. Wörtlich heißt »Sophist« aber, wer über Sophia, also eine Fachkompetenz, so souverän verfügt, daß er sie unterrichten kann. Sokrates wird zwar »Philosoph« genannt, ist jedoch in vieler Hinsicht der bessere Sophist, nicht der geschicktere Wortverdreher, sondern ein Künstler, sogar Genie des Argumentierens. Warum gibt es dann eine Polemik, die bis in die Semantik hineinreicht und dem Sophisten den Philosophen entgegenstellt? Der Zusatz »Philo-« nimmt gegenüber dem traditionellen Ausdruck zwei Akzentverschiebungen vor. Die eine besteht in epistemischer Bescheidenheit; die Sophia gilt als nicht schon gegeben, vielmehr als je neu zu leistende Aufgabe; vor die Lehre – und das gilt bis heute – schiebt sich die entsprechende Forschung. Zum anderen wird die Forschung als solche gesucht; entweder dient sie, im Sinne der Platonischen Paideia, der Entfaltung einer humanen Persönlichkeit oder aber, gemäß Aristoteles' Begriff der Theoria, einem Wissen, das sich selbst genug ist. In beiden Fällen verläßt die Sophia die Dimension dessen, was einen Preis hat, und begibt sich in die von sich aus preisfreie Dimension, in die der Würde.
Solange sie ihre genuine Aufgabe, das Unterrichten, erfüllen, treten vor Gericht und in der Volksversammlung die Sophisten nicht selber auf, weder direkt als Partei noch indirekt als Gutachter. Insoweit sind sie der Käuflichkeit im verwerflichen Sinn, der Bestechlichkeit, enthoben. Käuflich bleiben sie aber in dem epistemischen Sinn, daß ihr Wissen verwertbar ist; außerdem nehmen sie die Verwertung tatsächlich vor; Sophisten »verkaufen« zweckorientierte intellektuelle Kompetenzen.
Anders als der Sophist sucht der reine Grundlagenforscher zwar keine Anwendung; trotzdem unterliegt er der nicht mehr personalen, aber strukturellen oder epistemischen Käuflichkeit. Denn ob er es will oder nicht – der von ihm erforschte Mechanismus der Naturkräfte läßt sich in den Dienst wissenschaftsexterner Zwecke stellen; und in diesem Umstand liegt das gesuchte Zwischenglied, die Ökonomiefähigkeit sogar der Grundlagenforschung. Selbst wer, intentional gesehen, der bloßen Erkenntnis dient, also sub-

jektiv dem Ideal der Theoria oder dem der Paideia treu bleibt, kann sich der grundsätzlichen Anwendbarkeit nicht entziehen. Nur jenes Wissen ist von Grund auf nicht käuflich, das auch in objektiver, in epistemischer Hinsicht reiner Selbstzweck ist.
Die grundsätzliche Möglichkeit erklärt allerdings noch nicht das heutige Tempo der Umsetzung. Dazu braucht es einen weiteren, wieder wissenschaftsinternen Modernisierungsschub. Gewisse Entdeckungen sind einer Anwendung nicht lediglich nahe, sondern mit dem Grundmuster ihrer Anwendung sogar identisch. Die von Hahn und Strassmann gefundene Kernspaltung setzt genau jene Energie frei, derer sich die hier einschlägigen Technologien, die der Atomwaffen ebenso wie die der Atomkraftwerke, bedienen. In der Molekulargenetik sieht es ähnlich aus: Ob man noch Grundlagen- oder schon Anwendungsforschung betreibt – in beiden Fällen beruht die Arbeit auf der Fähigkeit, Bausteine der Erbsubstanz zuerst zu isolieren und dann zu verpflanzen, ohne den Lebensprozeß dabei zu unterbrechen. Was der Grundlagenforscher betreibt – daß er fremde DNS in E.coli-Bakterien einführt und dort zur Vermehrung bringt, ist dieselbe Methode, deren sich der Anwendungsforscher bedient.
Damit allein setzt sich die Genforschung von der traditionellen Biologie aber noch nicht ab. Sowohl Mendel wie die Molekulargenetik erforschen die theoretische Basis für die entsprechende Biotechnologie und bedienen sich dabei deren Grundmuster; neu ist erst die Abfolge. Die (Tier- und Pflanzen-)Züchtung beginnt als Technologie und findet durch Mendel ihr Gesetz erst nachträglich. Hier läuft die Praxis der Theorie voraus; die Wissenschaft liefert nur den theoretischen Überbau zu einer längst praktizierten Technik, so daß der Innovationsschub, den die Wirtschaft der Wissenschaft verdankt, relativ klein ausfällt. Bei der Genforschung geht jedoch die Theorie der Technik voran; die Grundlagenforschung treibt die Anwendung und diese treibt ihre industrielle Nutzung geradezu hervor. Ihrer epistemischen Struktur nach, mithin unabhängig von der Frage, ob es einzelne Forscher wollen oder nicht, ist die Wissenschaft zu einem ökonomischen Innovationsfaktor ersten Ranges geworden. Und wer die Wirtschaft verändert, verändert noch mehr; Innovationsfaktoren der Ökonomie sind nämlich in der Regel zugleich Innovationsfaktoren der Gesellschaft.
Überall trifft diese Situation zwar nicht zu; Forschungen, deren

Ergebnisse keinerlei praktische Anwendungen erwarten lassen, gibt es durchaus noch. Die Elementarteilchenphysik dürfte darunter fallen und auch die Kosmologie, insofern sie eine einheitliche Theorie für alle Teilchenwechselwirkungen (außer der Gravitation) sucht. Viele Beispiele scheint es aber nicht mehr zu geben.
An dieser Stelle drängt sich die Frage auf, ob Folgen der Entdekkung, die nicht mehr im Einflußbereich des Entdeckers liegen, trotzdem in seinen Verantwortungsbereich fallen. Wer Entlastung sucht, sagt: Niemand ist für eine Handlung verantwortlich, die ein anderer begeht. Wer aber die Voraussetzungen schafft, daß ein anderer die Handlung begehen kann, ist für diese gewiß mitverantwortlich, zumal dann, wenn er schon weiß, daß er genau dafür arbeitet, daß ein anderer die Handlung begehen kann. In diesem Sinn entscheiden zwar nur die Politiker über den Einsatz der Atombombe, die Ingenieure bauen aber die Bombe; und jene Wissenschaftler, die am entsprechenden Projekt, dem Manhattan-Projekt, mitarbeiten, stellen die erforderlichen Grundlagenkenntnisse bereit. Um diese Sachlage verständlich zu machen, ist ein neuartiger Verantwortungstyp einzuführen, der einer Verantwortungskette. In ihr trägt kein Glied die Alleinverantwortung, jedes Glied aber eine Teilverantwortung, und diese mißt sich an dem, was das Glied zur Gesamthandlung beiträgt.
Sind für die Entwicklung der Atombombe schon Hahn und Strassmann mitverantwortlich? Sind Watson und Crick dadurch, daß sie den genetischen Code entdeckten, mitverantwortlich für Genmanipulationen, die man am Menschen vornehmen wird? Insofern sie die nötigen Voraussetzungen schaffen, vielleicht: ja. Falls sie den Zusammenhang aber nicht im Blick hatten, ihn vielleicht nicht einmal im Blick haben konnten, sind sie zumindest subjektiv entlastet. Sobald sie aber die Tragweite ihrer Entdekkung übersehen, tut sich eine Verantwortung zweiter Stufe auf; für die neuen Verantwortungen sind Institutionen zu bilden, die die Verantwortungen erster Stufe wahrnehmen können. Dafür allein verantwortlich sind die Grundlagenforscher gewiß nicht; weder »die Gesellschaft« noch die Politik können sich derart leicht von ihrer Verantwortung entlasten. Eine Mitverantwortung tragen die Forscher aber ohne Zweifel.
Ziehen wir eine Zwischenbilanz: Weil die moderne Wissenschaft im Dienst menschlicher Zwecke steht, erweist sie sich als überhaupt ökonomiefähig; sie ist käuflich, allerdings nicht in einem

personalen, sondern strukturellen Sinn. Insofern die heutige Grundlagenforschung Entdeckungen macht, die das Grundmuster der Anwendung in sich tragen, aus wissenschaftsinternen Gründen also, wird die Ökonomisierung in einer bislang ungeahnten Weise beschleunigt. Schon Bacons Ansicht, eine Forscherrepublik wie das Haus Salomons könne auf das Ideal der Theoria verzichten und sich trotzdem der Wirtschaft ganz und der Politik weitgehend entziehen, war naiv. Wer sich in den Dienst menschlicher Zwecke stellt, steht über kurz oder lang auch im Dienst derjenigen, die für die Zwecke ex officio zuständig sind, bald der Wirtschaft, bald der Politik. Verstärkt wird die Abhängigkeit, weil die Forschung immer kostspieliger wird und deshalb demjenigen, der sie finanziert, das Recht auf Überprüfung des Finanzierten nicht absprechen kann.

Wer für die strukturelle Käuflichkeit den Kapitalismus verantwortlich erklärt, nimmt nicht, wie er sich gern zugute hält, die radikalere Analyse vor; er stellt die oberflächlichere Diagnose. Die letzte Verantwortung trägt nicht ein der Wissenschaft externer, sondern ein ihr interner Vorgang. Wissenschaftsimmanent darf die Forschung beanspruchen, was die Rechtsordnung ihr sogar garantiert: die Autonomie. Wer aber das Theoria-Ideal so gründlich aufgibt wie die Moderne, darf sich über die Folgelast nicht wundern, daß er zugleich auf eine ausschließlich wissenschaftsimmanente Selbstdefinition verzichtet. Wer externen Zwecken dient, steht unvermeidlich im Dienst der für sie verantwortlichen Agenturen. Zwar partizipiert er an deren Macht; dort erhält man reichlichen Lohn, hier einen (freilich oft überschätzten) Einfluß. Man unterwirft sich aber auch der Eigengesetzlichkeit der Ökonomie bzw. der Politik. Deshalb, aber auch erst deshalb gibt es für das Argument des Kapitalismus einen möglichen Ort.

5.3 Privileg der Furcht?

Wie geht man mit der neuartigen Zuständigkeit um, mit der Verantwortung für Handlungsoptionen, deren Gehalt noch offen ist? Wie soll sich die Grundlagenforschung zu einer Zukunft verhalten, die sie eröffnet und die ihr trotzdem noch unbekannt ist? Lange Zeit herrschte in unserer Gesellschaft generell eine Stimmung vor, die ein Buchtitel von Ernst Bloch auf den Punkt bringt; seit einiger Zeit ist die Stimmung umgeschlagen. Dem »Prinzip Hoffnung« tritt das »Prinzip Verantwortung« entgegen; Hans Jonas antwortet auf Ernst Bloch mit einer »Heuristik der Furcht«. Wer die Debatten lediglich der letzten Jahre kennt, weiß nicht, daß Jonas ein älteres Motiv übernimmt. Inspiriert ist er von Gedanken, die man als eine Bloch-Kritik lesen kann, als Kritik an jenem älteren Werk *Geist der Utopie* (1918), das die Grundidee vom *Prinzip Hoffnung* schon enthält; ich meine die entsprechenden Überlegungen aus *Sein und Zeit* (1927).

Jonas spielt auf sie an, wenn er auf den allerletzten Seiten schreibt: »Verantwortung ist die als Pflicht anerkannte *Sorge* um ein anderes Sein, die bei Bedrohung seiner Verletzlichkeit zur ›Besorgnis‹ wird.« In *Sein und Zeit,* und nicht etwa an untergeordneter Stelle, spricht Heidegger »die Sorge als Sein des Daseins« an (§§ 39-44; vgl. §§ 45, 57 und 63-65). Während Blochs Grundbegriffe »Utopie« und »Hoffnung« im Zukunftsbezug vor allem die Chance hervorheben – das noch Ausstehende drängt zu einer reicheren, vielleicht sogar einfachhin wahren Wirklichkeit – betont der Begriff der Sorge die gegenläufige Möglichkeit. *Sein und Zeit* charakterisiert aber den Zukunftsbezug nicht bloß durch den gegenüber Bloch kritischen Begriff der Sorge, sondern auch durch Begriffe – »Entwurf« und »Seinkönnen« (vgl. §§ 31, 41, 53-54, 56-58 usw.) –, in denen Bloch seine philosophische Intention wiedererkennen könnte. Auf diese Weise rehabilitiert Heidegger Bloch und kritisiert ihn zugleich in Form einer Erweiterung der Perspektive. Mit den gegenläufigen Begriffen »Sorge« und »Entwurf« bzw. »Seinkönnen« zeigt er ein Spannungsfeld auf, das nun Jonas weitgehend zugunsten nur der einen Seite auflöst. Nicht damit zufrieden, einen unberechtigten Exklusivitätsanspruch zurückzuweisen und dem »Prinzip Hoffnung« ein Doppelprinzip »Furcht und Hoffnung« entgegenzustellen, gibt er im Rahmen der technischen Zivilisation der Furcht wenn nicht ein Exklusivrecht, so zumindest ein Privileg.

Es versteht sich von selbst, daß wegen der großen Macht, die dieser Zivilisation offensteht, geboten ist, was die Heuristik der Furcht auch meint: statt schwärmerischer Hoffnungen eine nüchterne Einschätzung neuer Optionen, ferner bei ihrer Realisierung Vorsicht und Umsicht. Nicht zuletzt ist eine Regel, die aus der hippokratischen Medizin bekannt ist, unter den Bedingungen der neuen Machtpotentiale neu zu fassen. Das Gebot, auf keinen Fall zu schaden *(nil nocere)*, verbietet, um gewisser Annehmlichkeiten willen das Leben aufs Spiel zu setzen. »Im Zweifelsfall fürs Leben« heißt, etwas vereinfachend, die angemessene Beweislastregel. Verdient die Furcht aber ein noch weiterreichendes Privileg? Mit der Technik befassen wir uns später; wir bleiben hier beim Thema Grundlagenforschung.

Daß dem Menschen grundsätzlich beide Möglichkeiten, Hoffnung und Furcht, offenstehen, zieht Jonas nicht in Zweifel. Wenn er trotzdem eine Heuristik der Furcht vertritt, so nimmt er an, daß die Hoffnung ihr Recht weitgehend verloren hat. In dieser Annahme spiegelt sich die oben (Kap. 2.1) genannte Einseitigkeit im Verantwortungsbegriff wider; so wie dort, bei der Übernahme von Zuständigkeiten, mehr an deren potentielle Verletzung gedacht wird als an die Chancen, die sich auftun, so wird auch hier die Hoffnung in den Hintergrund gedrängt. Das kann in mindestens drei Fällen berechtigt sein. Inaktuell ist die Hoffnung entweder, weil sich – immer: hinsichtlich einer Verbesserung des menschlichen Lebens – kein nennenswerter Nutzen zeigt; oder aber weil die Nutzen-Kosten-Bilanz als stets negativ zu erwarten ist. Schließlich könnte es eine zwar noch positive Bilanz geben, bei der aber der Nutzen nicht denen zugute kommt, denen der Nachteil aufgebürdet wird; hier fällt die Bilanz nur kollektiv, nicht auch distributiv gesehen positiv aus; mehr noch: die entsprechende Praxis ist ungerecht.

Im weitläufigen Meer der Meinungen rollt, wie könnte es anders sein, auch jene Welle, die die Hoffnung für schlechthin inaktuell erklärt: Da alles, was der Mensch erfindet, sich gegen ihn auflehnt, wird er sich – wie Cioran einmal sagt – um so schneller seinem Ende nähern, je mehr er sich abplagt. Ist diese Ansicht – für den Pessimisten eine willkommene Bekräftigung, für den Optimisten aber ein selbstgefälliger Nihilismus –, ist sie auch erfahrungsgesättigt? Steuert die Genforschung, um beim Beispiel zu bleiben, einen weiteren Beleg für die These bei, die Zivilisation sei ein schrecklicher Irrtum?

Das Urbild für die Heuristik der Furcht ist die Büchse der Pandora, die bekanntlich die Übel freiläßt, die Hoffnung dagegen einsperrt. Im Fall der Genforschung sprechen die Erwartungen eine andere Sprache; weil die Erwartungen – in Grenzen – durchaus realistisch sind, entfällt die erste der drei Möglichkeiten; es zeichnen sich durchaus noch nennenswerte Vorteile ab. Allein vermag es die neue Forschungsrichtung zwar nicht; sie hilft aber kräftig mit, daß Bacons Utopie wieder auflebt, das große Versprechen, mit Hilfe der Naturforschung lasse sich das Wohl der Menschheit mehr und mehr befördern. Die Erwartungen richten sich auf neue Energiequellen und auf ertragreichere Nutzpflanzen, so daß sich die »Grenzen des Wachstums« weit verschieben und Zivilisationskritiken nach dem Muster des »Club of Rome« sich als voreiliger Pessimismus erweisen könnten. Auch erwartet man, schon bekannte Arzneimittel, etwa Insulin, genauer, daher ohne schädliche Nebenwirkungen herzustellen; außerdem will man nicht bloß die Symptome kurieren, sondern mittels Gentherapie die Krankheit selber. Weiterhin verspricht man sich Mittel gegen Krebs und gegen Erbkrankheiten, ferner Ersatzstoffe für menschliches Blut, nicht zuletzt neue Impfstoffe oder Mittel zur Schmerzlinderung.

Wie sieht es mit der zweiten Möglichkeit aus; ist beim Abwägen der Vor- und Nachteile nur eine negative Bilanz zu erwarten? Offensichtlich ist mehr gemeint als nur eine Bilanz der Wirtschaftlichkeit; von Belang sind negative Nebenfolgen; erwartet werden eher positive. Biotechnische Verfahren sollen beispielsweise die Düngemittelabhängigkeit der Landwirtschaft abbauen oder Abfälle in nützliche Materialien umwandeln. Und dort, wo die neuen Produkte dem Umweltschutz nicht unmittelbar dienen, sind sie zumindest umweltfreundlich. Unter geringen Temperaturen und schwachem Druck hergestellt, sparen sie Energie; außerdem wachsen ihre Rohstoffe nach, überdies sind die Nebenprodukte biologisch, daher abbaubar. Kurz, die große Gefahr unserer Industriekultur, die Bedrohung der Umwelt, könnte eher abgemildert denn verstärkt werden.

Wären die Erwartungen Wirklichkeit, so müßte nicht bloß Cioran seine These zurücknehmen; auch Jonas' Kritik am Prinzip Hoffnung erwiese sich als voreilig. Wir wissen, daß die Situation nicht so einfach ist. Zum einen hat man zwar sehr rasch und auf breiter Front versucht, mit Hilfe der Molekulargenetik neue Technologien zu gewinnen; noch heute, immerhin eine Generation nach der Entzifferung des genetischen Codes, sind die tatsächlichen Erfolge aber recht spärlich.

Gegen überzogene Erwartungen tut Bescheidenheit not, gegen ungestüme Erwartungen Geduld. In beiden Hinsichten bedarf es

zwar einer Ernüchterung, aber nicht jener Umkehr, die auf die Hoffnung ganz verzichtet. Ähnliches gilt gegenüber den vielen Möglichkeiten von Mißbrauch, bis hin zum radikalen Mißbrauch, der genetischen Manipulation des Menschen. Gegeben sind die Möglichkeiten ohne Zweifel, allerdings lassen sich auch Gegenmaßnahmen ergreifen. Vor allem kann der Gesetzgeber tätig werden und beispielsweise verlangen, daß beim Menschen die Genforschung nur zur Therapie eindeutiger Krankheitsbilder eingesetzt wird, während so etwas wie »Menschenzüchtung« in jeder Form verboten wird.
Unterstellt, der Gesetzgeber nimmt seine Verantwortung wahr, ferner unterstellt, daß die Forschung die schon genannten Forderungen einer Risiko-Ethik erfüllt, schließlich unterstellt, daß man für die Bedingung Sorge trägt und verhindert, daß die Nachteile denen aufgebürdet werden, die nicht auch in den Genuß der (hoffentlich größeren) Vorteile geraten, dann fällt es schwer zu glauben, den neuen Entdeckungen sei, sobald sie angewandt werden, eine per saldo positive Bilanz grundsätzlich verwehrt. Folglich verdient die Furcht den Status eines notwendigen Kontrapunktes, jedoch nicht den eines Privilegs.
In den genannten Beispielen spricht sich die Hoffnung im Plural aus, die Vielfalt möglicher Verbesserungen. Daneben gibt es noch die Hoffnung in der Einzahl und im Überschwang, die schon schwärmerische Hoffnung, wenn man nur genug Naturforschung betreibe, werde die Menschheit frei von den Zwängen der Natur, also frei von Hunger und Elend. Diese Erwartung ist eine Utopie im abgeflachten Sinn: ein Entwurf, der ebenso hochfahrend wie vergeblich ist; zum Scheitern verurteilt ist er allemal.
Intellektuelle haben die Neigung, utopisches Denken positiv zu qualifizieren. Dabei denken sie vornehmlich an die soziale und politische Utopie; bei der Utopie der wissenschaftlichen Zivilisation ziehen sie, freilich erst seit neuerem, die Gegenneigung vor; sie lieben die Utopie zu perhorreszieren. Schon aus Gründen der Chancengleichheit sollte man, was man der einen Utopie zugute hält, der anderen Utopie nicht verweigern. Einerseits gebe man nicht alle Elemente des Utopischen auf; andererseits klage man das Realitätsprinzip ein. Man verzichte auf die eine, große Hoffnung und lerne Nüchternheit: sowohl hinsichtlich der Visionen, der »nie gekühlten Wünsche«, wie hinsichtlich der Antivisionen, der »nicht abreißenden Ängste«.

Für die Modernisierung der Wissenschaft haben wir drei Hauptmotive gefunden: einen innerepistemischen, einen humanitären und einen utopischen Impuls. Entsprechend gibt es drei Arten von Verantwortlichkeit; außer der innerepistemischen Verantwortung für Objektivität trägt die Wissenschaft eine zweifache humanitäre Verantwortung – zuständig ist sie einmal für die Experimente, zum anderen für den Umgang mit wissenschaftlichen Entdeckungen. Dazu kommt jetzt neu die Verantwortung für den Umgang sowohl mit Verheißungen wie mit Ängsten. Ein weiteres Mal zeigt sich die Moral als Preis der Moderne. Weil die Wissenschaft zweckorientiert geworden ist und bei ihrer Zweckorientierung humanitäre Ziele verfolgt, erzeugt sie unvermeidlicherweise Hoffnungen. Und weil es Elend genug in der Welt gibt und auf der anderen Seite Träume, Wünsche, Visionen in Fülle, greifen die Menschen die wissenschaftsinduzierten Hoffnungen begierig auf und verstärken noch, was ihnen an Hoffnungen angeboten wird. Hier bedarf es einer Ethik der Visionen und der Illusionen, einer Ethik, die berechtigte von überhöhten Erwartungen zu trennen verlangt. Die entsprechende Verantwortung tragen beide Seiten, sowohl die Wissenschaft, die Hoffnungen weckt, als auch die Gesellschaft, die die Hoffnungen hegt; wir behandeln hier aber nur die Verantwortung der Wissenschaft:

Die sinnvollen von den schwärmerisch überhöhten Hoffnungen zu trennen, gebietet schon das Selbstinteresse. Wer zu große Erwartungen weckt, kann die Enttäuschung nicht verhindern und darf sich dann nicht beklagen, wenn die anfängliche Euphorie in Wissenschafts- und Technikfeindlichkeit umschlägt. Ein eher abschreckendes Gegenbeispiel liefert das berühmte Ciba-Symposium »Man and his Future« (Wolstenholme 1963, dt. in: Jungk/Mundt [Hg.] 1966). Manche der dort versammelten Forscher ließen der Phantasie etwas zu freien Lauf (etwa Haldane in: Jungk/Mundt (Hg.) 1966, 373 ff.); zum Beispiel erwarteten sie ein Aussterben der Infektionskrankheiten; seit AIDS wissen wir es besser.

Die elementarste Aufgabe: die Forscher sollten die doppelte Neutralität ihrer Arbeit eingestehen. Einzuräumen ist einmal die oft genug betonte Neutralität der Zwecke, in deren Dienst die Wissenschaftler zunächst ihre Forschungskapazitäten und später die Entdeckungen stellen. Wegen dieser Neutralität läßt sich die Forschung, so gern man es hätte, an humanitäre Zwecke nicht unauflöslich anbinden. Die Macht, die dem Menschen zuwächst, kann wie jede Macht nicht nur zum Helfen eingesetzt werden; in der Wissenschaft schlummert immer auch ein ungeheures Potential für Destruktion und Manipulation. Insofern hat Rousseau recht, wenn er im *Ersten Diskurs*, am Ende des Ersten Teiles sagt: »Die Geheimnisse, die die Natur euch verbirgt, sind ebensoviele Übel, vor denen sie euch bewahrt.« Zu widersprechen ist aber dem »ebensoviel« (»autant«). Denn die Bilanz ist nicht einfach ausgeglichen; angewandte Forschung ist nicht immer ein Nullsummenspiel; und vor allem ist die Bilanz nicht schlicht vorgegeben; über die Nutzung entscheidet der Mensch, und je nach Entscheidung fällt die Bilanz besser oder schlechter aus. Den Rousseauschen Texten haften bekanntlich Zweideutigkeiten an, die man lieber dem dort behandelten Gegenstand anlastet; zweideutig, sagt man, sei die Aufklärung oder auch: die Moderne. Das Zitat belegt, daß manche Ambivalenz aufs Konto des Autors geht; Rousseaus Analyse ist nicht hinreichend genau und differenziert.

Ein Erstes: Selbst wenn Wissenschaftler stets humanitären Zwekken dienen, ist der Erfolg nicht gesichert. Gemäß einer zweiten Art von Neutralität resultiert Forschung nur in Hilfspotentialen, deren Übergang zur aktualen Hilfe die Forschung nicht garantieren kann. Im Fall der landwirtschaftlichen Nutzung beispielsweise sollte sie nicht wieder den »Endsieg« über den Hunger in der Welt versprechen; daß das Ziel wünschenswert ist, versteht sich von selbst, ebenso daß es ohne eine wissenschaftliche Mitwirkung sich kaum erreichen läßt. Einräumen sollte die Forschung aber, daß sie einerseits nur einen Baustein liefert, der andererseits ambivalent bleibt. Daß man ein genetisch verbessertes Saatgut einführt, kann nämlich eine Verelendung von Kleinbauern zur Folge haben, da die neuen Getreidesorten in der Regel jene Antriebskraft der »grünen Revolution« brauchen, die den Kleinbauern fehlt: Kapital. Außerdem hat schon die »grüne Revolution« zwar die Erträge gesteigert; daß die Steigerung denen zugute kommt, die vor allen anderen sie brauchen, ist aber eine Verteilungsaufgabe, die die Möglichkeiten eines auch noch so verantwortungsbewußten Naturwissenschaftlers übersteigt. Mit dem Hinweis auf eine Überwindung des Hungers erschleicht sich die neue Forschung finanzielle und emotionale Unterstützungen, die sie nur sehr begrenzt verdient. Überdies lenkt sie den Blick von jenen Problemen ab, deren Lösung den Hunger in der Welt tatsächlich beseitigen könnte: der Veränderung wirtschaftlicher und gesellschaftlicher Strukturen.

Ferner nimmt der Grenznutzen der Forschung ab, was sich deutlich bei der Steigerung der durchschnittlichen Lebenserwartung zeigt. Die wahrscheinlich größte Steigerungsrate dürfte auf Hygienemaßnahmen zurückgehen, durch die die Mütter- und Säuglingssterblichkeit zurückgeht. Der nächstgrößte Erfolg verdankt sich den Antibiotika, mit deren Hilfe sich viele Infektionskrankheiten heilen lassen. Die aus der Gentherapie zu erwartende Zuwachsrate an Lebenserwartung fällt weit geringer aus; statt dessen steigen die einschlägigen Forschungskosten, was die Nutzen-Kostenbilanz drastisch verschlechtert.

Neueren Forschungen zufolge hat jeder Organismus eine charakteristische Lebensdauer; sie schwankt zwar zwischen den verschiedenen Arten (Spezies), innerhalb derselben Art ist sie aber relativ konstant. Auch für den Menschen dürfte sich die Zeit, die sein Leben im Mittel dauern *kann,* seit Jahrtausenden kaum verändert haben; sie scheint in etwa bei den schon im Alten Testament genannten achtzig Jahren zu liegen (Prinzinger 1991). Da man sich in den reichen Ländern dieser Zahl schon annähert, könnte deren »Kampf« um eine höhere Lebenserwartung heute so gut wie »ausgereizt« sein. Man muß präzisieren: der medizinisch-pharmakologische, nicht dagegen der sozialstaatliche »Kampf«, da nicht in allen Schichten die gleiche Lebenserwartung herrscht.

Das Argument des abnehmenden Grenznutzens besagt freilich nicht, Menschen mit selteneren Krankheitsbildern hätten kein Recht auf Hilfe. Hier zeigt sich einmal mehr die Differenz von Utilitarismus und distributiver Gerechtigkeit. Mit dem Argument, das kollektive Wohl lasse sich nur noch marginal verbessern, kann man Menschen, die an einer »ausgefallenen Krankheit« leiden, nicht die Möglichkeit der Hilfe verweigern. Wir sagten (Kap. 4.4), der modernen Wissenschaftsentwicklung liege eine utilitarische Ethik zugrunde. Wir sehen hier, daß die Aussage zu modifizieren ist; eine Wissenschaft, die wegen ihrer hochgradigen Differenzierung das Humanitätsinteresse geradezu enzyklopädisch verfolgt, ist auf den Utilitarismus nicht festgelegt.

6. Die Moral als Preis

Ziehen wir Bilanz. Wir haben nach einem Grund gesucht und mehrere Gründe gefunden; es gibt einen mehrfachen Strukturwandel, dessentwegen die moralische Fehlbarkeit der Wissenschaft gestiegen ist.
Im Verhältnis zur Antike gilt nicht der grammatische Komparativ, sondern der Positiv; der moralischen Fehlbarkeit unterwirft sich die Wissenschaft im wesentlichen erst in der Moderne. Die frühe Moderne bemerkt es allerdings nicht; weder der Prophet der Modernisierungen, Bacon, noch die Wissenschaftler selber achten auf die entsprechende Folgelast. Wir räumen ein: mit einem gewissen Recht; denn wirklich aktuell wird die neue Fehlbarkeit erst aufgrund weiterer Modernisierungsschübe. Bei ihnen kommt nun der Komparativ zum Tragen; sowohl die Atomforschung wie die Genforschung zeigen exemplarisch: je moderner die Forschung ist, je tiefer sie in die Bausteine sei es der Materie, sei es des Lebens eindringt, desto gravierender wird die moralische Fehlbarkeit.
Diese Diagnose setzt die Entmoralisierungsthese außer Kraft, der zufolge in der Neuzeit die Moral an konstitutiver Bedeutung verliere. Außer Kraft gesetzt wird allerdings auch die Gegenbehauptung, die Moralisierungsthese, die besagt, die modernen Naturforscher müßten wiedergewinnen, was sie in den letzten Dezennien verloren haben, die moralische Verantwortung. Mit der Alternative »Moralisierung oder aber Entmoralisierung« kommt man der für die Moderne charakteristischen Verantwortung gar nicht auf die Spur.
Auf den ersten Blick erscheint es paradox, daß man die Wissenschaften in Ruhe läßt, die nur mit sich selbst beschäftigt sind – wer reitet schon eine Attacke gegen reine Mathematik, gegen Astrophysik oder die Entzifferung der Hieroglyphen? –, während man die Wissenschaften, die sich ums menschliche Wohl bekümmern, gern auf die Anklagebank setzt. Liegt darin nicht eine Ungerechtigkeit? Im Einzelfall vielleicht, grundsätzlich betrachtet aber nicht; denn rein theoretische Forschungen können sich moralisch nicht verfehlen, es sei denn, man wirft es ihnen vor, rein theoretisch zu sein. Wer sich aber auf das menschliche Wohl verpflichtet, lädt sich eine Verantwortung auf, die er vielfältig verletzen kann.

In der Einleitung haben wir den Moralbedarf mit dem Finanzbedarf öffentlicher Haushalte verglichen; wir können jetzt präzisieren: Im Vergleich zur Antike haben die Wissenschaften der Moderne und im Vergleich zur frühen Neuzeit haben die entsprechenden Wissenschaften von heute einen höheren Moralbedarf, und dessen Steigerungsrate folgt nicht etwa dem harmlosen Maß des Inflationsausgleichs, sprich: den gewachsenen Quantitäten und dem höheren Professionalisierungsgrad. Wegen der entsprechenden Strukturveränderungen steigt der Moralbedarf in etwa so sprunghaft an wie ein öffentlicher Haushalt, der neuartige Staatsaufgaben finanzieren soll, zusätzlich zur Rechtspflege beispielsweise den Sozialstaat. In der Moderne findet nun eine analoge Ausweitung der »epistemischen Staatsaufgaben« statt; die bleibende Verantwortung der Wissenschaft für die »Kultur des Wissens«, namentlich für ihre Objektivität, wird um ganz neuartige Zuständigkeiten erweitert.

Hinzu kommt, daß sich der neue Moralbedarf der Devalorisierung eines Wissenschaftsideals verdankt, für die eine moralische Zielsetzung mitverantwortlich ist. Insofern erweist sich der Prozeß der Modernisierung als komplizierter denn einleitend vermutet. Eine gewisse Moralisierung findet denn doch statt; sie erlaubt aber nicht, der modernen Wissenschaft den Prozeß zu machen, setzt sie vielmehr, prinzipiell gesehen, in ein moralisches Recht. Zur traditionellen Verantwortung für objektives Wissen tritt eine Intention hinzu, die mehr als moralisch nur erlaubt ist; die Wissenschaft verfolgt humanitäre Zwecke. Allerdings wiederholt sich hier das genannte Muster; die Innovation hat eine zunächst übersehene Folgelast, eine zusätzliche Verantwortung nämlich. Die Hilfsbereitschaft selbst gehört nur zur Tugendmoral; wer aber die Hilfe zum Gegenstand eines Versprechens macht – und im Namen dieses Versprechens seinerseits um Hilfe ersucht, um öffentliche Finanzierung nämlich –, dessen Verantwortung spielt in den Bereich der Rechtsmoral hinein. Die neue Verantwortung entspricht nun dieser Frage: Hält die Wissenschaft, was sie aus eigenen Stükken verspricht und mit öffentlicher Unterstützung anstrebt, tatsächlich ein?

Gestoßen sind wir auf grundsätzliche Grenzen, weshalb Bescheidenheit nottut. Erstens leistet man keine direkte Hilfe, sondern stellt bestenfalls Hilfspotentiale bereit. Zweitens richtet sich die Wissenschaft nicht auf die Hilfspotentiale selbst, sondern zunächst lediglich auf jene Mechanismen der Naturkräfte, deren Kenntnis grundsätzlich ambivalent ist; einsetzen kann man sie auch zum Zerstören. Nicht zuletzt ist die Frage erlaubt, ob die wissenschaftliche Zivilisation immer noch einen Per-saldo-Vorteil erbringt. Die Skepsis aus Rousseaus erstem Diskurs, vorgetragen allerdings mit weniger Pathos, dafür mehr Genauigkeit, verdient im Register wissenschaftlicher Verantwortung einen festen Platz. Angesichts der sattsam bekannten Schwierigkeiten verlangt man eine radikale Metanoia; man fordert für unsere Zivilisation eine neue Moral. Demgegenüber erscheint unsere Diagnose, die der neuen Fehlbarkeiten, als eine Verharmlosung: gegenüber den etablierten Wissenschaften als zu nachsichtig und als zu sorglos gegenüber den Pathologien der Zeit. Tatsächlich geben wir der Forderung durchaus recht, freilich nicht in der erwarteten Weise. Es trifft zu, daß unsere Zivilisation ihre Pathologien nur löst, wenn sie ändert, was »Moral« auch heißt, die bislang vorherrschende Art zu leben. Woran orientiert sich aber, wer die Lage als pathologisch anspricht? Offensichtlich nimmt er an Gesichtspunkten Maß, die schon – wenn auch nur irgendwie – bekannt und anerkannt sind. Daß auch diese Gesichtspunkte zur Moral gehören, macht das Paradox der angeblich radikaleren Thesen aus: die Forderung nach einer neuen Moral erfolgt in der Regel nur im Namen einer alten.

Das Paradox kann auflösen, wer im Begriff der Moral Unterscheidungen trifft und in ihnen ein Potential für Spannungen, für Brüche, sogar Widersprüche entdeckt. Nach der einen Unterscheidung kann eine gelebte, insofern positive Moral den Grundsätzen einer überpositiven, kritischen Moral widersprechen; nach der anderen Unterscheidung finden wir hier wie dort Verbindlichkeiten von unterschiedlicher Allgemeinheit. Von den daraus folgenden Möglichkeiten moralischer Neuorientierung sind vor allem drei Stufen zunehmender Radikalität von Belang.

Eine erste Stufe von Neuorientierung beinhaltet in der Theorie ein »lediglich«, zieht aber in der Praxis tiefgreifende Umgestaltungen nach sich: Grundsätze, die im Prinzip längst anerkannt sind, werden auch dort durchgesetzt, wo bislang »ein Auge zugedrückt« wurde. Der moralische Blick bleibt derselbe; er erweitert jedoch sein Blickfeld. Die anspruchsvollere Revision richtet sich auf die Grundsätze selbst und betrifft dann entweder die der positiven oder aber die der kritischen Moral. Eine nochmals anspruchsvol-

lere Form, die radikalste Stufe moralischer Revision, hebt sogar jenen Leit- und Sinnbegriff auf, an dem sich die Grundsätze bisher als moralisch ausweisen konnten.
Unserer Diagnose zufolge findet eine Neuorientierung auf allen drei Stufen statt. Die radikalste Revision geschieht beim Schritt von der Kontemplation zum Handeln für die Welt; zugrunde liegt ihm der Wandel vom antiken Moralprinzip, der Eudaimonia, zu einer neuen Moral. Die Wissenschaften verzichten auf den für sie komfortablen Begriff einer »von allein praktizierten«, einer moralfreien Moral und setzen sich der Moral qua zusätzlicher Aufgabe, der moralischen Moral, aus.
Neu ist die Moral nicht schlechthin – man kennt sie etwa vom Christentum –, sondern nur für die Wissenschaften. Diese folgen also Grundsätzen überlieferter Moral, so daß die radikale Revision zugleich der relativ anspruchslosen ersten Stufe entspricht: traditionelle moralische Grundsätze werden auf einen Sachbereich angewendet, für den man sie bislang nicht in Erwägung zog. Dabei kommen tiefgreifende perspektivische Täuschungen vor. Jonas (1979, 35 ff.) zum Beispiel glaubt, einen neuen kategorischen Imperativ zu vertreten; sein Argument: »Kants kategorischer Imperativ war an das Individuum gerichtet, und sein Kriterium war augenblicklich.« Der zweite Teil der Kantischen *Rechtslehre* – »Das öffentliche Recht« – richtet sich aber an einen kollektiven Willen, an Staaten nämlich; und im »Völkerrecht« thematisiert Kant durchaus schon die globale Perspektive. Es ist richtig, daß Kant auf ökologische Fragen allenfalls nebenbei eingeht; mit der Grundidee seiner *Rechtslehre*, den kategorischen Rechtsimperativen (dazu: Höffe 1990) bzw. der Gerechtigkeitsidee, lassen sich die neuen Fragen aber erfolgversprechend beantworten – sofern man ihnen nicht sogar schon mit Klugheitsargumenten begegnen kann (siehe unten Kap. 10-13). Die Forderung nach einer revolutionären Revision klingt dramatischer; sachgerechter ist sie nicht; statt eines neuen kategorischen Imperativs braucht es in Wahrheit die Anwendung des bekannten Imperativs auf neuartige Sachbereiche.
Im Rahmen der überlieferten Grundsätze gibt es schließlich eine Neuorientierung mittlerer Stufe. Verantwortlich für die neuen Zuständigkeiten, und zwar sowohl für ihre Zuschreibung wie für ihre Wahrnehmung, ist die Moral von Recht und Gerechtigkeit, die Moral des Geschuldeten also und nicht die eines freiwilligen

und verdienstlichen Mehr. Da diese Moral tauschtheoretisch begründbar ist (vgl. Höffe 1987, Kap. 12-14), handelt es sich um eine weitgehend entmoralisierte Moral.
Die Wissenschaftsethik wird also einer insgesamt einschneidenden Neuorientierung unterworfen. Trotzdem gibt sich die heute erhobene Forderung nicht zufrieden; in verschiedenen Varianten verlangt sie mehr. Einige der Mehrforderungen kann man vorab beiseite schieben, beispielsweise das pathetische Wort, wir sollten die Wissenschaft – oder auch: die Technik – wieder entdecken als ein Projekt von Menschen und für Menschen; dem humanitären Anteil in der epistemischen Modernisierung ist diese Forderung nämlich allzu selbstverständlich. Die Probleme beginnen erst bei den Anschlußfragen: Welchen Rang haben die Zwecke? Oder: Mit welchen Mitteln werden sie verfolgt? Ferner: Welche Nebenwirkungen blendet man aus? Nicht zuletzt: Wie setzt man angesichts knapper Ressourcen die Prioritäten? Weil die Forderung nach einer »Wissenschaft für Menschen« ins Leere stößt, gehört sie zu einem »schwadronierenden Moralismus«, den man sich selbst dort verbieten sollte, wo man um der Medien willen eine Vereinfachung vornimmt.
Eine ernsthafte Diskussion verdienen erst andere Vorschläge, etwa die Forderung nach einem Abschied vom anthropozentrischen Denken oder die nach Ehrfurcht vor der Natur oder auch die nach einem Frieden mit ihr. Für die bislang diskutierten Modernisierungsschübe erweist sich aber die traditionelle Moral einer geschuldeten Verantwortung als schon ausreichend. In Frage gestellt wird sie allenfalls von Problemen, die noch nicht erörtert sind, beispielsweise von den ökologischen Schwierigkeiten und von Situationen, in denen menschliche Interessen mit außermenschlichen unmittelbar konkurrieren, beim wissenschaftlichen Tierversuch. In beiden Fällen wird die Wissenschaftsethik zumindest thematisch erweitert, bei den Tierversuchen um eine Ethik der Methoden, bei den ökologischen Fragen um eine Wissenschaftsethik im umfassenderen Sinn, um eine Ethik der wissenschaftsgeprägten Zivilisation. Erst in diesem größeren Kontext lassen sich die Mehrforderungen nach einer neuen Moral angemessen diskutieren.
Luhmann (1990, 697) warnt vor der Gefahr, daß man »sich unter dem Namen Ethik ein Beruhigungsmittel verschreibt«, das von allen ernsthaften Versuchen, die moderne Gesellschaft mit ihren

unterschiedlichen Funktionssystemen zu begreifen, nur ablenkt. Seine Skepsis gegen Ethik hat »Moralisten« im Blick, die sich »nicht mehr auf den Linien bewegen, auf denen Verhalten zur Problemlösungskapazität beitragen könnte«. Diese Skepsis teilt die vorangehende Diagnose durchaus; sie identifiziert die Ethik aber nicht mit dem Moralismus und hält sich damit für eine differenziertere Diagnose frei. Es sind die Wissenschaftler selber, die für die neue Verantwortung zuständig sein können – vorausgesetzt, sie organisieren sich entsprechend und nehmen die Verantwortung tatsächlich wahr.

Nicht etwa aus kontingenten, sondern prinzipiellen Gründen sieht Luhmann (vgl. 1984; 1990) allerdings dafür keinen Platz. Nach seiner Systemtheorie bildet die Wissenschaft – ebenso wie das Recht, die Wirtschaft, die Politik, die Kunst... – ein sich selbst reproduzierendes Subsystem. Der Umstand, daß es sich nach eigenen, spezifischen Kriterien organisiert, erlaubt es, von einer »Autopoiese« zu sprechen. Soweit die Wissenschaft für Objektivität zuständig ist, kann man Luhmanns Diagnose zustimmen; durch die humanitären Zwecke nimmt die Wissenschaft aber in ihr eigenes Selbstverständnis die Abhängigkeit von außen auf. Indem sie sich als Selbstzweck aufgibt, relativiert sie ihre Autonomie und Autopoiese sowohl wissenstheoretisch wie auch gesellschaftstheoretisch. Und diese Relativierung ist grundlegender als die Frage der rechtlichen Autonomie; die Forschung macht sich von gesellschaftlichen Bedürfnissen und Interessen abhängig. Und eine weitere Abhängigkeit lädt sie sich mit ihrem Experimentalcharakter auf.

Innerepistemisch bleibt die Wissenschaft zwar autark; soweit es um bloße Objektivität geht, bleibt sie unabhängig; der Streit »ptolemäisches oder aber kopernikanisches Weltsystem« oder der andere »Darwinsche oder Lyssenkosche Vererbungstheorie« wird rein wissenschaftsimmanent entschieden. Für die Zwecke aber, denen sich Wissenschaftler widmen, sind diese nicht allein zuständig, mehr noch: qua Wissenschaftler sind sie es überhaupt nicht; die humanitären oder nichthumanitären Zwecke haben den Status wissenschaftsexterner Vorgaben. Entsprechendes gilt für die Experimente. Zutreffen könnte Luhmanns Diagnose für die vormoderne Wissenschaft; durch die Modernisierungsschübe wird die Diagnose dementiert; der Modernitätstheoretiker Luhmann unterschätzt das Gewicht der epistemischen Modernisierungen.

Die Abhängigkeit definiert allerdings erst eine neue Situation, noch nicht die situationsgerechte Antwort. Für sie ist die Ethik auch nicht zuständig, wohl aber für diesen Hinweis: Weil die Wissenschaft sich die Situation selbst geschaffen hat, muß sie sich um die situationsgerechte Antwort bemühen. Sie hat also die Aufgabe, die neuen Verantwortlichkeiten in das Funktionssystem Wissenschaft und deren Sprache zu übersetzen, in neue Systemimperative, beispielsweise in Veto-Kriterien für eine wissenschaftliche Karriere und in Regeln für eine »good laboratory practice«.

Nach Ulrich Beck (1988, 194) spielt die Ethik »im Modell der verselbständigten Wissenschaften die Rolle einer Fahrradbremse am Interkontinentalflugzeug«. Die These ist richtig unter den zwei Bedingungen, die der Autor zwar benennt, in ihrer Tragweite aber unterschätzt. *Falls* die Wissenschaften verselbständigt sind, ist die These von der Wirkungslosigkeit der Ethik im strengsten, nämlich analytischen Sinne wahr und zugleich informationsarm. Daß die Verselbständigung tatsächlich vorliegt, ist aber eine »Modell«-Annahme, die auf Wissenschaften, die das Theoria-Ideal aufgegeben haben, einfach nicht zutrifft.

Zweiter Teil
Oikopoiese

Unsere Zivilisation kämpft mit einem Problem, den ökologischen Schwierigkeiten, deretwegen sich eine Wissenschaftsethik mit ihren innerepistemischen Aufgaben nicht zufrieden geben kann. Das Bindeglied zur notwendigen Erweiterung, zur ökologischen Ethik, bildet die Technik. Sie, die man zu den wichtigsten Verursachern der Schwierigkeiten zählt, ist nämlich in der Moderne nicht etwa kontingenterweise, sondern von Grund auf wissenschaftsgeprägt.

Die Schwierigkeiten sind nun so gravierend, daß sich das prophetische Wort aufdrängt: die apokalyptische Warnung, die die große Umkehr verlangt. Seit wir wissen, daß saubere Luft, früher fast kostenlos, selbst für Reiche unbezahlbar wird, seit wir außerdem wissen, daß die Ressourcen schwinden, daß das sogenannte Ozonloch wächst und der Artenreichtum dramatisch zurückgeht, seitdem, inzwischen denn doch des längeren, wissen wir aber um die Notwendigkeit tiefgreifender Veränderungen. Die Ethik kann daher auf den prophetischen Gestus verzichten und statt dessen zunächst nach der genaueren Diagnose und sodann nach den Prinzipien der Therapie suchen.

7. Eine neue Naturphilosophie

Man könnte erwarten, die ökologische Ethik habe eine lange philosophische Tradition. »Über die Natur«, oft genau unter diesem Titel – *Peri physeos* – hat die Philosophie nämlich schon immer nachgedacht; bis in die vorsokratischen Anfänge reicht auch die Ethik zurück. Trotzdem finden wir die Verbindung, den moralischen Blick auf die Natur, im wesentlichen erst seit kurzem. Bei der ökologischen Ethik handelt es sich um eine junge und, als Naturphilosophie betrachtet, sogar revolutionär neue Disziplin. Dabei fällt die Neuartigkeit noch radikaler als bei einem Paradigmawechsel aus. Denn in den großen Veränderungen – sowohl beim Übergang von der aristotelischen zur galileisch-newtonschen Naturforschung wie bei Kants Erweiterung um eine transzendentale Kritik, sowohl in Schellings Entwurf einer spekulativen Physik wie in der seit dem Wiener Kreis vorherrschenden Einschränkung der Naturphilosophie auf eine Wissenschaftstheorie der Naturwissenschaften – bleibt die Natur ein Gegenstand, der unabhängig vom Menschen besteht und nach eigenen Gesetzen (»sua sponte«) sich entwickelt. Einem so bestimmten Gegenstand tritt man sinnvollerweise nur mit einer theoretischen Intention entgegen. Soll eine Ethik möglich sein, dann muß man die Natur als vom Menschen abhängig definieren, die Art der Abhängigkeit unter moralischen Gesichtspunkten bewerten und für Forderungen nach Veränderung offenhalten. Darin liegt nun die größere Neuartigkeit: mit der ökologischen Ethik entsteht selbst hinsichtlich der Natur eine derartige praktische Philosophie.

Nach einer weit verbreiteten Ansicht ist für die späte Entstehung das anthropozentrische Denken verantwortlich. Kritiker der ökologischen Ethik sehen hingegen einen antimodernistischen Affekt am Werk oder, wie manche Naturforscher sagen, eine gefährliche Romantik. Nach der Leithypothese dieser Studie läßt sich der Vorgang eher durch Modernisierungsschübe erklären. Mit einer Naturethik zieht man sich nicht aus der Moderne zurück, sondern untersucht im Gegenteil Bedingungen, die ihre Fortexistenz ermöglichen.

7.1 Sieben Gesichter der Natur

Der Ausdruck »Ökologie« wird bekanntlich von Ernst Haeckel (1866, II, 286) geprägt und bezeichnet die Wissenschaft von den Beziehungen der Organismen untereinander. Als Leibwesen ist der Mensch in das entsprechende Beziehungsgeflecht seit jeher eingebunden, so daß die Ökologie nicht bloß eine Teildisziplin der Biologie bildet, sondern längst vor den heutigen Debatten ebenso zur Anthropologie gehört.

Einfachhin da ist der Mensch aber nicht. Weil er selbst zu den Grundvoraussetzungen seiner Existenz sich in ein Verhältnis setzt und ihm in der Regel dabei verschiedene Optionen offenstehen, pflegen sich an anthropologischen Bedingungen normative Fragen zu entzünden. Dieser Umstand kehrt nun die Beweislast um. Erstaunlich ist nicht, daß es auch für die Naturbeziehung eine Ethik gibt, vielmehr daß diese erst so spät entsteht; wegen ihres Zusammenhangs mit der Anthropologie ist die Ökologie zur Ethik hin immer schon offen. Unsere Leithypothese gewinnt damit eine erste Plausibilität: eine Ethik, die latent schon immer vonnöten ist, wird aufgrund einer veränderten Realität akut.

Die Diagnose der Veränderung bedarf eines Bezugsrahmens. Er besteht aus den verschiedenen Gesichtern, in denen sich ein und dieselbe Natur dem Menschen schon immer zeigt. Die entsprechende Phänomenologie der Grundfunktionen stellt noch immer ein Desiderat dar. Die Bausteine, die hier dafür zusammengetragen werden, sind zugleich Bausteine für ein neues, erweitertes Verständnis von Anthropologie.

Der ersten, gern vergessenen Funktion zufolge ist der Mensch das Produkt der Natur; nach einer langen Evolution tritt am Ende der *homo sapiens* hervor. Auf die nächsten beiden Funktionen trifft das ansonsten zu idyllische Bild vom Menschen*kind* und der *Mutter* Natur zu; das Wesen, das aus der Natur hervorgeht, wird vollständig von ihr nie entlassen. Der elementare Emanzipationsprozeß, jene schrittweise Lösung des Menschen aus der Natur, die wir Zivilisation nennen, ist prinzipiell unabgeschlossen. Aus einer Angewiesenheit auf die Natur, die zugleich Abhängigkeit meint, kann sich der Mensch immer nur teilweise lösen. Angefangen mit Sauerstoff und Wasser, stellt die Natur nämlich die zum Leben unverzichtbaren Elemente zur Verfügung. Und dort, wo man die Natur nicht unmittelbar nutzen kann, wird sie zum Objekt einer

Indienstnahme, die aus der zunächst unberührten Vorgabe nach und nach die kultivierte Natur entstehen läßt.
Daß die Natur den Menschen hervorgebracht hat, macht ihre schöpferische, daß sie die letzte materielle Grundlage darstellt, macht ihre vitale Bedeutung aus; und daß sie bearbeitet, gestaltet und verwertet wird, gibt ihr eine sowohl ökonomische wie technische Bedeutung. Die Erinnerung an diese dritte Funktion verhindert eine in der ökologischen Debatte beliebte Fehleinschätzung. Weder kann sich die Neuzeit dessen rühmen, noch darf man, wie es eine Kritik an Kapitalismus und mechanistischer Naturwissenschaft liebt, ihr vorwerfen, daß Wirtschaft und Technik ein großes Gewicht erhalten. Schon eine so frühe Epoche wie die Steinzeit leistet nur Verbesserungen an »Institutionen«, die mit der Menschwerdung untrennbar verbunden sind; ein Kostgänger der Natur und zugleich ihr rationaler Ausbeuter war der Mensch schon immer.
Wer nur die bisher genannten Funktionen sieht, erfreut sich des Reichtums der Natur und lebt trotzdem arm. Ihm entgehen der Sonnenaufgang in den Bergen, die Abendstimmung am Meer und die Flora und Fauna im Wechsel der Jahreszeiten. Zugleich verdrängt er eine Transzendenz, die die Natur erlaubt; die Erfahrungen jenseits des Überlebens und des Arbeitslebens. Eine Legende kennt für die Entdeckung der Naturästhetik ein genaues Datum, das Jahr 1335, in dem Petrarca auf den Mont Ventoux steigt. In Wahrheit wurzelt die Möglichkeit in der *conditio humana*, und die Realisierung der Möglichkeit beginnt weit früher.
Die ästhetische Seite der Natur ist vielfältiger, als man sie in der Regel diskutiert (vgl. selbst Böhme 1992 und Seel 1991). Sie beginnt mit einer Dimension, die trotz der Nähe zur Arbeitswelt einen eigenen Schutz verdient; als ein Ort der Heimkehr von den Mühen der Arbeit und den Konflikten der Gesellschaft bietet die Natur Entspannung und Erholung. Im übrigen enthalten die entsprechenden Tätigkeiten, das mußevolle Verweilen vor dem Naturschönen, ferner Spiel, Sport und Abenteuer, auch dann einen Gegenentwurf zur Arbeitswelt, wenn man sich von dieser nur »auf Zeit« trennt. Selbst eine so hochrangige Tätigkeit wie die Theoria – übrigens eine weitere Form der ästhetischen Naturbeziehung – ist uns, wie Aristoteles zu Recht sagt (*Metaphysik* XII 7, 1072 b 14 f.), immer nur für kurze Zeit vergönnt. In der entsprechenden Einsicht geht dem Menschen seine Endlichkeit auf. Der

Welt des Ökonomischen kann er nie grundsätzlich entrinnen; wer es versucht, zahlt einen moralisch hohen Preis: arbeiten läßt er die anderen.

Wenn man die Theoria nicht zu eng definiert, so gehört zu ihr eine Erfahrung, die wir großen Naturforschern verdanken, jener Einblick in die Wohlgeordnetheit der Natur, wie sie sich sowohl im Reichtum der Gestalten als auch in (qualitativen) Prinzipien und (quantifizierbaren) Naturgesetzen zu erkennen gibt. Daß auch nach der transzendentalen Wende der Naturtheorie diese Seite gültig bleibt, zeigt sich in der »Bewunderung und Ehrfurcht«, die Kant dem »bestirnten Himmel über mir« zollt.

Zu erinnern ist von einer Naturästhetik nicht zuletzt an ein Phänomen, obwohl die einschlägige Bezeichnung verdächtig klingt: an das Erhabene. Verdächtig, oft mit gutem Grund, sind die Sprache und die Musik des Erhabenen, das Bild, die Figur, die Architektur des Erhabenen, kurz: das Kunsterhabene, ferner die erhabene Tat. Mit alldem hat das Naturerhabene aber wenig zu tun. Nach der maßgeblichen Bestimmung aus Kants *Kritik der Urteilskraft* (§ 23) kann die Natur in ihrer staunenswerten Größe oder aber furchterregenden Macht eine bestimmte Selbsterfahrung provozieren; sie weckt im Menschen das Gefühl, über ein die Natur transzendierendes Vermögen zu verfügen, über reine Vernunft. Sollte zu dieser Erfahrung die Natur keinen Anlaß mehr bieten, dann ist nicht nur der Mensch, sondern auch die Natur arm geworden; sie wäre nämlich endgültig gezähmt.

Wer an die ästhetische Bedeutung der Natur erinnert, braucht sich vor dem Vorwurf einer gefährlichen Romantik nicht zu fürchten. Im Gegenteil verdient einen Vorwurf, wer die Erinnerung unterläßt, leistet er doch dem Vorschub, was er verhindern sollte, einem Übergewicht des ökonomisch-technischen Denkens. Zu kritisieren ist erst, wer die Augen vor einer weiteren Bedeutung verschließt. Der »romantische Blick« sieht nur die konstruktiven Leistungen der Natur; tatsächlich ist sie an zerstörerischen Kräften ebenso reich. Dank einer hochentwickelten Zivilisation können wir diese Kräfte zwar unterschlagen, allenfalls bietet dieselbe Zivilisation sie – per Satellit – als bloße Schreckensmeldung an: Sturm, Hagel und Blitz, ferner Erdbeben, Überschwemmungen und Lawinen oder, wie die Bibel sagt, »Wanderheuschrecken, die das Ägypterland überfallen und alles Grünkraut des Landes fressen: alles, was das Hagelwetter übrig gelassen hat« (*Ex.* 10,12).

Die Natur als destruktive Gewalt – das fünfte Gesicht – weckt Skepsis gegen Prinzipien, die in der Tradition von Rousseaus »Theodizee der Natur« stehen, sowohl gegen die Rede von der Weisheit der Natur wie gegen die Forderungen nach Ehrfurcht vor oder Frieden mit der Natur. Wie kann jemand weise heißen, auf den Mills Anklage zutrifft (1874/1984, 31): »Fast alles, wofür die Menschen, wenn sie es sich gegenseitig antun, gehängt oder ins Gefängnis geworfen werden, tut die Natur so gut wie alle Tage«; sie läßt »verhungern und erfrieren... und hat noch hundert andere scheußliche Todesarten in Reserve«. Und ebenso: wie kann Ehrfurcht verdienen, wer, wie Mill fortfährt, all das »mit der hochmütigsten Mißachtung aller Barmherzigkeit und Gerechtigkeit« tut; denn die Natur »richtet ihre Pfeile unterschiedslos auf die Edelsten und Besten wie auf die Schlechtesten und Gemeinsten«.

Zu Recht sagt Rousseau im Diskurs über die Ungleichheit, daß die Natur niemals lügt (III, 133); sie ist aber, wenn man sie schon vermenschlicht, nicht von allen anderen Sünden frei. Obwohl sie Nahrung und Geborgenheit zuweilen in Fülle spendet, ist sie weder Idylle noch Arkadien; die glückliche Symbiose, der ewige Frieden zwischen Natur und Mensch, kommt in der Realität nicht vor. Und wer eine Katze beobachtet, die mit der Todesangst der Maus spielt, sieht, daß auch die subhumane Natur nicht in eitel Harmonie lebt.

Zwei weitere Gesichter haben ihren systematischen Ort zwischen der konstruktiven und der destruktiven Seite. Im Verhungern und Erfrierenlassen, von dem Mill spricht, zeigt die Natur, sechstens, ihren defizitären Charakter; sogar den elementaren Bedürfnissen bietet sie oft genug zu wenig an. Defizitär ist sie auch insoweit, als sie den Menschen, aber nicht nur ihn, gelegentlich mit schweren Geburtsfehlern ausstattet. Ein siebentes Gesicht – es ergänzt das vierte – besteht in der Widerständigkeit und Widerspenstigkeit; die Bearbeitung der Natur bereitet Mühsal.

Die Natur selber ist freilich weder destruktiv noch konstruktiv noch defizitär. Sie ist, was sie ist: ein Inbegriff von Gegebenheiten, die von Gesetzen und Randbedingungen bestimmt sind, deren Zusammenspiel immer neue Konstellationen schafft. Die genannten Gesichter zeigt die Natur nur dem, der, schon wegen seiner Bedürfnisse und Interessen, Erwartungen hegt, die bald erfüllt, bald enttäuscht werden.

Selbst im Fall der ästhetischen Beziehung versteht der Mensch die Natur von seinen eigenen Interessen her. Anthropozentrisch denkt er nicht bloß, er lebt auch so; und anders war es in der gelebten Praxis nie; auf unterschiedliche Weise zwar, hat der Mensch die Natur zu seinen Zwecken schon immer aufbereitet. Auch ist nicht erst für die Neuzeit jener Euphemismus charakteristisch, der hinsichtlich der Land- und Forstwirtschaft von »Kultur« und »Kultivierung«, also von Pflege und Schonung, spricht, obwohl es auch einem schonungsvolleren Umgang letztlich auf das Wohlergehen nicht der Natur ankommt. Die Kultur besteht in einer De-Naturalisierung, aus der der Mensch eine »Domifikation« erwartet. Wer der Natur den Charakter des ungebärdig Wilden, oft genug Feindlichen nimmt – so die De-Naturalisierung –, hofft, daß sie am Ende zu dem werde, was Domus ursprünglich heißt, nicht einfachhin zu einem Haus, sondern zu einem Ort von Schutz und Geborgenheit, zu einer dem Menschen vertrauten Wohnstatt.

Weil Oikos im wesentlichen dasselbe bedeutet, kann man statt von Domifikation auch von Oikopoiese sprechen. Der Ausdruck spielt auf Luhmanns Begriff der Autopoiese, der Selbstherstellung der Gesellschaft, an und übt zugleich an ihm Kritik. Denn wie groß auch immer ihr Eigenanteil (»Auto-«) ist – in all ihrer Tätigkeit sieht sich die Gesellschaft auf eine Vorgabe angewiesen, die Natur, die freilich nicht sie selber bleibt; auf dem Weg von Denaturalisierung und Domifikation wird sie zugunsten der dem Menschen eigenen Zwecke umgestaltet (»poiese«).

Die neue Naturphilosophie belegt hier einmal mehr ihr nicht nur regionales Gewicht. Der Gesellschaftstheorie zeigt sie, daß man mit bloß gesellschaftsinternen Begriffen wie Autopoiese nicht auskommt. Der ergänzende und zugleich korrigierende Begriff der Oikopoiese macht auf zweierlei aufmerksam, einmal auf die Vorgabe aller Gesellschaft, zum anderen darauf, daß die Umgestaltung der Natur, unbeschadet der konkreten und oft konkurrierenden Zwecke, einem Zweck zweiter Stufe dient: Eine Natur, in der auch die sogenannten Naturvölker oft genug einen Ort des Schreckens erblicken, soll jegliche Bedrohung verlieren und zu einem Ort des Wohlbefindens werden.

Nach einem berühmten Gedanken Hegels, dem gegen Rousseau gerichteten Theorem der Entzweiung, hat die Entwicklung der menschlichen Freiheit einen hohen Preis: der Mensch muß sich der Natur entfremden. An diesem Gedanken nimmt der Begriff der Oikopoiese eine gewisse Korrektur vor. Daß sich im Verlauf der Zivilisation der Mensch von der Natur entfernt, wird anerkannt; eine so klangvolle Opposition wie »mort ou symbiose« (Serres 1990, 69) ist denn doch zu einfach; aus der Natur heraus tritt der Mensch aber nicht. Er gibt nur eine ursprüngliche Symbiose Natur-Mensch auf, ohne deshalb die Natur zu etwas lediglich Fremden zu machen. In einer neuen Form wird sie – das besagt die Oikopoiese – dem Menschen vertraut. Wären die Ausdrücke nicht anderweitig besetzt, so könnte man statt von Denaturalisierung auch von Sozialisierung und statt von Domifizierung bzw. Oikopoiese auch von Humanisierung sprechen: von Sozialisierung, weil die naturale Natur in die soziale Welt integriert wird, von Humanisierung, weil die Integration von Anfang an den Interessen der Menschen dient.

7.2 Leidensdruck

Die Oikopoiese gab es schon immer, eine ökologische Ethik existiert im wesentlichen erst seit kurzem. Es ist dieses Mißverhältnis, das die Befürchtung nährt, die neue Ethik sei doch Ausdruck eines antimodernistischen Affektes, jenes Überdrusses an der Kultur, der sich zur unberühten Natur zurücksehnt. Die ökologische Ethik wendet sich aber nicht gegen die Oikopoiese selbst, sondern nur gegen Folgekosten, die im Fortgang der Moderne unübersehbar werden.

Als erstes konstatiert sie, daß die Denaturalisierung zu einem Prozeß ohne Grenzen wird. Um die Ursache wird – weil viel auf dem Spiel steht – leidenschaftlich gestritten, und eine problembewußte Diagnose weiß, daß einige Ursachen oder gar eine allein nicht ausreichen. Wer den Prozeß in die Geschichte fortschreitender Entzauberung (»Entsakralisierung«) einordnet, hebt den Verlust von Tabuschranken hervor. Wer an die Entdeckung neuer Kontinente denkt, assoziiert wissenschaftliche Neugier, auch Abenteuer; wer dagegen von Eroberung und Kolonialisierung spricht, ruft moralisches Unrecht ins Gedächtnis. Wer vom Bevölkerungswachstum redet, erinnert an eine Verantwortung, den die Dritte Welt mitträgt; wer den Anteil der Technik betont, denkt an eine kollektive Hoffnung, die sich aber nicht ganz erfüllt hat; wer schließlich von kapitalistischer Wirtschaft redet, spricht sich für Gesellschaftskritik aus.

Die einschlägigen Kontroversen sind zunächst belanglos; entscheidend ist das Resultat. Gemessen an der ursprünglichen Bedeutung von Physis – gemeint ist eine Vorgabe, die menschenunabhängig sowohl wächst wie nachwächst –, gibt es nichts weniger als eine andere, neue Natur. Erstens existiert selbst die wilde Natur nicht länger unabhängig vom Menschen. Wäre sie, wie Bloch so schön sagt, nur »aufs Altenteil gesetzt«, dann würde man sie pflegen, ansonsten in Ruhe lassen. Der Streit um die Antarktis zeigt aber augenfällig, daß mindestens potentiell alles der menschlichen Nutzung ausgesetzt ist; die sogenannte unberührte Natur ist bestenfalls »Kultur in Reserve«, sie lebt nur noch von Menschen Gnaden. Die Folge besteht in einer Umkehr der Proportionen; war früher die Natur das große Meer, auf dem sich da und dort Inseln der Zivilisation fanden, so ist sie heute auf den Restbestand weniger Inseln zusammengeschrumpft.

Der erste Verlust zieht den zweiten nach sich. Die Natur verliert an Kraft, nachzuwachsen; sowohl die Ressourcen wie die Regenerationskräfte erschöpfen sich, vom abnehmenden ästhetischen Wert ganz zu schweigen. Einer doppelt unbegrenzten Nutzung ausgesetzt, sowohl quantitativ wie qualitativ, wird die Natur potentiell überbeansprucht und oft genug tatsächlich. Gäbe es ein generationenübergreifendes Gedächtnis, dann brauchten wir weder die Schreckensmeldungen aus der Ferne noch die verfeinerten Instrumentarien der Wissenschaft, die uns dort über die schwindenden Tropenwälder, hier über das wachsende Ozonloch belehren. Wir würden nämlich Beispiele wie dieses in Fülle kennen: Was heute eine Kostbarkeit ist, Lachs, war früher so häufig, daß man den Herrschaften am Rhein verbieten mußte, ihn den Dienstboten mehr als einmal pro Woche vorzusetzen. Kurz: Wer aufmerksam lebt, spürt es täglich am eigenen Leib, daß die Kultur der Natur ihr Versprechen nicht mehr einhält, die Verbesserung der Lebensverhältnisse.

Die Wendung der Fortschrittshoffnung ins Negative, die Ansicht, gravierende Umweltschäden gebe es erst seit kurzem, ist trotzdem unberechtigt. Vor zu einfachen Diagnosen bewahrt uns die historische Bildung. Aus der Paläontologie wissen wir beispielsweise, daß der Artenschwund lange vor dem Menschen begann. (Zum folgenden vgl. Wilson 1989, Imboden 1990 und Zoller 1991.) Man rechnet sogar mit mindestens fünf Perioden eines massenhaften Aussterbens und nimmt an, daß von den Arten, die je gelebt haben, mehr als 99 Prozent ohne das Zutun des Menschen ausgestorben sind. Diese Auskunft ruft nicht etwa die beliebte Entlastung auf den Plan, die anderen, hier: die subhumane Natur, verhielten sich nicht besser. Sie bekräftigt nur den Widerspruch gegen das idyllische Bild der bloß lebensspendenden »Mutter Natur«; von der Verantwortung entlastet sie den Menschen ebensowenig, wie die Zerstörung Pompejis den »Unfall« von Tschernobyl entschuldigt. Im Rahmen der Moral zählt nicht der Vesuv, sondern allein das Wesen, das moralfähig ist, also der Mensch.

Außerdem wird derjenige, der die genaueren Schätzungen, die Verlaufsannahmen, zur Kenntnis nimmt, betroffen schweigen: Bevor der Mensch auftritt, stirbt etwa eine Spezies alle zwei Jahre. Der Mensch muß diesen Prozeß nicht grundsätzlich beschleunigen: durch seine Land- und Forstwirtschaft, auch durch seine Park- und Gartenanlagen entstehen Kulturpflanzen und Spezialbiotope, also eine neue Diversität. Zwei Belege für einen großräumigen Anstieg der Arten dürften genügen: sowohl die frühe Rodung Mitteleuropas wie die Getreide- und Viehwirtschaft Argentiniens erbrachten ihren Landschaften eine signifikante Bereicherung. Die heutige Aussterberate beträgt jedoch, selbst bei vorsichtigen Annahmen, etwa 4000 bis 6000 Arten pro Jahr; sie liegt also 10^4mal, in Worten: zehntausendmal höher. Selbst im Verhältnis zu den paläontologischen Massensterben dürfte die Aussterberate immer noch tausendmal größer sein. Das sechste, jetzt anthropogene Massensterben innerhalb der Erdgeschichte stellt alle Vorläufer in den Schatten; wie schon gegen seinesgleichen, erweist sich auch gegen Artfremde der Mensch als ein Meister im Töten, der noch jede Konkurrenz deklassiert.

Die Umweltzerstörungen, selbst die von katastrophalen Ausmaßen, beginnen aber nicht erst in der jüngeren Vergangenheit; schon die Folge des hohen Holzverbrauchs in der Antike, die Versteppung und Verkarstung, ist so gut wie irreversibel. Wer weiter sucht, liest die bittere Klage, die der Mineraloge, Bergbau- und Hüttenkundler Georg Agricola freilich nur zitiert (1556/1978, 6): »Durch das Schürfen nach Erz werden die Felder verwüstet... Wälder und Haine werden umgehauen; denn man bedarf zahlloser Hölzer für die Gebäude und das Gezeug sowie, um die Erze zu schmelzen. Durch das Niederlegen der Wälder und Haine werden die Vögel und andere Tiere ausgerottet... Die Erze werden gewaschen; durch dieses Waschen aber werden, weil es die Flüsse vergiftet, die Fische entweder aus ihnen vertrieben oder getötet.« Historiker, die ein neues Forschungsthema gefunden haben, belehren uns über Umweltzerstörungen und über die entsprechenden Gegenbewegungen in Fülle (vgl. Markl 1983 und Lübbe-Ströker 1986, dort weitere Literatur; vorher schon Mumford 1934, Glacken 1967 und White Jr. 1967); manchmal reicht sogar das Schulwissen aus: Im Jahre 1285 hatte London Smog-Probleme wegen des Verbrennens weicher Kohle; oder die Jagd mittels Feuerlegen schuf die großen Prärien – und trug zur Ausrottung der Großsäuger bei. Ergänzen darf man, daß auch das Bevölkerungswachstum nicht erst heute zum Problem wird; im 11. Jahrhundert erreicht der Bevölkerungsdruck ein derartiges Ausmaß, daß der Adel einen (zusätzlichen) Antrieb, auf Kreuzzug zu gehen, erhält und daß bei den Bauern vorurbane Ballungszentren aufkommen. Für die Gegenbewegung reichen ebenfalls wenige Belege aus: Gegen eine Gefahr, auf die Rousseau im Zweiten Diskurs (1. Teil, 2. Anm.) hinweist, gegen die der Überbeanspruchung des Bodens, entstand, wie wir wissen, schon in der Karolingerzeit die Dreifelderwirtschaft; und von den Bergbauern ist die Vorsorge für ein ökologisches Gleichgewicht schon für das späte Mittelalter bezeugt (vgl. Bätzing 1984). Ein beliebter Topos sagt: »In keinem modernen Land der Welt ist das Waldgefühl so lebendig geblieben wie in Deutschland« (Canetti 1960, 195). Der Gefahr der Holznot traten aber Aufforstungsbewegungen entgegen, für die ein britisches Werk, John Evelyns Schrift *Sylva* (1664), bahnbrechend ist. Und für das frühe 19. Jahrhundert sind in theoretischer Hinsicht nicht etwa nur die angeblich so romantischen Denker aus Deutschland wichtig, sondern die beiden Franzosen F. M. Rauch (1802/1818) und Moreau de Jonnès (1825; beide nach Radkau 1986). Übrigens reichen in all diesen Fällen die Schutzmaßnahmen in eine Dimension hinein, die Autoren wie Jonas – wir sehen jetzt: zu Unrecht – für neuartig halten, in die einer Verantwortung für künftige Generationen. Die einschlägige Klage erhebt schon Alexander von Humboldt (1807-25/1991, 1, 638); sein Gutachten über den sinkenden Wasserstand eines venezolanischen Sees liest sich wie eine frühe Studie über anthropogene Klimaveränderungen. »Fällt man die Bäume, welche Gipfel und Abhänge der Gebirge bedecken«, heißt es hier, »so schafft man in allen Klimazonen kommenden Geschlechtern ein Ungemach: Mangel an Brennholz und Wasser.«

Gegen Vereinfachungen spricht ferner der Umstand, daß man, um ökologische Zusammenhänge zu zerstören, nicht hochentwickelter Techniken, der sogenannten Hochtechnologien, bedarf. Daß durch Feuerlegen die großen Prärien, daß durch Abholzen die Verkarstungen entstehen, ist schon erwähnt. Auch für die Luft- und die Wasserverschmutzung sowie den Treibhauseffekt sind traditionelle Techniken verantwortlich. Generell gilt, daß schon relativ primitive Techniken und manchmal sogar (scheinbar) kleine Eingriffe ausreichen, um Steppen in Wüsten zu verwandeln, um Waldgebiete zu zerstören und um großräumige Klimaveränderungen herbeizuführen (vgl. Remmert 1978, 191 und 253).

Derartige Erinnerungen sollen weder Großunfälle wie die von Bhopal und Seveso, von Tschernobyl und der Schweizerhalle verdrängen noch die Katastrophenträchtigkeit neuer Techniken herunterspielen; sie fordern aber zur genaueren Diagnose auf. Man sagt heute: zugrunde gehen nicht nur kleine Biotope, sondern große Ökosysteme, die sich in Jahrtausenden ausbalanciert haben; auf die Versteppung und Verkarstung trifft die Beschreibung ebenfalls zu. Man spricht von der Fernwirkung oder sagt: »Schmutz und Gift kennen keine Grenzen«; Grenzen überschritten die Umweltzerstörungen schon damals. Man sagt: Export der Lasten und meint eine eklatante Ungerechtigkeit; für seine Bauten ließ Rom, für seine Schiffe ließ Venedig fremde Wälder abholzen, ohne sich das Recht, eine Art von Verkarstungslizenz, zu kaufen oder eine Kompensation zu zahlen. Die Fernwirkung versteht man heute auch in zeitlicher Hinsicht und spricht dann sowohl von Irreversibilität wie von Ungerechtigkeiten gegen künftige Generationen; den Preis für den so gut wie irreversiblen Vorgang der Versteppung oder Verkarstung bezahlen die Anrainer des Mittelmeeres inzwischen über viele Jahrhunderte.

Wo also bleibt die Neuartigkeit? Die erste Neuartigkeit liegt im Fehlen des Neuen; trotz einiger spektakulärer Unfälle kommt die Krise nicht auf die wahrnehmungsvereinfachende Art einer Sintflut, auch nicht als heiße Asche vom Vesuv. Sie kommt, weil nichts Neues geschieht, schleichend: als ständige Akkumulation der Belastungen.

Das zweite Element besteht im verschärften Tempo; was früher erst im Laufe vieler Generationen zustande kam, gelingt heute in wenigen Jahren. Ein einfacher Beleg: wäre beim Dezimieren des Waldes Rom so schnell gewesen wie inzwischen Brasilien – Jahr für Jahr verschwindet eine Flächer größer als die der Schweiz –, dann wäre zur weiteren Abholzung den Venezianern keine Chance geblieben. Für einen anderen Bereich gibt es sogar genaue Vergleichsdaten. Eine Bleibelastung der Atmosphäre läßt sich im Grönlandeis schon für den Bergbau der Römer nachweisen; um 1750, in der Frühzeit der Industrialisierung, liegt der Gehalt bei 10 Einheiten (10 pg/g), zwei Jahrhunderte danach (1950) bei 70 Einheiten, nur 15 Jahre später, auf dem Höhepunkt der Bleikonzentration, bei 400 Einheiten (nach: Boutron 1991).

Ermöglicht wird die Beschleunigung, so eine dritte Neuartigkeit, durch die höhere Effizienz der technischen Mittel, sowohl der ingenieurtechnischen Instrumente wie der sozialtechnischen, der des Managements. Und die vierte Neuartigkeit liegt in der bislang unbekannten Gründlichkeit. Dafür verantwortlich ist ein Konglomerat von Faktoren: sowohl das Bevölkerungswachstum wie die noch immer steigenden Ansprüche, der wachsende Pro-Kopf-Bedarf; schließlich werden die Ansprüche nicht mehr von wenigen imperialen (Stadt-)Staaten erhoben, sondern von einer Zivilisationsform, die sich über die ganze Erde ausbreitet.

Als Resultat all dieser Neuartigkeiten treten die Umweltzerstörungen in einer wahrhaft globalen Größenordnung auf. Solange die »Ausbeutung« in regionalen Maßstäben erfolgte, konnte man wie die Goldsucher verfahren, die, sobald eine Mine ausgewaschen ist, sich der nächsten zuwenden. Gewiß ahnt man, daß die Vorräte unerschöpflich nicht sind, aber man lebt im Als-Ob; der Praxis des Einfach-Weiterwanderns entspricht die mentale Strategie der Fiktion und Verdrängung. Beides versagt, sobald in einer Arbeitspause der Blick auf eine Mine fällt, die man schon ausgewaschen hat; der Kreis schließt sich, die Erde ist erschöpft. Ob man an die natürlichen Ressourcen denkt, einschließlich der Ressourcen Land und Süßwasser, oder an das, was trotz aller Wiederaufbereitung unvermeidbar übrigbleibt, an die verschiedenen Formen von Abfall – heute wird das Ökosystem als ganzes überbeansprucht. Die Fiktion, die Natur sei unerschöpflich, wird als Fiktion erlebbar, die Verdrängung als Illusion durchschaut.

Im ersten Teil dieser Studie, beim Vergleich der frühneuzeitlichen mit der antiken Wissenschaft, sind wir auf eine radikale Transformation gestoßen, auf den Übergang von einer moralfreien zur moralischen Moral. Zusätzlich, beim Vergleich der frühneuzeitlichen Wissenschaft mit der dieses Jahrhunderts, haben wir eine mittlere Revision entdeckt: eine vorher latente Aufgabe wird virulent. In der Naturbeziehung, so sehen wir jetzt, findet, strukturell betrachtet, eine weniger radikale Veränderung statt. Eine bislang verdrängte Virulenz verliert ihre Verdrängbarkeit; die einschlägigen Pathologien entwickeln, was in der Psychoanalyse »Leidensdruck« heißt.

Die wissenschaftsgeprüfte Zivilisation lebt von der Verheißung, die rationale Bearbeitung der Natur sei ein Gewinnspiel ohne Grenzen. Zumindest dieser Einsicht können auch Optimisten sich nicht mehr verschließen: in den Krisenphänomenen von heute erweist sich die dominante Naturbeziehung als ein Gewinnspiel mit abnehmendem Grenznutzen; vielleicht befinden wir uns sogar schon in der Phase des Verlustspieles. Die ursprüngliche Verheißung, die einer progressiven Verbesserung der Lebensbedingungen, hat jedenfalls an Überzeugungskraft verloren; die Zivilisation vollendet ihren »imperialen Siegeszug« und wird des Sieges über die Natur trotzdem nicht froh.

Die neue Ethik unternimmt also nicht, was der Skeptiker befürchtet, einen Ausstieg aus der Moderne; im Gegenteil reflektiert sie auf den Preis der einschlägigen Modernisierungen. Allerdings sind diese allein für das Entstehen einer Naturethik nicht zuständig; die Rechtfertigung erfolgt aus dem Zusammenspiel von drei Argumenten. Das erste Argument integriert die Naturethik in die Anthropologie und Sozialphilosophie; es zeigt, daß es, prinzipiell gesehen, der Naturethik schon immer bedarf. Eine moralfreie, rein kontemplative Beziehung zur Natur steht dem Menschen nämlich durchaus offen; sich auf sie, auf die Theoria einerseits und die mußevolle Wahrnehmung des Naturschönen andererseits, einzugrenzen, ist ihm aber verwehrt. Als Leibwesen hat der Mensch Bedürfnisse, zu deren Befriedigung er in die Natur eingreifen muß, wobei er, gewollt oder ungewollt, in Konkurrenz zu seinen Mitmenschen tritt, die ja ebenfalls Kostgänger und Ausbeuter der Natur sind.

Das zweite Argument macht auf Pathologien aufmerksam, derentwegen der moralische Blick auf die Naturbeziehung virulent wird. Weil es einschlägige Umweltzerstörungen, etwa Versteppungen und Verkarstungen, schon in der Antike gibt, reicht dieses

Argument noch nicht aus. Hinzukommen muß, drittens, eine signifikante Steigerung; Pathologien, die lange vor der Moderne einsetzen, erreichen eine Reichweite und Intensität, die das Thema zu verdrängen nicht mehr erlauben.

8. Oikopoiese und Technik

8.1 Selbstbehauptung und Machtsteigerung

Auch Pathologien der Umwelt unterliegen der Regel medizinischen Erfolgs: vor der Therapie steht die genaue Diagnose. Deren Ansatz kennen wir schon; weil es Schäden gravierenden Ausmaßes unabhängig von moderner Technik gibt, trägt diese keine ökologische Exklusivschuld. Um den Anteil zu bestimmen, den die moderne Technik tatsächlich trägt, setzen wir bei der anthropologischen Grundsituation, der Oikopoiese, an. Ideal wäre ein absoluter Naturschutz. Das, was der Mensch im Rahmen der Theoria vermag, die Natur vollständig in Ruhe zu lassen, ist ihm aber im Leben als ganzem verwehrt. Als Naturwesen auf Natur angewiesen, kann er ohne eine Nutzung ihrer konstruktiven Funktionen nicht einmal schlicht leben. Legitimationstheoretisch gesehen liegt ein pragmatischer Imperativ vor; daß der Mensch überhaupt in die Natur eingreift, ist ein Klugheitsgebot, diktiert vom Prinzip Selbstinteresse, wobei sich das Selbst, zunächst bescheiden, mit dem Überleben zufriedengibt.

Soweit sich die Eingriffe auf die anorganische Natur beschränken, scheinen sie moralisch durch und durch problemlos zu sein; dieser Schein trügt. Mancherorts trifft schon auf das Wasser zu, was für die Ernährung generell gilt: der Mensch tritt zu anderen Naturwesen in Konkurrenz; selbst der Vegetarier lebt auf Kosten anderer, direkt auf Kosten der betreffenden Pflanzen, indirekt indem er sie anderen Lebewesen wegnimmt. Deshalb erfährt die Legitimation eine Komplizierung; aus einem schlichten Selbstinteresse wird ein Selbstinteresse in Konkurrenzlagen, also Selbstbehauptung. Die ökologische Ethik liebt zwar den irenischen Begriff, die wirkliche Natur bietet sich aber als ein System wechselseitiger Nutzung dar, in dem an entsprechender Stelle das mitleidlose »Gesetz vom Fressen und Gefressenwerden« herrscht. In der Konkurrenzsituation kämpft man ums Überleben auf Kosten anderer.

Das Prinzip Selbstbehauptung bestimmt nicht nur den direkten Konkurrenzkampf, sondern auch Umgestaltungen an der defizitären und destruktiven Natur; die einschlägige Oikopoiese fällt entsprechend umfassend aus. Dabei nimmt der Mensch keine Sonderstellung ein; je nach Bedürfnis und Macht schützen sich auch die subhumanen Wesen vor Naturgewalten, versuchen, Defizite zu kompensieren und bereiten sich naturale Vorgaben auf. Der Biber, der einen Damm errichtet, der Wurm, der sich in einem Organismus einnistet, selbst die Pflanzen, die ihre Wurzeln ins Erdreich schlagen, unternehmen zum Zweck der Selbstbehauptung eine Oikopoiese; die De-Naturalisierung der Natur mit dem Ziel ihrer Domifikation ist ein universales Naturphänomen. Die Differenz, die gleichwohl besteht, heißt: größere Macht oder Technik.

Von Technik sprechen wir heute in mindestens drei Bedeutungen. Im engeren Verständnis meinen wir die Gesamtheit kognitiver Hilfestellungen; in einer mittleren Bedeutung verbinden diese sich mit einem wirtschaftlichen Antrieb, was zur Technik als Teilsystem der Gesellschaft führt; schließlich qualifiziert man als »technisch« eine Zivilisationsform. In diesem Kapitel geht es um die erste, enge Bedeutung, um den innertechnischen Begriff, der sowohl Geräte als auch Verfahren umfaßt und dabei ebenso ihre vorwissenschaftliche wie ihre wissenschaftsgeprägte Gestalt. In allen drei Bedeutungen fehlt der Zusammenhang mit der Oikopoiese; tragen wir ihn als vierte Bedeutung nach: Gemäß ihrem anthropologischen Begriff besteht die Technik in der Steigerung des oikopoietischen Könnens.

Die ökologische Ethik spricht die moderne Technik gern als ein grundlegend neues Phänomen an; von der Begriffsgeschichte her stoßen wir auf eine erstaunliche Konstanz. Schon die Antike kennt den bis heute gültigen innertechnischen Begriff. Darüber hinaus weiß schon sie um eine charakteristische Ambivalenz; der offensichtliche Gewinn, die größere Macht zuhanden der Oikopoiese, verbindet sich mit einem mehr als kontingenten, mit einem grundsätzlichen Defizit. Festlegen auf die Oikopoiese und überhaupt auf konstruktive, lebensdienliche Zwecke läßt sich die Technik nicht.

Das griechische Wort *techne* ist ursprünglich, bis hin zu Platon synonym mit einem methodischen Wissen, das sich mit bloßer Information nicht zufriedengibt. Der Techniker versteht, mit einer Sache umzugehen oder mit einer Aufgabe »zu Rande zu kommen«; gemeint ist ein Know-how, eine Fertigkeit und Kompetenz. Wer sie in hohem Maße besitzt, heißt übrigens *sophos;* wir übersetzen in der Regel mit »weise«; treffender ist es, vom vollendeten Fachmann zu sprechen, vom »Kenner und Könner«, dem Sachkundigen von hohen Gnaden. Dabei ist in der Frühzeit ein Zusammenhang mit der Oikopoiese wie selbstverständlich gegeben. Nach Homer ist »weise«, wer ein Feld zu graben und zu pflügen versteht (*Margites,* fr. 2); an anderer Stelle (*Ilias* XV, v. 412) ist er der erfahrene Zimmermann. Später lockert sich der Zusammenhang; in der mittlerweile städtischen Kultur gelten auch bildende Künstler als weise, etwa der Steinmetz Pheidias und der Bildhauer Polyklet (*Nikomachische Ethik* VI 7, 1141 a 10 f.). Außerdem, aber keineswegs ausschließlich heißt weise, wer sich in allgemeinen und ersten Gründen auskennt und die entsprechende Kenntnis nicht aus lebenspraktischem Interesse, sondern um ihrer selbst willen sucht, also der Philosoph (*Metaphysik* I, 1-2).

Durch Aristoteles werden wir auch auf eine Differenzierung aufmerksam, die es jedoch, lebensweltlich gesehen, von Anfang an gegeben haben dürfte. Die menschliche Tätigkeit spielt sich in zwei Grundformen ab, der Poiesis und der Praxis, denen eine jeweils andere intellektuelle Kompetenz zugeordnet ist. Zur Praxis, dem Handeln, gehört die Phronesis und zur Poiesis die Techne. Nun ist die Phronesis zwar nicht allein für das moralische Handeln zuständig, aber im Zusammenspiel mit moralischen Einstellungen, den Tugenden *(aretai ethikai).* Und daraus ergibt sich das grundsätzliche Defizit, das die ökologische Gefährdung schon der vormodernen Technik mitverantwortet: durch eine ebenso einfache wie klare Trennung sind Poiesis und Techne vom Bereich des Moralischen abgesetzt.

In dem Umstand, daß die Trennung erfolgreich, außerdem gründlich geschieht, wurzelt das Problem jedweder Technik und nicht, wie es ein Topos der Technikkritik will, in der Machtsteigerung. Die Macht, heute zu Unrecht als solche diskreditiert, stellt nämlich einen Gewinn dar. Indem sie das Können erweitert, eröffnet sie neue Optionen und erhöht damit die Freiheit, allerdings nicht eine moralische Freiheit (»Willensfreiheit«), sondern das Spektrum der Handlungsmöglichkeiten, den Grad der Wahlfreiheit. Der Techniker als solcher ist nicht etwa unmoralisch, aber a-moralisch; er verhält sich gegen die Moral nicht resistent, aber indifferent. Dem Moralisten mag diese Diagnose ein Ärgernis sein, weshalb er sie gern verdrängt: die Technik als solche, als gestei-

gertes Können, hat Fragen nach Gut und Böse schlicht außer sich. Selbst an eine so bescheidende Moral wie die der Selbstbehauptung läßt sich die Technik, der Inbegriff allen nutzenorientierten Wissens, nicht binden.
Die dazu gehörende Tätigkeitsform, die Poiesis, übersetzt man gern mit »Herstellen« oder »Machen«; »Zustandebringen« ist genauer, da es nicht lediglich um dingliche Gegenstände, sondern um jede Art von Zwecken geht, die nach Ablauf der Tätigkeit außerhalb von ihr selbständig existieren. Die Schulphilosophie spricht treffend von einer *actio transcendens*, von einem Tun, dessen Sinn und Zweck außerhalb des Tuns selbst liegt. Der Anwendungsbereich ist ungewöhnlich weit; er umfaßt die Tätigkeit von Handwerkern und Geschäftsleuten, von Ärzten, bildenden Künstlern, sogar, da sie »Verse schmieden«, von Dichtern; nicht zuletzt ist Poiesis, was guten Rednern, Schauspielern und Musikern gelingt: sie können Leidenschaften wecken, zügeln oder auch umlenken.
Heute stellt sich die Technik als eine universale Macht dar; sowohl die äußere Natur wie die innere Natur, sowohl gewachsene Lebensformen wie die geschichtliche Umwelt – nichts von dem, was einmal als vorgegeben galt, ist der Technik aus technischen Gründen entzogen. Gleichwohl bleibt das Kernelement unverändert, die Technik ist weiterhin eine Fertigkeit oder Kompetenz im Zustandebringen von so gut wie beliebigen Zielen und Zwecken. In der Frühzeit der Menschheit beruhte ihr Können lediglich auf individueller Erfahrung; später geht es in lehr- und lernbare Regeln über, die Technik wird zum Handwerk. Und in ihrer entwikkelten Form stützt sie sich auf die genaue Kenntnis der Kräfte und der ihnen zugrunde liegenden Gesetze; die Technik wird zur Wissenschaft.
Ein Merkmal, das für den Menschen generell gilt, trifft auch auf die Naturnutzung zu; weil der Mensch durch biologische Vorgaben nur begrenzt determiniert ist, lebt er immer schon in einer intelligenzvermittelten Form. Die technikgestützte Naturnutzung wird nicht irgendwann erfunden; sie gibt es, seitdem es den Menschen gibt. Wer zur Natur ein radikal anderes Verhältnis sucht, darf sich nicht damit begnügen, eine »technische Zivilisation« im Namen einer »natürlicheren« Form zu kritisieren; denn technikgeprägt ist jede Naturbeziehung, die der Mensch eingeht. Vor dieser Konsequenz dürfen weder Rousseau noch seine heutigen

Anhänger die Augen schließen: der Entwurf eines grundsätzlich anderen Naturverhältnisses stellt nicht nur eine rückwärtsgewandte Utopie dar, er ist auch im wörtlichen Sinn in-human; denn das entsprechende Verhältnis nimmt das *zoon logon echon* nur dort ein, wo ihm die Qualifikation des *logos* fehlt, wo er also nur *zoon*, noch Tier, ist.
An sich betrachtet ist die Intelligenz zwar nur eine Möglichkeit, für deren Realisierung zu einer »einsatzfähigen« Kompetenz andere, nichtkognitive Faktoren vonnöten sind. Diese liegen aber auf der Hand, weshalb die entsprechende Entfaltung seit der Frühzeit der Menschheit stattfindet; die Stimulierung der Möglichkeit erfolgt von der Natur in ihrer nichtkonstruktiven Seite. Dabei findet die Technik je nach der Art des Stimulus einen anderen Aufgabenbereich.
Den ersten Stimulus liefert die Natur in ihrer zerstörerischen Gewalt; um sie zu bändigen, braucht es eine Technik, die durchaus Herrschaftscharakter annehmen und trotzdem, im Gegensatz zur generellen Herrschaftskritik von heute, legitim bleiben kann. Nur eine einseitige Technikkritik übersieht die Technik als Mittel elementarer Selbstbehauptung, als Gegengewalt und Defensivgewalt; nennen wir sie die defensive Technik. Den zweiten Stimulus bietet die *defizitäre* Natur; die einschlägige, *ökonomische* Technik setzt sich mit Situationen von Knappheit und Mangel auseinander. Hierhin gehören sowohl die Domestikation, zielt sie doch auf Haustiere und Kulturpflanzen ab, die bald höhere, bald sicherere Erträge abwerfen, als auch jene *kompensatorische* Technik, die teils artspezifische, teils individuelle Mängel ausgleicht.
Die beiden ersten Aufgaben der Technik bestätigen das Sprichwort; wo vieles fehlt und fast alles Mühe macht, dort sucht man Abhilfe: Not macht erfinderisch. Analoges gilt für die dritte und vierte Aufgabe, für die Verringerung der Mühsal und die Bewältigung von Gesundheitsproblemen; auch hier drängen elementare Interessen auf eine Entfaltung der technischen Intelligenz. Und in all diesen Fällen verdankt sich die Ausbildung der Technik dem Zusammenspiel von drei Faktoren: (1) Eine anthropologische Fähigkeit, die Intelligenz, realisiert sich (2) aufgrund naturaler Stimuli (3) aus Gründen teils des Überlebens, teils des angenehmen und sicheren Lebens. Der Entwicklung der Technik liegt nicht wieder ein technischer, sondern ein pragmatischer Imperativ zugrunde, ein Gebot der persönlichen (»individuellen«) und sozia-

len (»kollektiven«) Klugheit. Da klugheitsgeboten schon die vortechnische Naturnutzung ist, gilt der Komparativ: Die Natur überhaupt zu nutzen, ist klug, sie mittels Technik zu nutzen, klüger.

Vertretbar ist sogar Bacons moralische Legitimation, die Berufung auf das Hilfsgebot. Gegen die vielfältige Not, in die der Mensch geraten kann, ist nämlich eine wirksame Hilfe oft nur mittels eines speziellen Könnens möglich, so daß der Entwicklung des entsprechenden Könnens – freilich mit den genannten Einschränkungen (siehe Kap. 4.3-4.4) – ein durchaus moralischer Rang gebührt. Die Bereitstellung von Hilfsmitteln ist in vielfacher Hinsicht eine Tugendpflicht gegen andere. Man kann sogar über Bacon hinausgehen und einen Teil dieser Pflicht als gerechtigkeitsgeboten ansehen. Denn dem »System von Not und Hilfe«, durch das sich die Gesellschaft auch definieren läßt, kann sich niemand auf Dauer entziehen; man denke nur an den hilflosen Säugling, ferner an Krankheit und Alter, auch an Unfälle und Naturkatastrophen. Wer nun aus Mangel an einschlägiger Kompetenz stets nur als Bittsteller auftritt, verhält sich im »System von Not und Hilfe« als Trittbrettfahrer. Um eine derartige Ungerechtigkeit zu verhindern, besteht eine Pflicht, und zwar eine nicht bloß verdienstliche, sondern geschuldete Pflicht, selber Hilfsfähigkeiten zu entwikkeln.

Beide Legitimationsmuster, sowohl die pragmatische wie die moralische Legitimation, stehen aber unter einem Vorbehalt, mit dem wir uns noch befassen werden, unter der schon in der Antike bekannten strukturellen Amoral.

8.2 Maître de la nature

Die ökologische Debatte ist von Dogmen nicht frei. Nicht nur Theologen (Altner 1991, 2f. u.a.; Link 1991, 343), sondern auch Philosophen vom Fach (Hösle 1991, 54 u.a.) zählen das cartesische Weltbild zu den intellektuellen Urhebern der »gegenwärtigen Verwüstung der Natur«. Sie meinen dabei die Verbindung eines mechanistischen Naturverständnisses mit einem universalen Herrschaftswillen; Hösle spricht zusätzlich von einem Defizit an Intersubjektivitätstheorie (die Welt Descartes', heißt es, wäre vollständig, wenn sie nur aus Gott, dem Ich und der Natur bestünde).

In der ökologischen Diskussion gilt Descartes geradezu als »ökologischer« Erbsünder, als intellektueller Miturheber der Haltung, die die gesamte Natur unterwerfen und zugunsten des Menschen ausbeuten will.

Beginnen wir mit dem zweiten Element, dem universalen Herrschaftswillen. Als Beleg gilt eine Aussage von aphoristischer Prägnanz; nach ihr obliege es der Naturwissenschaft »nous rendre comme maîtres et possesseurs de la nature«. Die Wirkungsgeschichte dieser Aussage erinnert auffällig an die der Aristotelischen Rechtfertigung von Sklaverei. Der Freund des Philosophen übergeht sie nämlich mit Schweigen; nur der Kritiker legt den Finger auf eine moralisch bedenkliche Stelle. Wir lesen sie im *Discours,* in seinem letzten Teil[1], dort, wo der Autor die Gründe darlegt, warum er seine Überlegungen überhaupt niederschreibe. Von einem Denker, der in die Wissenschaftsgeschichte als spekulativer Philosoph eingeht, als Begründer einer neuen Metaphysik, ferner als Mathematiker mit einer Grundlegung der analytischen Geometrie, nicht zuletzt als Physiker, erwartet man ein Lob der bloß intellektuellen Neugier. Descartes erklärt, daß er aus seinen bloßen Gedanken nie viel Staat (»jamais ... beaucoup d'état«) gemacht habe; für veröffentlichenswert hält er erst eine Forschung von lebenspraktischem Nutzen (»fort utile à la vie«).

Nebensächlich oder gar aufgesetzt ist das Motiv nicht. Descartes' Korrespondenz spielt häufig darauf an. Und die Schrift, die zum öffentlichen Lehrbuch des Cartesianismus aufsteigen wird, die *Principia philosophiae* (1644), vergleicht schon im »Vorwort« die Philosophie mit einem Obstbaum, dessen Früchte in der Medizin, der Physik (sprich: Ingenieurkunst) und der Ethik gepflückt werden. Kurz: die innerepistemischen Probleme lassen Descartes zum Wissenschaftler und Philosophen werden, zum Schriftsteller macht ihn erst die praktische Intention.

Bei deren näherer Bestimmung schiebt der Autor alle »niederen Motive« souverän beiseite; für nicht einmal erwähnenswert hält er Karrierevorteile oder den wirtschaftlichen Nutzen. Es zählt allein ein Gesetz (»loi«) von moralischem Rang; und es ist wie schon für Bacon die Verpflichtung auf das allgemeine Wohl aller Menschen. Auf diese Weise spielt der Bezug auf die Mitmenschen, die Inter-

1 Sofern nicht anders vermerkt, stehen die folgenden Descartes-Zitate im sechsten Teil des *Discours,* im ersten und zweiten Absatz.

subjektivität also, eine zentrale Rolle. Hösles entsprechende Diagnose trifft auf das antike Forschungsideal, die Theoria, aber nicht auf die moderne, humanitäre Naturwissenschaft zu. Der letzte Sinn und Zweck, um derentwillen sie nach Bacon und Descartes betrieben wird, liegt in nichts anderem als dem Wohlergehen der Mitmenschen. Der Kritiker sieht freilich nur die Kehrseite, die anthropozentrische Definition des Allgemeinwohls (»de tous les hommes«), und vor allem die moralisch anstößige Weise, auf der es verfolgt werde. Zum Herrn und Besitzer über die Natur berufen, sei es dem Menschen erlaubt, was die Europäer damals in der Tat fleißig betrieben haben: eine Kolonialisierung der gesamten Erde. Kann man aber ernsthaft glauben, daß ein hochreflektierter Denker wie Descartes eine derartige Praxis nicht nur für erlaubt, sondern sogar für moralisch geboten hält?

Der Kritiker liest den entscheidenden Ausdruck »maître« als Gegenbegriff zu »Knecht« und »Sklave«. Er bedeutet aber auch – etymologisch gesehen sogar primär – den, der sein Metier souverän beherrscht, den »Meister«; ebenso wie beim griechischen Wort »sophos« spricht sich im »maître« die Hochachtung vor überlegenem Können aus. Festzuhalten sind deshalb zwei grundverschiedene Bedeutungen von Herr-sein, ein Kompetenzbegriff oder technischer Begriff, nach dem man ein Metier, und ein sozialer Begriff, nach dem man seinesgleichen beherrscht; im ersten Fall versteht man sich auf eine Sache, im zweiten unterwirft man sich eine Person. Die Gemeinsamkeit, die es durchaus gibt, besteht in einer Überlegenheit, nur stellt sie sich in einem Fall in einem vollendeten Know-how dar, im anderen Fall in einer erdrückenden Macht; dort ist man der Maestro, hier der Despot.

Welche der beiden Bedeutungen Descartes tatsächlich meint, zeigt sich an der näheren Bestimmung des noch vagen Leitziels »Allgemeinwohl«; die Mühsal soll verringert, vor allem aber (»mais principalement«) soll die Gesundheit erhalten und das Leben verlängert werden. Angesichts dieser Aufgaben erscheint der übliche Vorwurf der Unterwerfung und Ausbeutung als gewiß unangemessen. Weil gleichwohl eine Herrschaft im sozialen Verständnis, eine überlegene Macht vorliegt, bedarf es einer Differenzierung, der zufolge nicht jede Machtüberlegenheit moralisch verwerflich ist.

Die weitverbreitete, generelle Herrschaftskritik unterstellt eine Situation, die oft genug, aber nicht immer vorliegt, ein Verhältnis der Gleichberechtigung nämlich, bei dem einer Seite das gleiche Recht gewaltsam genommen wird. Eine derartige Herrschaft diskreditiert sich in der Tat. Die so einfache Be- und Verurteilung entfällt jedoch, sobald die unterstellte Symmetrie fehlt. Bedarf die eine Seite umfassender Unterstützung, sei es vorübergehend, wie Kinder, sei es auf Dauer, wie stark Behinderte, dann ist die entsprechende »Herrschaft« – der Ausdruck ist in Anführungszeichen zu setzen – kompensatorischer Natur. Statt Gewalt findet eine institutionalisierte Hilfe statt, die wir, da sie den Betroffenen dient, eine »humanitäre Herrschaft« nennen. (Daß dieser Titel mißbraucht werden kann, bedarf keiner Erwähnung.)

In einem anderen Fall hat Herrschaft mit Rivalität und zugleich Notwehr zu tun. Wo man um sein Recht auf Leib und Leben kämpfen muß und es nur auf dem Weg einer Entmachtung des Gegners sichern kann, trägt diese Sicherung ein Moment der Gewalt an sich und ist doch nicht eo ipso illegitim; die durch den Widerstand des Gegners provozierte Herrschaft dient lediglich der Selbstbehauptung. Moralisch verwerflich und dann ein elementares Unrecht ist erst eine dritte Art, jene Herrschaft, die den Willen eines anderen bricht oder aber, häufig auf subtile Weise, ebenso billige wie handsame Arbeitskräfte sucht. Erst hier macht man jemanden zum Sklaven bzw. nutzt ihn, aus welchen Gründen auch immer, aus.

Der oft nur plakativ verwendete soziale Herrschaftsbegriff zeigt also drei grundverschiedene Gesichter – die institutionalisierte Hilfe, die Selbstbehauptung und die Unterdrückung bzw. Ausbeutung –, von denen allein das letzte Gesicht die übliche Verurteilung verdient. Trifft es, was die Kritik wie selbstverständlich annimmt, auf Descartes' Programm zu?

Wer, um die Mühsal zu verringern, technische Hilfsmittel (»artifices«) erfindet, kämpft zwar gegen die Widerspenstigkeit und Widerständigkeit der Natur; trotzdem versucht er nicht, die Natur in ihrem Willen zu brechen oder um ihren verdienten Lohn zu bringen, vielmehr unterläuft er ihre Widerständigkeit. Interpretieren kann man die Mühsal auch als ein Ausgeliefertsein an die Natur. Obwohl dann ein Akt der Selbstbehauptung vorliegt, nimmt sie nicht den Charakter von Herrschaft an, da der Mensch die Natur nicht unterwirft, sondern aus ihr heraustritt. Zugleich überwindet er die Alternative, daß eine der beiden Seiten, Mensch oder Natur, sich zum Herrn über die andere Seite aufschwingt.

Die Welt der technischen Hilfsmittel schafft eine zweite Natur, eine Parallelnatur, die rein als solche, als Technosphäre, die erste, naturale Natur unbehelligt läßt. (Die Nebenfolgen, bei denen es anders aussieht, untersuchen wir später.)
Bei der anderen, für Descartes wichtigeren Aufgabe, der Medizin, erhält der Begriff der Naturherrschaft eine neue Einfärbung. Wer dem Medizinbegriff des *Discours* folgt und sich um die von der Natur für uns vorgesehenen Heilmittel (»remèdes«) kümmert, sorgt für zweierlei, für grundlegende Formen von Diät und für »natürliche Pharmaka«. Dort praktiziert er eine Herrschaft über sich selbst; und hier tritt er, indem er Heilmittel teils sammelt, teils in »Kräutergärten« anbaut, der Natur als Bittsteller entgegen. Erneut kann von einer Herrschaft im negativen Sinn keine Rede sein. Ob technische Hilfsmittel oder Medizin – wer dank der Wissenschaft die einschlägigen Kräfte souverän kennt, wird zu einem Herrn im bloß positiven Sinn: er beherrscht ein Metier. Vor allem trägt er nicht zur ökologischen Krise bei, zur Überbeanspruchung der Ressourcen und Regenerationskräfte. Er erfreut sich zwar, wie Descartes sagt, der Früchte der Erde und all ihrer Annehmlichkeiten, begnügt sich aber mit einem nur schlichten, weder erschöpfenden noch ausschöpfenden Gebrauch.
Nun kritisiert das »Dogma der ökologischen Debatte« am Cartesianismus nicht nur den universalen Herrschaftswillen, sondern zusätzlich das mechanistische Naturverständnis. Daß es zur Erklärung des Organischen nicht ausreicht, versteht sich heute fast von selbst; die Zwecke, auf die Descartes die Naturwissenschaft verpflichtet, lassen sich von diesem Verständnis aber unschwer lösen. Außerdem wird der Sinn ökologischen Denkens, die Aufmerksamkeit auf komplexe Vernetzungen, im mechanistischen Denken antizipiert. Wer die cartesische Metapher ernst nimmt und die Natur für ein komplexes Uhrwerk hält, wird alle Sorgfalt darauf verwenden, daß das Werk, dessen Teil man bleibt, nicht zum Stillstand kommt. Es ist nur ein hartnäckiges Vorurteil, zu glauben, das mechanistische Naturverständnis befördere die Zerstörung. Die Gefahr, seinen Kreislauf zu überlasten, wird doch nicht dadurch verstärkt, daß man eine der wichtigsten medizinischen Entdeckungen der cartesischen Epoche, Harveys mechanistische Erklärung des großen Blutkreislaufes, anerkennt.
Ziehen wir eine Zwischenbilanz: Unschuldig an einer »imperialistischen Naturzerstörung« ist – via Technik – die moderne Natur-

wissenschaft gewiß nicht. Trotzdem müssen wir die einleitende Diagnose – keine ökologische Exklusivschuld – noch einmal abschwächen; unmittelbar trifft die Naturwissenschaft überhaupt keine Schuld. Wer sich in den Naturkräften auskennt, verfügt zwar über das Können, sie bis zu deren Erschöpfung auszunutzen, aber über mehr als das Können nicht; der Antrieb zur Realisierung kommt von außen. Insofern findet ein Beherrschen und doch keine Herrschaft statt. Die Wissenschaften stellen für wissenschaftsexterne Antriebskräfte lediglich ein hochwirksames Subsidium bereit; sie bringen sie nicht etwa hervor, ermöglichen aber die für heute charakteristische Art der Naturzerstörung: ihre größere Reichweite und das verschärfte Tempo.

8.3 Strukturelle Amoral

Träfe nur diese Entlastung zu, dann wäre die Naturwissenschaft eine »Zerstörung in Latenz«, also doch nicht so unschuldig. Die seit der Antike bekannte strukturelle Amoral bleibt aber gültig und schwächt die Verantwortung noch einmal ab. Die Amoral ergibt sich aus dem Zusammenspiel verschiedener Formen von Neutralität oder Indifferenz, die zwar im Prinzip längst bekannt sind, in ihrer Vielfalt und in ihrem Gewicht aber gern unterschätzt werden.

Neutral bzw. indifferent ist die nutzenorientierte Wissenschaft, sprich: Technik, zunächst einmal in personaler Hinsicht; ihrer Instrumente und Verfahren kann sich jedermann bedienen. Dazu kommt die Möglichkeit des Mißbrauchs bzw. der Zweckentfremdung. Seitdem Kain den Bruder mit einer Feldhacke erschlagen hat, kennen wir die Multifunktionalität der Instrumente und Verfahren; Techniken können ihrem ursprünglichen Zweck entfremdet werden.

Angesprochen ist damit schon eine weitere Indifferenz. Bacon macht, allerdings contre coeur, auf sie durch die Art der Personen aufmerksam, die im Pantheon von *Neu-Atlantis* (dt. 56f.), einer »Galerie von Helden und Heiligen der Forschung«, durch Statuen vertreten sind. Indem dort nicht nur Kolumbus und der erste Erbauer eines Schiffes geehrt werden, sondern auch der »Mönch, der zuerst das Schießpulver... erfand«, nicht bloß die Erfinder der ersten Musikinstrumente, der Buchstaben und des Ackerbaus, sondern auch der Entdecker des Zuckers, mischt Bacon materielle und geistige Interessen, elementare mit Luxusinteressen, nicht zuletzt, was Zweifel am Projekt einer humanitären Wissenschaft sät, Mittel der Lebenshilfe mit solchen der Lebensbedrohung. Um so genauer trifft er die dritte Dimension der Zweckneutralität: entwickeln kann man Techniken für jede Art von Zwecken. Einer Illusion erliegt deshalb nicht bloß das Bacon-Descartessche Projekt einer nur humanitären Wissenschaft, sondern auch die Gegentendenz, der Verdacht, Naturwissenschaft sei »Zerstörung in Latenz«.

Eine in bezug auf die ökologische Krise nüchterne Bewertung der Wissenschaft sieht nicht nur das verschärfte Tempo der Zerstörungen, sondern auch die in der Wissenschaft enthaltenen Möglichkeiten der Gegensteuerung. Mehr noch, ohne wissenschaftliche Mittel und Verfahren kann die Menschheit, ob wir es wollen oder nicht, heute nicht mehr existieren. Erstens bewältigt sie ihre Folgelasten, den Reichtum an Schadstoffen und Abfall sowie die Verarmung der Ressourcen, zu einem gut Teil lediglich wissenschaftlich-technisch. Selbst für die Erhaltung der biologischen Vielfalt reicht die vorwissenschaftliche Strategie nicht aus, die – natürlich zu Recht – sagt, Regenwälder und Feuchtbiotope seien zu schonen. Weiterhin läßt sich bei der derzeitigen Bevölkerungszahl die kollektive Selbstbehauptung – auch wenn die durchschnittlichen Pro-Kopf-Ansprüche deutlich sinken sollten – auf vorwissenschaftlichem Niveau nicht garantieren. Schließlich: Vorausgesetzt, es bildet sich der politische Wille, die Bevölkerungszahl weltweit zu reduzieren, dann bedarf es, damit beim entsprechenden »Schrumpfungsprozeß« nicht die Nachteile überwiegen, erneut wissenschaftlich-technischer Hilfe. Mindestens vier Argumente sprechen also gegen den Topos, Wissenschaft sei am Ende immer nur destruktiv.

Ausgeschritten ist mit den ersten drei Indifferenzformen die strukturelle Amoral noch nicht. Die Technik enthält, viertens, ein Überschußpotential. Was in der Geschichte der Menschheit zunächst der Selbstbehauptung dient, geht bald in Lebenserleichterung und irgendwann, ohne die genaue Grenze markieren zu müssen, in Luxus über. Die Überwindung der Knappheit schlägt in Überfluß, sogar Verschwendung um, die Verringerung der Mühsal in bloßen Komfort. Dafür mitverantwortlich ist übrigens der Erfolg. Weil die Technik die Selbstbehauptung so vorteilhaft zustande bringt, setzt sie Energien, die vorher dem »Kampf ums Überleben« dienten, für das angenehme Leben frei. Mit entsprechender Notwendigkeit wird aus dem Zweck Selbstbehauptung zunächst der Zweck Lebenserleichterung und am Ende Luxus. Damit ist aber ein neues Thema angesprochen, das der Antriebskräfte, mit denen wir uns später befassen (Kap. 10-11).

Ob eine Technik sinnvoll ist, entscheidet sich an ihrem Beitrag zum Leitziel Oikopoiese bzw. zur Selbstbehauptung und Lebenserleichterung; eine Technik kann man aber nur in bezug auf ein konkretes Ziel, auf ein bestimmtes Problem hin entwickeln. Aus dieser Differenz von innertechnischem Begriff und anthropologischem Zweck bzw. von konkreten Zielen und Leitzielen resultiert nun eine weitere, fünfte Form von Indifferenz. Während für rein technische Probleme Carl Schmitts (1932/1963, 90) Wort zutrifft – »sie haben etwas erquickend Sachliches; sie kennen einleuchtende Lösungen« –, sieht es in bezug aufs Leitziel anders aus: ob die konkreten Lösungen als einzelne und zusammengenommen tatsächlich dem menschlichen Wohl dienen, ist eine offene Frage.

Die Gesamtheit dieser Indifferenzformen, die strukturelle Amoral, hat für die moderne Technik zur Folge, was wir schon von der schlichten Technik her kennen. Das Merkmal, das den Menschen generell von anderen Naturwesen unterscheidet, zeichnet innerhalb der Menschheitsgeschichte die Neuzeit vor früheren Epochen aus. Was man der wissenschaftsgeprägten Technik nicht bloß unterstellen oder aber von ihr hoffen kann, was sie wirklich leistet, bleibt eine Zunahme des Könnens, eine – sicherlich gewaltige – Steigerung der Macht. Gewiß ist es nicht ein pures Machtstreben, das Wissenschaft und Technik auf den Weg der Naturbeherrschung bringen. Was sollten sie auch damit wollen? Es ist paradoxerweise die für die Neuzeit eigentümliche, nicht mehr kontemplative, sondern humanitäre Intention, die die Forschung zur Dechiffrierung der Naturkräfte motiviert; denn andernfalls läßt sich die Intention gar nicht erreichen. Das für die humanitäre Intention notwendige Mittel dient aber nicht notwendigerweise der humanitären Intention, sondern unmittelbar nur der Machtsteigerung.

Nimmt man den Teil fürs Ganze, so ist die Technik ein Können, das an keinen Leitzweck gebunden werden kann; sie ist ein »marteau sans maître« (René Char). Den Hammer dagegen, der sich von niemandem denn von einem Meister bewegen läßt, gibt es nicht. Dasselbe gilt in der anderen Richtung, der der Befürchtung. Die Technik selbst bringt nicht zustande, wovor man Angst hat; Machtsteigerung als solche resultiert nicht in einer Überbeanspruchung der Ressourcen; eine der Technik externe Tendenz findet in dieser jedoch eine hochgesteigerte Kraft. Die Machtsteigerung wiederum eröffnet neue Optionen, nicht weniger, aber auch nicht mehr; Technik erhöht die Freiheit, allerdings nicht die moralische Freiheit, sondern das Spektrum der Handlungsmöglichkeiten, die Grade der Wahlfreiheit.

Allerdings darf man – wieder aus nicht nur kontingenten Gründen – keinen linearen Fortschritt erwarten. Weil die größere Macht in der Regel Folgelasten hat, teils lange Ketten von Nebenwirkungen, teils größere Gefahren, wird nötig, was die Freiheit wieder einschränkt: erhöhte Vorsorge. Die pathetischen Diagnosen sind also zu verabschieden. Zuständig ist die Technik weder für das große Heil noch für das große Unheil, wohl aber für ein Leben, das sowohl optionenreicher als auch riskanter ist. Wie also sieht die Bilanz aus? Für den Gewinn an Freiheit zahlt die technische Zivilisation mit einem Verlust an Sorglosigkeit und Unbekümmertheit.

Sieht es in der allerneuesten Technik grundsätzlich anders aus; geht ihr, wie gern behauptet wird, die strukturelle Amoral verloren? Ich schlage vor, in der Wissenschafts- und Technikentwicklung der Neuzeit drei Phasen zu unterscheiden, denen ebenso viele Phasen der Machtsteigerung entsprechen. In der klassischen Physik – der Mechanik, Wärmelehre und Optik, selbst der Elektrizitätslehre – werden Kräfte, die im Prinzip schon bekannt waren, systematisch erforscht. Die synthetische Chemie, eine zweite Phase, erschließt neue Stoffe. Und in Wissenschaften vom Muster der Atomphysik und der Genbiologie werden, recht besehen, ganz neuartige Kräfte entdeckt. Mit diesem dritten Schritt nähern wir uns einer grundsätzlichen Vollendung an; im Prinzip läßt sich nicht mehr erreichen als hinsichtlich der anorganischen und der organischen Materie eine Verfügung über die letzten Bausteine und Kräfte. Ein Verlust der Zweckneutralität verbindet sich damit aber nicht.

Als Ausdruck eines vagen Unbehagens ist die Gegenthese verständlich, als mehr aber nicht. Berechtigt ist das Unbehagen, weil die neuerdings erschlossenen Kräfte das vorher schon bekannte Machtpotential um einige Zehnerpotenzen steigern dürften. Aus diesem Grund und nicht erst wegen der volkswirtschaftlichen Bedeutung gehören Fragen der Technik heute in den Kernbereich der Politik, denn mit der immens gewachsenen Macht steigt ebenso immens die Gefahr selbst einer friedlichen Nutzung. Bloß in sich betrachtet bleibt die Technik aber gegen die Ziele und Zwecke, für die sie eingesetzt wird, indifferent; gentechnische Entdeckungen können durchaus, aber eben nicht nur therapeutischen Zwecken dienen.

Gegen eine (gewaltig gestiegene) Macht gibt es grundsätzlich nur zwei Mittel; man kann die Macht brechen oder aber eine Gegenmacht schaffen. Da selbst in der neuesten Gestalt die Technik sich nicht als solche disqualifiziert, ist die erste Option unangemessen. Die zweite Option ist nun im Prinzip längst bekannt. Seit Aristoteles wissen wir, daß die Techne eines Korrektivs bedarf, einer Gegenmacht, die mehr als bloß der Machtbalance dient; sie beansprucht die Hegemonie; es bedarf einer *pouvoir directeur.* Über deren nähere Bestimmungen wird noch zu reden sein. Festhalten läßt sich aber schon, daß die strukturelle Amoral weder durch eine neue Technik aufgehoben wird noch durch eine neue Moral, sondern durch die Einbindung der Technik in eine moralische Praxis.

Wie jemand seine außergewöhnliche Fachkompetenz ohne die nötige Gegenmacht einsetzt, beschreibt meisterhaft Yasar Kemal in seinem Roman *Memet der Falke* (Kap. 9). Ali der Hinkende ist ein Fährtensucher, der seinen Beruf mit der Kompetenz und Leidenschaft eines begnadeten Künstlers ausübt. Man kennt ihn überdies als einen liebenswürdigen Menschen und weiß in der Regel sein Können zu schätzen, freilich nicht dann, wenn er es einem tyrannischen Großgrundbesitzer zur Verfügung stellt, um einen »widerborstigen« jungen Mann und seine Geliebte einzufangen. Erzählen könnte man die Geschichte derart, daß Ali um sein Leben fürchtet und deshalb den Drohungen des Großgrundbesitzers erliegt. Kemal erzählt mit gutem Grund, wie der Fährtensucher mit sich selbst ringt, wie das Mitleid mit dem Verfolgten gegen den Stolz auf die eigene Fachkompetenz kämpft und sich schließlich als zu schwach erweist. Daß Ali dem Großgrundbesitzer hilft, ist die Folge eines Selbstbewußtseins, das sich primär von einem überlegenen Können her definiert: »Das einzige, woran ihm lag, war, als unvergleichlicher Fährtensucher anerkannt zu werden.«

Kemals Geschichte zeigt zusätzlich, daß, lebensweltlich gesehen, die Technik nicht als solche vorkommt, sondern als ein Können, das von gewissen Personen oder auch Gruppen in bestimmten Situationen oder Situationstypen eingesetzt wird. Insofern existiert sie immer schon als in eine Praxis eingebunden, und die Praxis pflegt gegen die angebliche Eigenmacht der Technik gewisse Gegenkräfte zu enthalten; bei Kemal ist es das Mitleid. Die Gegenkräfte erweisen sich allerdings oft genug als zu schwach. Jedenfalls liegt hier die Aufgabe: Der Kompetenz, die der Eigenmacht entgegentreten kann, ist eine Macht zu verleihen, die der Macht der Technik Paroli bietet.

Beliebt ist heute eine Forderung, der man den Vorwurf der Naivität nicht ersparen kann. Wer, von der unübersehbaren Fülle an Wissen »erschlagen«, eine ganzheitliche Weltsicht verlangt, übersieht, daß die vielfache Zersplitterung, die der Fragen, Methoden und Erkenntnisinteressen, zu einer hochentwickelten Wissenschaftskultur unvermeidlich hinzugehört. Angesichts der ökologischen Krise ist eine andere Art von Ganzheit gesucht. Statt der ohnehin verlorenen Einheit der Wissenschaft nachzutrauern, ist einer Wissenschaft-Technik zuzuarbeiten, die von vornherein in den Zusammenhang einer moralischen Praxis eingebunden ist.

8.4 Auflehnung gegen Gott?

Die fundamentalistische Technikkritik sieht es anders. Aus der populären Debatte kennen wir die nur rhetorische Frage, ob der Mensch Gott spielen darf. Da im Versuch, sich mit Gott zu messen, Blasphemie liegt, läuft die pathetische Frage auf eine pathetische Antwort zu, auf ein striktes Verbot.

Von der hier einschlägigen Leistung Gottes, der »creatio ex nihilo«, ist der Mensch aber selbst bei einem Höchstmaß an Kreativität durch einen Abgrund getrennt. Stets auf Vorgaben angewiesen, auf ein Material samt den vielfältigen »Materialeigenschaften«, gelingt ihm angesichts der Natur nie mehr als ein sekundäres Schöpfertum. Dieses wiederum verdankt er nach theologischer Auskunft Gott, ist er doch als dessen Ebenbild geschaffen. Im Verlauf der Geschichte entwickelt das Schöpfertum zwar neue Formen; auch diese Entwicklung gehört aber als Möglichkeit zum Schöpfertum hinzu, kann daher nicht grundsätzlich illegitim sein. Gegen neue Formen menschlicher Kreativität ein grundsätzliches Veto einzulegen, erlaubt der Gedanke des sekundären Schöpfertums nicht. Wenn es die entsprechende Dynamik nicht hätte geben sollen, dann hätte man ihr Subjekt, den Menschen, nicht erschaffen dürfen.

Das theologische Problem, das sich vom jüdisch-christlichen Denken her stellt, liegt andernorts, in der Geschichte vom Sündenfall. Die darauf erfolgende Strafe, die Vertreibung aus dem Paradies, könnte man glauben, werde durch die Technik zurückgenommen, so daß eine Auflehnung gegen Gott denn doch stattfinde. Die Anstrengung der Arbeit, die Beschwerlichkeit der Geburt, der Zwist unter den Menschen – gegen all diese von Gott auferlegte Mühsal richtet sich das Unternehmen Technik in der Tat. Trotzdem ist es abwegig, von der Erbstrafe her ein generelles Verbot zu konstruieren. Die in der *Genesis* genannte Strafe hat nämlich den Charakter eines noch offenen Prinzips. Da weder die genaue Art der Strafe noch das Maß ausbuchstabiert sind und da die Art, wie man auf die Strafe reagiert, ohnehin unbestimmt ist, bleibt nach dem Grundsatz »Was nicht verboten ist, ist erlaubt« der Versuch, sich das Leben zu erleichtern, zulässig.

Außerdem nimmt der Sündenfall die Berufung zum sekundären Schöpfertum nicht zurück, taucht sie jedoch in ein neues Licht; der Mensch führt seitdem eine gebrochene Existenz. Einerseits wird die Aufgabe der Oikopoiese, die vorher vielleicht eine bloße Lust war, jetzt zu einer Notwendigkeit und Last. Andererseits wird eine vorher bloß positive Kraft zu einer ambivalenten Macht; das sekundäre Schöpfertum ist nicht länger nur eine Quelle des Guten, sondern zusätzlich eine des Bösen. Ein drittes Argument gegen die fundamentalistische Kritik nimmt den Umstand ernst, daß die Strafe, weil eine »Erbstrafe«, zur *conditio humana* gehört, also gar nicht aufgehoben werden kann; ins Paradies zurückzukehren vermag der Mensch in keinem Fall. Wer es trotzdem versucht, lehnt sich nicht eigentlich gegen Gott auf, sondern begibt sich in den Kreis derer, die in der Religionsgeschichte »Schwärmer« heißen. Psychoanalytisch gesprochen, versperrt er sich dem Realitätsprinzip, um an der Realität, notgedrungen, wieder und wieder zu scheitern.

Als Auflehnung läßt sich das Unternehmen Technik durchaus interpretieren; das Vorbild liefert aber nicht die *Genesis*, sondern die griechische Mythologie. Dank der Intelligenz kann man die Mühsal zu überwinden versuchen – und erlebt nach jedem Versuch: die Mühsal, also Strafe, bleibt erhalten. Die Technik ist Arbeit nach dem Muster Sisyphus', der Versuch einer großen Auflehnung, der jedesmal neu mißlingt. (Natürlich gibt es auch einen Unterschied; während Sisyphus um die Vergeblichkeit weiß, hofft der Mensch auf den Erfolg.) Gelingen kann nur die kleine Auflehnung: daß man die Strafe zwar grundsätzlich hinnimmt, sich aber für den Strafvollzug Erleichterungen verschafft.

Die Erfahrung, die tatsächliche Geschichte, bestätigt den Sisyphuscharakter und bietet zugleich ein viertes Gegenargument. Im Versuch, die Mühsal zu reduzieren, liegt in anderer Form selbst eine Mühsal; und die Frage, ob die Bilanz, das Gesamtmaß der Beschwerlichkeit, kleiner und kleiner wird, kann man beiseite lassen. Wer kennt schon die für eine Antwort erforderlichen Maßeinheiten? Und: Wer könnte mit allfälligen Kriterien objektive Messungen durchführen? Vor allem: eine Entwicklung gegen Null, die asymptotische Annäherung an eine mühsalfreie Existenz, zeichnet sich ersichtlich nicht ab. Zweifelsohne bleibt die »existentielle Mühsal«: die Angst vor Enttäuschungen, die vor Rückschlägen, die vor Krankheit, vor dem Alter, vor dem Tod. Und wer an die intellektuellen Anstrengungen der Forscher denkt, an ihren Verzicht auf Ablenkungen und Annehmlichkeiten, ferner an den Konkurrenzdruck, sieht außerdem, daß neue Beschwerlichkeiten entstehen: statt »im Schweiße unseres Angesichtes« arbeiten wir unter Streß.

Daß es auf Erden paradiesisch nie wird, besorgen genügend Faktoren, die nicht in der Verfügung des Menschen liegen. Warum sollte er dann seine Hand dazu reichen, daß er durch Unterlassen, durch die Nichtentwicklung von Lebenserleichterungen, sein Leben suboptimal führt? Dafür spricht allenfalls, was die *Genesis* nicht fordert: mit pietistischer Einfärbung, zudem auf kollektivem Niveau, ein Masochismus.

Gegen ihn wendet sich das Neue Testament ausdrücklich. Während der Gedanke des Schöpfergottes in den Hintergrund tritt, spielt eine Hilfe nicht nur spiritueller Art eine große Rolle. Der Gesandte Gottes richtet sich gegen die destruktive Natur, indem er den Sturm beruhigt, und indem er den Blindgeborenen heilt, gegen die defizitäre Natur; er heilt von Aussatz, von Wassersucht und befreit von den Dämonen; selbst Tote weckt er auf. Nun könnte Jesus seine charismatische Kraft für sich behalten wollen, womit er sagen würde, der Mensch habe die Erbstrafe »tel quel« zu ertragen; Erleichterungen gebe es allein aus göttlicher Gnade. Er schickt jedoch seine Jünger aus und verleiht ihnen, bei entsprechendem Auftrag, eine ähnliche Macht (*Mt* 10,5-8). Obwohl das Hauptmotiv des Neuen Testamentes woanders liegt, zeigen die Wunderheilungen deutlich genug, daß man sich mit der Hilfe gegen Krankheit, Not und Gefahr nicht etwa gegen die Erbstrafe auflehnt.

Eine fundamentalistische Kritik an der modernsten Technik erlaubt die jüdisch-christliche Offenbarung nicht, eine Blankovollmacht stellt sie aber ebensowenig aus. Wer sich als Ebenbild Gottes versteht, darf sich nämlich nicht mit einer selektiven Ebenbildlichkeit begnügen. Anzuerkennen sind beide Seiten, außer einer Kreativität, die wissenschaftlich-technisch gestaltet sein darf, auch eine moralische Ordnung der Ziele und Zwecke.

Mithin führen die theologischen Überlegungen zum selben Resultat wie die philosophischen, zu einer Revision der wissenschaftsethischen Revisionserwartung, zur Aufhebung der verbreiteten Alternative »Affirmation oder Negation«. Für die Alternative gilt eine Abwandlung des Wortes von Paul Valéry: Auf die Vergötzung der Technik antwortete man mit der Vergötzung der Verdammung der Technik, und das ergab zwei Gemeinplätze.

9. Zur Rehabilitierung einer eudämonistischen Ethik

Wer Antibiotika verschreibt, wo Aspirin ausreicht, ist nicht der bessere Arzt. Ergäbe sich die Umweltkrise aus einem übersteigerten Selbstbezug, dann wäre die Forderung »Abschied vom anthropozentrischen Denken« berechtigt. Tatsächlich setzt der Mensch seine Lebensgrundlage aufs Spiel; er tut nicht, wie man sagt, zuviel des Guten, auch nicht zu wenig, er verliert vielmehr das leitende Gute aus dem Auge. Statt auf übersteigerte Selbstorientierung lautet die Diagnose auf Selbstgefährdung.

Weil schon frühere Philosophen, namentlich Platon und Aristoteles, Hobbes und Nietzsche, die Selbstgefährdung erörtern, täuscht sich eine ökologische Ethik, die ein grundlegend neues Denken sucht. In Wahrheit braucht sie – wir schränken ein: zunächst einmal – die Fähigkeit, einer traditionellen Einsicht eine grundlegend neue Dimension zu erschließen; zu den schon bekannten Formen, der psychologischen und der sozialen Selbstgefährdung, tritt die ökologische neu hinzu.

Die Neuartigkeit sachgerecht zu begreifen, fällt anscheinend schwer. Der eigenartige Ehrgeiz, immer gravierendere Verbrechen zu entdecken, führt, da von Genozid schon andernorts die Rede ist, zum Ausdruck »Deizid« (Hösle 1991, 258). Aber Gott, wenn es ihn gibt, läßt sich so prinzipiell nicht töten, daß auch von einem Versuch keine Rede sein kann. Frevelhaft genug ist, daß der Mensch die Qualität der Schöpfung verschlechtert. Daß er zugleich seine bislang so eindrucksvolle Oikopoiese gefährdet, ist durchaus unmoralisch, unmoralisch freilich in einem der Neuzeit fremd gewordenen, dem antiken Verständnis. Für die heute fällige Transformation der Moral drängt sich also eine für den Moralisten schon provokative Bescheidenheit auf, eine Umkehr der üblichen Forderung, die neuzeitliche Moral noch einmal zu überbieten. Gefragt ist eher ein Weniger, statt einer nachneuzeitlichen Moral ein vorneuzeitlicher Ansatz, eine Moral des guten Lebens, die eudämonistische Ethik.

Deren Rehabilitierung erfolgt aber nicht auf die zwar dramatische, aber undialektische Weise eines Stattdessen. Weil die einschlägige Kritik von seiten Kants zu einem wesentlichen Teil gültig bleibt, suchen wir keine Alternative, sondern lediglich eine Ergänzung. Im Unterschied zum neueren Neoaristotelismus ist Aristoteles nicht gegen Kant auszuspielen, das Prinzip Glück nicht gegen das der Autonomie; ohnehin ist Aristoteles und überhaupt der Antike eine ökologische Sensibilität fremd; was benötigt wird, ist ein qualifiziertes Sowohl-als-auch. Und im Vorbeigehen erinnern wir daran, daß ein gut Teil der wenn nicht moralischen, so doch praktischen Verbindlichkeiten schon vom Standpunkt des aufgeklärten Selbstinteresses her sich rechtfertigt. Bekannt ist der Standpunkt vor allem aus der Ökonomie; nach den folgenden Überlegungen hat er eine entschieden größere Reichweite.

9.1 Schwierigkeiten

Was heute »sinnerfülltes Leben« heißt, gelegentlich auch »Selbstverwirklichung« oder »humane Existenz« und was in Ausdrücken wie »Lebensqualität« und »unbeschädigtes« bzw. »authentisches Leben« mitschwingt, nennen die Griechen *eu zen*, das gute und gelungene, das geglückte Leben.

Die Schwierigkeiten jeder eudämonistischen Ethik beginnen mit einer Sprachlosigkeit. Sie klingt bei Wittgenstein an, wenn er von »Menschen, denen der Sinn des Lebens nach langen Zweifeln klar wurde«, behauptet, daß sie »dann nicht sagen konnten, worin dieser Sinn bestand« (*Tractatus* 6.521). Die Aufgabe der Philosophie, die schrittweise Überwindung dieser Sprachlosigkeit, setzt bei der Begriffsbestimmung an. »Sinn« oder wie die Griechen sagen: Eudaimonia, Glück, bedeutet etwas, das sich nicht relativ, sondern absolut lohnt. Der Ausdruck steht für einen Superlativ, für das äußerste und letzte Umwillen, für jenes schlechthin höchste Ziel, das sich analog zum ontologischen Gottesbegriff definieren läßt als das Ziel, über das hinaus kein anderes Ziel gedacht und erstrebt werden kann. Gemeint ist das, worauf es im Leben letztlich ankommt: kein Mittel, sondern ein Ziel, und unter den Zielen kein Zwischenziel, sondern ein Endziel, ein Selbstzweck.

Ein Endziel denkt man sich üblicherweise nach dem Muster einer Bergbesteigung als den eigentlichen Gipfel, der sich hinter den Vor- und Zwischengipfeln auftut, als ein Ziel mithin, das alle anderen Ziele überragt. Bei einem derartigen dominanten Ziel fehlt aber etwas, das zum »Glück« nicht fehlen darf, jenes Ziel, das verfolgt, wer das dominante Ziel schon erreicht hat und trotzdem noch glücklich leben will. Das Glück findet, wer tun darf, was er gern und gut tut, und dabei Erfolg hat. Gesucht ist nicht ein Ziel, das die gewöhnlichen Ziele notwendigerweise überbietet, vielmehr eines, bei dem man die »gewöhnlichen« Ziele miterreicht, ein inklusives Ziel also. Das Leben rundet sich zu einem Ganzen, das den Rang der Autarkie verdient: es ist sich allein genug.

Während es sich für die Griechen so gut wie von selbst versteht, daß das Prinzip der Moral »Eudaimonia«, Glück oder Glückseligkeit, heißt, stößt eine radikale Grundlagenreflexion – das übersehen Neoaristoteliker – auf die Grenzen der Eudämonie und entdeckt als wahren Ursprung der Moral die Autonomie. Obwohl die Entdeckung das Gewicht einer moralphilosophischen Revolution hat, werden aber die Fragen nach dem gelungenen Leben noch nicht wertlos, sondern nur entwertet. Im Mittelpunkt der Ethik stehen nicht länger die Fragen nach dem Menschsein-Können, sondern die nach dem Menschsein-Sollen. Die Theorie der Lebenskunst wird durch die der Lebenspflicht an den Rand gedrängt, durch eine Deontologie in dem weiten, auch den Utilitarismus umfassenden Sinn; denn unbeschadet aller Differenz zu Kant teilt er mit ihm das Interesse an einer Theorie von Geboten und Verboten.

Daß der Mensch ›mit Notwendigkeit die Absicht auf Glückseligkeit‹ habe, weiß Kant (*Grundlegung*, 2. Abschnitt; IV, 415) und befaßt sich trotzdem kaum damit. Der Grund liegt in einer weiteren, von der ersten unabhängigen, jetzt »wissenstheoretischen« These, der zufolge das menschliche Glück nur subjektive Ratschläge und keine objektiv gültigen Aussagen erlaube. Erst dieses Zusatzargument verdrängt die entsprechenden Aussagen, die pragmatischen Imperative, aus dem Aufgabenbereich einer philosophischen Ethik und beläßt ihr nur noch die kategorischen Imperative. Nach Kants erstem Kritikpunkt wird die Eudaimonie nicht dem normativen Anspruch der Moral gerecht, nach dem zweiten Kritikpunkt nicht dem Objektivitätsanspruch philosophischer Aussagen.

Eine dritte Schwierigkeit erwächst aus einer Erfahrung, die seit dem 19. Jahrhundert, von Europa ausgehend, nach und nach alle Gesellschaften erfaßt, die einer Entwertung der obersten, dem Leben und Sterben bislang Sinn gebenden Grundsätze; es ist der

Nihilismus. Weil die traditionellen Werte ihre Geltung verlieren, breitet sich ein Gefühl der Leere und Sinnlosigkeit aus, das große Taedium: der Ekel und Überdruß.

Zu Beginn dieser Erfahrung des europäischen Nihilismus steht die Schopenhauersche Frage, die von Nietzsche aufgenommen wird: »*Hat* denn das Dasein überhaupt einen Sinn?« (*Die fröhliche Wissenschaft*, 5. Buch, Nr. 357). Der Skeptiker zweifelt, daß es überhaupt etwas gebe, von dem man sagen könne, das Leben lohne, und es lohne absolut. In dieser Situation helfen zwei Gegenreaktionen wenig. Weder die Sinnklage, die den Sinnverlust betrauert, noch die Sinnostalgie, die sich nach den besseren, weil vom Sinn noch erfüllten Zeiten zurücksehnt, tragen zur Überwindung der Skepsis bei. Erfolg verspricht eher, nach dem Vorbild von Camus' Sisyphus, die Sinngebung des Sinnlosen. Eine andere Frage ist allerdings, ob der Erfolg lange währt.

Die Schwierigkeiten mit dem Glück sind wie die Köpfe der Hydra: sie wachsen immer wieder nach. Eine der neueren Schwierigkeiten ergibt sich aus der Fortbildung des Rechtsstaates zum Sozialstaat, hat er doch, wie fast jede positive Innovation, auch negative Folgelasten. Zum Beispiel droht jene Externalisierung der Verantwortung, die die Zuständigkeit für das eigene Glück fast nur noch außerhalb, bei wirtschaftlichen und sozialen Randbedingungen, ansiedelt und nicht auch bei sich selbst. Ferner gibt es Gefühle der Ohnmacht gegen die Institutionen, außerdem Ermüdungserscheinungen, nicht zuletzt die schon erwähnte Hintergrunderfüllung: mit wachsendem Erfolg steigt das Anspruchsniveau.

Eine ökologische Ethik erörtert nicht jede der Schwierigkeiten; für sie vordringlich ist die Auseinandersetzung mit der wissenstheoretischen Skepsis: Kann man über die Moral als Lebenskunst mehr als nur semantische, kann man substantielle Aussagen machen und dabei über den Status moralisierender Ratschläge hinauskommen? Dabei grenzen wir das Thema ein. Ohne die Bedeutung äußerer Faktoren zu schmälern, ohne »den sicheren Weg des Glücks«, wie der bekannte Titel Kleists sagt, in einem Rückzug des Menschen auf sich selbst zu suchen, konzentrieren wir uns auf Bedingungen, für die der einzelne verantwortlich ist, also auf die personale Sinnfähigkeit.

9.2 Illusionen

Dem, der nach einem sinnerfüllten Leben sucht, hilft die semantische Auskunft – »Sinn hat, was sich absolut lohnt« – wenig; er erfährt nicht, wo er oder wie er suchen soll, sondern lediglich, daß sich eine gründliche Suche lohnt. Eher zufrieden ist, wer Platons Beschreibung der »gesunden Polis« nachliest. Von deren Bürgern heißt es im *Staat* (II, 372 a–c), daß sie, frei von Neid und Eifersucht, in Eintracht miteinander leben, ihr Dasein bei voller Gesundheit führen und erst in hohem Alter sterben. Sie genießen die Freuden der Liebe, ernähren sich, dank hinreichender Arbeitsproduktivität, vergnüglich von Wein und Brot, bekränzen sich und lobsingen den Göttern.

Hinter der so einfachen Beschreibung versteckt sich aber ein anspruchsvoller Gehalt, ein Leben der endgültigen Versöhnung und des ewigen Friedens. In Frieden lebt der Mensch mit sich selbst, mit den Mitmenschen und mit den Göttern, vielleicht auch mit der Natur. In einem derartigen Glück, das an Erzählungen vom goldenen Zeitalter und vom Schlaraffenland gemahnt, im *Sehnsuchtsglück*, werden die Bedürfnisse und Interessen in einer nicht mehr steigerungsfähigen Weise erfüllt: ohne Entfremdungen, außerdem vollständig, in voller Intensität und in einer so gut wie nicht endenden Dauer. Sosehr wir dieses Glück wünschen – mit der Leichtigkeit eines Träumers überspringt es alle inneren und äußeren Widerstände und erinnert damit an die ursprüngliche Bedeutung von »Paradies«; im Awestischen heißt *pairi-daeza*: Einzäunung oder Wall. Wer sich im Paradies befindet, lebt von der Wirklichkeit abgeschirmt, geschützt sowohl vor persönlichen wie sozialen und von der Natur bedingten Konflikten.

Dagegen meldet sich die Conditio humana zu Wort, mithin Bedingungen, die man nicht wie die Gesellschaftsverhältnisse gegebenenfalls ändern könnte; und diese Bedingungen erweisen das reine Sehnsuchtsglück als eine Illusion. Indem die eudämonistische Ethik darauf aufmerksam macht und zusätzlich auf »Auswege« aus der Illusion, erschließt sie sich einen weiteren Bereich nicht nur subjektiv gültiger Aussagen. Die Möglichkeit eines so grundsätzlich friedvollen Lebens ist dem Menschen schon deshalb versperrt, weil er selbst in bezug auf elementare Bedürfnisse über keine artspezifisch geprägten Grenzen der Befriedigung verfügt. Ihn zeichnet aus, was die Griechen Pleonexia nennen: ein Hang zur Übersättigung, ferner eine Tendenz zur Verfeinerung und zum Luxus. »Von Natur aus« niemals endgültig saturiert, ist der Mensch weder vor Konflikten mit sich selbst noch mit seinesgleichen gefeit.

Gäbe es nur den Sehnsuchtsbegriff des Glücks, so hätte Freud mit dem resignativen Wort recht: »Die Absicht, daß der Mensch glücklich sei, ist im Plan der Schöpfung nicht enthalten« (*Das Unbehagen in der Kultur*, 1953, 75), Seit Aristoteles kennen wir aber einen zweiten, »realistischeren« und zugleich humaneren Begriff, den eines Glücks, das man nicht bloß wünschen, sondern auf das man auch hinarbeiten kann, es ist, worauf das Sprichwort »Jeder ist seines Glückes Schmied« anspielt, das Glück als Ziel und Aufgabe menschlichen Strebens, kurz: das *Strebensglück*.

Gegen ein Defizit an Glück bzw. Sinn verlangt die übliche Therapie, das Angebot an Glück bzw. Sinn zu erhöhen. Angesichts der Differenz von Erwartung und Erfüllung kann man aber auch die Nachfrage vermindern. Gegen ein Übermaß an Erwartung, das notwendigerweise in Enttäuschung umschlägt, gegen eine Hybris der Glücks- und Sinnsuche, die sich am Ende doch nur selbst »bestraft«, richtet sich eine durchaus philosophische Aussage. Unter der semantischen Voraussetzung, daß das erste Moment im Sinnbegriff, das »Äußerste und Letzte«, sowohl anspruchsvoll wie bescheidener definiert werden kann, und der empirischen Bedingung, daß der Realisierbarkeit eines zu anspruchsvollen Begriffs die Conditio humana entgegensteht, aus der Konfrontation semantischer Optionen mit anthropologischen Gegebenheiten also, ergibt sich eine erste eudämonistische Maxime, die mehr ist als ein moralisierender Ratschlag. Sie lautet, durchaus traditionell: »medan agan«. Man erwerbe die Fähigkeit, mit Sinndefiziten zu leben; man übe sich in Sinnfrustrationstoleranz ein. Auch dort, wo man den Rang des unüberbietbar Lohnenswerten noch nicht erreicht, kann nämlich eine wichtige Eigenschaft des Sinnbegriffs erfüllt sein: die realisierten Ziele und Zwecke finden sich zu einem Ganzen zusammen, das sich rundet.

Andererseits gibt es auch die Erfahrung des großen Glücks. Was Aristoteles von der Theoria sagt, daß das Göttliche in gewisser Weise schon in uns ist, gibt es sinngemäß auch andernorts, in der Beziehung zu Mitmenschen, zur Natur, nach Auskunft einiger Mystiker sogar im Verhältnis zum Göttlichen: eine Steigerung des Lebens, die bis an den Rand des Sehnsuchtsglücks reicht.

Obwohl die Steigerung, wie Aristoteles einschränkt, nur »eine kurze Spanne des Lebens« dauert (*Metaphysik* XII 7, 1072b 24f., vgl. *Nikomachische Ethik* x, 7–8) und selbst dann nicht für jeden Menschen erreichbar ist, gebietet die Maxime »medan agan« keine vorschnelle Zufriedenheit mit dem Zweitbesten. Im Gegensatz zu Marquards (1986, 33ff.) Strategie der Mäßigung eines unmäßig gewordenen Sinnanspruchs, statt einer Sinndiät durch »Diätetik der Sinnerwartung«, statt einer bloßen Erwartungsreduktion empfiehlt sich – als zweite eudämonistische Maxime – eine Doppelstrategie: Man hoffe auf die große Versöhnung und verstehe trotzdem, mit Entfremdungen zu leben; die Zufriedenheit mit dem kleineren Glück hält sich für das größere Glück eine Erwartungsreserve zurück. Die Doppelstrategie hat freilich eine Folgelast; sie besteht in einem größeren Enttäuschungspotential. Denn derjenige, der sich mit dem »kleinen Glück« der Üblichkeiten und der Routine zufriedengibt (Marquard 1986, 122ff.), entgeht der Gefahr, das, worauf es ihm eigentlich ankommt, vielleicht nie zu erreichen. Der Preis für eine derartige »Versicherungsmentalität in der Lebensführung«, der rigorose Verzicht auf eine Steigerung des Lebens, ist aber ersichtlich hoch; auch die Alternative kann einer Folgelast nicht entraten.

Der Ratschlag »Doppelstrategie« bleibt formal. Für die immer noch fehlende inhaltliche Antwort gibt das zweite Element im Sinnbegriff die Richtung vor. Der Zweck, der nicht ein Endzweck im dominierenden, sondern inklusiven Verständnis ist, erlaubt den verschiedenen Fähigkeiten und Interessen eine (relativ) harmonische Erfüllung. Sollen auch dazu objektive Aussagen möglich sein, dann muß es geben, was Aristoteles das Ergon tou anthropou nennt (*Nikomachische Ethik* I 6, 1097b 24f.), eine für den Menschen charakteristische Begabung und Leistung. Zur Natur des Menschen gehört aber eine Multikompetenz, das heißt die Fähigkeit zu und das Interesse an Vielem und Verschiedenartigem: sowohl an sinnlichem Genuß wie an Reichtum und an Macht, sowohl an Freundschaft und Liebe wie an Wissenschaft und Philosophie, nicht zuletzt an Musik, Kunst und Meditation. Die Konsequenz – wieder aus der Verbindung einer semantischen mit einer anthropologischen Einsicht gewonnen – heißt Sinnpluralismus; es gibt eine Vielfalt von Lebensformen, die Sinn versprechen.

Trotzdem wird immer wieder eine Form als Lebensideal vorgeschlagen, vom Philosophen die theoretische Existenz, vom Künstler die Lebensform des Genies, von anderen die des Heiligen, die des Kriegers, des Staatslenkers, neuerdings auch die des Topmanagers. Als ein freies Angebot sind diese Vorschläge durchaus erwägenswert, nicht aber als ein exklusives Ideal, da der Exklusivitätsgedanke dem Sinnpluralismus widerspricht. Außerdem bedarf es für die genannten Ideale einer Hochleistung, die, wollte man sie von jedermann fordern, einem demokratischen Verständnis der Sinnsuche widerspricht; auch unterhalb des Niveaus einer elitären Hochleistung muß ein sinnerfülltes Leben möglich sein.

Eine eudämonistische Ethik fällt wegen der Gesichtspunkte Sinnpluralismus und Demokratisierung nicht bloß weit bescheidener aus als in den großen Entwürfen seit Platon und Aristoteles. Die Gefahr droht auch, daß sich der Sinnpluralismus zu einem Sinnrelativismus verschärft und daß im Reichtum der Sinnmöglichkeiten die Möglichkeit einer objektiven Aussage zerrinnt. Die politische Philosophie des Liberalismus zieht genau diese Konsequenz; sie enthält sich der einschlägigen Stellungnahmen und erklärt, jeder dürfe auf seine Weise glücklich werden. Eine eudämonistische Ethik stellt das Dürfen nicht in Frage, lediglich das Können, und wächst auf diese Weise über einen bloßen Liberalismus hinaus.

Beim (liberalistischen) Dürfen geht es um soziale und politische Rahmenbedingungen, insbesondere um Freiheitsrechte, beim (eudämonistischen) Können um die Frage, ob man innerhalb des Freiheitsraumes mit jederart Lebensstrategie tatsächlich glücklich werden kann; vermutet wird, daß gewisse Strategien das Sinnversprechen, das sie abgeben, nicht einhalten können. Ohne nach der »wahren« oder »eigentlichen« Fähigkeit des Menschen zu fragen, gibt sich die eudämonistische Ethik mit der bescheideneren Aufgabe zufrieden, mit einer Kritik von grundsätzlich illusionären Erwartungen. Damit gewinnt sie einmal mehr jene objektive Gültigkeit, die Kant den pragmatischen bzw. eudämonistischen Aussagen abstreitet.

Mit den kleinen und mittleren Illusionen, etwa mit Fehleinschätzungen der eigenen Begabung, befaßt sich der Common sense. Einen philosophischen Rang erhält erst die Kritik von Lebensstrategien, sofern sie ein gelungenes Leben strukturbedingt verhindern. Der Fall ist es überall dort, wo die semantische Bedingung »Selbstzweck« verletzt wird. Wer sein Leben auf ein Ziel ausrichtet, das, an sich selbst betrachtet, nur als Zwischenziel taugt, muß das, worauf es ihm eigentlich ankommt, grundsätzlich verfehlen. Am Ende bleibt, wie Joseph Conrad im *Herz der Finsternis* sagt: »ein wenig Selbsterkenntnis – die zu spät kommt –, eine Ernte unauslöschlicher Reue«.

Die Reihe illusionärer Sinnerwartungen beginnt beim Bios apolaustikos, dem Genußleben. Daß der Mensch als Leibwesen sinnliche Bedürfnisse und Interessen hat und daß sich die entsprechenden Freuden in ein sinnerfülltes Leben integrieren lassen, erkennt die eudämonistische Kritik mühelos an. Für kritikwürdig hält sie lediglich eine Verabsolutierung. Nur auf das augenblicklich Angenehme gerichtet, berücksichtigen die sinnlichen Antriebskräfte als solche weder die Folgen noch die Nebenfolgen, so daß dem kurzen Glück von heute das lange Unglück von morgen droht. Wer sich stets den momentanen Trieben und Leidenschaften unterwirft, lebt, wie Aristoteles unnachahmlich prägnant sagt, »sklavenartig« (*Nikomachische Ethik* I 3, 1095 b 19 f.).

Der Bedingung »Selbstzweckcharakter« hält ebensowenig stand eine Lebensform, die Max Webers Ethik und Geist des Kapitalismus nahekommt, das allein auf Gelderwerb gerichtete Leben. Wieder erfolgt die Kritik nicht als moralisierende Parteinahme. Weder zieht sie in Zweifel, daß das Geld die erforderlichen Tauschprozesse erleichtert, noch daß ein gewisser Reichtum einen Vorrat für Notzeiten darstellt und insofern den Rang eines Grundgutes verdient; auch erkennt sie bereitwillig an, daß im Streben nach Reichtum ein Triebverzicht enthalten ist. In einer Existenz aber, die sich auf nichts anderes ausrichtet, spreizt sich ein Zwischenziel, ein Vorrats-, also Sicherheitsdenken, zu einem Endziel auf.

Analog wird eine dritte Lebensstrategie kritisiert, jenes »rastlose Streben nach Macht und immer mehr Macht«, das gemäß Hobbes zu den notwendigen Bedingungen des menschlichen Glücks zählt (*Leviathan*, Kap. 10–11). Theorien, die sich selbst kritisch nennen, erklären oft die Macht als solche für illegitim. Daß die Macht Gefahren in sich birgt, daß ein eklatantes Machtungleichgewicht teils selber ungerecht ist, teils Ungerechtigkeiten Vorschub leistet und daß entsprechende wirtschaftliche, soziale oder politische Strukturen nach Veränderung verlangen, ist ohne Zweifel richtig. Derartige Argumente reichen aber nicht aus, die Macht als solche zu verwerfen. Wo es trotzdem geschieht, wird zwischen verschiedenen Begriffen nicht hinreichend unterschieden: zwischen (1) der Macht als einem Können, das wir – nur zum Beispiel – der Wissenschaft verdanken; (2) der (politischen) Herrschaft, einem (gegebenenfalls, aber nicht immer) rechtlich autorisierten Dürfen; und (3) der bald offenen, bald strukturellen Gewalt.

Wer die Macht hinreichend formal bestimmt, sieht, daß sie durchaus erstrebenswert ist. Sie nimmt sogar den Rang eines Grundgutes ein, das heißt einer Bedingung, die zur Verwirklichung der unterschiedlichsten Lebenspläne gleichermaßen notwendig ist. Nach Max Webers berühmter Definition (*Wirtschaft und Gesellschaft*, 1. Teil, Kap. 1, § 16) bedeutet Macht »jede Chance, innerhalb einer sozialen Beziehung den eigenen Willen auch gegen Widerstreben durchzusetzen«. Auf eine derartige Chance kann, solange es Konflikte über die Mittel selbst der elementaren Bedürfnisbefriedigung gibt, niemand verzichten; sie ist überlebensnotwendig. Eine gewisse Macht braucht man aber nicht nur gegen Mitmenschen, sondern auch – das besagt die Oikopoiese – gegen die äußere Natur, nicht zuletzt – wie die Kritik am Genußleben zeigt – gegen sich selbst, gegen die je momentanen Bedürfnisse und Interessen nämlich. Der deshalb erforderliche formalere Begriff gibt Max Webers Einschränkung auf soziale Beziehungen auf und versteht unter Macht die Chance, sich gegen irgendeine Art von Widerstreben durchzusetzen.

Erstrebenswert ist Macht generell nur insoweit, als sie einem sinnvollen Leben dient, mithin wiederum nur als Zwischenziel und auch dann lediglich in dem Maße, wie wichtige Interessen auf dem Spiel stehen. Nun blickt der Mensch dank seiner Sprach- und Vernunftbegabung in die Zukunft, weshalb ihm die Interessen von morgen schon heute ein existentielles Problem sind. Der Machtsteigerung obliegt daher, eudämonistisch betrachtet, eine doppelte Aufgabe. Direkt dient sie den Interessen von morgen, indirekt denen von heute, nämlich der Überwindung der gegenwärtigen Angst vor den Schwierigkeiten der Zukunft. Ebenso wie die Akkumulation von Reichtum, so sorgt auch die Machtakkumulation für das Glück von morgen, soweit es schon ins Heute reicht.

Diese Überlegung bestätigt, daß zur Macht, vorausgesetzt, sie wird in ein sinnerfülltes Leben integriert, daß also zum eudämonistischen Begriff der Macht mehr als nur soziale, ökonomische und politische Faktoren gehören. Machtrelevant sind auch persönliche Fähigkeiten, beispielsweise die Klugheit, mit der man sich intellektuell, und die psychische Mobilität, mit der man sich emotional auf neue Situationen einstellt; ferner eine Kommunikationsfähigkeit, mit deren Hilfe man Freunde gewinnt, auch eine Konfliktfähigkeit, die nicht jeden Streit zur Feindschaft ausarten läßt, nicht zuletzt jene Fähigkeit zum Verzicht, die, wo nötig, mit weniger als bisher üblich auskommt. Andererseits erweist sich ein Machtstreben, das rastlos ist, als in sich widersprüchlich. Weil die Zukunftsangst nicht die einzige »Leidenschaft« des Menschen ist, gefährdet, wer sie verabsolutiert, die Befriedigung der anderen Bedürfnisse und Interessen.

9.3 Verdrängte Tugenden

Aus der Kritik illusionärer Erwartungen folgen mit Hilfe der bestimmten Negation einige positive Aussagen. Sie laufen auf eine Rehabilitierung klassischer, von einer autonomen Moral verdrängter Tugenden hinaus:
Besonnenheit (Maß). Dem Genußleben hält man gern die Abhängigkeit von äußeren Gütern vor, ferner den Umstand, daß ein sinnlicher Genuß nur kurzfristige Befriedigung schenke. Diese beiden üblichen, moralisierenden Einwände überzeugen aber nicht. Da dem Leibwesen Mensch die Möglichkeit, unabhängig von äußeren Gütern zu leben, ohnehin verwehrt ist, läßt sich nicht einsehen, warum er der Notwendigkeit nicht frei zustimmen soll und dann beim entsprechenden Genuß nicht Freude empfinden darf. Und das Paradigma dessen, der von einem Genuß sofort zum nächsten übergeht, Don Juan, läßt sich von der Kurzfristigkeit nicht schrecken. Dabei kann er sich sogar auf einen Philosophen berufen, auf Hobbes, der im *Leviathan* (Kap. 11) definiert: »Glückseligkeit [*felicity*] ist ein ständiges Fortschreiten von einem Verlangen [*desire*] zu einem anderen, wobei jedoch das Erlangen des einen Gegenstandes nur der Weg ist, der zum nächsten Gegenstand führt.«
Gegen ein bloßes Genußleben sprechen erst zwei andere Schwierigkeiten. Dort, wo die natürlichen Antriebe jeweils für sich bleiben, können sie sich gegenseitig im Weg stehen und dann eine harmonische Realisierung der verschiedenen Antriebe verhindern. Außerdem können die Antriebskräfte ungehemmt wuchern, das heißt, den Menschen bedroht die Pleonexia, eine tendenzielle

Unersättlichkeit. Um sie zu überwinden, muß man sich von den Antriebskräften in ihrer Unmittelbarkeit distanzieren, sich in ein Verhältnis zu ihnen setzen und sie kraft dieses Selbstverhältnisses kontrollieren. Für den, der glücklich werden will, empfiehlt sich im Rahmen des Ratschlags »Doppelstrategie« eine Verminderung der Glückserwartungen. Für denselben Zweck, eine Steigerung der Glücksfähigkeit, ist zusätzlich jene Selbstkontrolle oder Selbststeuerung ratsam, die Platon (*Der Staat* IV, 430 e 7) treffend als ein Sich-selbst-überlegen-Sein (*kreitto hautou*) oder als Besonnenheit, Sophrosyne, bezeichnet.

Besonnen ist noch nicht, wer zur Selbstkontrolle lediglich hin und wieder fähig ist, sondern erst derjenige, der sie zu einem Persönlichkeitsmerkmal ausbildet, zu jenem charakterlichen Können, das man früher Arete, Virtus oder sittliche Tugend nannte. Eine philosophische Lebenskunst verbindet sich also mit einer zweiten Revision der Ethik. Nicht nur spricht sie sich für eine Ergänzung des neuzeitlichen Prinzips Freiheit um das antike Prinzip Glück aus; sie richtet sich auch gegen die Vorherrschaft einer Ethik moralischer Regeln. Gegen eine bloße Gebots- und Verbotsethik, kurz: Normethik, hält sie – hier nur en passant und wieder bloß im Gegensatz zu einem Exklusivrecht der Normethik, nicht als Stattdessen – ein Plädoyer für eine Tugendethik.

In der üblichen Übersetzung von Sophrosyne mit Temperantia bzw. Maß klingt zu Recht an, daß nicht etwa alle Spontaneität und Emotionalität unterdrückt werden sollte. Andererseits braucht es mehr als nur das rechte Maß, nämlich zusätzlich eine kreative Koordination. Wer besonnen ist, verfolgt Teil- und Einzelziele, die untereinander einen Zusammenhang bilden, eine Ordnung, die ein gelungenes Leben ermöglicht. Definieren kann man die Besonnenheit als das zur Grundhaltung gewordene Selbstverhältnis im Bereich des Emotionalen.

Auf eine ökologische Besonnenheit, die den ungehemmten Raubbau an der Natur bremst, werden wir noch eingehen; hier genügt der Hinweis auf einen analogen Raubbau an den personalen Ressourcen. So wie wir, kollektiv gesehen, die Erde für unsere Kinder und Kindeskinder offenhalten müssen, so sollten wir, personal betrachtet, uns physisch, psychisch und intellektuell für unsere künftige Autobiographie freihalten. Für die Sozialwissenschaften würde es sich lohnen, in der heutigen Lebenswelt nach Faktoren zu suchen, die die Selbstüberlastung strukturell befördern. Verantwortung trägt aber auch jeder einzelne, weil, wie Pascal zuspitzt: »alles Unglück der Menschen von einem einzigen herkommt: sie verstehen es nicht, in Ruhe in einem Zimmer zu bleiben« (*Pensées*, Nr. 139). Gegen den Hang zur Selbstüberforderung – man spricht vom »workaholic« – braucht es jedenfalls eine »neue Besonnenheit«, sowohl die Fähigkeit, gegen sich nein zu sagen und auf vielerlei zu verzichten, wie die Kunst, anderen nein zu sagen, ohne sie deshalb zu verletzen.

Gelassenheit. Menschliches Leben ist vielfach fremdbestimmt; damit es trotzdem gelingen kann, brauchen wir die rechte Einstellung zur Fremdbestimmung. Dazu gehört, was schon eine Kunst ist: die Dinge und Menschen, mit denen wir Umgang pflegen, in ihrer Eigenart sein zu lassen, ferner die Fähigkeit, den Grenzen der eigenen Person frei zuzustimmen, kurz: Gelassenheit. In der Gelassenheit verbindet sich eine neue Lebenseinstellung mit einem neuen Selbstbild des Menschen.

Wichtig ist diese zweite eudämonistische Tugend angesichts der Gefahr, Zwischenziele wie Reichtum und Macht in Endzwecke zu verkehren. Der Gefahr entkommt man aber nicht so sehr durch eine heroische Entscheidung, dort zu Armut, hier zu Machtlosigkeit, als durch eine neue, nicht nur von Angst und Sorge bestimmte Einstellung zur Zukunft. Ratsam ist, sich auf die wörtliche Bedeutung von Sicherheit, *securitas*, zu besinnen; ursprünglich heißt *securus*, wer unbekümmert, weil sorgenfrei und furchtlos, lebt, dies freilich nicht aus Fahrlässigkeit, sondern weil er, aufgrund einer umsichtigen Lebensführung, Gefahren kaum zu fürchten braucht.

Sinnfähigkeit in der Sinnkrise. Wer heute von »Sinnkrise« redet, macht für sie gern einen »Sinnverlust« verantwortlich. Tatsächlich gibt es einen Sinngewinn; auch wenn wir die illusionären Sinnerwartungen aussondern, bleibt ein früher unbekannter Reichtum an Optionen übrig. Die Fülle von Sinnmöglichkeiten hat freilich eine Folgelast: Lebensformen, die bisher als exklusiv gültig erschienen, werden in ihrer Exklusivität aufgehoben. Wer dann von Sinnverlust spricht, sitzt einer perspektivischen Täuschung auf; nicht der Sinn selbst geht verloren, wohl die Sicherheit hinsichtlich der Lebensform, von der man den Sinn erwarten darf.

Wegen der neuen Unübersichtlichkeit gibt es als zweite Folgelast eine Entscheidungsnot. Wer sie scheut, sehnt sich nach der verlorenen Einfachheit zurück. Sozialpsychologisch verständlich ist

diese Sehnsucht, eine Sinnostalgie, allemal; da sie aber dem »Lustprinzip«, nicht dem »Realitätsprinzip« folgt, stellt sie ein untaugliches Mittel dar. Weil der neue Reichtum ebenso neue Chancen wie neue Gefahren bietet, bleibt die Nutzen-Kosten-Analyse gültig, die schon Nietzsche formuliert hat: »der Mensch ist kränker, unsicherer, wechselnder, unfestgestellter als irgendein Thier sonst ... Sicherlich hat er auch mehr gewagt, geneuert, getrotzt, das Schicksal herausgefordert als alle übrigen Thiere zusammen genommen: ... wie sollte ein solches mutiges und reiches Thier nicht auch das am meisten gefährdetste, das am Längsten und Tiefsten kranke unter allen kranken Thieren sein?« (*Zur Genealogie der Moral*, 3. Abh., 1. Abschnitt; V, 367).
Angesichts des Sinnreichtums ist eine neuartige Sinnfähigkeit zu entwickeln, jene Zukunftsfähigkeit, die für neue, auch andere Sinnperspektiven offen bleibt. Sie beginnt mit der »kleinen Offenheit«; wer von einer Freundschaft enttäuscht ist, verschließe sich nicht vor der Möglichkeit einer neuen. Außerdem bedarf es der »mittleren Offenheit« für lebensaltersbedingte Veränderungen: Verliebtsein, beruflicher Erfolg, das Aufziehen von Kindern – all das verhilft zu einer sinnvollen Existenz, gehört aber nicht in jedes Lebensalter. Schließlich tut jene »große Offenheit« not, die darum weiß, daß sich gewisse Sinnentwürfe entleeren: für eine Person, für eine Generation, für eine Epoche.
Immun gegen die Gefahr des Sinnverlustes wird nur jemand, der sich auch gegen einen Sinngewinn immunisiert, also wer in der Sinnsuche resigniert hat. Zur Sinnfähigkeit hingegen gehört die Einsicht, daß Sinnkrisen zu haben keine Schwäche ist, viel eher ein Zeichen von Lebendigkeit. Ferner bedarf es der Bereitschaft, gewisse Sinnrisiken einzugehen, nicht zuletzt der Fähigkeit, mit einer (vorübergehenden) Niedergeschlagenheit zu leben und trotzdem nicht zu verzweifeln. Eine neuartige »große Gelassenheit« besteht in der Fähigkeit, auch mit Sinnkrisen zu leben.

10. Bausteine für ein ökologisches Weltethos

Angesichts der Überbeanspruchung der Natur bedarf es einer neuartigen eudämonistischen Kompetenz, einer ökologischen Lebenskunst. Für sie ist vonnöten, was dem Vorbild eudämonistischen Denkens, der poliszentrierten Ethik des Aristoteles, insgesamt fehlt: der Blick auf das Wohlergehen der Gattung; gesucht sind die Grundzüge einer eudämonistischen Naturethik als globaler Menschheitsethik. Ein anderes Element bleibt dagegen gewahrt: Auch im Fall der Naturethik spielen anthropologische Überlegungen eine Rolle, was die derzeit vorherrschenden, auf die Neuzeit fixierten Diagnosen relativiert.

10.1 Allmachtsillusionen und Überängstlichkeit

Lange hieß ein Schlagwort: Fortschritt, neuerdings heißt es: Fortschrittsideologie oder, vorsichtiger, Fortschrittsillusion; eine Grundidee der Aufklärungsepoche und Antriebskraft der Neuzeit erscheint heute als endgültig diskreditiert. Aber noch immer wächst die Kenntnis der Naturkräfte, noch immer die Fähigkeit, sie menschlichen Interessen dienstbar zu machen, so daß hier statt einer Illusion schlicht eine Tatsache vorliegt. Die Illusion entsteht erst bei der Interpretation, bei der Bewertung des vergangenen Fortschritts.

Nach Descartes soll die Medizin von Krankheiten und die Ingenieurkunst von der Mühsal der Arbeit vollständig freisetzen. Descartes' Vorbild Bacon denkt ähnlich; die frühe Neuzeit richtet an die Wissenschaft generell nicht mehr steigerungsfähige Erwartungen. In der Folgezeit werden sie teils erweitert – auch die Armut soll verschwinden –, teils präzisiert; der Superlativcharakter bleibt jedoch erhalten. Noch bald vier Jahrhunderte später, 1962, auf einem Kongreß führender Molekularbiologen in London taucht die Vision einer Welt auf, in der Descartes' »Utopie der Medizin« Wirklichkeit geworden ist (Wolstenholme 1963). Erwartet werden: eine keimfreie und damit der Gefahr von Infektionskrankheiten enthobene Welt, ferner ein schmerzfreies und dank Organtransplantationen endloses Leben, schließlich – immer für den Menschen – eine Verbesserung der genetischen Ausstattung.

Wer derartige Ziele abschwächt und sich mit dem Komparativ zufrieden gibt, mit weniger Schmerz und Mühsal und mit einer erhöhten Lebenserwartung, entzieht sich dem Vorwurf der Illusion. Erst im Fall der Maximalziele liegt eine grundsätzliche Selbstüberschätzung vor, psychoanalytisch gesprochen: eine Allmachtsphantasie. Ohne Zweifel droht sie nicht erst in der Moderne; schon die Griechen sahen die Gefahr und gaben ihr den prägnanten Ausdruck »Hybris«. Die Sache, der frevelhafte Übermut, dürfte sogar in Form einer Tendenz in der Conditio humana angelegt sein. Von Mühsal, Schmerz und Krankheiten freizuwerden – wenn es denn möglich wäre –, wünscht der Mensch »natürlicherweise«; an Eigenarten der Neuzeit sicherlich nicht gebunden, hat der Wunsch viel eher einen anthropologischen Rang. Für die Neuzeit spezifisch ist erst eine bislang unbekannte Realisierungschance; was vorher ein bloßer Wunsch war, wird dank der Wissenschaft zur realen Gefahr.
Für Bacons Problembewußtsein spricht, daß er die Gefahr zumindest vage sieht, setzt er sich doch mit dem von der christlichen Orthodoxie drohenden Einwand auseinander, im uneingeschränkten Erkenntnisstreben trete eine besonders gravierende Hybris zutage, jene Auflehnung gegen Gott, in der die Ursünde bestehe. Zur Entkräftung des Einwandes beruft sich Bacon auf die Nächstenliebe – »but of charity there can be no excess...« (*NO*, Preface; IV, 21) –, und darin liegt die erste Illusion. Im Unterschied zum biblischen Vorbild, dem Samariter, helfen Wissenschaftler nämlich nicht Außenstehenden, von denen sie überdies Geringschätzung erfahren, sondern ihresgleichen; und dabei opfern sie weder ihre Zeit noch von ihrem Hab und Gut; in der Regel bieten sie eine bezahlte Dienstleistung an. Kurz: die Motivation besteht im Selbstinteresse und nicht in Altruismus.
Bei dieser ersten Illusion handelt es sich aber nicht um Hybris, sondern allenfalls um Heuchelei; die Wissenschaft überschätzt ihre humanitäre Intention, nicht ihre technischen Kräfte. Hybris zeigt sich erst bei der Fehleinschätzung des humanitären Erfolges. Sie bemerkt allerdings nur, wer das Können nicht länger als ein homogenes Phänomen anspricht, sondern zwei verschiedene Stufen unterscheidet: das innertechnische Können, das aus der Beherrschung der Naturkräfte besteht, und dessen pragmatischen oder auch humanitären Wert. Alle bisherige Erfahrung läßt erwarten, daß auf der ersten Stufe die Grenzen immer weiter hinausge-

schoben werden – erst die Naturgesetze definieren eine endgültige Grenze – und daß trotzdem die superlativischen Ziele nicht annähernd erreicht werden. Wir haben Anlaß, von anthropologischen Konstanten zu sprechen: Der Mensch bleibt krankheits-, überdies unfallanfällig; außerdem lassen auf Dauer seine Kräfte nach; und selbst wenn man alle körperliche Last abschaffen könnte, steht die Arbeit unter Zeitdrück, unter Konkurrenzdruck und unter der Gefahr der Erfolglosigkeit. In derartigen Grenzen zeigt sich eine grundsätzliche Ohnmacht; wer sie verkennt, erliegt einer ersten Form von Hybris.

Dem archaischen Menschen stellte sich die Natur als eine Übermacht mit zwei Gesichtern dar; er fürchtete die zerstörerische Gewalt und bewunderte die Schönheit, den unerschöpflichen Reichtum und eine fast unbegrenzte Regenerationskraft. Mit dem Ziel, die der Natur inhärente Ambivalenz aufzuheben, versucht die technische Zivilisation, die Natur gleichsam zu spalten, die destruktive von der konstruktiven Natur, also den Gegenstand der Angst von dem der Bewunderung zu isolieren und, ohne die konstruktive Macht aufs Spiel zu setzen, die destruktive zu brechen. Übrig bleiben soll am Ende eine nur noch konstruktive Natur. Mit diesem Projekt überschätzt der Mensch seine Kräfte ein zweites Mal.

Nach Ansicht eines radikalen Technikpessimismus ist das Zivilisationsprojekt »Technik« rundum zum Scheitern verurteilt. Recht hätte er, wenn er die anspruchsvolle These verteidigen könnte, die Naturkräfte seien dergestalt miteinander verkoppelt, daß, wer die destruktive Macht angreife, ipso facto auch die konstruktive Macht einschränke. Gelegentlich mag es der Fall sein; schon der vorwissenschaftlichen Technik gelingt es aber, die destruktive Seite partiell abzusondern, ohne die konstruktive Seite aufs Spiel zu setzen. Illusionär ist erst wieder der Superlativ, der da glaubt, die konstruktiven Kräfte ließen sich von den destruktiven vollständig trennen. In der entsprechenden Selbstüberschätzung täuscht sich die technische Zivilisation nicht etwa über den technischen Fortschritt selbst, wohl aber über das allein Belangvolle, über seine humanitäre Tragweite; auch mit dem Projekt »wissenschaftliche Technik« ist dem Menschen ein Sehnsuchtsglück verwehrt. Zum Teil fallen die Grenzen abstrakter, zum Teil subtiler aus, zu übersehen sind sie aber nicht. Nicht nur bleibt der Mensch, wie gesagt, krankheits- und unfallanfällig, er verdankt der technischen Zivilisation auch neuartige Krankheiten und Unfälle, überdies für bekannte Krankheiten größere Verbreitungschancen.

Und dies gilt generell: Innovationen haben so gut wie immer Schatten zum Begleiter, die Folgelasten. Weil diese sich nur begrenzt vorhersehen lassen, läuft die dann erforderliche Aufgabe einer Nutzen-Kosten-Bilanz, obwohl sie so nüchtern klingt, auf eine weitere Selbsttäuschung hinaus, auf die Illusion, mittels der entsprechenden Daten könne man eine klare Vorzugswahl treffen.

Nicht zuletzt überschreiten wesentliche Aspekte die Fähigkeiten einer technischen Zivilisation ganz. Weder als Gattung noch als Individuum bringt sich der Mensch selber ins Dasein; ferner bildet auch für ihn die naturale Natur eine Vorgabe; und jede Macht findet ihre Grenze am nicht nur physischen Schmerz: am Leid, am Tod.

Die Selbstüberschätzung droht nicht nur der Technik, sondern ebenso der Diagnose der Selbstüberschätzung. Keine der genannten Illusionen trägt zur ökologischen Belastung unmittelbar bei. Eine direkte Verantwortung tragen sie für anderes; wer zu hohe Erwartungen weckt, verändert nicht die naturale, sondern die psychische Welt. Zunächst leistet er Allmachtsphantasien Vorschub; sodann ruft er, weil deren Enttäuschung vorprogrammiert ist, die natürliche Gegenreaktion hervor, die emotionale Ablehnung. Eine Zivilisationsform, die verspricht, was sie sogar auf Dauer nicht einlösen kann, macht sich unglaubwürdig; sie provoziert Widerstand und bestraft sich damit selbst.

Unmittelbar bedrohlich ist aber nicht die Überschätzung der technischen Macht, sondern deren verfehlter Einsatz. Für ihn tragen die Illusionen, weil sie aufs Handeln durchschlagen, auf mittelbare Weise dann noch Verantwortung. Gefährlicher als eine derartige »Verführung durch Selbstüberschätzung« ist indes ein nicht nur individuelles, sondern strukturelles Fehlverhalten: daß gegen die destruktive Seite der Natur der Mensch eine Gegenmacht entwickelt, die das zur Verteidigung nötige Maß weit überschreitet. Üblicherweise lastet man der Technik einen genuinen Herrschaftswillen an; hier zeigt sich nun eine Überängstlichkeit, die auf die tendenzielle Feindlichkeit der Natur mit Übervorsorge und Überversicherung reagiert; aus Angst vor jeder Restgefahr nimmt man der Natur jede Natürlichkeit. Damit bestätigt sich die eudämonistische Einsicht (siehe Kap. 9.2), daß sich im Streben nach immer mehr Macht paradoxerweise eine zu große Angst zeigt. Eine Macht für sich selbst zu suchen, wäre ja sinnlos; dagegen kann es durchaus eine Überängstlichkeit sein, die ein zerstörerisches Potential in sich birgt.

10.2 Wider die Hybris: ökologische Gelassenheit

Gegen mangelnde Einsicht hilft Wissen; im Fall von Illusionen besteht das größere Hindernis aber in einem präkognitiven Moment, in Wünschen, die den Zugang zum erforderlichen Wissen versperren. Freud spricht vom Lustprinzip; wir nennen es das Sehnsuchtsglück, das einer Einsicht in die Grenzen menschlicher Macht im Wege steht.

Für die zur Korrektur erforderlichen psychischen Prozesse selbst beansprucht die Ethik keine Zuständigkeit, sie macht aber auf das einschlägige Leitziel aufmerksam. Das »Lustprinzip der Oikopoiese« ist zugunsten eines Realitätsprinzips zu überwinden und die Einübung in die Überwindung zu einer Grundhaltung auszubilden, zu dem, was in der Tradition »Tugend« heißt. Eine ökologische Ethik schließt sich deshalb der eudämonistischen Tradition an und entfaltet nicht anstelle einer Normenethik, aber zusätzlich zu ihr und prioritär eine Tugendethik. Dabei kann sie auf die klassische Lehre der Kardinaltugenden zurückgreifen. In dem bekannten »Viergespann« von Tapferkeit, Besonnenheit, Klugheit und Gerechtigkeit kommt allerdings eine Haltung, die die Allmachtsillusionen in die Schranken weisen könnte, nicht vor. Statt dessen gibt es eine Tugend, die Tapferkeit, die in der ökologischen Politik durchaus aktuell bleibt, da man ohne Zivilcourage weder herrschenden Vorurteilen entgegentritt noch den Interessen, denen die Vorurteile nützen. Im Verhältnis zur Natur selbst ist es jedoch besser, nicht allerorten Gefahren zu sehen, die es tapfer zu überwinden gilt.

Die Alternative zum »tapferen Kampf gegen die Natur« erkennt einerseits das Recht auf Oikopoiese an und tritt andererseits einer unbeschränkten Macht entgegen. Die entsprechende Einstellung kennen wir als Bereitschaft, den Grenzen der eigenen Möglichkeiten frei zuzustimmen, ohne sich deshalb als handlungsfähige Person aufzugeben. Der Platz, der im Quartett der Kardinaltugenden durch die Entmachtung der Tapferkeit frei wird, nimmt für die

Naturbeziehung jene Mitte zwischen Erzwingenwollen und Gefügigkeit ein, die Gelassenheit heißt. Der Begriff der Mitte, früher zum »goldenen Mittelweg« veredelt, klingt heute nach einem schlichten Kompromiß. Gesucht ist aber eine neue Qualität, jene reflektierte Beziehung zu den natürlichen Antriebskräften, die die beiden unreflektierten Optionen, das Erzwingenwollen ebenso wie eine bloße Gefügigkeit, vermeidet. Die entsprechende Bereitschaft im Umgang mit der Natur nennen wir eine ökologische Gelassenheit.

Es gibt die Gelassenheit, die auf den rechten Augenblick zu warten vermag und dann zupackend handelt. Eine andere Art versteht sich auf die nüchterne Analyse der gegebenen Siutation. Für die Naturbeziehung grundlegender ist eine dritte Form, die Bereitschaft zur richtigen Selbsteinschätzung der durch Technik vermittelten Macht. Eine Zivilisation, die diese Bereitschaft entwickelt, verzichtet nicht etwa auf jede Technik. Weil diese, in den Dienst menschlicher Zwecke gestellt, sowohl Hilfsmöglichkeiten anbietet als auch die Chancen zur autonomen Lebensgestaltung erhöht, hätte ein vollständiger Verzicht zwar einen heroischen Beiklang, bis zum Grund überlegt ist er aber nicht. Ein »Plädoyer für den Ausstieg aus unserer technisch-wissenschaftlichen Kultur« (Unseld 1992) begnügt sich mit einem moralisierenden Ungefähr. Eine Gesellschaft, die die Technik bestenfalls in vorwissenschaftlicher Form zuläßt, unterwirft sich nämlich den Naturgewalten allzu gefügig (ich schränke gern ein: vielleicht, da manche Ethnologen zu einer vorsichtigeren Beurteilung mahnen). Unserer Zivilisation droht aber die gegenteilige Gefahr, die der Hyperaktivität, die den genannten Selbsttäuschungen zugrunde liegt.

Gemäß den verschiedenen Formen von Allmachtsillusionen nimmt die heute vordringliche Gelassenheit unterschiedliche Gestalten an. Mit den superlativischen Zielen lehnt sich der Mensch, freilich unbewußt, gegen die Conditio humana auf. Darauf antwortet eine erste Gestalt ökologischer Gelassenheit mit einem Seinlassen; statt gegen Grenzen, die man ohnehin nicht überwinden kann, immer wieder anzurennen, stimmt man ihnen frei zu. Beispielsweise versucht man nicht, das Leben ins beinahe Endlose zu verlängern, sondern begnügt sich – inzwischen bei immer geringeren Zuwachsraten – mit einer höheren Lebenserwartung und Lebensqualität. Eine andere Gestalt der Gelassenheit erkennt die Natur in ihrer Eigenmacht an; im Verhältnis zur Natur kann es der Mensch durchaus bis zur Autonomie bringen, aber nicht zur absoluten Souveränität. Die schwierigste Aufgabe erfüllt eine dritte Gestalt ökologischer Gelassenheit. Der Mensch verzichtet darauf, daß die Natur werde, wonach er sich sehnt, eine Heimat im vollen Sinn, ein Oikos im Sinne des Sehnsuchtsglücks.

Auf die naheliegende Anschlußfrage, was die Gelassenheit denn im einzelnen tun oder lassen soll, gibt es keine Antwort, die übergeschichtlich und interkulturell gültig wäre. Vorab bestimmen läßt sich nur die Richtung: daß eine Mitte zwischen Überkompensation und Schicksalsergebenheit gesucht ist, eine Mitte zwischen Hybris und Angst, eine Mitte zwischen dem Gefühl einer Allmacht dank der Technik und einer Ohnmacht vor der übermächtigen Natur, kurz: eine überlegte und überlegene Einschätzung der realen Möglichkeiten.

Charakteristisch für eine ökologische Gelassenheit ist nicht nur die globale Dimension, in der sie wirksam werden muß, sondern auch eine geradezu provokativ große Offenheit. Eine Tugend wie die Hilfsbereitschaft weiß, wenn auch nur in einem formalen Sinn, was jeweils zustande kommen soll: eine Not will überwunden, zumindest gelindert werden. Die ökologische Gelassenheit hat nicht einmal diese Vorgabe; was sie erreichen soll, besteht nicht in einem Ziel, das, irgendwo vorhanden, lediglich entdeckt werden müßte. Vielleicht noch mehr als beim Risiko (siehe oben Kap. 5.1) hängt für eine angemessene Naturbeziehung das genaue Maß von kulturspezifischen Einstellungen ab. Da diese nicht überall gleich sind, außerdem nicht einmal für immer festliegen, verbindet sich die Suche nach einer angemessenen Naturbeziehung mit einer Auseinandersetzung darüber, was »angemessen« des näheren heißen soll. Weil das zuständige Subjekt, die Menschheit, ein Kollektivsubjekt ist, muß man sich auf Verständigungsprozesse einlassen, und diese werden gewiß schwierig sein.

Trotz der notwendigen Offenheit sind einige Präzisierungen möglich. Als erstes ist auf seiten der Antriebskraft die Überängstlichkeit zu vermeiden, so daß es für die Tapferkeit denn doch einen Platz gibt, allerdings nicht für die Tapferkeit, die sich nur aufs Kämpfen versteht, sondern für eine reflektierte Form. Eine »ökologische Tapferkeit« wittert in der Natur nicht überall Gefahren; und wo es sie gibt, etwa bei giftigen Pflanzen oder gefährlichen Tieren, reagiert sie, anstatt die Gefahrenquelle sogleich ausrotten zu wollen, lieber mit Vorsorge. Weiterhin ist der Wert der Technik bescheidener einzuschätzen, insbesondere ist die Erwartung aufzugeben, die »Kultur« der Natur sei ein Gewinnspiel ohne Grenzen. In Wahrheit, zeigt die ökologische Krise, hat der Grenznutzen längst abgenommen; und bei nicht wenigen Aktivitäten übertrifft der mittelbare Schaden schon den unmittelbaren Nutzen.

Ist der humanitäre Wert der Technik sowohl anerkannt wie gebührend relativiert, so kann man – drittens – nach neuen Formen suchen. Dabei denke ich weder an nicht-abendländische Traditionen – denn daß man von ihnen lernen kann, versteht sich von selbst – noch an eine radikal neue Technik oder Medizin; denn zum bisher geübten Grundsatz, die Naturkräfte bis zu ihren Wurzeln zu erforschen, gibt es keine epistemische Alternative. Wer nach ganz neuen Formen sucht, hängt einer Illusion an; entwikkeln läßt sich nur eine bemerkenswert neue Form; sie nimmt sich zum Vorbild die Natur.

Bisher suchte man Techniken für spezialisierte Zwecke, so daß die gewünschten Eigenschaften zwar mit höchster Effizienz, aber auf Kosten anderer Eigenschaften realisiert wurden. Nun führt die Maximierung spezialisierter Zwecke fast mit Notwendigkeit eine Externalisierung von Kosten mit sich; und weil sich für die Gesamt-Bilanz der Nutzen und Kosten keiner zuständig fühlt, droht die spezielle Verbesserung zu einer generellen Verschlechterung zu führen. Die von der Natur entwickelten Systeme sind dagegen vergleichsweise unspezialisiert. Indem verschiedenartige Regelkreise eindrucksvoll ineinandergreifen, erreichen sie ein Maximum an Optionen, womit, anthropomorphisierend gesagt, ein Höchstmaß an (Handlungs-)Freiheit herrscht. Der Vorteil natürlicher Systeme liegt einmal in ihrer Robustheit; dank größerer Flexibilität verfügen sie über eine höhere Widerstandsfähigkeit. Zum anderen verringern sie die Externalisierungen; dadurch, daß die Nutzen-Kosten-Abwägung systemintern erfolgt, tritt man der kollektiven Verschlechterung entgegen.

Ob traditionelle oder neuartige Technik: vor eine besondere Aufgabe stellt – viertens – der Umgang mit Risiken. Man sagt, eine Technik ohne die Gefahr negativer Nebenfolgen sei nicht möglich; wer habe zum Beispiel bei der Einführung des Treibgases das Ozonloch vorhergesehen? Das Argument ist richtig und ruft gerade deshalb nach einer speziellen Gestalt von Gelassenheit; neue Techniken sind zu behandeln wie neue Institutionen oder wie neue Arzneimittel. Statt Veränderungen rechthaberisch zu forcieren, führe man eine antizipierende Risikoforschung durch. Erst wenn sie grünes Licht gibt, gehe man zunächst gleichsam zu Schulversuchen bzw. klinischen Tests über, das heißt man führe im kleinen Stil eine Probephase ein, zu der eine zweite, jetzt begleitende Risikoforschung unabdingbar hinzugehört. Vorausgesetzt, auch sie erlaubt es, grünes Licht zu geben, ist eine dann globale Realisierung ebenfalls nur mit begleitender Risikoforschung zuzulassen und vor allem nur mit zeitlich befristeten Erlaubnissen. Auf diese Weise folgt man dem Vorbild der Natur ein zweites Mal; man lernt von der »heilsamen Langsamkeit« natürlicher Entwicklungsprozesse. Im Falle des Treibgases hätte man die Schädlichkeit nicht bloß weit früher erkannt; eine nur befristete Zulassung hätte auch die politischen Komplikationen einer international wirksamen Reduktion des Verbrauchs verkleinert. Das Beispiel bestätigt, daß das Hauptproblem nicht dort liegt, wo das technische Denken es plaziert, beim sogenannten Restrisiko, sondern bei einem Mangel an Bereitschaft; weder läßt man sich auf die vorlaufende Risikoforschung ein noch, sobald man die Risiken kennt, auf den rechtzeitigen Verzicht.

Skeptiker ziehen aber ironische Vergleiche. Die aus der Vor- und Umsicht resultierenden »Ethikregularien« hält Beck (1988, 194), wie gesagt, für so wirkungsvoll wie Fahrradbremsen an einem Interkontinentalflugzeug. Wer dagegen die Erfahrung konsultiert, erhebt gegen einen »Berufspessimismus« Einspruch. Für ein exemplarisches Kriterium atmosphärischer Belastungen, für die im Grönlandeis gemessenen Bleiwerte, stellte man auf dem Höhepunkt der Bleikonzentration, Mitte der sechziger Jahre, 400 Maßeinheiten fest; seit Einführung des bleifreien Benzins gingen die Werte rapide zurück und erreichten 1990 den Stand des Jahres 1800, das ist nur noch 6,75 Prozent des Höchstwertes. Dem Skeptiker gegen »Ethikregularien« darf man auch eine offene Frage entgegenhalten: Was denn sonst will tun, wer nicht ebenso voreilig wie fundamentalistisch die Technik insgesamt aufgibt? Und wer es trotzdem versucht, verdient die Rückfrage: »Welche Technik aufgeben?«; denn noch immer kosten die Techniken des Alltags, die des Haushalts und des Straßenverkehrs, die weitaus meisten Opfer. Bedenklich, häufig sogar sträflich leichtfertig ist freilich die Praxis der »Ethikregularien«; wer neue Techniken einführt, bevor die Entsorgungsfragen geklärt sind, legt eine Ungeduld an den Tag, gegen die eine gelassenere Zivilisation Widerstand leistet.

Ein fünfter Gesichtspunkt weist über den Umweltschutz hinaus in den Bereich der Sozialtheorie. Eine Ethik der wissenschaftlich-technischen Zivilisation darf sich nicht auf einzelne Projekte konzentrieren. Öffnen muß sie sich der größeren Frage, welche Kosten eine Zivilisationsform hat, die, durch Allmachtsillusionen beflügelt, im technischen Fortschritt ein Tempo vorlegt, mit dem die Alltagskultur – darauf weisen Krisenphänomene hin, wie der Alkohol- und der Drogenkonsum, die Selbstmordrate ... – kaum Schritt hält.

Schließlich darf, wer derartige Gesichtspunkte vorlaufend beachtet, am Ende die Gelassenheit dessen pflegen, der sich aufgrund von Vorsicht und Umsicht vor Gefahren nicht zu fürchten braucht. Daß uns eine derartige Gelassenheit heute als illusionär erscheint, zeigt, wie weit der Weg ist, den die technische Zivilisation noch gehen muß, um nur die erste ökologische Tugend zu erwerben.

10.3 Gegen die Pleonexie: Besonnenheit

Nicht weil sich der Mensch als Maß der Natur setzt, besteht die ökologische Krise, sondern weil er das Maß verliert. Die dafür verantwortliche Haltung, die Maßlosigkeit, ist wie die Hybris keine Erfindung unserer Epoche. Den diesbezüglichen Ausdruck *pleonexia* bilden schon die Griechen, und schon sie wissen, daß die Sache, das Mehr-und-immer-mehr-haben-Wollen, auch eine positive Seite hat. Gegen zu einfache Diagnosen skeptisch, erkennt Platon in der *Politeia* (II, 372 ff.) an, daß die Erweiterung der Bedürfnisse ihre Verfeinerung mit sich führt; was der Moralist nur für ein Laster hält, bildet die Grundlage für eine urbane Zivilisation. Platon stellt allerdings auch die Gegenrechnung auf, die, erstaunlich modern, Faktoren benennt, die wir in den Krisenphänomenen von heute unschwer wiederfinden: die Bevölkerungszunahme und einen wachsenden Bedarf an Land, mithin an naturaler Natur. Obwohl er die Pleonexie samt Folgelasten kennt, antizipiert er aber noch nicht eine ökologische Ethik. Dafür verantwortlich ist nicht etwa nur ein mangelndes Problembewußtsein, vielmehr tritt erst später, erst in der Neuzeit ein notwendiger Zusatzfaktor auf; es ist die Gründlichkeit, mit der das Maß verloren geht. Als ob sie Descartes' metaphysischer Fiktion, dem *genius malignus*, zur ökologischen Wirklichkeit verhelfen wollte, versucht die Moderne, die Überbeanspruchung der Natur, um dabei sicher zu gehen, in möglichst jeder Hinsicht vorzunehmen. Für die neue Gründlichkeit stellt die Technik lediglich die Macht bereit; deren Indienstnahme erfolgt aus externen Kräften und dabei nicht, wie das Wort »Eigenmacht der Technik« suggeriert, mit Zwangsläufigkeit. Erst wenn die der Technik externen Antriebskräfte dazukommen und die »entfesselte Macht« sich mit einer »entfesselten Nachfrage nach Macht« verbindet, erfolgt die Überbeanspruchung der Natur. Zugleich entsteht eine neue Technik. Bislang, unter Ausklammerung der Antriebskräfte, nur ein Teil der Naturwissenschaft, bildet sie jetzt zusätzlich einen Teil des ökonomischen Systems; die Entwicklung der Technik wird zu einem auch wirtschaftsendogenen Prozeß.

Um diesen Prozeß genauer zu verstehen, müssen wir für den Bereich des Ökonomischen zwei Begriffe, einen formalen und einen materialen Begriff, unterscheiden. Die Rationalität des Wirtschaftens sucht bloß zu gegebenen Zielen den jeweils sparsamsten Einsatz von Mitteln oder zu einem gegebenen Bestand von Mitteln die maximale Zielverwirklichung. Ob man einen Urlaub plant oder ein humanitäres Projekt, ob man mit natürlichen, ob mit psychischen oder mit sozialen Ressourcen umgeht – in jedem Fall ist ökonomische Rationalität gefragt und meint dann nichts anderes als eine intellektuelle Fähigkeit: die Kompetenz zur Effizienz. Dieses rein formale Element, der *homo oeconomicus*, verhält sich zur Natur ähnlich wie die rein wissenschaftsinterne Technik. An sich selbst amoralisch oder zielindifferent, sucht der *homo oeconomicus* ebensowenig wie der *homo technicus* per se die Ausnutzung der Natur; per se vermeidet er sie aber auch nicht; zielambivalent, wie er ist, kann er sowohl zur Nutzung der Natur eingesetzt werden wie zu deren Schonung. Und im ersten Fall dient die ökonomische Rationalität einer wichtigen ökologischen Forderung, nämlich dem *Grundsatz der Sparsamkeit.* Mit Hilfe ökonomischer Rationalität lassen sich die Ressourcen, die man der Natur entzieht, sowohl deutlich begrenzen als auch mit einem Höchstmaß an Effizienz verwerten.

Man verlangt heute – gewiß zu Recht –, in den Signaturen der Natur heilende Kräfte freizulegen. Freilegen, so halten wir als Zwischenergebnis fest, kann man diese Kräfte aber auch in der »kapitalistischen Ökonomie«. Der Moralist, selbst Jonas (1979,

260 ff.), spricht von der »Irrationalität einer vom Profitstreben beherrschten Wirtschaft«. Die entsprechende Diagnose ist aber ungenau; denn das Profitstreben motiviert auch zur Kostensenkung und, um diesen Zweck zu erreichen, zu einer effizienteren Ausnützung der Materialien. Die genauere Diagnose sieht zwei verschiedene Faktoren am Werk, setzt den einen, bloß kognitiven Faktor, die zielindifferente Kompetenz zur Effizienz, beiseite und behält als verantwortlichen Faktor die Antriebskraft übrig, das Mehr-und-immer-mehr-haben-Wollen, die Habsucht. Zuständig für die Überbeanspruchung der Natur ist nicht der formale, sondern allein der materiale Begriff des Ökonomischen, nicht die »entfesselte Rationalität«, vielmehr die Entfesselung der Bedürfnisse und Interessen. Die ökonomische Rationalität verhilft ihnen allerdings zu einer höchst effizienten Befriedigung.

Zu den Ursachen der Umweltkrise gehört eine mindestens dreifache Entfesselung. Die erste Maßlosigkeit liegt bei der Pro-Kopf-Belastung der Natur. Wer auf sie einen nur oberflächlichen Blick wirft, kann nicht anders als erschrecken; das, was die Natur belastet, steigt in den reichen Ländern immer noch an: der Pro-Kopf-Anspruch auf Wohnungs- und auf Verkehrsraum, der auf Energie, auf Trinkwasser, der auf Abfallmengen. Und wenn den armen Ländern gelingt, was wir ihnen dringend wünschen, eine wirtschaftliche Entwicklung, so findet im Weltmaßstab ein Wachstum statt, dessen »ökologische Finanzierung« schier unvorstellbar ist; allein an Energie bedarf es, auf heute bezogen, der drei- bis vierfachen Pro-Kopf-Menge. Die zweite Dimension einer entfesselten Nachfrage, das Bevölkerungswachstum, kommt als Multiplikationsfaktor hinzu. Und eine dritte Dimension, die freilich quantitativ nicht so leicht zu belegen ist, besteht in dem wachsenden Risiko, dem sich eine in ihren Bedürfnissen und Interessen maßlos gewordene Zivilisation aussetzt.

Derartige Faktoren haben die Macht der Natur grundlegend verändert. Degradiert zum Steinbruch der Oikopoiese, schrumpft die Natur allzuoft auf eine Restmacht zusammen, auf eine Macht der Verweigerung oder Vetomacht, die freilich bleibt, was der archaische Mensch fürchtete: eine Übermacht, der man sich schlicht beugen muß. Mit ihr verhält es sich wie mit der griechischen Nemesis. Bekannt ist sie zwar nur als Rachegöttin; ihre ursprüngliche Aufgabe besteht aber im Wahren des rechten Maßes. Zur Rache schreitet die Nemesis nur subsidiär; sie wehrt sich, wo das

Maß empfindlich verletzt wird; erst frevelhafte Maßlosigkeit ruft sie auf den Plan. Analog reagiert heute die Natur: die Regenerationskräfte von Luft und Wasser ermüden; die Nahrungsketten sind überlastet; die Artenvielfalt wird beängstigend rasch dezimiert und trotz der Gentechnologie nur langsam, zudem marginal erweitert. Schlicht anzuerkennen ist nicht zuletzt, daß sowohl als Erholungsraum wie als Ort des ästhetischen Genusses die Natur kleiner und kleiner wird.

Fortschritte erwartet man gewöhnlich von Individuen oder von Gruppen. Reicht deren Leistungsfähigkeit nicht aus, so vertraut man seit der Aufklärung auf die Gattung. Schon die erwähnten Fortschrittsillusionen und zusätzlich die Macht der Verweigerung zwingen aber den Menschen, Fortschrittsgrenzen anzuerkennen, die der Gattung als ganzer gesetzt sind. Die deshalb erforderliche Therapie gegen Maßlosigkeit ist ebenso leicht zu formulieren wie schwierig zu realisieren; sie heißt: *medan agan*, nichts im Übermaß. Und wie gegenüber dem Mehr-*können*-Wollen, der Hybris, so ist auch beim Mehr-*haben*-Wollen, der Pleonexie, diese bescheidene, nicht schon operative Antwort ethisch allein sachgerecht. Um genaue Kriterien festzulegen, braucht man nämlich, wofür die Ethik nicht kompetent ist: sowohl Fachkenntnisse wie eine Beurteilung der jeweiligen Situation. Dem vorgeordnet ist aber ein normatives Element, die Bereitschaft, die Gefahren der Pleonexie überhaupt wahrzunehmen und zu überwinden.

Wo sich diese Bereitschaft zu einer Grundhaltung verfestigt, spricht die Tradition von Sophrosyne, was wörtlich den gesunden Sinn oder gesunden Verstand bedeutet und in der Sache: Mäßigung, Maß, Besonnenheit. Jahrhunderte lang galt diese Haltung als eine Tugend, also als ein Merkmal vorbildlichen Menschseins. In dem Umstand, daß sie die öffentliche Wertschätzung verliert – einem Umstand, den eine zur Wortgeschichte verkürzte Begriffsgeschichte übergeht (zum Beispiel Langenbach-Heintel 1971) –, liegt für die ökologische Krise eine der tieferen Ursachen. Der Verlust tritt in der Neuzeit ein, so daß für die Krise in der Tat der »Geist der Moderne« mit verantwortlich ist; die primäre Verantwortung liegt aber nicht dort, wo man sie üblicherweise vermutet. Zuständig sind weder der Verlust der Kontemplation als Wissenschaftsideal noch der Geist der modernen Technik oder der Sieg der ökonomischen Rationalität, vielmehr Motivationsverschiebungen, die ihrerseits aus Veränderungen der Moral folgen. Die entsprechenden

Veränderungen zeigen sich freilich nicht so sehr in den Traktaten, die Philosophen über die Moral schreiben, als in der öffentlichen Wertschätzung, gewissermaßen in der öffentlichen Moral.

Solange man die Besonnenheit als Tugend anerkennt, gelten die tendenziell ausufernden Antriebskräfte als Leidenschaften, oft genug sogar als Laster bzw. als Sünde. Im ersten Fall handelt es sich um Triebfedern, die legitimationsbedürftig sind und zusätzlich im Verdacht stehen, die allfällige Legitimation nicht erbringen zu können; und im Fall des Lasters bzw. der Sünde trägt der Begriff das negative Urteil, die Einschätzung als illegitim, unmittelbar an sich. Die politische Emblematik zeigt nun augenfällig, daß die öffentliche Moral bis weit in die Neuzeit fordert: »affectus comprime; zügle die Leidenschaften!« Im Laufe des 17. und 18. Jahrhunderts findet nun eine folgenreiche Umwertung der Werte, eine radikale Mentalitätsveränderung, statt. Aus den der Illegitimität verdächtigten Leidenschaften und den per se illegitimen Lastern werden Antriebskräfte, die, ihrem Begriff nach von allem Verdacht auf Illegitimität befreit, normativ rundum neutral sind, das sind Interessen. Oft werden sie sogar positiv beurteilt; das Laster des »Neides« etwa wird zur »wirtschaftlichen Kompetenz«, die »Habsucht« zum lobenswerten »Geschäftssinn«. Ohne diesen »ideologischen« Umwertungsprozeß läßt sich, wie Hirschmann zeigt (1977), der Sieg des Kapitalismus nicht erklären.

Eine Haltung der Besonnenheit auszubilden fällt dem Menschen seit jeher schwer; die einschlägige anthropologische Konstante heißt: Motivationsüberschuß. Daß für seine Aktivitäten der Mensch keine motivationale Grenze kennt, hat »natürlich« auch einen positiven Sinn; es erlaubt eine Lebenssteigerung, die den subhumanen Wesen verwehrt ist. An diese Innovation haftet sich allerdings eine Folgelast, die Gefahr, daß in Lebensgefährdung umschlägt, was zur Lebenssteigerung bestimmt war. Für die Moderne, so zeigt der genannte Umwertungsprozeß, verschärft sich die Gefahr beinahe zur zwingenden Katastrophe. Denn dort, wo man das Fehlen von Besonnenheit nicht mehr für Charakterschwäche hält, sondern für einen Ausdruck von Energien, die, moralisch gesehen neutral, persönlich sogar vorteilhaft sind, besteht kein Anlaß, sich darum zu bemühen; mehr noch: seine Interessen von sich aus einzuschränken erscheint als schiere Dummheit. Spätestens wegen der ökologischen Krise müssen wir aber wieder lernen, Geschäftssinn als Habsucht, Konkurrenzdruck als

Neid, kurz: zahlreiche Interessen als Leidenschaften, vielleicht sogar als Laster anzusprechen. Hier, aber auch erst hier wird notwendig, was wir bislang vermeiden konnten, eine Moralisierung; wiederzugewinnen ist ein Bewußtsein für moralisch illegitime Leidenschaften, für Laster.
Verantwortung für die »Entfesselung der Bedürfnisse« tragen selbstverständlich noch andere Faktoren. Dem Eindruck einer monokausalen Erklärbarkeit treten wir entgegen, indem wir zumindest auf ein zweites Problem hinweisen. Das Phänomen der Überängstlichkeit haben wir schon kennengelernt; damit verwandt ist die Überkompensation; beispielsweise entwickelt man aus Angst vor dem, was ein ganzes Leben niederdrücken kann, aus Angst vor Armut, einen Lebensstil der Verschwendung.
Wenn nun Wirklichkeit werden soll, was ökologisch geboten ist, reicht die Besonnenheit als eine Tugend von »Einzeltätern« nicht aus; die Einstellung muß nach und nach alle Gruppen erfassen und am Ende als eine Struktureigenschaft der Zivilisation selbst dastehen. Der Rang, den die sogenannten Naturvölker einem abgegrenzten Bereich, den Rang, den beispielsweise die herablassend »Pygmäen« genannten Ethnien dem Wald zubilligen, ist heute dem gesamten Erdkreis samt Atmosphäre einzuräumen; er ist der große Lebensspender, den aufs Spiel nur eine Menschheit setzt, die aus dem Vollen zu leben vorgibt, in Wahrheit aber sich wie ein Lebensüberdrüssiger verhält.
Das Ziel, darüber darf man sich nicht täuschen, ist hochgesteckt; es läuft auf nicht weniger hinaus als auf ein neues Weltethos. In einer Zivilisation, in der auf seiten der armen Länder eine Bevölkerungsexplosion stattfindet und auf seiten der reichen Länder die Konsumsteigerung dominiert, gehört das ständige Wirtschaftswachstum zu den Erhaltungsbedingungen des »sozialen Systems«. Das Wachstum führt aber so gut wie unvermeidbar zu einer steigenden Naturbelastung. Eingestehen müssen wir uns deshalb, daß gegen die Natur ein strukturelles Laster vorherrscht, eine »Kultur« der Habsucht im globalen Maßstab. Aufzuheben ist sie nur durch eine ebenso globale Kultur der Selbsteinschränkung. Dasselbe trifft auf das Bevölkerungswachstum zu. Um für die Umweltkrise nur schon eine Verschärfung zu vermeiden, für ein recht bescheidenes Ziel also, ist sowohl bei der Bevölkerungs- wie der Wirtschaftsentwicklung nicht bloß ein Stagnieren, das sog. Nullwachstum, geboten, sondern ein im wörtlichen Sinn *Gesund*schrumpfen. (Es ver-

steht sich, daß sich die Forderung an verschiedene Adressaten richtet, die wirtschaftspolitische Forderung an die reichen Länder, die bevölkerungspolitische Forderung an die armen Länder.)

Der wirtschaftliche Mangel war bis vor noch wenigen Generationen eine Geisel, von der man heute, allerdings nur in einigen Ländern, endlich frei ist. Selbst in dem Land, das als Vorbild für Wohlstand gilt, in einem Land zudem, dessen Bürger für ihre Heimatliebe bekannt sind, in der Schweiz, herrschte bis in die erste Hälfte des 19. Jahrhunderts eine Armut, die viele Bewohner zur Auswanderung zwang. Derartige Wirtschaftsverhältnisse wünscht sich nur, wer das Erwünschte nicht mehr kennt, ein »Romantiker der Armut«; unter dem neuen Weltethos ist etwas anderes zu verstehen. Zu seiner Bestimmung greife ich eine Unterscheidung von Albert Tévoédjré auf. Unter dem beziehungsreichen Titel *La pauvreté, richesse des peuples* (1978) entwickelt der afrikanische Wirtschafts- und Sozialwissenschaftler, damals Direktor des Genfer »Institut international d'études sociales«, Handlungsstrategien, die die »misère« überwinden, die »pauvreté« dagegen anerkennen. Es ist hier nicht der Ort zu untersuchen, ob die von ihm vorgeschlagenen Strategien im einzelnen sachgerecht sind; auf die Leitidee der Besonnenheit kommt es an. Das neue Weltethos übernimmt die Leitidee, indem es zweierlei intendiert: wo es noch nötig ist, die Überwindung von Not und Elend, andernorts aber den Verzicht auf den Wunsch, jeden nur denkbaren Mangel zu beheben.

Weil es eines Verzichtes bedarf, täuscht sich, wer die Naturvölker als Vorbild hinstellt. Sie leben zwar bescheiden, aber in der Regel deshalb, weil ihr Stand der Technik und Ökonomie keine Unbescheidenheit erlaubt; sie leben in einer nicht selbst gewählten, einer vormoralischen Bescheidenheit. Eine sowohl technische wie ökonomisch hochentwickelte Zivilisation bedarf dagegen, was die Naturvölker nicht brauchen, einer moralischen Anstrengung; vonnöten ist eine frei gewählte, also moralische Bescheidenheit. Sie wird durch eine Erfahrung erleichtert, die schon Sokrates (Platon, *Apologie*, 30b u. a.) gemacht hat, daß nämlich vieles von dem, was »die Menge« sucht, für ein sinnerfülltes Leben überflüssig ist. Ralph Emerson (1950, 897) wird das Motiv aufgreifen, wenn er in der Grabrede für seinen Freund Henry D. Thoreau sagt: er zog es vor, reich zu sein, indem er sich beschränkte.

Eine Zivilisation, die die Aufgabe der Besonnenheit anerkennt, unterwirft sich einer neuartigen Oikopoiese. Statt lediglich das andere, die äußere Natur, zu transformieren, verändert der Mensch – wie schon bei der Gelassenheit – zunächst einmal sich selbst. Im Fall der Gelassenheit erkennt er Grenzen seiner Macht, im Fall der Besonnenheit Grenzen seines Begehrens an und wird dadurch bei sich selber heimisch. Im Wissen, daß das Sehnsuchtsglück nicht möglich ist, wird die Kultur der äußeren Natur um eine Kultur der inneren Natur ergänzt; zum realistischen Glücksbegriff, dem Strebensglück, gehört die Erweiterung einer technisch-ökonomischen Kultur um eine moralische Kultur.

Der Ausdruck »erweitern« ist durchaus wörtlich zu nehmen. Denn die Besonnenheit kann sich sowohl der wissenschaftlichen Technik bedienen wie der kognitiven Komponente in der Idee des *homo oeconomicus.* Weil sie an sich selbst zielneutral sind, stellen beide Momente bei entsprechender Vorgabe Kräfte der Naturschonung bereit. Die Wissenschaft steuert bei, was vielerlei Verschwendung überflüssig macht: die genaue Kenntnis der Naturkräfte; die ökonomische Rationalität lehrt, wie man Bedürfnisse mit minimalen Mitteln befriedigt. Zuvor müssen allerdings die Bedürfnisse bescheidener geworden sein; der entscheidende Faktor liegt im neuen Weltethos, der globalen Besonnenheit.

10.4 Selbstschädigung aus Selbstinteresse?

Vom Prinzip einer eudämonistischen Naturethik, dem aufgeklärten Selbstinteresse, her sollte man ein rechtzeitiges Gegensteuern erwarten; denn die Überbeanspruchung der Natur ist ein »Eigentor« der Menschheit, vor dem überdies frühzeitig gewarnt wurde. Daß die Reaktion trotzdem so aufreizend langsam erfolgt, sieht zunächst nach bloßer Unbesonnenheit aus. Tatsächlich gibt es eine strukturelle Komplikation, und diese entsteht beim Übergang einer eudämonistischen Ethik von Individuen zu der von Gruppen.

Wer die ökologische Krise lediglich als »Eigentor« versteht, sieht bloß einen Teil, gewissermaßen bloß ein Drittel der Wahrheit: die Umwelt als ein der Menschheit gemeinsames Gut. Ein gemeinsames Gut – die politische Ökonomie sagt: öffentliches Gut – ist aber etwas grundsätzlich anderes als ein individuelles Gut, nur auf eine größere Handlungseinheit übertragen. Weil Gruppen im Gegensatz zu Individuen sich als nur partiell homogene Handlungseinheiten darstellen, liegt die Beförderung eines Gruppeninteresses selbst dann, wenn ein allen gemeinsames Interesse gegeben ist, nicht umstandslos im Selbstinteresse jedes einzelnen. Die strukturellen Schwierigkeiten, die sich aus diesem Sachverhalt ergeben, schlagen auf die ökologische Ethik durch; der Art nach sind es zwei. Die erste Art, gewissermaßen das zweite Drittel der Wahrheit, verbleibt innerhalb der eudämonistischen Kompetenz; die zweite Art, ein letztes Drittel der Wahrheit, sprengt deren Rahmen.

In der Wissenschaftstheorie stellt sich die Umwelt als eine Ressource und die Umweltbelastung als ein Verbrauch von Ressourcen dar. Nach der klassischen liberalen Theorie dient man generell dem Ganzen am besten, wenn man es sich selbst überläßt, so daß es durch Angebot und Nachfrage, durch den Markt also, sich selbst reguliert; auch gegen Ressourcenverschwendung biete das beste Mittel der Markt. Im Fall der Umwelt stößt das Mittel aber offensichtlich an Grenzen, und der Markt versagt genau deshalb, weil es um ein öffentliches Gut geht. Öffentliche Güter unterliegen einem nicht etwa kontingenten, sondern strukturellen Marktversagen; das freie Spiel der Kräfte, der Markt, führt notwendigerweise zu einem suboptimalen Resultat.

Nun lassen gewisse Güter, etwa die schulische Bildung, eine Sozialversicherung oder die Benutzung eines Parkes, von sich aus die Option offen, so daß man sich über die Frage politisch streiten kann, wo sie denn besser plaziert sind: bei den privaten oder bei den öffentlichen Gütern oder in einer Mischform. Andere Güter, beispielsweise die Landeswährung, eignen sich zu einem privaten Gut gar nicht. Nicht etwa aus Konvention, auch nicht aus Absprache, nicht einmal aufgrund moralischer Verpflichtung, sondern von der Sache her, also in einem objektiven, insofern notwendigen Sinn stellt sich als ein öffentliches Gut in vieler Hinsicht die Umwelt dar. Das, was für die Früchte des »Himmels und der Erde« durchaus möglich ist, lassen im regionalen Rahmen saubere Luft und reines Grundwasser, im Globalmaßstab aber das Klima und die Atmosphäre nicht zu. So gut wie ausgeschlossen ist es, sie in Parzellen zu gliedern und dann bestimmten Individuen zur partikularen Nutznießung zuzuteilen; das Definitionsmerkmal eines öffentlichen Gutes, die Unteilbarkeit, kommt ihnen nicht nur beiläufig, sondern wesentlich zu.

Dort, wo sich verändert, was an sich selbst unteilbar ist, kann sich den Folgen im Guten wie im Schlechten niemand entziehen; betroffen ist ein jeder. Tritt in der Überbeanspruchung der Natur, eben weil sie jeden einzelnen schlechter stellt, dann nicht doch bloße Dummheit zutage? Aus dem einfachen Grund, daß der Vorteil einer Mehrbeanspruchung individuell, der Nachteil aber kollektiv zu Buche schlägt, trifft es nicht zu. Zum berühmten Untertitel von Mandevilles *Bienenfabel* – »Private Vices, Public Benefits« – tritt hier die Gegendevise in Kraft: »private benefits, public costs«.

Aus dem Korb »unmittelbarer Gewinn plus mittelbare Kosten« greift das aufgeklärte Selbstinteresse »in aller Unschuld« den Gewinn heraus und behandelt die negativen Nebenwirkungen wie Findelkinder, die deshalb der öffentlichen Fürsorge anheimfallen; kurz, die Privatpersonen bereichern sich auf Kosten des Allgemeinwohls. Weil dem einzelnen der Nutzen voll zugute kommt, der Schaden dagegen großzügig mit den anderen geteilt wird, fällt für den einzelnen die Nutzen-Schaden-Bilanz positiv aus. Wenn zum Beispiel jemand, der sich bisher auf den öffentlichen Verkehr verlassen hat, aus Zeitgründen das Auto benützt, so fällt die Umweltbelastung, die auf ihn zurückfällt, geringer aus als der persönliche Vorteil. Dem globalen Gemeineigentum ergeht es also nicht anders als den kommunalen Allmenden, den Gemeindewiesen, Parks und öffentlichen Gebäuden: die Überbeanspruchung ist eine kollektive Selbstschädigung, die aus distributivem Selbstinteresse heraus erfolgt. Nicht wer die Mehrbeanspruchung vornimmt, widerspricht dem Selbstinteresse, sondern paradoxerweise derjenige, der freiwillig auf sie verzichtet; töricht ist, wer sich in der möglichst extensiven Nutzung öffentlicher Güter zurückhält.

Der ökologische Moralist richtet dagegen einen Appell. Der ökologische Egoist verstärkt den Appell – und handelt selber ihm zuwider; denn je weniger Personen dem Selbstinteresse folgen, desto weniger muß er sich an den entsprechenden Kosten beteiligen. Die ökologische Ethik sieht eine dritte Möglichkeit; sie vergegenwärtigt sich das strukturelle Problem – Selbstschädigung aus Selbstinteresse – und schlägt eine dafür gültige, eine nicht moralisierende, vielmehr die Strukturen verändernde Lösung vor.

Hardin (1968) interpretiert das skizzierte Paradox als eine Tragödie; von einer schicksalhaften Verstrickung in ein Unglück kann aber keine Rede sein. Eine zweite Interpretation trifft ebensowenig zu; aporetisch, also ausweglos ist die Situation auch nicht. Denn vom individuellen Selbstinteresse her ist die kollektive Selbstschädigung nicht schlechthin geboten, sondern nur unter der Bedingung, daß der Vorteil dem Betreffenden voll zugute kommt, nicht aber der Nachteil. Sobald die Bedingung entfällt und man entweder den Vorteil ebenfalls nur zu einem Bruchteil erhält oder aber den Nachteil voll zu tragen hat, wandelt sich die »Selbstschädigung aus Selbstinteresse« in eine Selbstschädigung, die dem Selbstinteresse widerspricht.

Direkt außer Kraft setzen, läßt sich die genannte Bedingung nicht; dort, wo die Umwelt an sich selbst ein öffentliches Gut ist, dort trägt der von der Mehrbelastung Bevorteilte deren Kosten grundsätzlich nur zu einem Bruchteil, den Vorteil aber ganz. Sobald aber annähernd jeder diese Situation ausnützt und den größeren Teil der Kosten auf die anderen abwälzt, sich im Gegenzug aber mit deren Kostenabwälzung belastet, findet statt, was den individuellen Vorteil aufzehrt: ein Ringtausch der Kostenabwälzung; übrig bleibt die bloße Selbstschädigung. Mittlerweile dürfte die Situation gegeben sein; jeder partizipiert so stark an der Umweltbelastung der anderen, daß er ein Interesse an Absprachen hat, mit deren Hilfe man die Gesamtbelastung reduziert.

Denkbar sind derartige Absprachen in verschiedener Form. Beispielsweise verbietet man in Form von Abgasvorschriften Mehrbelastungen direkt; oder man erhebt für ökologische Beanspruchungen eine Steuer. Dabei empfehlen sich zwei Zusatzforderungen. Erstens müßten gewisse Belastungen grundsätzlich verboten sein, zweitens müßten bei erlaubten Belastungen die Preise in zweierlei Hinsicht exponential ansteigen. Einerseits müßte die Mehrbelastung, je mehr die Natur schon belastet ist, desto teurer zu stehen kommen; andererseits müßte es negative Mengenrabatte geben; wer die Umwelt überdurchschnittlich hoch belastet, zahlt schon für jede Belastungseinheit einen überdurchschnittlich hohen Preis.

Wie auch immer die Absprachen lauten – sie müssen so wirksam durchgesetzt werden, daß sich ein Verstoß nicht lohnt. Andernfalls gebietet das aufgeklärte Selbstinteresse die Absprachen zu mißachten, so daß sie bei hinreichendem Selbstinteresse zu leeren Worten werden. Das ökologische Paradox, die Selbstschädigung aus Selbstinteresse, bliebe – in Form eines Anerkennungsdilemmas – erhalten. Das Dilemma, eine Variante des bekannten Gefangenendilemmas, läßt sich übrigens in formalisierter Sprache, mittels einer Nutzenmatrix, erläutern. Hier genüge die umgangssprachliche Darstellung: eine wirksame Absprache ist vorteilhaft; ein individuelles Mißachten der Absprache, ein Trittbrettfahren, noch vorteilhafter; eine generelle Mißachtung aber generell nachteilig (vgl. Höffe 1987, Kap. 13.2).

Zuständig für wirksame Absprachen ist die Rechts- und Staatsordnung. Um ihre ökologische Aufgabe zu erfüllen, muß die eudämonistische Ethik daher zur Rechts- und Staatsethik werden. Weil die Tugendethik rehabilitiert wird, könnte man zwar annehmen, in erster Linie sei eine Ethik persönlicher Einstellungen, eine personale Ethik also, gefragt. Tatsächlich richten sich die Forderungen eines ökologischen Weltethos unmittelbar an eine Rechts- und Staatsordnung und nur mittelbar, über das Medium dieser Ordnung, an die Individuen. Darin liegt denn auch eine Erleichterung der Aufgabe; verlangt ist nicht, womit man sich in der Regel nur überfordert, ein neuer Mensch, sondern lediglich ein neues Recht. Die dafür zuständige Rechtsordnung überschreitet allerdings jenen Rahmen, in dem Rechtsanpassungen noch relativ leicht vorgenommen werden, den der Territorialstaaten; öffentlich ist das Gut »Umwelt« häufig in einem die Staatsgrenzen überschreitenden Sinn. Die Reaktion der Menschheit auf die ökologische Krise erfolgt nun so schnell, wie in der Regel internationale Verträge zustande kommen: signifikant langsamer als innerstaatliche Absprachen.

11. Ökologische Gerechtigkeit

11.1 Die Wende zur kategorischen Moral

Eine Menschheit, die ihre Lebensgrundlage zerstört, begeht – so heißt es – einen kollektiven Selbstmord. In dieser Diagnose klingt der beklemmende Ernst der ökologischen Krise an, und doch wird das moralische Problem verharmlost. Denn daß der Mensch Hand an sich legt, ist unbeschadet religiöser und tugendethischer Bedenken rechtsethisch zulässig. Und die neue Quantität – daß sich die Gattung tötet – hat nicht die legitimatorische Kraft, die ihr Jonas (1979, 80) zuspricht. Eine ansonsten nur bedingte Pflicht zum Dasein kann sie nicht in eine jetzt unbedingte Pflicht umwandeln; sofern die Pflicht für jeden einzelnen nur bedingt gilt, kann sie für die Gesamtheit aller einzelnen, die Gattung, keine unbedingte Geltung beanspruchen.

Daß die Natur auch ohne die Menschheit leben kann, ist trivial, und daß sie ohne die Menschheit vielleicht ärmer ist, begründet noch keinen kategorischen Imperativ des Überlebens. Ökologische Zerstörungen verletzen eine unbedingte Pflicht aus einem anderen Grund. Das Selbst, das der Tötung zum Opfer fällt, muß nicht mit dem Selbst identisch sein, das die Tötung begeht. Auf diese Situation geht das Wort vom kollektiven Selbstmord aber nicht ein und nimmt damit, obwohl es so dramatisch klingt, in Wahrheit eine Verharmlosung vor. Mit dem Präfix »Selbst« unterstellt es eine Identität von Opfern und Tätern, die allzu oft fehlt, teils wegen der Differenz von individuellem Vorteil und kollektivem Nachteil, teils weil der Nachteil nicht einfachhin kollektiv zu Buche schlägt.

Erst diese beiden Möglichkeiten relativieren das Prinzip Selbstinteresse und zwingen die ökologische Ethik, von Ratschlägen gegen sich zu Pflichten gegen andere überzugehen; erst hier verschärft sich die zunächst nur pragmatische Verbindlichkeit zu einer kategorischen. Und die Verschärfung beginnt weit unterhalb der Gattungsebene; denn das kategorische Verbot zu töten schützt jedes einzelne Menschenleben und nicht nur das Überleben der Menschheit.

Innerhalb der kategorischen Verbindlichkeiten behandelt die

Rechtsethik jenen elementaren Teil, deren Anerkennung die Menschen einander schulden, während es einer Tugendethik um das verdienstliche Mehr geht (s. Kap. 2.3). Weil sich nur die Rechtsethik mit der (moralischen) Erlaubnis verbindet, die entsprechenden Pflichten mit Zwang (was aber nicht heißt: mit physischer Gewalt) durchzusetzen, bildet sie den Grundrahmen einer ökologischen Ethik und erlaubt ihr, selbst in ihrem nicht mehr pragmatischen Teil der Strategie »minimale Moralisierung« treu zu bleiben. Wie ein umsichtiger Bergsteiger, der alles nötige, aber kein überflüssiges Gepäck trägt, argumentiert eine ökologische Ethik mit den zwangsbefugten Prinzipien einer Rechtsethik und verzichtet – mindestens für das Elementare – auf eine Tugendethik. Ohnehin beruft sie sich aus Gründen des Sein-Sollensfehlers nicht wie Jonas auf eine Seins-Metaphysik. Daß sie durch ethische Bescheidenheit die Zustimmungsfähigkeit erhöht, diesen Nebeneffekt nimmt die ökologische Ethik als stillen Gewinn gern mit.

Weil hier nicht der Ort für einen allgemeinen Ethikdiskurs ist, folgen wir einer Methode, die seit Aristoteles »topisch« heißt (siehe unten Kap. 14.4); wir berufen uns auf unstrittige Grundsätze. Unstrittig nicht nur in unserer Rechtskultur, sondern in allen uns bekannten Kulturen sind der Grundsatz der Verfahrensgerechtigkeit, die Unparteilichkeit, ferner die damit verwandte Goldene Regel (»Was du nicht willst, das man dir tu', das füg' auch keinem andern zu«) und das Verbot des Trittbrettfahrens, das sich übrigens sowohl aus dem Gebot zur Unparteilichkeit wie aus der Goldenen Regel ableiten läßt. Der Trittbrettfahrer nimmt sich nämlich ein Privileg heraus; zahlen läßt er für gemeinsame Vorteile bloß den anderen. Obwohl die Grundsätze selbst nicht neu sind, verlangen sie, auf ökologische Fragen angewandt, die weltweit gelebte Moral radikal zu verändern. Einmal mehr entfaltet eine im Prinzip längst anerkannte Moral noch eine erstaunliche Sprengkraft.

Das Grundmuster ökologischer Ungerechtigkeit ist einfach; wer zur Umweltzerstörung beiträgt, greift in die Rechte anderer ein. Nun können derartige Eingriffe legitim sein, vorausgesetzt, man holt sich die Zustimmung der Betroffenen ein und leistet gegebenenfalls eine Entschädigung. Wer die Umwelt belastet, pflegt diese Aufgabe aber zu vernachlässigen und macht sich dann eines Strafdelikts schuldig: er vergreift sich an fremdem Eigentum und fremder Gesundheit. Obwohl damit eine klare Rechtsverletzung vorliegt, ist das zuständige Recht, das Umweltstrafrecht, erst noch in der Entwicklung.

Ein Grund liegt sicherlich darin, daß die drei Forderungen, die das Strafrecht generell erhebt, hier nicht so leicht zu erfüllen sind. Erstens ist die Identifikation eines Täters erschwert, weil viele Umweltzerstörungen sich als Kumulations- und Summationseffekte darstellen. Zweitens gibt es meist keine genau bestimmten Opfer, vielmehr erhöht sich – um ein Beispiel zu geben – »lediglich« für eine nicht genau abgegrenzte Population das Krebsrisiko. Schließlich ist der Tatbestand der Schädigung in der Regel nicht hinreichend eindeutig zu beweisen, da man, statt über ein klares Ursache-Wirkungsgesetz zu verfügen, nur Gesetzmäßigkeiten kennt, die zwar die Wahrscheinlichkeit eines Schadenseintritts vorauszusagen erlauben, nicht aber den Schaden selbst. Wegen derartiger Schwierigkeiten schritt das traditionelle Strafrecht bei »Straftaten gegen die Umwelt« selten ein; Ausnahmen wie die berühmte Entscheidung des französischen Kassationsgerichts vom 27. Januar 1859, das den Tatbestand der Fischwilderei auf Gewässerverschmutzungen anwandte, blieben juristisch umstritten. Mittlerweile stellen sich jedoch die Gesetzgeber und Gerichte auf die neue Art von Strafdelikten ein. (Zum Umweltstrafrecht vgl. Tiedemann 1988.)

Um Strafdelikte auszuweisen, kann man generell mit der Idee der Tauschgerechtigkeit argumentieren (Höffe 1987, Kap. 12). Angesichts von Umweltdelikten äußert Wetzel (1990, 614) zwar die Befürchtung, dieser Idee zufolge müsse man jeden, der auf Umweltzerstörungen verzichte, für die unterlassene Zerstörung entschädigen. Wäre diese Folgerung zwingend, so müßte man aber auch den möglichen Einbrecher, den potentiellen Mörder und jeden eventuellen Rechtsbrecher entschädigen, sofern er sich bereit erklärte, den Rechtsbruch zu unterlassen. In Wahrheit verdient die Unterlassung nur dort eine Entschädigung, wo die Handlung an sich legitim ist, was weder auf Umweltzerstörungen noch auf die anderen Delikte zutrifft. Vor allem die internationale Rechtsgemeinschaft muß freilich noch lernen anzuerkennen, daß derjenige, der eine Umweltzerstörung vornimmt, an der Allmende der Menschheit ein Eigentumsdelikt begeht: in geringfügigen Fällen einen Diebstahl, in seltenen Fällen einen Mundraub, oft genug einen Raub sans phrase. Außerdem beeinträchtigt er die Gesundheit seiner Mitmenschen; er verstößt gegen deren Recht auf Leib und Leben.

Des näheren wird gegen die genannten Gerechtigkeitsgrundsätze in mindestens drei Formen verstoßen. Erstens finden wir ein *negatives Trittbrettfahren.* Das gewöhnliche Trittbrettfahren nimmt die Vorteile bei einer gemeinsamen Unternehmung in Anspruch, ohne die Kosten anteilig mitzutragen; das negative Trittbrettfahren exportiert einen Teil der Kosten, ohne auch den Nutzen auszuführen. Praktiziert wird diese Strategie etwa dort, wo man seine Abwässer in grenzüberschreitende Flüsse einleitet und sie damit fremden Ländern aufzwingt, ferner dort, wo man emissionsreiche oder gefährliche Betriebe, beispielsweise Chemiefabriken und Kernkraftwerke, in Grenznähe aufbaut, ohne den Nachbarn am erwarteten ökonomischen Nutzen zu beteiligen. Außerdem führt man die einschlägigen Planungs- und Entscheidungsverfahren in der Regel ohne Rücksprache mit dem Nachbarn durch. Hier kann man etwas pathetisch, aber durchaus sachgemäß von einer ungerechtfertigten Bereicherung, von einer Ausbeutung, sprechen. Ausgeübt wird sie allerdings häufig in einer gewissen Wechselseitigkeit, womit sich per Saldo die Ungerechtigkeit abschwächt. Es gibt aber auch die schlechthin einseitige Ungerechtigkeit, jene, die ökologisch Unschuldige trifft. Die Belastungen der Atmosphäre zum Beispiel schädigen auch die Gruppen, die sich in ökologischer Hinsicht so gut wie makellos verhalten, die sogenannten Naturvölker.

Nach dem zweiten Muster von Gerechtigkeitsverstößen, dem *positiven Trittbrettfahren*, erfreut man sich der Umweltverbesserungen des anderen, ohne selber zur Verbesserung beizutragen. Hier wird der ökologisch Unbesonnene, der »Übeltäter«, bevorteilt. Wer sich gegen Fischfangquoten sperrt oder gegen eine Reduktion von Schadstoffen, auf die sich die Nachbarn verpflichten, bereichert sich auf deren Kosten. Drittens gibt es den *partikularen Gewinn*; ein kollektiver Schaden kann nämlich regional vorteilhaft sein. So können die aus dem Treibhauseffekt zu erwartenden Klimaveränderungen dazu führen, daß die Häfen in Sibirien und Alaska fast über das ganze Jahr eisfrei bleiben; ferner dürfte sich in Afrika die tropische Regenzone nach Norden verlagern, was ausgedörrten Ländern wie dem Tschad, dem Sudan und Ägypten die dringend benötigte Feuchtigkeit brächte; und die Landwirtschaft der Vereinigten Staaten erwartet nicht überall, aber insgesamt deutlich höhere Erträge (Adams 1990).

11.2 Exkurs: Für politische Gerechtigkeit einen ökologischen Gewinn

Selbst unter »befreundeten Staaten« sind die genannten Gerechtigkeitsprobleme noch nicht gelöst; daß es sie gibt, liegt aber auf der Hand. Anders sieht es bei einer Aufgabe aus, die zum Thema ökologische Gerechtigkeit nur mittelbar gehört, in der Mittelbarkeit aber ein neues, viertes Argumentationsmuster bereitstellt. Sensibel für den ökologischen Wert der tropischen Regenwälder sind wir schon des längeren. Verschont von Klimakatastrophen wie der Eiszeit und begünstigt durch hohe Luftfeuchtigkeit und gleichbleibende Temperatur, beherbergen sie das größte genetische Reservoir der Erde; dazu kommt ein ungewöhnlich hoher klimatischer Wert. Nicht so sensibel sind wir für den Umstand, daß dieselben Wälder die Heimat für Menschen sind. Setzt man nun die wenigen noch überlebenden Ureinwohner dem Kontakt mit einer ihnen zutiefst fremden Kultur aus, so sind sie durch das Zusammenspiel verschiedener Faktoren dem Untergang geweiht. Ein Genozid droht nicht etwa, er hat längst begonnen und wird fleißig fortgesetzt. Südamerika beispielsweise nähert sich in den entsprechenden Regionen dem Stand an, den die Vereinigten Staaten von Nordamerika schon vor langem erreichten. In Kürze werden die Indianer der Amazonaswälder in einer Weise dezimiert sein, daß bloß kleinere Restgruppen übrigbleiben, fast nur »Museumsstücke«, denen es dann, mangels »kritischer Masse«, an kultureller Identität fehlt. Schon heute, schätzt man, leben in Südamerika von den ehemals fünf Millionen Ureinwohnern nur noch 230 000, also weniger als fünf Prozent.

Obwohl der Hinweis ins Genre des Moralisierens wechselt, sei er erlaubt: Daß man die Rechte der Indianer – und in Äquatorialafrika die der »Kinder des Regenwaldes«, die der Baba – so wenig beachtet, ist mehr als befremdlich; es ist ein Skandal. Der Skandal beginnt damit, daß viele Naturschützer vom Schutz der Regenwälder sprechen, die Rechte, und zwar die nicht bloß moralischen, sondern sogar positiven Rechte seiner Bewohner dabei verdrängen. Sollte denn in der Verletzung von Grund- und Menschenrechten ein geringeres Übel liegen? Oder interessieren wir uns für die ökologische Seite deshalb mehr, weil sie uns mitbetrifft, während der Untergang der Indianer ein regionaler und uns sehr ferner Schaden bleibt?

Es gibt einen zweiten Skandal. Fremd ist der Weltöffentlichkeit das Thema »Genozid« nicht, Aufmerksamkeit findet es jedoch nur selektiv. Für gewisse Fälle zeigt man sich höchst engagiert, für andere nur mäßig engagiert und für wieder andere fehlt so gut wie jede Aufmerksamkeit. Beim Kriterium, dem die Selektion de facto folgt, liegt ein dritter Skandal. Man wird den Verdacht nicht los, daß die größere Aufmerksamkeit jene Völker und Kulturen finden, die es verstehen, sich zu wehren, zumindest sich selber zu Wort zu melden; so simpel wie traurig: ohne Lobby kein Erfolg. Weil das Kriterium aber praktiziert wird und die Öffentlichkeit, die sich selbst gern kritisch nennt, gegen eklatantes Unrecht weder ganz freiwillig noch ganz gerecht vorgeht, bleibt den Indianern nichts anderes übrig, als sich darauf einzustellen und aus der eigenen Mitte Journalisten, Advokaten und Politiker hervorzubringen, ferner Wissenschaftler, Schriftsteller und zusätzlich, als potentielle Mäzene für diese Entwicklung, erfolgreiche Unternehmer. So etwas gelingt ihnen aber nur, wenn sie das erforderliche Bildungswesen aufbauen, außerdem ihre Mentalität ändern (in Richtung Konkurrenzfähigkeit), ferner ihre Siedlungsform (in Richtung einer städtischen Kultur). Um die Vorbedingung ihres Überlebens zu sichern und jene Lobby aufzubauen, die sich in der Weltöffentlichkeit Gehör verschafft, müssen also die Ureinwohner die eigene Lebensart aufgeben und sich an eine ihr fremde Kultur anpassen. Kurz: zum Zweck des physischen Überlebens bezahlen sie mit ihrem kulturellen Tod.
Wollte man den zumindest kulturellen und oft genug auch physischen Genozid verhindern, müßte man den Indianern nicht mehr, aber auch nicht weniger gewähren als allen vom Aussterben bedrohten Völkern; ihr Land wäre gegen jeden Eindringling zu verteidigen. Die direkt betroffenen Staaten werden antworten, das sei ihre innerstaatliche Angelegenheit. Diese Antwort unterstellt, es sei richtig, was der Schutz der Ureinwohner doch verhindern sollte: daß ein Land, das sie seit Jahrtausenden besiedeln, nicht ihnen gehöre, sondern den Eindringlingen; diese selbst nennen sich freilich Kolonisatoren.
Einwenden wird man: in den ersten Generationen habe die Kolonialisierung an den Ureinwohnern ein Unrecht begangen; inzwischen aber, in Südamerika nach immerhin fünf Jahrhunderten, seien neue Rechtsverhältnisse entstanden; denn wer ein Land derart lange besiedelt und kultiviert habe, habe sich – durchaus in

einem moralischen Sinn – einen Anspruch darauf erworben. Die empirische Annahme, auf die sich der Einwand beruft, trifft – freilich mit Vorbehalten – zu; in weiten Teilen Südamerikas siedeln die Neueinwohner zwar nicht seit fünf Jahrhunderten, in der Regel aber seit vielen Generationen. Davon ausgenommen sind jedoch die Amazonaswälder, denn bislang ließ man sie weitgehend unberührt. Werden auch sie genutzt, so findet etwas statt, das vom Argument der langen Besiedlung her nicht gerechtfertigt ist; und gesteigert wird das neue Unrecht noch dadurch, daß es der internationalen Rechtsentwicklung klar widerspricht. Während man andernorts dic Kolonialisierung so weit wie möglich zurücknimmt, zumindest neuen Kolonialisierungen Einhalt gebietet, schreitet sie im Amazonas-Raum – durch Brandrodungen, auch durch Holzfäller und Goldgräber – kräftig fort.

In den Fallstricken des Völkerrechts nicht verfangen, nimmt sich der Philosoph die Freiheit zu einer Vermutung, wohl wissend, daß sie auf eine radikale Forderung hinausläuft. Deren Legitimationsgrundlage ist aber allgemein anerkannt. Nach zwei gewiß unstrittigen Grundsätzen, nach dem Lebensrecht der Ureinwohner einerseits, nach deren Selbstbestimmungsrecht andererseits, wäre es gerecht, wenn man die Amazonaswälder (und sinngemäß die Regenwälder in Afrika und in Asien) von den in Frage stehenden Staaten abtrennte, sie zu einem eigenen Gemeinwesen erklärte und dieses, wie bei Gemeinwesen üblich, als territorial sakrosankt behandelte. In gewöhnlichen Fällen erlaubt das Prinzip der territorialen Unverletzlichkeit durchaus wirtschaftliche und gesellschaftliche Kontakte; unter bestimmten empirischen Randbedingungen wird diese Erlaubnis aber hinfällig. Weil man weiß, daß die Ureinwohner, sobald sie einmal mit der »europäischen Kultur« in Berührung kommen, sich deren Sog nicht mehr entziehen können, weil man weiß, daß mit einer an Sicherheit grenzenden Wahrscheinlichkeit zumindest ihre kulturelle Identität zerstört wird, mittelfristig wohl auch das physische Überleben, weil man also weiß, daß die scheinbar harmlose Kontaktaufnahme tatsächlich einen Genozid zur Folge hat, ist die folgende zweifelsohne einschneidende Maßnahme erforderlich: Ohne jeden Eingriff durch andere, ohne jedes Zugangsrecht für andere überläßt man das Land vollständig den hier lebenden Stämmen.

Die Forderung hat einen willkommenen Nebeneffekt. Was die politische Gerechtigkeit verlangt, bietet zugleich einen ökologischen Vorteil; der Menschheit wird ein riesiges Naturreservat geschenkt. Geschenkt wird es aber nicht etwa von Brasilien, Kolumbien und Peru, vielmehr von den Amazonasstämmen. Diese machen zudem ein zweites Geschenk; sie offerieren ein Gegenbild gegen eine imperiale Zivilisation und das Vorbild für eine neue Kultur, für ein Weltethos der Naturschonung.

11.3 Gerechtigkeit gegen künftige Generationen

Als »soziale Frage« bezeichnet man einen Komplex von Schwierigkeiten, die sich im Gefolge der Industrialisierung teils neu auftun, teils verschärfen. Während sie, die Fragen von Armut, Arbeitslosigkeit und Chancenungleichheit, einer vollen Beantwortung noch harren, meldet sich in der Umweltkrise die »neue soziale Frage« zu Wort. Mit der Hybris und Unbesonnenheit verschlechtert die jeweils herrschende Generation die Lebensbedingungen der Kinder, die es gegen ihre Kinder wieder fortsetzen. Eine derartige Entwicklung verstößt offensichtlich gegen anerkannte Gerechtigkeitsgrundsätze; weil die Elterngeneration der Kindergeneration antut, was sie von ihren eigenen Eltern nicht hätte erleiden wollen, setzt sie sich zur Goldenen Regel in Widerspruch und zusätzlich zur Idee der Unparteilichkeit, denn man nimmt sich ökologische Privilegien heraus.

Zum Verpflichtungsgrund. Erörtert wird heute die »neue soziale Frage« unter verschiedenen moralischen Leitideen (vgl. z. B. Partridge 1980). Wir berufen uns bewußt auf die strengste Idee: nicht auf ein tugendethisches Gebot, da dessen Anerkennung nicht geschuldet ist, auch nicht auf das Prinzip Verantwortung oder eine Vorsorgepflicht, da diese, in ihrem Verpflichtungsgrund zu vage, zur entscheidenden Alternative »Rechts- oder Tugendethik« sich nicht äußern. Schließlich verzichten wir auf eine utilitaristische Argumentation; denn auch die Fülle scharfsinniger Untersuchungen – von Narveson (1967) über Parfit (1984, Kap. 16–19) bis Birnbacher (1988) – kann nicht darüber hinwegtäuschen, daß der Verpflichtungsgrund ungeklärt ist, die Frage, warum man das größte Glück aller Betroffenen überhaupt verfolgen soll. Wir bleiben bei der elementaren und als solche nicht strittigen Verpflichtung, der Gerechtigkeit.

Das nähere Thema, das einer nicht mehr synchronen, sondern

diachronen, das einer intergenerationellen Gerechtigkeit wird gern als neu angesehen. Die Neuartigkeit gehört für die einen zu den Gründen, eine schlechthin neue Ethik zu postulieren, während sich andere in ihrem Verdacht auf Moralisierung bestätigt fühlen: die entsprechenden Verpflichtungen gebe es nur, weil man die moralischen Anforderungen ungebührlich erhöhe. Deshalb empfiehlt sich zur angeblichen Neuartigkeit eine Vorbemerkung: Wer die wenigen Schriften philosophischer Klassiker, die für eine ökologische Ethik einschlägig sind, auch nur oberflächlich durchblättert, stößt auf einen Gegenbeleg relativ rasch. Geäußert wird der Gedanke nur beiläufig und belegt gerade damit, daß der Verfasser, ein prominenter Autor, keine Neuartigkeit beansprucht. In der *Kritik der Urteilskraft*, im zuständigen teleologischen Teil, im Zusammenhang mit der relativen Zweckmäßigkeit der Natur erwähnt Kant den vom Meer zurückgelassenen Sandboden, auf dem nur Fichtenwälder gedeihen, und fährt fort: »wegen deren unvernünftiger Ausrottung wir häufig unsere Vorfahren anklagen« (§ 63). Der Beleg ist deutlich: vorgeworfen wird »Ausrottung«, also Raubbau an der Natur; gerichtet wird der Vorwurf an weit entfernte Generationen; und die Art des Vorwurfs – »Anklage« – weist in den Rechtsbereich; weil aber die Anklage nicht positivrechtlich zu verstehen ist, klingt die moralische Idee des Rechts, also die Gerechtigkeit, an. Damit zeigt sich, daß schon in der Epoche der Aufklärung der Gedanke einer intergenerationellen Gerechtigkeit wie selbstverständlich anerkannt ist.
Belege finden sich aber nicht erst in der Aufklärungsepoche, außerdem nicht nur in der Philosophie. Wir erinnern uns der im Kap. 7 erwähnten land- und fortstwirtschaftlichen Schutzmaßnahmen; schon ihnen liegt das Bewußtsein einer Verpflichtung gegen künftige Generationen zugrunde. Und im zitierten Gutachten von Alexander v. Humboldt ist dieses Bewußtsein auch dem nüchternen Naturforscher zu eigen. Die Verpflichtung selbst ist also nicht neu, so daß von Moralisierung keine Rede sein kann; neu ist allenfalls der Globalmaßstab, in dem die Verpflichtung heute gefragt ist. Außerdem dürfte das Bewußtsein der Verpflichtung nach und nach zurückgegangen sein, so daß eine schleichende Entmoralisierung, die in der Vergangenheit stattgefunden hat, heute zurückzunehmen ist. Einmal mehr ist keine neue Moral vonnöten, sondern bloß die ernsthafte Anerkennung einer lange bekannten Moral.

Bei Kant erscheint der Gedanke einer intergenerationellen Gerechtigkeit als schlicht plausibel; tatsächlich wirft er eine Reihe von Schwierigkeiten auf. Sie beginnen bei einem noch vormoralischen Moment, bei den Anwendungsbedingungen der Gerechtigkeit. Läßt man die übertragenen Bedeutungen beiseite, so ist die Rede von Gerechtigkeit nur bei zwischenmenschlichen Beziehungen sinnvoll. Wer sich nun, wie heute üblich, auf künftige Generationen bezieht, der begibt sich in die Fallstricke einer philosophisch extrem schwierigen Debatte, der um den ontologischen Status zukünftiger Menschen bzw. potentieller Personen. Die oftmals virtuos geführte Debatte weist, auf unser Thema bezogen, in zwei Richtungen. Die eine Richtung läuft auf eine Entlastung hinaus; in bezug auf künftige Generationen, also auf Menschen, die noch nicht einmal gezeugt sind, könne von »zwischenmenschlich« selbst in einem sehr weiten Verständnis keine Rede sein. Die Entlastung erfolgt sehr grundsätzlich; für eine intergenerationelle Gerechtigkeit entfällt schon die Geschäftsgrundlage. Die andere Richtung ist vorsichtiger; sie sieht die Diskussion als noch offen an und enthält sich des abschließenden Urteils. Der Vorwurf der Ungerechtigkeit läßt aber nicht zu, was der Theorie erlaubt ist, ein schlichtes Aufschieben. Da sich für die fällige Entscheidung der Rechtsgrundsatz »im Zweifel für den Angeklagten« aufdrängt, erfolgt hier, wenn auch nur provisorisch, ebenfalls eine Entlastung; weil dem angeblichen Opfer der Ungerechtigkeit fehlt, was zum möglichen Opfersein gehört, ein unkontroverser Personenstatus, sei der Vorwurf der Ungerechtigkeit zu suspendieren.
Manche philosophische Debatte gibt sich mit der Suche nach Aporien zufrieden und verdrängt die Frage, inwieweit die Aporien, die man entdeckt, für das jeweilige Thema wesentlich sind. Der Diskurs über eine intergenerationelle Gerechtigkeit braucht sich aber mit dem ontologischen Status potentieller Personen nicht zu belasten; denn dafür, daß aus potentiellen Personen wirkliche Menschen werden, sorgt die jeweilige Elterngeneration durch die Tat und erschafft damit selber die Anwendungsbedingung für Gerechtigkeit. Aus diesem Grund bedarf der Diskurs in seinem ersten Schritt nicht einer kunstvollen Argumentation, sondern der Aufmerksamkeit auf den einfachen Sachverhalt, daß künftige Generationen nur dadurch existieren, daß sie von der vorangehenden Generation gezeugt und geboren werden. Sobald die Voraussetzung entfällt, wird die intergenerationelle Gerech-

tigkeit gegenstandslos; in Wirklichkeit trägt man für das Eintreffen der Voraussetzung immer noch Sorge.
Nun weiß man, daß die Wesen, die man – wohlgemerkt: ohne deren Zustimmung – in die Welt setzt, auf Hilfe angewiesen sind. In diesem Umstand liegt das zweite, nicht mehr deskriptive, sondern normative Moment; wer Kinder in die Welt setzt, übernimmt ipso facto die Verpflichtung, für die erforderliche Hilfe zu sorgen. Es ist eine Verpflichtung in ihrer strengen Form, nicht eine Tugend-, sondern eine Rechtspflicht, eine Gerechtigkeitsaufgabe. Einsichtig wird die strenge Verpflichtung allerdings nur, wenn man auf die genannte Beziehung achtet. In der Regel, so auch Jonas (1979, 234ff.), begnügt man sich mit dem Hinweis auf die Hilfsbedürftigkeit des Neugeborenen und übersieht dann eine moralisch wichtige Differenz. Wer in einer Notlage, die er nicht verursacht, trotzdem hilft, handelt moralisch im Sinne eines verdienstlichen Mehr. Wer aus einer Notlage hilft, für deren Eintreten er mitverantwortlich ist, kommt nur einer Entschädigungspflicht nach; weil er erfüllt, was die korrektive Gerechtigkeit verlangt, leistet er lediglich, was er dem anderen schuldet. Ein Kind in die Welt zu setzen bedeutet natürlich weit mehr, als eine Notlage hervorzurufen; auf den »Mehrwert« kommt es aber zunächst nicht an, sondern darauf, daß man die Notlage tatsächlich schafft und aus diesem Grund eine Verpflichtung im Sinne korrektiver Gerechtigkeit eingeht: Wer Kinder zeugt und in die Welt setzt, übernimmt ipso facto die Verantwortung dafür, daß sie Hilfe erhalten und unter lebenswerten Verhältnissen aufwachsen (vgl. Kant, *Rechtslehre*, § 28).
Auf der Hand liegt der Einwand, diese Art Verpflichtung trage ausschließlich derjenige, der Kinder in die Welt setze; jeder andere sei entlastet. Um die genannte Aufgabe einer ganzen Generation zusprechen zu können, fehlt tatsächlich noch ein Argument. Der inzwischen dritte Argumentationsschritt erinnert daran, daß die Auseinandersetzung mit der Natur ein kollektives Unternehmen ist, für das die Verantwortung ebenso kollektiv zu tragen ist. Zugunsten einer intergenerationellen Gerechtigkeit spricht überdies nicht nur die korrektive, sondern auch die kommutative Gerechtigkeit, die Tauschgerechtigkeit. Prima facie erscheint diese These als paradox, denn die gegenwärtige Generation, wird man sagen, erhalte von den zukünftigen Generationen keine Gegenleistung. Neben einem in etwa zeitgleichen Tausch gibt es aber auch

einen phasenverschobenen Tausch; er spielt zwischen den Generationen eine wichtige Rolle, ist überdies seit langem bekannt: Hilfsbedürftig, zudem weitgehend machtlos ist der Mensch nicht bloß zu Beginn seines Lebens, sondern auch im Alter, so daß man hinsichtlich beider Lebensphasen einen Tausch vornehmen kann. Um heranwachsen zu können, haben die Kinder, um in Ehren alt zu werden, haben die eventuell gebrechlich gewordenen Eltern jeweils ein Interesse, daß man weder ihre Schwäche ausnützt noch die erforderliche Hilfe verweigert. Insofern ist es für die mittlere Generation vorteilhafter, ihre Überlegenheit gegen die junge Generation nicht auszuspielen, damit sie, wenn die Kinder heranwachsen, sie selber aber zu dritten Generation geworden sind, ihrerseits nicht der Überlegenheit der anderen, der zur mittleren Generation gewordenen Kinder, ausgesetzt werden. Insofern sind es nicht vage Solidaritätserwägungen, auch nicht eine vage Verantwortung, sondern Gerechtigkeitsargumente, und zwar Argumente der Tauschgerechtigkeit, die – hier zusätzlich zu Argumenten der korrektiven Gerechtigkeit – eine Verpflichtung gegen die nachfolgenden Generationen begründen.

Dabei reicht es aus, den Blick auf die jeweilige Kinder- und Kindeskinder-Generationen zu richten. Weil diese de facto kontinuierlich nachwachsen und weil außerdem zum Zweck der Alterssicherung, und zwar zur nicht nur finanziellen, ein Interesse besteht, die Kontinuität nicht abzubrechen, weist der Blick auf die Kinder und Kindeskinder weit in die Zukunft voraus. Aus der Theorie der Sozialpolitik kennen wir den Gedanken eines Generationenvertrages. Da die Art und Weise, wie man die natürliche Umwelt hinterläßt, über die Lebenschancen der nächsten Generation entscheidet, kommt es in diesem Vertrag nicht nur auf die schon selbstverständlichen Tauschformen an; ebenso wichtig ist der nächsten Generation die Qualität der Umwelt, die sie erben.

Gerechtigkeitsgrundsätze. Der Grundsatz der korrektiven Gerechtigkeit lautet, bewußt vorsichtig formuliert: Wer Kinder in die Welt setzt, übernimmt ipso facto die Verantwortung dafür, daß sie unter lebenswerten Verhältnissen aufwachsen. Die Bedingung »lebenswert« ist nun ersichtlich vage, und jeder Versuch, ein genaues Kriterium aufzustellen, stößt auf zwei Schwierigkeiten. Einerseits kann man den Spielraum, der sich zwischen anspruchsvolleren und anspruchsloseren Definitionen auftut, nicht hinreichend einengen; andererseits wandeln sich im Laufe der Zeit die Interessen so erheblich, daß man nicht sagen kann, was sich die künftigen Generationen unter »lebenswert« vorstellen.

Schwierigkeiten, die man nicht direkt überwinden kann, sucht man zu umgehen. Angesichts der Unsicherheit über die Interessen befasse man sich nicht mit dem Lebenswerten selbst, sondern lediglich mit den Vorbedingungen, in einer ökologischen Ethik: mit den naturalen, nicht den sozialen Grundgütern. Dazu gehören die Luft zum Atmen, ferner Süßwasser, Land, Energie und jene Materialien, die entweder direkt nutzbar sind oder aber den Rohstoff für eine Bearbeitung abgeben. Angesichts des Definitionsspielraumes wiederum verzichte man auf eine objektive Definition des Maßes an Grundgütern, das zum lebenswerten Leben erforderlich ist; statt dessen erinnere man sich der elementaren Gerechtigkeitsgrundsätze, der Unparteilichkeit und der Goldenen Regel, und fasse das Maß so streng oder aber so großzügig, wie man es nach Ausweis des gelebten Lebens für sich selbst anerkennt. Was wir für lebenswert halten, zeigt sich nämlich nicht so sehr in schönen Absichtserklärungen als im Lebensstil, den wir tatsächlich pflegen.

Im übrigen braucht man sich auf eine nähere Bestimmung zunächst nicht einzulassen. Vorab zu klären ist, für in etwa wie viele Generationen die Erde denn noch lebenswert bleiben soll; offensichtlich fallen nämlich die Anforderungen um so strenger aus, je größer die Anzahl der noch folgenden Generationen ist. Mit dem Argument, andernfalls sei das Wagnis zu groß, daß das gegenwärtige Handeln die dann noch Lebenden kausal betreffe, könnte man zwar die Anzahl klein halten wollen. Die Gegenfrage ist aber berechtigt, wieso das Wagnis groß sei. Die Verkarstung im Mittelmeerraum betrifft die dort Lebenden seit vielen Jahrhunderten; ähnliches gilt für die Versteppungen und für die Zersiedlung der Landschaft.

Menschen gibt es selbst bei vorsichtiger Schätzung schon seit einigen Zehntausenden von Generationen. Wer großzügig ist, läßt für die Zukunft eine ebenso lange Zeitspanne; wir sind bescheidener und nehmen nur einen Bruchteil an, einige hundert Generationen. Gerecht wäre nun, wenn jeder Generation dieselbe Zuwachsrate an Umweltbelastung bzw. Verschlechterung der Naturqualität eingeräumt wird. Man sieht leicht, daß eine auch nur geringe Zuwachsrate schon nach wenigen Generationen zu Ver-

hältnissen führt, unter denen wir nicht würden leben wollen. Halten wir die Zahl der künftigen Generationen sogar nach oben hin offen, dann gebietet die Gerechtigkeit, die Natur weder ärmer noch gefährlicher zurückzulassen, als sie übernommen wurde.
Bei einem schwierigen Thema handelt leichtfertig, wer sich auf eine einzige Argumentation verläßt. Von der Frage der Generationenzahl unabhängig ist folgendes Argument: Weil der Mensch die Natur nicht geschaffen hat, kann er nicht im emphatischen Sinn ihr Eigentümer, er kann nur ihr Nutznießer sein. Wie in Ackerbaukulturen das Familienoberhaupt für das Land sorgt, so muß der Mensch die Natur generell behandeln; ein *bonus pater* bzw. eine *bona mater familias* hinterläßt den nachfolgenden Generationen grundsätzlich kein schlechteres Erbe. (Ob diese Bedingung ein Landwirt erfüllt, der, »um seinen Hof halten zu können«, ein so hohes Maß an chemischer Düngung anwendet, daß der Boden ausgelaugt, überdies das Grundwasser geschädigt wird, wage ich – gegen Wetzel 1990, 613 – zu bezweifeln.) Dem Naturrecht der frühen Neuzeit, also einem nicht etwa religiösen, vielmehr säkularen und rationalen Denken, war die Einstellung selbstverständlich. In dem einflußreichen Werk *De iure naturae et gentium*, im Buch IV, Kapitel 3, § 2 spricht Samuel Pufendorf unmißverständlich von bloßer Nutznießung (*usumfructum*). In dem Absatz, in dem Descartes das heute inkriminierte Wort vom Herrn der Natur einführt, sagt er dasselbe (»qu'on jouirait ... des fruits de la terre«). Und noch mehr als zwei Jahrhunderte später lesen wir denselben Gedanken bei einem Philosophen, den wir sonst als scharfen Kritiker der Tradition kennen, bei Karl Marx im *Kapital* (3. Bd., Kap. 46: MEW, Bd. 25, 784).
Der Gedanke der intergenerationellen Gerechtigkeit zwingt uns, die überlieferten Eigentumstheorien neu zu überdenken. Zu diesem größeren Thema kann hier nur ein Stichwort gegeben werden: Als eine prinzipielle Vorgabe ist die Erde samt ihren Früchten ein Gemeineigentum der Menschheit, ihre alle Generationen übergreifende Allmende. Weil die Erde allen gleichermaßen gehört, hat sie die Bedeutung eines Kapitals, von dessen Zinsen jede Generation neu lebt. Die technisch-ökonomische Zivilisation darf den Zinsertrag auf eine Höhe bringen, um die sie die früheren Generationen beneiden würden; das Kapital antasten darf sie aber nicht. Tut sie es trotzdem, so vergreift sie sich an fremdem Gut, an dem der nachfolgenden Generation nämlich; sie nimmt, was man

meist nur metaphorisch versteht, jetzt in einem wörtlichen Sinn vor: einen Raubbau an der Natur.

Für die Bewertung der Technik drängt sich an dieser Stelle ein dritter Maßstab auf. Bisher kennen wir das innertechnische Maß, das die wachsende Beherrschung der Naturkräfte mißt, also die Steigerung des Könnens. Wer nur dieses Maß vor Augen hat, erliegt den genannten Allmachtsillusionen; ihnen tritt das zweite, eudämonistische Maß entgegen, dem es auf das menschliche Wohlergehen ankommt. Neu einzuführen ist ein Maß für intergenerationelle Gerechtigkeit, kurz: ein Gerechtigkeitsmaß. Es legt fest, wo der Betrag, über den eine Generation verfügen darf, die Zinsen, endet und wo das Unantastbare, das Kapital, beginnt.

Setzt man das Kapital mit der naturalen Natur gleich, dann ergibt sich ein unplausibler, nämlich extrem niedriger Zinssatz. Die fossilen Energievorräte beispielsweise müßte man so sparsam abbauen, daß sie zumindest noch einige hundert Generationen von Nutzen sind; denn die Vorräte wieder aufzufüllen, vermag der Mensch nicht. Mit Hilfe der Technik kann er aber Ersatz schaffen, und er handelt solange nicht ungerecht, wie der Ersatz gleichwertig ist. Allerdings darf man beim Ersatz nicht nur die technische Wertsteigerung, man muß auch ästhetische und andere Wertminderungen berücksichtigen, ferner die neuen Gefahren, die man heraufbeschwört.

Die Frage, wie man den Wert von natürlichen und künstlichen Stoffen messen und vergleichen kann, darf hier zurückgestellt werden. Jedenfalls umfaßt das Kapital sinnvollerweise neben der naturalen Natur auch funktionale Äquivalente, so daß das Gerechtigkeitsprinzip gegen künftige Generationen, bescheiden definiert, so lautet: Die Summe aus naturaler Natur und künstlichen Äquivalenten, sagen wir: die ökologische Bilanz, muß noch für einige hundert Generationen ein lebenswertes Leben ermöglichen. Und streng definiert, lautet das Prinzip: Die ökologische Bilanz darf an Wert nichts verlieren. In beiden Fällen kommt es nicht auf den absoluten Wert, sondern auf den Pro-Kopf-Wert an. In demselben Maß, wie eine Generation sich das Recht nimmt, die Bevölkerungszahl wachsen zu lassen, hat sie die Pflicht, die ökologische Bilanz zu steigern.

Anerkannt wird das Gerechtigkeitsprinzip nur von einer Zivilisation, die sich durch ökologische Gelassenheit und ökologische Besonnenheit auszeichnet. Diese Einstellungen haben deshalb einen doppelten Verpflichtungsgrund. Im Blick auf die eigene Zukunft entwickelt man sie aus Selbstinteresse, ihre Verbindlichkeit ist pragmatischer oder eudämonistischer Natur; gegen die jeweiligen Nachbarn und noch deutlicher gegen die künftigen Generationen liegt dagegen eine Gerechtigkeitspflicht vor, ein kategorischer Imperativ der stärksten Verbindlichkeit, ein kategorischer Rechtsimperativ.

Die Gerechtigkeit erlaubt zwar, die fossilen Energievorräte abzubauen, aber nur in dem Maße, wie man gleichwertige künstliche Energiequellen bereitstellt. Ferner dürfen die neuen Quellen erst dann als erschlossen gelten, wenn die neuen Gefahren so weit beherrschbar sind, daß bei der Energiegewinnung nicht geschieht, was manche von der Kernkraft befürchten: ein erhöhtes Risiko.

Zum Zweck der Entlastung von strengen Verbindlichkeiten beruft man sich gern auf das hohe Entwicklungspotential, das der technischen Zivilisation innewohne; insbesondere könne vieles, was heute noch als Belastung gelte, schon morgen als solche entfallen. Als Beispiel ist die Kernfusion beliebt, mit deren Hilfe der Energiebedarf für praktisch unabsehbare Zeiten zu decken sei. Weit reicht das Entlastungsargument aber nicht. Erstens werden nämlich die anderen naturalen Grundgüter (Süßwasser, Land ...) nicht überflüssig; zweitens ist das Versprechen auf die Zukunft zu vage; 35 Jahre nach dem Bau der entsprechenden Institute (1956) verbraucht die Kernfusionsforschung immer noch unendlich viel mehr Energie, als sie liefert. Und vor allem darf man die in der Zukunft möglichen, also potentiellen Entlastungen nicht gegen aktuelle Belastungen verrechnen.

Das Versprechen auf die Zukunft ist wie ein zur Zeit noch ungedeckter Scheck. Sich auf einen derartigen Scheck einzulassen, ist durchaus erlaubt, wenn auch meist töricht; erlaubt ist es aber nur dem, der das Risiko trägt. Geschieht es stellvertretend für andere, so übernimmt man die Aufgabe eines Vormunds, von dem hinsichtlich Kapitalvermögen das bürgerliche Recht mit gutem Grund eine besondere sichere, ein mündelsichere Verwaltung verlangt. Das Versprechen auf Zukunft verstößt schon gegen diese aus dem positiven Recht bekannte Bedingung. Noch gravierender ist, daß der Vorteil, den die Übernahme des Risikos erbringt, dem Vormund zugute kommt, womit er sich auf Kosten seines Mündels bereichert. Die Suche nach Techniken, die Entlastungen bringen, ist also zweifelsohne legitim; nicht legitim, sondern eine Ungerechtigkeit ist jedoch, das Mündel zugunsten des Vormunds zu belasten.

Bekanntlich gibt es auch die Gegentendenz, die hinsichtlich der Risiken nicht abgeschwächte, sondern verschärfte Forderungen erhebt. Nach Spaemann (1980, 199) »haben wir nicht das Recht, über die Gefahren hinaus, die der Natur innewohnen, zusätzliche Gefahrenquellen einzubauen«. Eine neue Gefahrenquelle kommt aber nicht erst mit seinem Beispiel, den Kernkraftwerken, in die Welt, sondern schon mit den Wasserkraftwerken, noch mehr mit dem Bergbau und im Prinzip mit jeder Technik seit Menschheitsbeginn. Müßte man also jede Technik verbieten, selbst wenn sie gewisse Naturgefahren vermindert?

Falls man die Gefahren durch andere, aber nicht höhere Gefahren ersetzt, dürfte man, eudämonistisch gesehen, nicht von einem technischen Fortschritt sprechen; man macht sich aber auch nicht einer intergenerationellen Ungerechtigkeit schuldig. So schwierig die Aufgabe ist, man kommt um sie nicht herum: zumindest im Überschlag ist eine Nutzen-Kosten-Bilanz zu erstellen. Techniken, deren eudämonistische Bilanz negativ ausfällt, sind zweifelsohne illegitim; Techniken, deren Bilanz nicht deutlich positiv ist, sind ihren Aufwand nicht wert; fällt die Bilanz aber deutlich positiv aus, dann sollte auch der Kritiker fair genug sein und den entsprechenden Techniken die Zustimmung nicht verweigern. Allerdings muß die Risikohypothek für die Zukunft, das Entsorgungsproblem, geklärt sein. Daß die Kernkraftwerke schon vorher gebaut wurden, ist ungerecht sowohl gegen die contre coeur betroffenen Nachbarn wie gegen die künftigen Generationen.

Die Gerechtigkeit verlangt weiterhin, die Toleranzgrenzen zu verschärfen: die Grenzen für die noch erlaubten Belastungen von Luft, Wasser und Boden, die Kriterien, die den Landbedarf für Industrie-, Wohn- und Verkehrsbauten zulassen; zu beschränken ist nicht zuletzt, was wir den Nachfahren an Haus- und Industriemüll aufbürden. Bislang orientieren sich die Toleranzgrenzen an der nahen Zukunft. Gerecht handelt erst, wer sich auf eine längere Folge von Generationen bezieht, jede Generation für gleichberechtigt hält und deshalb einer jeden Generation dieselbe Zuwachsrate an Umweltbelastung einräumt. Und dort, wo man so gut wie keine funktionalen Äquivalente schaffen kann, etwa bei der Artenvielfalt von Flora und Fauna, ist die Natur möglichst unverändert zu lassen.

Gerechtigkeitsfragen wirft auch die Bevölkerungsentwicklung auf. Wegen der Begrenztheit der natürlichen Ressourcen kann es nicht zulässig sein, daß eine Gruppe, sei es ein Stamm, ein Volk oder eine Völkergruppe, im Verhältnis zu den anderen sich mehr und mehr ausbreitet. Wer auf die heute dominierende Opposition »Erste contra Dritte Welt« fixiert ist, übersieht eine Gefahr, die erneut Unschuldigen droht: Falls die Weltbevölkerung wie bisher zunimmt, wird in nicht zu ferner Zukunft auf so dünnbesiedelte Landstriche wie Amazonien ein Druck ausgeübt. Zu erwarten ist der Druck sogar, wenn die Pro-Kopf-Ansprüche nur noch in der zweiten und dritten Welt steigen. Verwenden wird man dann Argumente, die moralisch klingen, etwa: es sei ein Luxus, so große Landreserven ungenutzt zu lassen; und ungerecht sei es, daß die Ureinwohner diesen Luxus für sich beanspruchen.

Wir dürfen nicht vergessen, daß das Argument schon einmal verwendet worden ist, sogar im Umfeld eines Genozids, der oft gewaltsamen Landnahme in Nordamerika. Weil damals für Europa zutraf, was heute in anderen Kontinenten der Fall ist, daß man die Bevölkerung nicht (angemessen) ernähren konnte, sagt man – ich zitiere den Schweizer Diplomaten und Völkerrechtler Emer de Vattel (1758, § 209; 1959, 142) –, »die betreffenden Völker können nicht mehr Land für sich allein beanspruchen, als sie nötig haben, bewohnen und bebauen können. Ihr Aufenthalt in diesen weiten Landstrichen kann nicht als eine effektive und legitime Besitzergreifung gelten. Die zu dicht zusammengedrängten Völker Europas waren daher berechtigt, einen Landstrich zu okkupieren und zur Kolonie zu machen, an dem die Wilden keinen besonderen Bedarf hatten«. Wahr ist, daß nicht die Indianer ein Privileg in Anspruch nehmen, sondern diejenigen, die die Folgen ihrer Bevölkerungspolitik den Indianern aufzwingen.

11.4 Zwei kleine Utopien

Ökologische Großzügigkeit. Eltern hinterlassen ihren Kindern lieber ein größeres Erbe, als sie selbst übernommen haben. Dieser Gesichtspunkt führt zwar über die Rechtsethik hinaus in eine Tugendethik. Eine Zivilisation aber, die die Naturkräfte so weit beherrscht wie die wissenschaftlich-technische Zivilisation, müßte ihren Stolz darein setzen, mehr als bloß Gerechtigkeit zu üben. Statt sich auf Kosten der Kinder und Kindeskinder zu bereichern, müßte sie ihre neue Macht für eine Haltung einsetzen, die ein Zeichen souveränen Menschseins schon immer gewesen ist: für die Großzügigkeit.

Nicht als Intention zwar, aber als glückliche Nebenfolge kennen wir schon ein Beispiel. Wenn man den Ureinwohnern des tropischen Regenwaldes Gerechtigkeit widerfahren läßt, machen sie de facto ein großzügiges ökologisches Geschenk. Sollte man auf die Großzügigkeit nicht auch als direkter Intention bauen können? Wer einer souveränen Humanität nicht traut, lasse sich auf einen Kulturvergleich ein. Aus ihm wird er lernen, daß das Maß, an dem unsere Kultur den Erfolg mißt, das Erwerben und Besitzen, andernorts als schändlicher Geiz gilt; jedes gesellschaftliche Ansehen kommt dort vom Geben und nochmals Geben. Auch im klassischen Griechentum zeichnet den »tugendhaften« Menschen die Freigebigkeit aus und noch mehr die Freigebigkeit im großen Stil, die Hochherzigkeit (vgl. Aristoteles, *Nikomachische Ethik* IV, Kap. 1–10). Weil wir, damit verglichen, einen Lebensstil pflegen, der zutiefst von Ungeduld, Kleinlichkeit und Enge bestimmt ist, müssen wir uns eine Umkehrung der üblichen Bewertung gefallen lassen: die technisch-ökonomische Überlegenheit unserer Kultur verbindet sich mit einem gravierenden Verlust an Humanität.

Behaupten könnte man, dieser Verlust lasse sich nicht rückgängig machen; die mangelnde Großzügigkeit sei der Preis, den der zahlen müsse, der den technisch-ökonomischen Fortschritt suche. Ein gewisser Verlust an Großzügigkeit hängt in der Tat mit den Modernisierungsschüben zusammen; er folgt aber weder aus der technischen noch aus der ökonomischen Rationalität als solcher, vielmehr aus der Entmoralisierung der Antriebskräfte, aus der genannten Transformation von Leidenschaften zu Interessen. Glücklicherweise ist sie nicht vollständig gelungen; das Vorbild für ein besitzindividualistisches Unternehmertum, John Davison Rockefeller, tut sich schon zu seinen Lebzeiten als Mäzen und Philanthrop hervor. Im übrigen kommt es im Verhältnis zur Natur weniger auf die Großzügigkeit einzelner Individuen an als auf die der ganzen Zivilisation.

Wer ihr die souveräne Humanität selbst nicht zutraut, kann sich mit dem aufgeklärten Selbstinteresse zufriedengeben. Er muß nur für den zwar sanften, aber doch deutlichen Wertewandel sensibel werden, der beim Träger der technisch-ökonomischen Kultur von morgen, bei der jungen Generation, heute stattfindet; die empirische Sozialforschung belegt, daß ökologische Gesichtspunkte bei den Naturwissenschaftlern, Ingenieuren und Betriebswirten ein immer höheres Gewicht erhalten. Falls die technisch-ökonomische Zivilisation nicht glaubhaft machen kann, daß sie die Lebenschancen der künftigen Generationen zu verbessern, mindestens aber zu erhalten versteht, darf sie nicht mit dem rechnen, was sie zum eigenen Fortleben braucht, mit einer breiteren Zustimmung der nachwachsenden Generation. Eine Tugendethik erhebt im Verhältnis zur Rechtsethik sowohl materiale wie formale Mehrforderungen. Das damit skizzierte Plädoyer für Großzügigkeit spricht sich nun materialiter für mehr als bloße Gerechtigkeit aus, ohne formaliter ein Handeln »aus Pflicht« zu verlangen; als Motivation für Großzügigkeit reicht das Selbstinteresse aus.

Nachdem jahrhundertelang das Pathos des Fortschritts dominierte, ziehen wir heute das Pathos des Anti-Fortschritts vor. Warum wollen wir aber ein Denken aufgeben, das begünstigt, was das Leben erst lebenswert macht: Wünsche, Hoffnungen und Utopien? Da andererseits die Fortschrittskritik vielfach berechtigt ist, kommt alles darauf an, die hoffnungsweckenden Kräfte zu bewahren und ihnen zugleich Ziele zu geben, die sich gegen die Fortschrittskritik behaupten können. Die Utopien von der Qualität des Sehnsuchtsglücks sind dazu außerstande; statt die Schwierigkeiten der Welt zu lösen, träumen sie von einer Welt ohne Schwierigkeiten; sie entwerfen keine bessere Welt, sondern die weltlose Welt der schönen Illusion. Die Antithese sieht dagegen nur die Schwierigkeiten; auf die schwärmerische Utopie läßt sie die bloße Anti-Utopie folgen. Denkbar ist aber auch eine dritte Möglichkeit, die realisierbare Utopie; daß sie bescheidener ausfällt, daß sie sich mit der »kleinen Utopie« begnügt, begrifflich genauer: mit einem Ideal, sollte nicht gegen sie sprechen.

Hinsichtlich der Naturbeziehung bestimmt sich die so realisierbare Utopie durch die Tugenden der Gerechtigkeit und Großzügigkeit. Daß eine Oikopoiese stattfindet, läßt sich nicht verhindern; anders werden kann nur deren Sinn und Zweck. Utopische Kräfte entfaltet nun eine technisch-ökonomische Zivilisation, die ihren Ehrgeiz darein setzt, der jeweils nächsten Generation die Natur – im erwähnten Sinn der nicht bloß naturalen Natur – ebenso reich zu hinterlassen, wie sie sie übernommen hat. Und sie steigert ihre utopische Kraft, wenn sie das Erbe zu vermehren sucht.

Eine Republik freier Republiken. Im Fall der Ökologie wiederholt sich eine generelle Aufgabe. Zum bloßen Begriff der Gerechtigkeit gehört, daß man ihre Anerkennung zwar den anderen schuldet, sie aber nicht immer freiwillig erbringt, weshalb es zur Durchsetzung eine zwangsbefugte Autorität braucht. Nötig ist diese auch, weil sich die Gerechtigkeit zunächst in Form von Grundsätzen darstellt, die man noch ausbuchstabieren muß in präzise Gebote und Verbote, in Gesetze und deren Ausführungsbestimmungen. Fernerhin müssen diese in Streitfällen verbindlich ausgelegt werden. Die deshalb erforderlichen Autoritäten entsprechen der bekannten Trias öffentlicher Gewalten; zum Zweck ökologischer Gerechtigkeit bedarf es einer Gesetzegebung, einer Rechtsprechung und einer Exekutive.

Nach Ansicht seiner Gegner tritt Machiavelli für eine Machtpolitik ein, die von moralischen Bindungen schlechthin frei ist. Um den Umweltschutz wäre es besser bestellt, wenn die Politik in einer bestimmten Hinsicht machiavellistischer wäre, wenn sie nämlich eine Maxime beherzigte, die Machiavelli (*Il Principe*, Kap. 3) tatsächlich vertreten hat: Wer ein Übel erst erkennt, wenn es sich deutlich zeigt, sei kein kluger Staatsmann. Die für einen wirksamen Umweltschutz erforderlichen Instrumente zu entwikkeln, ist jedenfalls eine der wichtigsten Aufgaben zeitgenössischer Politik. Es bleibt doch ein Ärgernis, daß man für Partikularinteressen wie Fischfangrechte mit harten Bandagen kämpft, während man sich im Kampf gegen die Meeresverschmutzung zufrieden gibt mit Verschiebungen ad calendas graecas.

Die Stimmen mehren sich, die aus ökologischen Gründen die Problemlösungskompetenz der Demokratie in Zweifel ziehen; man spricht von einem Demokratieversagen und liebäugelt sogar mit einer »Ökodiktatur«. Wohlüberlegt sind die Zweifel nicht. Richtig ist, daß die Demokratien zwar mehr als kontingente Schwierigkeiten haben, die Probleme rasch und wirksam zu beheben. Wegen der erwähnten Regel »ohne Lobby kein Erfolg« ist beispielsweise zur Wiederwahl kaum jemand gefragt, der Machiavellis Maxime befolgt und sich gegen ein Übel engagiert, bevor es einer einflußreichen Interessengruppe auf den Nägeln brennt; Demokratien pflegen deshalb kluge Politiker genug zu haben, kluge Staatsleute aber selten. Trotzdem ist eine Skepsis gegen die Demokratieskepsis angebracht; denn ökologiespezifisch sind die Schwierigkeiten nicht; und im Vergleich mit nichtdemokratischen

Gemeinwesen, etwa denen des »realen Sozialismus«, fällt die Ökologiebilanz von Demokratien positiv aus.
Ökologiespezifisch ist, daß die Probleme die überlieferte Organisationsform von Rechtsaufgaben, den einzelnen Staat, sprengen. Verantwortlich ist jedoch nicht, daß der Staat – wie man ihm vorhält – immer noch »Nationalstaat« ist. Denn warum sollte ein Staat die ökologisch bessere Politik nur deshalb betreiben, weil er nicht aus gemeinsamen sprachlichen, kulturellen und rechtlichen Traditionen erwächst? Verantwortlich ist auch nicht der Umstand, daß der Staat, wie man ihm weiterhin vorwirft, auf den traditionellen Souveränitätsansprüchen beharrt. Eine einfache Rückfrage entkräftet auch diesen Vorwurf: Warum sollte der Souveränitätsverzicht eo ipso zugunsten des Umweltschutzes ausfallen? Insofern gehen zwei Kritikmuster der heutigen Staatskritik an aktuellen Problemen vorbei. Tatsächlich verantwortlich ist ein Wesensmerkmal der Sache selbst: daß ein öffentliches Gut vorliegt, dessen Öffentlichkeitscharakter die Grenzen jedes noch so großen Einzelstaates, selbst jeder Staatengruppe übersteigt; die Umwelt hat in vieler Hinsicht einen globalen Charakter.
Dieser Sachverhalt hat eine Tragweite, vor der die internationale Politik lieber die Augen schließt: soweit die Umwelt ein im globalen Sinn öffentliches Gut ist, gehört sie gar nicht einzelnen Staaten. Eifersüchtig auf seine Souveränität pochen darf jeder Staat durchaus, vorausgesetzt, es geht um die Reinheit lediglich des eigenen Grundwassers, um die Sauberkeit der eigenen Luft und um Risiken, die an den eigenen Staatsgrenzen peinlich genau haltmachen. Bei grenzüberschreitenden Belastungen (einschließlich grenzüberschreitender Risiken) greift er jedoch in etwas ein, das nach aller Rechtsauffassung als unverletztlich gilt; er maßt sich einen Übergriff aufs Territorium der Nachbarn an. Ungefragt nimmt er ihn vor, überdies gegen deren Interessen; er übt also Gewalt aus. Selbst wenn nur in kleinem Maßstab praktiziert, verletzt man mit grenzüberschreitenden Belastungen die Souveränität der betroffenen Staaten. Hier liegt der Grund, warum die Forderung nach Souveränitätsverzichten an der Sache vorbeizielt. Sie unterstellt, daß man von einem Recht Abstand nimmt, das man in Wahrheit gar nicht besitzt. Nicht der Verzicht auf die eigene Souveränität ist gefragt, sondern der Respekt vor der Souveränität der anderen Staaten.
Als Thema ist der Umweltschutz von der internationalen Politik

schon des längeren anerkannt. Daß es trotzdem an durchschlagenden Erfolgen fehlt, kann man einmal mit mangelndem Unrechtsbewußtsein erklären; den Staaten ist nicht bewußt, daß sie mit grenzüberschreitenden Umweltbelastungen in fremde Souveränitätsrechte eingreifen. Im Wege steht aber auch das ökologische Paradox. Aus Angst, andernfalls zum bloßen Opfer zu werden, übt man sich, durchaus prophylaktisch, im Tätersein, also im Egoismus der genannten Muster: im negativen Trittbrettfahren, im positiven Trittbrettfahren und im partikularen Vorteil bei kollektivem Nachteil.

Solange es an Verträgen fehlt, die sowohl weltweit gültig wie effektiv sind, übt, wer anders handelt – das verdeckt die Rede vom nationalen Egoismus – lediglich sein Metier falsch aus; er ist ein schlechter Politiker. Wer bei grenzübeschreitenden Umweltbelastungen den Ehrgeiz hat, sein Land in eine ökologische Vorreiterrolle zu bringen, führt es nur in eine ungünstigere Situation; das Anerkennungsdilemma spricht eine hinreichend deutliche Sprache. Nun ist an die Demokratieform des Gemeinwesens das Dilemma nicht gebunden. Im Fall des internationalen Umweltschutzes enthält die zitierte Maxime Machiavellis daher das genaue Gegenteil des sog. Machiavellismus; indem sie nur auf die Kompetenz von Personen abhebt, wo auch ein Strukturproblem gegeben ist, erliegt sie einem simplifizierenden Moralismus. Aus demselben Grund simplifiziert, wer von Demokratieversagen spricht; nicht eine Staatsform versagt, vielmehr wird – bei welcher Staatsform auch immer – das Anerkennungsdilemma übersehen. Politiker bzw. Staaten bleiben natürlich klug und bringen beides zur Einheit: eine öffentliche Moral, die inzwischen für Umweltschutz plädiert, und das Partikularinteresse des eigenen Landes. Sofern sie sich für strengere Maßnahmen einsetzen, pflegen sie nämlich eine gezielte Selektion. Streng sind sie lediglich dort, wo die Strenge ihrem Land zugute kommt; die anderen Bereiche überlassen sie großzügig den anderen. Wer einmal auf den Themenbereich achtet, der in gewissen Ländern besondere Aufmerksamkeit findet, entdeckt hinter manchen gewiß strengen Maßnahmen doch nur einen nationalen Egoismus.

Für das Fortschrittsdenken tut sich hier eine zweite Möglichkeit auf. Der Umweltschutz bietet einen Grund mehr, zu entwickeln, was rechtsethisch ohnehin geboten ist: daß in den Beziehungen zwischen den Staaten an die Stelle der bald offenen, bald versteckten Macht das Recht tritt. Ökologische Gründe sprechen also für eine zweite Utopie, nach der Utopie einer ökologischen Großzügigkeit jetzt für eine politische Utopie. Gesucht ist aber nicht etwa eine Weltregierung, sondern eine Staatenrepublik, die sich, gemäß der immer noch gültigen Überlegungen Kants (*Zum ewigen Frieden*), als eine »Republik freier verbündeter Völker«, als eine Republik freier Republiken, darstellt. Deren erste Aufgabe besteht in der Ächtung des Krieges, ihre zweite Aufgabe in der Ächtung jener Fortsetzung des Krieges mit anderen Mitteln, die da heißt: grenzüberschreitende Umweltbelastung.

12. Abschied vom anthropozentrischen Denken?

Aufzunehmen ist endlich der ökologische Grundlagenstreit, die Frage, ob die Ethik auf ihre Orientierung bloß am Menschen verzichten müsse. Auf dem Spiel steht nicht weniger als ein Paradigmawechsel, eine revolutionäre Veränderung, die sich zudem nicht nur auf die Wissenschaft richtet, sondern unmittelbar auf die Praxis. Andererseits darf man die Tragweite nicht überschätzen. Da die ökologischen Kardinaltugenden dem anthropozentrischen Denken verhaftet bleiben und die Umweltkrise trotzdem im wesentlichen lösen, bleiben nur einige Restprobleme übrig. Wer für die Umweltkrise das anthropozentrische Denken verantwortlich macht, unterschätzt dessen Problemlösungskapazität bei weitem.

Einer zweiten Fehleinschätzung erliegt, wer primär theoretische Debatten für unmittelbar praxisrelevant hält. Wer nur einen ontologischen Vorrang, aber keinerlei Vorrechte beansprucht, vertritt eine bloß theoretische Anthropozentrik. Auch wenn seine Position falsch wäre – obwohl sie sich wegen der allein beim Menschen elaborierten Sprachfähigkeit nahelegt –, gäbe es statt eines wirklichen Vorrangs nur einen vermeintlichen: der Mensch erläge einer Illusion. Falls es dabei bleibt, bei einer anthropologischen Anmaßung bzw. einem falschen Selbstbild, schadet der Mensch aber nicht der Natur, sondern nur sich selbst. Nicht auf den generellen Streit um ein anthropozentrisches *Denken* kommt es also an, sondern auf den spezifischen um eine anthropozentrische *Moral*; erst sie spricht dem Menschen auch Vor*rechte* zu.

Eine dritte Fehleinschätzung, eine individualistische Verkürzung nämlich, nimmt vor, wer den ökologischen Grundlagenstreit, da er sich auf letzte Prämissen richte, für nicht rational zu schlichten hält und deshalb eine existentielle Vorentscheidung, gewissermaßen einen dezisionistischen Sprung, als nötig ansieht (Meyer-Abich 1984, 23). Eine existentielle Vorentscheidung muß jeder für sich selbst treffen; beim philosophischen Vorbild, bei Kierkegaard, ist es die Wahl zwischen der ästhetischen und der ethischen oder aber zwischen der ethischen und der christlichen Existenz. Die Wahl zwischen einer anthropozentrischen und einer biozentrischen bzw. pathozentrischen Moral richtet sich aber auf ein zum Teil öffentliches Gut. Die Entscheidung für eine nur pflanzliche Ernährung kann man für sich allein fällen, Vegetarismus ist als privates Gut denkbar, nicht dagegen der Schutz von Tier- und Pflanzenarten oder das Verbot gewisser Tierversuche. Der Begriff der existentiellen Vorentscheidung verdeckt also den Umstand, daß es im ökologischen Grundlagenstreit nicht nur um einen privaten Lebensentwurf, sondern um ein öffentlich verbindliches Recht geht. Bliebe gleichwohl die rationale Nichtentscheidbarkeit gegeben, dann träte der Grundlagenstreit ein gefährliches Erbe an: konkurrierende Weltanschauungen kämpften im Gemeinwesen um die Macht.

Angefangen mit der angedeuteten Unterscheidung von theoretischer und praktischer Anthropozentrik/Biozentrik sucht die Alternative, ein ethischer Diskurs, erstens genauere Begriffe. Er bindet sich zweitens überall dort, wo es möglich ist, an die Erfahrung und beruft sich drittens, soweit es eines moralischen Prinzips bedarf, auf einen elementaren und zugleich unkontroversen Gerechtigkeitsgrundsatz. Dazu kommt, viertens, die Vermutung, es gebe mehr begriffliche Möglichkeiten als ein Kierkegaardsches Entweder-Anthropozentrik-oder-Biozentrik.

Mit ihren schlichten Alternativen, in ein moralisches Schwarz oder Weiß eingefärbt, stellt sich manche Kritik mehr als Politik denn als Diskurs dar. Zielsicher auf die Verurteilung zusteuernd, setzt sie die anthropozentrische Moral als solche mit einer despotischen Anthropozentrik gleich, die dem Menschen eine schrankenlose Herrschaft erlaube. Und mit der Attitüde des Aufklärers, der bei Nietzsche und Foucault in die Schule gegangen ist, gräbt sie die geistesgeschichtlichen Wurzeln aus. Historisch durchaus anspruchsvoll, fragt sie hinter die frühe Neuzeit, hinter Bacon und Descartes, zurück und entdeckt den Ursprung der inkriminierten Moral im jüdisch-christlichen Denken; die Kritik geriert sich als eine Genealogie bzw. Archäologie der anthropozentrischen Moral. Diese Genealogie unterziehen wir, fünftens, einer Prüfung; weil sie die Sachdebatte vorbereitet, stehe sie am Anfang.

Hinsichtlich der jüdisch-christlichen Wurzeln betont die »kritische Genealogie« die christliche Komponente; Améry (1972) spricht von den »gnadenlosen Folgen des Christentums«, Drewermanns (1981) Reprise ›von der Zerstörung der Erde und des Menschen im Erbe des Christentums‹. Selbst der Wissenschaftshistoriker Lynn White Jr. (1967) beruft sich auf »christliche Axiome«, freilich nicht ganz konsistent, da er zum Vor- und Gegenbild Franz von Assisi erwählt. Die Betonung der christlichen Komponente ist allerdings erstaunlich, da die Belege vor allem aus dem Text stammen, den die Christen das Alte Testament nennen.

Anstoß nimmt man an einem Gebot, dem Dominium terrae, das über das vielzitierte Descartes-Wort noch hinausgeht. Nach dem *Discours* ist der Mensch zum »Meister über die Naturkräfte« berufen (siehe Kap. 8.2), nach dem jüngeren Schöpfungsbericht, dem der sogenannten Priesterschrift, zum Herrn über die Natur selbst (*Gen* 1,28; vgl. 1,26 und 29, auch *Psalm* 8,9). Das Gebot hat bekanntlich zwei Seiten; die expansive oder bevölkerungspolitische Seite fordert zur Ausbreitung über die ganze Erde aus, das eigentliche Dominum terrae zur umfassenden Nutzung der gesamten subhumanen Natur. Dort sieht der Kritiker eine imperialistische, hier eine despotische Anthropozentrik am Werk.

Vereinfachte Schuldzuschreibungen erleichtern die Verteidigung. Diese bedarf nicht einmal der gelehrten Exegese (für viele: Westermann 1974 und Steck 1975; aus der älteren Literatur schon Delitzsch ^{3}1852 [!], später v. Rad ^{10}1976). Schon die schlichte, lediglich nicht einseitige Lektüre stößt auf Texte, die entlasten und der Schöpfungstheologie das Recht zu einer ökologischen Wende geben (z. B. Moltmann 1985 und Link 1991):

Der ältere, jahwistische Schöpfungsbericht (*Gen* 2,4b-25) bindet das Nutzungsrecht des Menschen an eine Pflicht zur Hege und Pflege (*Gen* 2,15). Ferner wird das, was die »kritische Genealogie« für ein menschliches Privileg hält, das Recht zur Expansion, bemerkenswerterweise auch den Tieren verliehen (*Gen* 8,17). Die Genesis geht sogar so weit, daß sie in den Bund, den Gott mit Noe und seinen Nachkommen schließt, die gesamte Tierwelt, vielleicht sogar die Pflanzenwelt mit aufnimmt (*Gen* 9,9 f.; vgl. 8,21 f. und 9,11 f.). Indem hier Mensch und Tier als gleichberechtigt gelten, wird das anthropozentrische Denken verworfen und statt dessen ein biozentrisches vertreten. Gegen ein Herrschaftsverlangen des Menschen sprechen sich weitere Texte aus: im Buch *Hiob* die Kapitel 38 und 39, in der »Liedersammlung« namentlich *Psalm* 104, im Buch der *Sprüche* Vers 12,10, und beim *Prediger* (3,19) lesen wir den direkten Einspruch gegen die Anthropozentrik: »einen Vorrang des Menschen vor den Tieren gibt es nicht«.

Eine neutrale Durchmusterung der Texte entdeckt also Belege sowohl für die »kritische Genealogie« wie für die neuere ökologische Wende der Schöpfungstheologie, mithin eine Inkohärenz, die den Vorschlag einer Selektion nahelegt; man konzentriere sich auf die »ökologiefreundlichen« Texte und lege die »ökologiefeindlichen« in die große Truhe der Schrift zurück (vgl. Keel 1987). Der Vorschlag rückt aber nicht nur die Schrift in die Nähe eines Warenhauses, das innerhalb großzügiger Grenzen jedem Zeitgeist entgegenkommt. Einer bloß negativen Einschätzung des Ausdrucks »Anthropozentrik« verhaftet, übersieht er die Möglichkeit einer auch positiven Bewertung; ebensowenig zieht er die Option in Erwägung, daß die Texte zwar verschiedene Schwerpunkte setzen, insgesamt aber doch miteinander verträglich sind:

Dem Buch *Hiob* geht es bekanntlich um Theodizee. Wenn Hiobs »Begehren, daß mir der Allmächtige Antwort gäbe« (V. 31,35), von Gott unter Hinweis auf seine überragende Macht und Weisheit zurückgewiesen wird (Kap. 38-39), dann liegt darin aber auch eine »ökologische Botschaft« und zugleich eine differenziertere Beurteilung der Anthropozentrik. Als erstes wird die Anthropozentrik bekräftigt, denn nur gegenüber den Menschen läßt sich Gott auf Erwiderung ein. Als zweites wird die Anthropozentrik relativiert, freilich nicht zugunsten eines biozentrischen, sondern eines theozentrischen Denkens; der Text erinnert den Menschen an den Abgrund an Machtlosigkeit, der ihn von Gott trennt. Zugleich verpflichtet er die Anthropozentrik auf die Einstellung der ökologischen Gelassenheit; der Hybris-Gefahr, die aus dem Dominium terrae drohen könnte, stellt sie ein absolutes Veto entgegen, der Allmachtsphantasie die klare Ernüchterung: allzu vieles übersteigt das Wissen und noch mehr das Können des Menschen.

Ähnlich ist die *Prediger*-Stelle zu lesen. Nur vordergründig gesehen, verabschiedet sie eine anthropozentrische Moral zugunsten einer biozentrischen. Die Gleichstellung von Mensch und Tier ist nämlich nicht absolut gemeint. Wieder gegen die Gefahr der

Überheblichkeit gerichtet, erinnert der Text den Menschen an die eine, aber auch nur eine Gemeinsamkeit mit dem Tier: daß er »aus Staub ist und zum Staub zurückkehrt« (3,20). Ansonsten nimmt der Mensch schon deshalb eine Sonderstellung ein, weil der Gefahr, vor der gewarnt wird, nur er ausgesetzt ist; er führt, was auch nach biozentrischen Maßstäben, nach Kriterien der biologischen Evolution, als höherrangig gelten dürfte: eine optionenreichere, aber auch stärker gefährdete Existenz.

Psalm 104 schließlich stellt die Erde als ein Haus mit vielen Wohnungen vor, die teils dem Menschen, teils den verschiedenartigen Tieren dienen. Betont wird also jene Symbiose und Gleichberechtigung von Mensch und Tier, die auch aus anderen Kulturräumen bekannt ist; beispielsweise erzählt man in Westafrika: »Am Anfang lebten die Menschen mit den Tieren zusammen im gleichen Haus. Alle hatten den gleichen Vater« (Marschall 1985, 65). Selbst in dem so naturfreundlichen Psalm klingt aber an, was der Gleichberechtigung eine Grenze setzt, das Dominium terrae; nach Vers 14f. macht sich zwar der Mensch die Natur nutzbar, aber nicht die Natur sich den Menschen. Andererseits werden Tiere erwähnt, die wie der Klippdachs (V. 20) dem Menschen keinerlei Nutzen bieten; die Natur enthält also Elemente eines menschenunabhängigen Wertes.

Der Umstand, daß das Dominium selbst in den ökologiefreundlichen Texten gegenwärtig ist, setzt hinter die Interpretation der kritischen Genealogie ein Fragezeichen: Soll, wer sich die Erde untertan macht, über sie wie ein Despot herrschen; verliert, was dem Menschen »zu Füßen gelegt wird« (*Psalm* 8,7), tatsächlich jedes Recht? Man weiß seit langem, daß die entsprechenden Ausdrücke aus der altorientalischen Herrschaftsterminologie stammen und die soziale Höherstellung an eine moralische Aufgabe binden. Als Abbild der Gottheit und Statthalter Gottes auf Erden (vgl. *Ps* 72,1-7) obliegt dem orientalischen Herrscher sowohl die Sorge für Recht und Gerechtigkeit wie die Fürsorge für die Armen und Schwachen. Die uns anstößige Herrschaftsterminologie darf uns also nicht auf die falsche Fährte führen; die Herrscher*rechte* sind untrennbar mit Herrscher*pflichten* verbunden. Zugleich erübrigt sich die neuerdings geforderte Selektion in ökologiefreundliche und ökologiefeindliche Texte, wir finden nämlich ein hohes Maß an Kohärenz. Nicht nur der jahwistische, auch der priesterschriftliche Schöpfungsbericht formuliert einen Auftrag, der eine despotische An-

thropozentrik rundweg ausschließt. Das Dominium terrae erklärt den Menschen zu einem Mandatar der Schöpfung, der sein Herrscheramt nur dann erfüllt, wenn er seinen »Untertanen«, der subhumanen Natur, als mindestes Gerechtigkeit widerfahren läßt, darüber hinaus ist der Mensch zu jener Großzügigkeit verpflichtet, die für die Armen und Schwachen Sorge trägt.
Neueren Forschungen zufolge kommt es den ältesten Sabbatgeboten, den Verboten zu pflügen, zu ernten (*Ex* 34,21), und ein Feuer anzuzünden (*Ex* 35,3), nicht eigentlich auf Arbeitsruhe an, sondern auf den vorübergehenden Schutz der natürlichen Umwelt (Steck 1975, 189; Gese 1977, 79); dasselbe gilt für das alle sieben Jahre stattfindende Sabbat- oder Halljahr. Nach der schöpfungstheologischen Interpretation soll damit für einige Zeit die Integrität der Natur wiederhergestellt werden; nüchterner, eudämonistisch gesagt, verspürt man schon damals das Bedürfnis, einer tendenziellen Übernutzung der Natur entgegenzuwirken. Auf diese Weise ist die zweite ökologische Tugend gegenwärtig, nach der Gelassenheit auch die Besonnenheit. Und da sie den Nachkommen hilft, deutet sich zugleich die dritte Tugend, die ökologische Gerechtigkeit an; rücksichtsvoll soll der Mensch nicht nur gegen die subhumane Natur sein, sondern auch gegen die künftigen Generationen.
Als Zwischenergebnis halten wir fest: Einerseits findet eine ökologiefreundliche Exegese Belege fast »in Hülle und Fülle«. Andererseits braucht man, um diesen Befund zu erklären, nicht den religiösen Rang einer monotheistischen Religion oder eine hochreflektierte Theologie. Hier ist durchaus eine Entmythologisierung am Platz; sie plädiert für eine vom theologischen Hintergrund freie, lediglich eudämonistische Überlegung: Als Hirtenkultur, später Ackerbaukultur wäre Israel schlichtweg töricht, denn es würde sich zum eigenen Untergang verurteilen, verlangte es gegenüber seiner Lebensgrundlage, der damals noch täglich und persönlich erlebbaren Natur, keinen behutsamen Umgang. Kurz: ein Naturschutz liegt schon immer im aufgeklärten Selbstinteresse. Dabei folgt er im wesentlichen den beiden ökologischen Tugenden, der Gelassenheit und der Besonnenheit. Und für die dritte Tugend, die Gerechtigkeit, ist er insoweit offen, als er auf die Interessen der Nachkommen Rücksicht nimmt, eine Rücksicht, die durchaus vom Selbstinteresse bestimmt sein kann. Wer sich für sein Alter gute Lebenschancen erhalten will, achtet –

zumal unter den damaligen sozial- und wirtschaftsgeschichtlichen Randbedingungen – auf die Lebenschancen der nachwachsenden Generation.

Gegen die »kritische Genealogie« erhebt sich noch ein grundsätzlicher Einwand. Darf man die Wurzeln für die »imperialistische« Anthropozentrik tatsächlich in einer spezifischen Tradition suchen? Für keines der beiden Elemente im Schöpfungsauftrag kann eine spezifische Kultur die Urheberschaft beanspruchen. Wer sich nicht mit Texten zufriedengibt, sondern auf die soziale Wirklichkeit achtet, findet die expansive Seite von der Menschheit als ganzer paktiziert. Ausgebreitet hat sich der homo sapiens bis in die unwirtlichsten Gegenden; und dort leben gerade nicht Völker unserer Kultur, sondern die Eskimos, die Sameh (Lappen) oder die Feuerlandindianer. Und hier wie dort befolgt man dasselbe Prinzip, die zweite Seite im Schöpfungsauftrag; für das Leben und Gutleben macht man sich sowohl die Pflanzen- wie die Tierwelt zunutze. Auch wenn das Dominium terrae mit kulturellen Besonderheiten durchsetzt ist, behandelt es im Kern ein grundsätzliches, anthropologisches Thema, und dabei weniger etwas, das moralisch bedenklich sein könnte, einen zukunftsorientierten Imperativ, als einen die Wirklichkeit beschreibenden Indikativ; der Schöpfungsauftrag enthält zunächst ein Sein, kein Sollen.
Dort aber, wo das Alte Testament in theologischer Hinsicht wesentlich wird, ist es, von der prioritären Theozentrik abgesehen, von Grund auf anthropozentrisch. Der Vorrang beginnt in der Schöpfung: nur der Mensch gilt als Gottes Ebenbild. Er setzt sich beim Sündenfall fort: obwohl sich nur der Mensch gegen Gott auflehnt, wird das Tier mitbestraft; freilich denkt die *Genesis* so selbstverständlich anthropozentrisch, daß sie die Mitbestrafung – auch das Tier lebt mühselig – nicht einmal erwähnt. In die Strafe der Sintflut werden die Tiere ebenfalls mit hereingezogen, sogar als ausdrücklicher Teil der Strafe selbst (*Gen* 6,7). Und daß am Ende einige Tiere gerettet werden, geschieht nicht um ihrer selbst, sondern um Noahs willen. Wie wenig biozentrisch das Alte Testament denkt, zeigt auch der Vergleich mit den Kulturen des Alten Orients. Anders als bei ihnen fällt der Lobpreis der Schöpfung eher dürftig aus; und eine Ausnahme wie *Psalm* 104 gilt als eine Nachdichtung des großen Sonnengesangs von Pharao Echnaton.
Das Neue Testament setzt das anthropozentrische Denken fort;

sowohl als Adressat wie als Gegenstand der Botschaft zählt stets der Mensch. In einer der Wunderheilungen wird der Vorrang auf eine geradezu anstößige Weise bekräftigt; den Dämonen, die eine Legion sind, erlaubt Jesus, in eine Schweineherde zu fahren; damit ein einziger Mensch geheilt werde, gehen zweitausend Tiere zugrunde.

Mit diesem Hinweis können wir schließen: Für eine Willkürherrschaft über die Natur läßt sich weder das Alte noch das Neue Testament in Anspruch nehmen, für eine Verabschiedung der anthropozentrischen Moral freilich ebensowenig. Das Spektrum der legitimen Naturbeziehungen reicht von einem naiven Anspruch auf Vorrang, von einer »unschuldigen Anthropozentrik«, über eine Aufforderung zur Selbstbescheidung angesichts der größeren Macht Gottes – wir sagen: ökologische Gelassenheit – und über eine Schonung der Natur, also eine ökologische Besonnenheit und ökologische Gerechtigkeit, bis zu einer ansatzweisen Anerkennung von Eigenrechten der nichthumanen Natur; denn »der Gerechte weiß, was nottut seinem Vieh, das Gemüt der Frevler aber ist grausam« (*Sprüche* 12,10).

Wer in der Bibel trotzdem nach Voraussetzungen für die »Ausbeutung der Natur« sucht, findet sie paradoxerweise in der genuin religiösen Komponente. Durch einen Gott, der keinerlei Götter neben sich duldet, durch einen monotheistischen Gott wird die Natur entsakralisiert. Jonas (1979, 57 f.) hat die Frage aufgeworfen, ob eine ökologische Ethik »ohne die Wiederherstellung der Kategorie des Heiligen« auskomme; an der Wiederherstellbarkeit zweifelt er freilich, da die erforderliche Religion »nicht da« sei. Tatsächlich muß der Zweifel radikaler ansetzen. Hinsichtlich der Natur wird die Kategorie des Heiligen nicht etwa »am gründlichsten durch die wissenschaftliche Aufklärung zerstört« (ebd.). Destruktiv ist die Religion selbst, näherhin jene nicht etwa wissenschaftliche, sondern religiöse Aufklärung, die die Naturreligionen überwindet und zum Monotheismus führt. Die darin liegende theologische Innovation, die »monotheistische Revolution«, hat eine Folgelast, die der sehnsüchtige Blick auf religiösere Zeitalter übersieht.

Verbreitet ist die These, erst zu Beginn der Neuzeit verliere ein subjekthaftes Verständnis der Natur jeden naturwissenschaftlichen Sinn; als Beleg gilt das mechanistische Naturbild eines Galilei, Descartes und Newton. In Wahrheit geht die subjekthafte

Naturauffassung schon durch den Monotheismus gründlich verloren. Die kompromißlose Eifersucht, mit der jede Verehrung außer der des einen Gottes verboten wird, bringt all den Schutzgottheiten den Tod, die im Baum, in der Quelle oder im Stein leben und diese vor dem Zugriff der Menschen bewahren. Seit Überwindung der animistischen Tabus und nicht erst seit der neuzeitlichen Aufklärung gibt es in der Natur keinen Ort, der dem Menschen grundsätzlich verboten wäre.
Weil die Entsakralisierung der Natur auch einen Emanzipationsschub bedeutet, enthält der später verfaßte, priesterschriftliche Schöpfungsbericht nicht etwa eine übersteigerte Anthropozentrik, vielmehr, philosophisch gesehen, eine Einsicht. Nach *Psalm* 104 scheint es Lebensräume zu geben, die an sich selbst betrachtet nur gewissen Tieren offenstehen, dem Menschen dagegen versperrt sind. Tatsächlich hat der Klippdachs nur eine Gnadenfrist; dem Menschen versperrt ist sein Lebensraum nur vorübergehend; im Prinzip steht dem Menschen die gesamte Schöpfung offen.
Durch diese Offenheit, durch die Emanzipation von animistischen Tabus, wächst dem Menschen eine neue Macht zu. Im Dominium terrae, so haben wir gesehen, klingt schon an, daß die neue Macht nicht für sich allein steht, sondern sich mit einer neuen moralischen Verantwortung verbindet. In ökologischer Perspektive ist noch wenig bedenklich, wenn man, um einen »Götzendienst« zu verhindern, einen heiligen Baum fällt; wirklich bedenklich ist erst, wenn man einen animistischen Naturschutz »fällt«, ohne ihn durch einen postanimistischen Schutz zu ersetzen. Der vorneuzeitlichen, monotheistischen Aufklärung ergeht es also nicht anders als der neuzeitlichen Form: nicht die Aufklärung selbst verhält sich gegen die Natur destruktiv, sondern nur eine Aufklärung, die sich ihrer Verantwortung für die Folgelasten entzieht.
Längst wissen wir, daß es Kulturen gibt, die zur Natur eine relativ statische Beziehung pflegen. Weil die ökologischen Gefahren dann weit geringer sind, stellt man diese Kulturen gern als ökologisches Vorbild hin. Die dynamische Beziehung, für die zweifelsohne jüdische und christliche Elemente mitverantwortlich sind, ist aber nicht als solche verwerflich, sie verlangt jedoch ein höheres Maß an moralischer Leistung. Der abendländische Mensch hat die ökologisch riskantere und zugleich moralisch anspruchsvollere Zivilisation gewählt.

12.2 Humanitäre und humane Anthropozentrik

Zur Entlastung könnte die kritische Genealogie sagen, ihr gehe es weniger um Exegese als um Wirkungsgeschichte. Sieht es im außerbiblischen, vor allem nachbiblischen Denken wesentlich anders aus? Wir beschränken uns auf die großen Intellektuellen, die Philosophen. Wer sich die Mühe macht, ihre Texte Revue passieren zu lassen, mit dem Vorbehalt: in nützlicher Frist, wer sich immerhin die Werke von Platon und Aristoteles vergegenwärtigt, ferner von Augustinus und Thomas von Aquin, wer auch Anselm und Ockham liest und Nikolaus von Kues nicht vergißt, wer bei Bacon, Descartes und Hobbes verweilt sowie bei Pascal und Spinoza, wer Locke, Montesquieu und Hume liest, natürlich auch Kant und den Deutschen Idealismus, nicht zuletzt Bentham, Mill, Schopenhauer und Nietzsche, wer sich mit der Philosophiegeschichte also denn doch ausführlich befaßt, findet Passagen, die eine despotische Anthropozentrik vertreten, nur mit Schwierigkeit.

Ohne Zweifel sagt Spinoza: »hinsichtlich der Tiere ist es nicht verboten, nach unserem Nutzen zu fragen und die Tiere nach Belieben zu gebrauchen« *(ad libitum uti: Ethica,* Teil IV, Lehrsatz 37, Anm. 1). Spinoza wendet sich hier gegen die Ansicht, Tiere dürfe man nicht schlachten; wer ein Recht auf Tierhaltung zum Zweck des Fleischessens verteidigt, ist jedoch von einer despotischen Anthropozentrik noch weit entfernt. Vor allem findet man zwar einige anstößige Passagen (zum Beispiel Thomas von Aquin, *Summa contra gentiles,* Buch III, cap. 112-113); auf eine Rechtfertigung, auf eine sowohl ausdrückliche wie argumentativ entfaltete Legitimation der despotischen Anthropozentrik stößt man aber nicht. Statt dessen entdeckt man, in vielen Varianten sogar, die Forderung nach einem »schonenden Umgang mit der Natur«. An Belegen ist zumal jene Epoche reich, die nach vorherrschender Ansicht für die despotische Einstellung in hohem Maße schuldig sei, die der Aufklärung. Pufendorf und Marx sind schon genannt; für Frankreich werden wir noch auf Montaigne, für Großbritannien auf Hume verweisen können.

Fällt die Auswahl vielleicht zu einseitig aus? Als ein »Kirchenvater« der tendenziell despotischen Anthropozentrik gilt heute Descartes. In der Schrift, die wie gesagt zum Lehrbuch des Cartesianismus avancieren wird, also an prominenter Stelle, in den *Principia philosophiae* (Teil III, 3), weist Descartes die »fromme

Ansicht, Gott habe alles für uns geschaffen«, gründlich zurück. Für vertretbar hält er nur den weit bescheideneren Gedanken, daß »nichts geschaffen ist, aus dem wir nicht manchen Nutzen ziehen könnten«. Und der Denker, dem man eine sogar radikale Anthropozentrik anlastet (z. B. Ricken 1987, 3), der jedenfalls für eine Anthropozentrik das philosophische Fundament legt, Immanuel Kant, hält das *dominium terrae* nur als »dominium utile«, nur als schlichte Nutznießung, für erlaubt, und diese erfolge nicht aus eigener Autorität; denn als der wirkliche Herr, als »Obereigentümer« und »dominus directus«, gilt der »Schöpfer« (*Religion*, 2. Stück, 2. Abschnitt; VI, 78). Kants Opposition »Untereigentümer – Obereigentümer« erinnert an den orientalischen Gedanken vom König als Statthalter Gottes. Da Kant ihn kaum gekannt hat, bestätigt sich, daß eine Lektüre auch ohne exegetische Gelehrsamkeit im *dominium terrae* keinen Freipaß für Naturausbeutung sieht.

Halten wir fest: Geübt wird die despotische Naturbeziehung allzu häufig, philosophisch gerechtfertigt ist sie nicht; es liegt eine moralische Blankovollmacht vor, die nie erteilt worden ist, also wieder eine Hybris. Überschätzt wird aber nicht das Können, sondern das Dürfen; nach der Allmachtsillusion erliegt der Mensch jetzt der Illusion einer Allerlaubnis.

Die tatsächlich vertretene Position kann »humanitäre Anthropozentrik« heißen; erforscht und nutzbar gemacht werden die Naturkräfte für das Wohl der Mitmenschen. Heute unterstellt man dabei eine »polemische Spitze« gegen die subhumane Natur; in der expliziten Argumentation wird aber nicht einmal billigend in Kauf genommen, was in der *Genesis* denn doch geschieht, als unvermeidliche Nebenwirkung die Mitbestrafung Unschuldiger. Philosophen wie Bacon und Descartes kann man allenfalls einen blinden Fleck vorwerfen; der Möglichkeit von Konflikten mit der subhumanen Natur schenken sie so gut wie keine Aufmerksamkeit.

Der »blinde Fleck« ist in der Philosophie aber nicht die Regel. Die Forderung, auf die Leidensfähigkeit auch der Tiere Rücksicht zu nehmen, ist zwar bekannt. Weil sie aber den dominierenden Tendenzen widerspreche, schätzt man die entsprechenden Denker – Franz von Assisi, Arthur Schopenhauer und Albert Schweitzer – als häretisch ein. Für eine humane Behandlung der Tiere sprechen sich jedoch derart viele Philosophen aus, daß ein Denken, das man heute für heterodox hält, in Wahrheit orthodox ist. Die unter Philosophen vorherrschende Anthropozentrik lehnt nicht nur die despotische Spielart strikt ab; sie geht auch über eine Naturnutzung zum Wohl der Mitmenschen hinaus und erreicht den Rang einer humanen Anthropozentrik.

Wenige Beispiele dürfen genügen: Schon Plutarch wendet sich gegen »das erbarmungslose Hinmorden von Tieren um der reinen Gaumenfreuden willen« (nach Dierauer 1976, 287); und nach dem Neuplatoniker Porphyrios nähert sich, wer sein wohlwollendes Betragen auch auf die Tiere ausdehnt, der Göttlichkeit am meisten. Nach Hume gebieten zwar nicht die Gesetze der Gerechtigkeit, wohl aber die der Menschlichkeit, die Tiere mit Mitleid und Güte zu behandeln (*An Enquiry Concerning the Principles of Morals*, sect. III, part I, § 152). Montaigne geht deutlich weiter; und da er dasselbe Begriffsraster wie Hume verwendet, dürfte er dessen Vorbild gewesen sein. Nach dem *Essay de la cruauté* erstreckt sich eine allgemeine Pflicht der Menschlichkeit selbst auf Bäume und Pflanzen; den Menschen sei Gerechtigkeit geschuldet, den anderen Geschöpfen aber Erbarmen und Güte. Und der anschließende Essay polemisiert »wider den menschlichen Dünkel gegenüber den Tieren« (*Essais*, Buch II, Kap. 11).

12.3 Dominium morale

Die biozentrische Kritik gibt sich nicht zimperlich; sie wirft der Anthropozentrik vor, innerhalb der Natur so legitim zu sein wie der Rassismus unter den Menschen; gegeben sei, was sich selbst disqualifiziere, ein »speciesism«, eine Herrenmoral der Spezies *homo sapiens*.

Manchmal ist scharfe Polemik nur ein Feigenblatt, hinter dem sich Beweisnot versteckt. Der genannte Vorwurf bedient sich jedoch eines rechtsmoralischen Arguments, das über diesen Verdacht erhaben ist. Neben dem Grundaxiom der Demokratie sind Privilegien jeglicher Art illegitim. Eine Spezies, die sich in den Mittelpunkt stellt, sucht also, was ihr nicht zusteht: innerhalb der Natur ein Privileg; sie vertritt einen Arten- oder Gattungsegoismus. Stichhaltig ist das moralische Argument aber nur unter einer nicht mehr moralischen Voraussetzung, der Tatsachenaussage, daß überhaupt ein Privileg vorliege.

Wer diese Voraussetzung überprüft, verwahrt sich gegen einen selbstgefälligen Moralismus, der es erfahrungsunabhängig besser weiß. Vorab bestimmen wir aber die andere, moralische Seite. Je anspruchsvoller man sie definiert, desto wahrscheinlicher wird, daß man sich ewig streitet. Deshalb empfiehlt sich ein elementares und zugleich unkontroverses Gerechtigkeitsprinzip, das der Unparteilichkeit; wir lassen uns auf den Standpunkt eines unvoreingenommenen Beobachters ein und erkennen die verschiedenen Spezies zunächst als gleichberechtigt an.

An der großen Tafel der Natur, so stellt der Beobachter fest (und korrigiert die Ansicht von Serres: 1990, 64ff.), sind Parasiten in der ursprünglichen Bedeutung, also Mitesser, die Spezies allesamt; und sie alle suchen einen möglichst großen Anteil. Aus der Soziobiologie kennen wir das Theorem des eigensüchtigen Gens (Dawkins 1976, Wickler/Seibt 1977); es bekräftigt, was sich schon der einfachen Beobachtung aufdrängt: eine jede Spezies stellt sich in den Mittelpunkt und sucht insofern ein Privileg.

Wer den Menschen zum Verzicht auf Privilegien, wer ihn innerhalb der Natur zu einer Demokratisierung verpflichtet, kommt nicht umhin anzuerkennen, was er eigentlich verwerfen will, einen Egoismus zumindest der Arten. Die in der Natur übliche Form erlaubt allerdings den anderen Arten ebenso, ihren Egoismus auszuleben; in der Natur herrscht ein Egoismus mit Koexistenzfähigkeit, erweitert um die Fähigkeit zur Evolution. Ein Privileg maßt sich der Mensch noch nicht mit dem einfachen Artenegoismus an, mit einer gleichsam unschuldigen Selbstprivilegierung, sondern erst mit jener expansiven Anthropozentrik, die die Koexistenzfähigkeit erstickt.

Der neutrale Beobachter prüft allerdings, ob unsere Spezies die Expansion erfindet. Schon die Alltagserfahrung lehrt das Gegenteil: jede Kiesgrube, die nicht vergiftet ist, wird rasch von Flora und Fauna belebt. Und dies gilt generell: Der in der Natur übliche Artenegoismus ist, drastisch formuliert, sowohl imperialistisch wie despotisch eingefärbt. Das Dominium terrae, das die *Genesis* (8,17) auch der subhumanen Natur zuspricht, ist biologisch gesehen ein Faktum. Die neuere Forschung, die Soziobiologie, lehrt dafür mindestens drei gute Gründe. Um die Redeform der *Genesis* zu wahren, kann man sie als Gebote formulieren; es sind freilich nicht Imperative, deren Nichtbefolgung moralisch verwerflich sein könnte, vielmehr Gebote der

Klugheit, diktiert von der Logik des Überlebens: der Konkurrenz um knappe Ressourcen.
Die eine Seite des Dominium – »alles Getier ... soll sich tummeln auf Erden« – entspricht dem ersten pragmatischen Imperativ: zur Erhaltung der Lebensprozesse muß man der Natur Ressourcen entziehen, sie außerdem zugunsten der eigenen Bedürfnisse verändern; in artspezifischer Variation macht man sich die Erde untertan. Angesichts knapper Ressourcen setzt sich gegen die Konkurrenz diejenige Art besser durch, die mittels wachsender Zahl von Exemplaren gegen die anderen Arten einen Druck ausübt. Dieser Umstand führt zum zweiten pragmatischen Imperativ, der dem Expansionsgebot (»mehret euch und füllet die Erde«) entspricht. Gegen eine Praxis, die im humanen Bereich dringend nötig wäre, gegen ein Nullwachstum, erhebt die Logik des Überlebens Einspruch. Statt dessen, lehrt die Biologie (Markl 1986, 124), steckt »in *jeder* Organisationsart ..., von der Alge bis zur Blattlaus, von der Feldmaus bis zum Menschen, der Keim einer Populationslawine«; die naturübliche Bevölkerungspolitik ist imperialistisch. Der Konkurrenzdruck läßt drittens nicht zu, vom (aufgeklärten) Selbstinteresse abzuweichen und gegen die Interessen anderer Arten eine genuine Rücksicht zu pflegen.
Die drei Imperative, das Gebot der Nutznießung oder Oikopoiese, das Gebot des Bevölkerungswachstums und das des strengen Selbstinteresses, sind nicht etwa von Luxusinteressen geprägt, sondern vom existentiellen Interesse am Überleben. Beim zweiten und dritten Imperativ wird nun die Unterscheidung eines einfachen von einem expansiven Selbstinteresse hinfällig. Das bloße Selbstinteresse kennt keine ihm internen Grenzen; naturüblich ist nicht der limitierte, sondern der unlimitierte Egoismus, derjenige, der sich mit einer Tendenz zur Expansion, sogar zur Despotie verbindet.
Ökologische Ethiken sind von einer Reihe von Gefahren bedroht. Zwei davon haben wir schon in der Phänomenologie der Naturfunktionen bemerkt. Einerseits zeichnet man gern ein zu idyllisches, nur konstruktives Bild der Natur; andererseits hebt man bei der menschlichen Oikopoisese nur die destruktive Seite hervor und läßt außer acht, daß die Kultur der Natur diese auch bereichert. Dazu, sehen wir jetzt, kommt eine dritte Gefahr: als menschliche Arroganz gilt, was naturüblich ist, ein expansiver Egoismus und eine Konkurrenz der Arten. Wer sie übersieht, er-

liegt im theologischen Sinn einer Schwärmerei; er verlegt ins Diesseits, was der Prophet *Jesaia* (11,6-8) erst fürs Jenseits verheißt: »Beim Lamm wird Gast sein der Wolf... Der Löwe frißt Stroh wie das Rind. Der Säugling spielt an der Otter Loch.«
Wenn ein expansiver Artenegoismus vorherrscht, fragt sich, wie die Natur das Resultat zustande bringt, das wir an ihr bewundern, die hohe Fähigkeit zur Koexistenz, sogar zur Evolution. Zuständig sind Faktoren, die sich zwei Leitgesichtspunkten unterordnen; erstens: man kann nicht; zweitens: man will nicht; dort fehlt die Macht, hier das Interesse.
Die Macht fehlt wegen eines spezifischen Mangels; irgendeine zum Leben notwendige Ressource ist für jede Art nur begrenzt verfügbar. Das einfache Exempel: eine Raubtierart, die ihr Beutetier ausrottet, rottet sich selbst mit aus. Das Interesse wiederum fehlt, weil oft genug die Kooperation einträglicher ist als der rücksichtslose Kampf mit Zähnen und Klauen; wie im humanen, so bringt auch im subhumanen Bereich die Kooperationsfähigkeit einen evolutionären Vorteil. Der dritte und wichtigste Faktor besteht in einem zweiten Machtdefizit; die Expansionstendenz jeder Spezies stößt auf dieselbe Tendenz der vielen anderen Arten. Statt einer internen und dann unzuverlässigen Limtitation herrscht in der Natur die externe und hochverläßliche soziale Limitation vor: die Begrenzung durch die Konkurrenten.
Eine Menschheit, die sich die Natur zum Vorbild nimmt, hält sich an die Logik des Überlebens und rottet, wenn sie sich schon als Raubtier verhält, ihre Beutetiere, eben die Naturressourcen, gerade nicht aus. Daß sie es trotzdem versucht und, wie die ökologische Krise zeigt: mit wachsemdem Erfolg, stellt die biologische Selbstdefinition in Frage. Wer sehenden Auges sein Überleben gefährdet, mag sich noch *homo erectus* nennen, ein *homo sapiens* ist er gewiß nicht. Die Natur als Vorbild lehrt aber auch ein zweites; man suche überall, wo es sich lohnt, die Kooperation; wo aber Selbstinteresse und Naturschutz kollidieren, dort heißt die naturübliche Lösung in mitleidloser Klarheit: Recht des Stärkeren.
Bekanntlich wächst im Laufe der Geschichte die Stärke, und in der Neuzeit wächst sie aus zwei Gründen sogar exponential. Dank der wissenschaftsgeprägten Technik wird der Mensch machtmäßig überlegen, dank der Metamorphose von Lastern zu Interessen nutzt er seine Überlegenheit kräftig aus. Erst dadurch wird eine natürliche Tendenz, das despotische Selbstinteresse

einer einzigen Spezies, zur realen Gefahr. Die Verbindung eines so gut wie unbegrenzten Wollens mit einem ebenso unbegrenzten Können läßt einen Lebensstil entstehen, der das naturübliche Recht des Stärkeren in alle Richtungen ausspielt.

Wer dieses Recht aufzugeben verlangt, schreibt dem Menschen einen überlegenen ontologischen Rang zu. Wer das anthropozentrische Denken ernsthaft verabschieden will, muß sich also vorab überlegen, was der Abschied denn kostet; ermessen muß er, wie weit dieses Denken nicht nur tatsächlich wirkt, sondern daß es selbst in der Kritik an ihm immer schon gegenwärtig ist. Eine Ethik, die sich für radikal deshalb hält, weil sie die bislang dominierende Anthropozentrik überwinde, erweist sich hier als inkonsequent. Wenn eine Spezies so mächtig wird, daß sogar die Gesamtheit aller anderen Spezies nicht mehr Paroli bieten kann, wenn die naturübliche, externe Limitierung entfällt, bleibt nur die interne Begrenzung übrig. An die Stelle der Kontrolle von außen tritt die Selbstkontrolle, an die Stelle fremder Konkurrenz die eigene Moral.

Nicht daß der Mensch sich in den Mittelpunkt stellt, zeichnet ihn aus, sondern daß er fähig ist, das naturübliche Sich-in-den-Mittelpunkt-Stellen einzuschränken, sogar aufzugeben. Ohne diese Fähigkeit, derentwegen der Mensch denn doch einen höheren Rang einnimmt, ohne die Moralfähigkeit, ist eine ökologische Ethik undenkbar. Nur eine Spezies, die sich bei der Selbstbehauptung als viel stärker denn alle anderen Spezies erweist, macht diese Ethik nötig; nur eine Spezies, die das Prinzip Selbstbehauptung überwindet und dann besser, und zwar von Grund auf besser ist, macht sie möglich.

Die biozentrische Kritik erhebt eine Forderung, die verstehen und ebenso: die befolgen nur der kann, bei dem im Zentrum nicht der bloße Bios steht; die Kritik dementiert sich also selbst. Soweit eine Krankheit vorliegt, läßt sie sich nur durch sich selbst heilen; statt Allopathie jetzt Homöopathie. Die in der Homöopathie üblichen, bloß kleinen Dosen genügen freilich nicht; die Kritik an der Kritik der Anthropozentrik will ja nicht die Krisenphänomene verharmlosen. Außerdem haben Krankheit und Therapie zwar dieselbe Wurzel, die Sprach- und Vernunftfähigkeit, gefragt ist sie aber nicht in derselben Hinsicht. Die Unerstättlichkeit der Interessen schränkt man nicht durch weitere Interessen, die Macht der Technik nicht durch Technik ein. Hilfe verspricht nur eine allopathische Homöopathie; der Anstoß zur Veränderung kommt von außen.

In Parenthese sei zugegeben, daß ein egoismusüberwindendes Verhalten auch im Tierreich vielfach belegt ist. Es beginnt beim Brut- und Pflegeverhalten und reicht über die Hilfe, die Delphine Artfremden angedeihen lassen, bis zur »Strafe«, die dieselben Delphine an Menschen vornehmen, die die Hilfsbedürftigkeit nur vorspielen, die Hilfe also betrügerisch erschleichen. Zur Moral gehört aber mehr als Altruismus. Es braucht auch die Fähigkeit zu wählen, ob man im gegebenen Fall altruistisch oder lieber egoistisch handelt. Für das Brut- und Pflegeverhalten trifft die Zusatzbedingung offensichtlich nicht zu, bei den Delphinen zumindest anscheinend nicht. Deshalb spreche man statt von einem moralischen genauer von einem moranalogen Verhalten.

Wer zur Moral fähig ist, kann sich zu naturalen Vorgaben in ein Verhältnis setzen. Die Vorgaben verschwinden nicht etwa, erhalten aber eine neue Qualität. Einerseits bleibt der Mensch an entsprechender Stelle an den Kampf ums Überleben gebunden; nicht nur dem Pockenerreger tritt er »in nackter Rivalität« entgegen. Andererseits bleibt er dank seiner Ingelligenz den anderen Naturwesen überlegen; wiederum: nicht bloß gegen den Pockenerreger erweist er sich auf Dauer als Sieger. Zu dieser Überlegenheit kann der Mensch aber eine neue Haltung einnehmen. Nennen wir die Überlegenheit »Herrschaft«, so gibt er sie nicht etwa auf. Die naturale, tendentiell despotische Herrschaft transformiert sich aber zu dem, was vom Mächtigeren schon immer, nicht bloß im alten Orient gefordert wird; das *dominium terrae* wandelt sich zum *dominium morale*.

In der ökologischen Debatte dominieren heute andere Stichworte. Selbst anerkannte Fachvertreter sprechen lieber von einem Frieden mit der Natur (Meyer-Abich 1979) oder von einem Naturvertrag (»contrat naturel«: Serres 1990). Der Friede ist aber eine Beziehung unter relativ Gleichen, was in der hier entscheidenden Hinsicht für das Verhältnis von Mensch und Natur nicht zutrifft. Soweit sie sich gegenseitig bedrohen – und bei anderen Beziehungen fehlt die Aufgabe, deren Lösung »Frieden« heißt –, folgt die Natur unabänderlichen Gesetzen. Weder vermag sie einen Frieden anzubieten noch ein Friedensangebot anzunehmen, noch kann sie sich an Friedensverabredungen halten. Zu bestimmen ist die Natur nicht etwa als aggressiv oder gar als bellizistisch, als »kriegslüstern«. Ihr fehlt vielmehr, was der Friedensbegriff voraussetzt, die Fähigkeit zur Minimalmoral, zur Moral der Gegenseitigkeit. Frieden schließen kann man nicht allein; es bedarf der Zustimmung des anderen. Auf seiten der Natur muß man auf die Zustimmung aber »ewig warten«; ihre destruktive Kraft gibt sie von sich aus nicht auf; selbst unter Druck gesetzt, erklärt sie sich nicht zu einem Frieden bereit. Sie deshalb bösartig oder uneinsichtig zu nennen, wäre falsch; in Wahrheit fehlt ihr die »ontologische« Vorbedingung, die Handlungsfähigkeit. Schön klingt der Begriff »Friede«, gewiß; wer ihn auf die Naturbeziehung anwendet, übersieht aber die grundsätzliche Asymmetrie; er erliegt einem Kategorienfehler.

12.4 Utilitarismus statt Kant?

Die ökologische Ethik gibt Anlaß, einen Grundlagenstreit wiederaufzunehmen, den man schon für gelöst hielt. Herrschte in der englischsprachigen Ethik früher der Utilitarismus vor, so heißt seit Rawls' Kritik (1972) der Bezugsklassiker nicht mehr Bentham, sondern wie im deutschen Sprachraum Kant. Weil dieser die Welt in höherrangige und niederrangige Wesen einteilt, dort von Personen, hier von Sachen spricht und als Person allein den Menschen erkennt, vertritt er die anthropozentrische Moral, zudem in aller Kompromißlosigkeit. Der Utilitarismus hingegen vermeidet sie seit Beginn; seit Benthams berühmtem Wort (1789, Kap. XVII, IV, Anm.) »the question is not, can they reason? nor, can they talk? but can they suffer?« legt er auf die Eigenschaft Wert, die der Mensch mit vielen Tieren teilt, auf die Leidensfähigkeit; er vertritt die sogenannte pathozentrische Moral. Anführen kann er dafür ein gutes Argument; wer mit Bentham (1789, Kap. I, I) glaubt, die Natur habe die Menschheit unter die Herrschaft zweier souveräner Gebieter – Schmerz und Freude – gestellt, hat keinen Grund, Tiere, die derselben »hedonistischen Herrschaft« unterworfen sind, hedonistisch anders zu behandeln.

Ein anerkannter Topos der Rechtsethik besagt »ultra posse nemo obligatur«. Falls der Mensch lediglich hedonistisch handelt, kann er gar nicht, was er soll: auf fremde Leidensfähigkeit auch dann Rücksicht nehmen, wenn die Rücksichtnahme eigene Opfer verlangt. Weil es bei der Gegenposition anders aussieht, kehrt sich die

Prima-facie-Überlegenheit des Utilitarismus in eine Unzulänglichkeit um.

Die für eine ökologische Ethik einschlägigen Passagen des Kantischen Werks finden wir im biologischen Teil der *Kritik der Urteilskraft*, in der »Kritik der teleologischen Urteilskraft«. Kant entwickelt hier zwar für die Natur eine Rangfolge, plaziert an deren Spitze den Menschen, inthronisiert ihn als Herrn über die Natur und erklärt die Herrschaft sogar zu einem moralischen Recht. Der Endzweck der Natur aber und ihr »betitelter Herr«, wie Kant sagt (§ 83), ist der Mensch aber nicht einfachhin. Mehr als nur de facto, vielmehr legitimerweise Herr ist er nicht als Despotes, nicht einmal als Technites, sondern nur »als Subjekt der Moralität« (§ 84).

Dies übersieht der Kritiker: Auf dem Höhepunkt der europäischen Aufklärung und zugleich einem Höhepunkt des anthropozentrischen Denkens, eben bei Kant, stellt sich das Privileg, dessen sich der Mensch erfreut, nicht als ein Sonderrecht dar, vielmehr als eine besondere Verpflichtung. Die Fähigkeit und Aufgabe, die allein das Recht zu einer Herrschaft über die Natur verleihen, die Moralität, setzt den Menschen der Zumutung aus, die naturübliche Moral, das aufgeklärte Selbstinteresse, als letzten Bestimmungsgrund aufzugeben und fremde Interessen auch dann zu berücksichtigen, wenn sich daraus kein Vorteil für ihn ergibt. Diese Zumutung läßt sich steigern. Mit einer Relativierung der nur mir selbst eigenen Interessen beginnt sie, reicht über die Relativierung von Gruppeninteressen und gelangt schließlich zur Relativierung selbst der Gattungsinteressen. Kants Ansatz bestätigt also die allopathische Homöopathie: daß sich die Anthropozentrik nur mittels Anthropozentrik überwinden lasse; Vorrechte hat das *animal* nur, falls es sich als *morale* qualifiziert.

Wie andernorts so ist auch für die ökologische Ethik die Ansicht aufzugeben, Kantische und utilitaristische Ethik stellten sich als einfache Alternative dar. In Wahrheit gibt es Elemente, die gemeinsam sind, andere, die sich ergänzen, und nur in einem dritten Bereich besteht Konkurrenz. Beiden Positionen gemeinsam ist das moralische Gebot, das Wohl anderer zu befördern. Kontrovers ist nur die Frage, wer ein legitimer Benefiziär dieses Gebotes ist. In dieser Hinsicht darf sich Kant durchaus vom Utilitarismus belehren lassen: daß auch Artfremde, zumindest auch Tiere eine Rücksichtnahme verdienen. Nun ist Kants hier einschlägiger

Grundsatz – fremde Glückseligkeit befördern – im Prinzip dafür offen, so daß sich die entsprechende Korrektur nicht auf den Kern seiner Ethik erstreckt, sondern auf eher periphere Elemente. Sosehr also eine Tierethik vom Utilitarismus lernen kann – wir werden im nächsten Kapitel sehen: in engen Grenzen –, so wenig bietet sie Anlaß, in der veritablen Grundlagendebatte die Kantische Ethik zugunsten des Utilitarismus zu verabschieden.

Zugunsten von Kant spricht auch, daß er das Prinzip jener Subjektivität entdeckt, die allein fähig ist, den Grundsatz »fremde Glückseligkeit« anzuerkennen, die Autonomie des Willens, während der klassische Utilitarismus wegen seiner hedonistischen Psychologie hier mehr als nur periphere Schwierigkeiten hat. Außerdem steht Kant eine Unterscheidung zur Verfügung, die dem Utilitarismus fehlt, die von Rechts- und Tugendpflichten, und die darauf aufbauende Einsicht, daß sich das Gebot, fremde Glückseligkeit zu befördern, eher als Tugend- denn als Rechtspflicht legitimieren läßt.

Der in der ökologischen Ethik wiederaufgebrochene Grundlagenstreit zwischen Utilitarismus und Kant bietet die Gelegenheit, auf einen Argumentationsfehler aufmerksam zu machen. Aus der mangelnden Subjektfähigkeit von Tieren folgt nicht eine mangelnde Adressatenfähigkeit; wer die Folgerung trotzdem zieht, begeht einen *Subjekt-Adressatenfehler*. Oft wird sie nur stillschweigend gezogen, manchmal ausdrücklich. Epikur (1926, 102/1949, 64) glaubt, daß man gegen Wesen, die keinen Vertrag, einander nicht zu schädigen, schließen können, weder Recht noch Unrecht begehen kann. Unter »nicht vertragsfähig« fallen aber auch Neugeborene und Kinder; hätte Epikur recht, könnte man auch Kindern kein Unrecht antun. Richtig ist, daß Gerechtigkeit bei Fragen von Wechselseitigkeit gefragt ist, nicht richtig, daß die Wechselseitigkeit jene Kommunikationsfähigkeit voraussetzt, die in der Fähigkeit zu Rechtsgeschäften besteht.

Den genannten Fehler begeht auch ein Philosoph vom Range Kants. In der *Anthropologie in pragmatischer Hinsicht* fällt zunächst das Defizit auf. Obwohl Kant eine ausführliche »Apologie für die Sinnlichkeit« hält und sie dabei gegen drei Anklagen rechtfertigt – freilich nur im Buch »Vom Erkenntnisvermögen«, also für theoretische, nicht für praktische und moralische Zwecke –, obwohl er zusätzlich, jetzt für die Praxis relevant, »Von der sinnlichen Lust« handelt, schweift er nicht, was sich in einer Anthropologie doch aufdrängt, zum Nachbargegenstand ab, um wenigstens in einer Nebenbemerkung über die für Mensch und Tier gemeinsame Leidensfähigkeit zu reden. Statt dessen spricht er sogleich im allerersten Paragraphen vom »vernunftlosen Tier« und setzt hinzu, was wir von Thomas von Aquin und Spinoza kennen, daß man mit dem Tier »nach Belieben schalten und walten« könne (VII, 127). Damit vertritt Kant zwar keine »despotische Anthropozentrik«, im Gegenteil setzt er sich für einen Tierschutz ausdrücklich ein; er handelt ihn aber unter dem Titel »Von der Amphibolie der moralischen Reflexionsbegriffe« ab. Weil das Tier, da »vernunftlos«, als direkter Benefiziär moralischer Verbindlichkeiten ausscheidet, fällt der Tierschutz unter die Pflichten des Menschen gegen sich selbst. Hier folgt Kant – etwas voreilig – dem Rechtsdenken, das seit dem römischen Recht alles, was keine Person ist, zu einer Sache erklärt.

12.5 Ein Nachwort

Die Schrift sagt: »An den Früchten werdet ihr sie erkennen«. Warum schließen sich unsere Überlegungen zur ökologischen Ethik nicht dem Ruf nach einer neuen Moral an, obwohl sich die traditionelle Moral durch ihre Früchte, insbesondere den heutigen Zustand der Umwelt, deutlich genug bloßstellt? Entzieht sich die Philosophie ihrem Amt, der kritischen Reflexion und Aufklärung, und sucht statt dessen die Entlastung?
Ein erstes Motiv betrifft das Verhältnis zur Überlieferung und verbindet historische Genauigkeit mit einem Gerechtigkeitsinteresse. Was wir für uns erwarten, daß man zur Kenntnis nehme, was wir tatsächlich sagen, schulden wir den Denkern, die man für die heutigen Krisenphänomene verantwortlich macht, Bacon, Descartes, Kant und darüber hinaus der Tradition, ebenso.
Ein zweites Motiv: Eine Ethik, die die viel gehegte Erwartung abbaut, vonnöten sei eine neue Moral, stellt nicht nur die genauere Diagnose. Sie bringt auch in eine allzu pathetische, in eine übermoralisierte Debatte die fällige Ernüchterung und trägt genau damit zur Aufklärung bei. In Abwandlung der elften Feuerbachthese: Bislang hat die ökologische Ethik eine neue Moral gesucht; es kommt jedoch darauf an, neuartige Sachverhalte mit den Mitteln einer bekannten Moral zu beurteilen.

Aus den ersten beiden Motiven folgt das dritte und wichtigste Motiv: Hätte recht, wer zur Überwindung der ökologischen Krise eine neue Moral fordert, so könnte man sich mit dem Hinweis entlasten, daß man diese Moral nicht kannte oder aber daß ihre Grundsätze nicht überzeugen. Wer sich deshalb für radikal hält, weil er grundlegend neue Prinzipien vertritt, stellt nicht nur eine oberflächliche Diagnose. Was prima facie als *Be*lastung erscheint, bringt secunda facie die *Ent*lastung. Sind dagegen nicht nur die Gefahren, sondern auch die Grundsätze, mit deren Hilfe sich die Gefahren überwinden lassen, wohlbekannt, dann gibt es weniger Entschuldigungen dafür, daß man auf die Gefahren so spät und bestenfalls halbherzig reagiert.

13. Gerechtigkeit gegen Tiere

Soll der Mensch, wozu er fähig ist, auch leisten und die Interessen Artfremder als solche berücksichtigen? Wir erörtern den einfacheren Fall, den der Tiere. Daß sie überhaupt rechtlich zu schützen sind, können wir übergehen, denn dieser Schutz, seit Jahrtausenden gepflegt, dient menschlichen Interessen in vielfältiger Weise. Neu zu überlegen ist, ob wir den Tieren über diesen anthropozentrischen Schutz hinaus einen Schutz um ihrer selbst willen schulden, einen rechtlichen Selbstwert also.
Für Philosophen mit kurzem Gedächtnis beginnt die neuere Tierethik mit Singer (1975). Älter sind die Überlegungen bei Godlovitch u. a. (1971) und natürlich die von Albert Schweitzer (^{2}1972, ausgearbeitet in den Jahren 1914-1917); zu erinnern ist auch an Bregenzer (1894), vorher Ammon (1843), selbst Knigge (1788, 2. Teil, Kap. 12); und den Ausdruck »Tierrechte« lesen wir, sogar im Titel, schon bei Salt (1892). Ebensowenig vergessen wir die klassischen Zeugnisse, die im letzten Kapitel exemplarisch genannt sind. Weil das Tier den Menschen seit der Frühzeit der Zivilisation begleitet, ist es nicht verwunderlich, daß es die beredte Fürsprache seit langem gibt. (Zur Literatur siehe Clark 1977, Teutsch 1983, auch U. Wolf 1990 und J.-C. Wolf 1992).

13.1 Sache oder Person

Daß das europäische Recht das Tier als Sache (res) behandelt, ist dem Tierschutz ein Ärgernis, befürchtet er doch, das Tier werde zum bloßen Gebrauchs- und Verbrauchsgut degradiert. Schlechthin abwegig ist diese Behandlung aber nicht, denn bei Tieren soll erlaubt sein, was sich erst beim Menschen grundsätzlich verbietet: sic zu kaufen, zu verkaufen oder gegen ein Entgelt zu verleihen, ferner sie zu vererben und zu verschenken. Nun muß, was im Zivilrecht recht ist, im Strafrecht mindestens teilweise billig sein; mit gutem Grund sind Tiere ein Gegenstand von Eigentumsdelikten. Es kann deshalb nicht darum gehen, die bisherige Tradition schlicht umzustürzen und das Tier statt zur bloßen Sache jetzt zur bloßen Person zu erklären. Sinnvoll ist lediglich, daß man die

Einseitigkeit aufhebt und das Tier nicht ausschließlich wie ein an sich selbst rechtloses Objekt behandelt.
Ein nur anthropozentrischer Tierschutz beruft sich auf ein zweiteiliges Argument: auf ein Kriterium für Selbstwert, den Personenstatus, und auf die These, daß Tiere das Kriterium nicht erfüllen. Der Alternative stehen, denkbar einfach, nur zwei Strategien offen; entweder spricht sie den Selbstwert auch Nichtpersonen zu, oder sie sieht auch Tiere als Personen an.
Bekanntlich war das Recht ursprünglich sehr restriktiv. Erst im Zuge der entsprechenden Emanzipationsprozesse erlangten auch Frauen, Kinder und Sklaven jene Personenrechte, die zunächst lediglich den freien Bürgern, die zugleich Familienväter waren, zukamen. Fragen kann man sich, ob der Emanzipationsprozeß nicht weitergeführt und auch das Tier zu einer Person, zumindest zu einem personenanalogen Wesen erklärt werden müßte (vgl. Stone 1987, 25 ff.).
Dagegen spricht nicht nur, daß man dann die genannten zivilrechtlichen Optionen verbieten müßte, sondern auch der Personenbegriff. Das Personsein ist zwar keine naturale Eigenschaft, die man – wie etwa die Farbe oder Gestalt eines Objektes – leicht verifizieren oder falsifizieren könnte. Trotz eines gewissen Spielraums, den der Begriff läßt, hängt seine Anwendung aber nicht nur von der Großzügigkeit des Interpreten ab. Das in Frage stehende Subjekt muß auch wie eine Person sich verhalten und wie eine Person behandelt werden können; dort geht es um Eigenschaften des Subjektes selbst, insbesondere um die Zurechnungsfähigkeit, hier um die Beziehungen, die es eingeht, dabei vor allem um Rechtsbeziehungen. In beiden Hinsichten liegt ein praktischer Begriff vor – ob man eine Person ist, entscheidet sich an der Art des Handelns –, und in beiden Fällen stellt der Begriff so strenge Anforderungen, daß das Tier ihnen offensichtlich nicht genügt. Weder ist es, an sich selbst betrachtet, zu einem zurechenbaren Handeln fähig, noch kann es – aufgrund einer Zurechnungsfähigkeit – von sich aus Rechtsbeziehungen eingehen.
Weil ein praktischer, näherhin ein rechtlich-praktischer Begriff vorliegt, erfolgt die negative Antwort durch einen Tatbeweis. Selbst engagierte Tierschützer zweifeln nicht daran, daß Tiere die entsprechenden Zivilrechtsbeziehungen nicht eingehen; weder können sie Verträge abschließen noch heiraten noch ihren Kindern ein Erbe hinterlassen. Ein weiterer Beleg: Tiere werden ge-

bändigt, gezähmt oder abgerichtet, aber nicht erzogen. Außerdem werden sie zwar belohnt und bestraft, aber sinnvollerweise nicht einem Zivil- oder Strafgerichtsverfahren ausgesetzt.
In früheren Jahrhunderten wurde allerdings anders geurteilt. Im Buch *Exodus* (21, 28) lesen wir für Israel: »Wenn ein Rind einen Mann oder eine Frau so stößt, daß der Betreffende stirbt, dann muß man das Rind steinigen und sein Fleisch darf man nicht essen; der Eigentümer des Rinds aber bleibt straffrei«. Oder: nach dem Buch *Leviticus* (20, 15-16) soll im Fall von Sodomie das Tier ebenfalls sterben. Auch vom römischen Recht kennen wir Bestimmungen, die bei einem bloßen Sachenrecht sinnlos wären und die Ansicht korrigieren, dem Tier einen personenanalogen Status zuzuschreiben, sei eine grundlegend neue Errungenschaft. Nach dem Rechtsinstitut der *noxae deditio* kann sich ein Eigentümer, dessen Tier Schaden (noxa) angerichtet hat, durch Übergabe (deditio) des Tieres von jeder Verbindlichkeit befreien. Da die Befreiung unabhängig von der Schadenshöhe erfolgt, wird dem Tier offensichtlich eine gewisse Schuldfähigkeit zugesprochen.
Der Sachsenspiegel, das einflußreichste Rechtsbuch des deutschen Mittelalters, verbleibt in dieser Tradition, wenn für ein zu Unrecht erschlagenes Tier Wergeld zu zahlen ist. Gemeint ist nicht etwa ein Schadensersatz, sondern – »wer« heißt im Althochdeutschen »Mensch« oder »Mann« – ein Sühnegeld, das, um die Blutrache abzulösen, bei einem Totschlag fällig ist. Zu erinnern ist auch an die lange Tradition der entsprechenden Strafprozesse; die Gleichstellung von Mensch und Tier, eine falsch verstandene Mitgeschöpflichkeit, wird hier absurd: »Tiere wurden gehenkt, verbrannt, ertränkt, erwürgt oder lebendig begraben« (Schild 1980, 66); im Jahre 1470 wird ein Pferd sogar der Hexerei für schuldig befunden und auf dem Scheiterhaufen verbrannt. Selbst unser Jahrhundert ist von solcher Rechtspraxis nicht frei; noch im Jahr 1962 verurteilt ein amerikanisches Gericht einen Collie-Rüden zu zwanzig Monaten Gefängnis, weil er an einem Einbruch beteiligt war. (Beide Beispiele nach Kotter 1966.)
Die personenanaloge Behandlung ist nicht nur in einem elementaren Sinn ungerecht, weil sie dem Tier die »Kosten« für Rechtsbeziehungen, das Strafrecht, aufbürdet, ohne es an dessen Nutzen, dem genuinen Schutz seiner Interessen, zu beteiligen. Sie widerspricht auch seinem Wesen, da ihm jene elaborierte Sprachfähigkeit fehlt, die man braucht, um Rechtsgeschäfte eingehen

und Rechtsgrundsätze entwickeln zu können. Bildet man für »Unschuld« einen strengen Begriff, dann hat Hegel recht, wenn er in den *Vorlesungen über die Philosophie der Geschichte* (*Werke* 12, 51) sagt: »Nur das Tier allein ist wahrhaft unschuldig.« Da ihm die Begriffe von Recht und Unrecht fehlen, lebt es frei sowohl von Recht wie von Moral.
Nun vergleichen Tierschützer, hier vorsichtig genug, die Tiere nicht mit sogenannten paradigmatischen Menschen, sondern nur mit Unmündigen und erinnern daran, daß diese trotzdem einen uneingeschränkten Rechtsschutz erhalten. Im Unterschied zu Kindern und Geisteskranken sind Tiere aber nicht nur vorläufig oder aufgrund außergewöhnlicher Schäden, sondern auf irreversible Weise, als Spezies nämlich, zu einem zurechenbaren Handeln nicht fähig. Selbst wenn sie über ein beachtliches Maß an Intelligenz verfügen, bleiben sie nach Maßgabe ihrer Sinnesorgane, Bewegungsmöglichkeiten und »Instinkte« an eine Lebensweise gebunden, der nach all unserem bisherigen Wissen zwar nicht enge Sozialbeziehungen, wohl aber Rechtsbeziehungen (untereinander und mit Menschen) fremd sind. Kurz: wer den Selbstwert der Tiere an den Personenstatus bindet, koppelt ihren genuinen Schutz an eine Fähigkeit, mit der er das Tier prinzipiell überfordert, an die Rechtsfähigkeit.

13.2 Prinzip Schmerzfähigkeit

Da die Aufwertung zu einer Person dem Wesen des Tieres nicht gerecht wird, versucht man es besser mit der anderen Strategie. Man schwächt die Bedingung für einen rechtlichen Selbstwert ab und begnügt sich mit der Fähigkeit, Schmerz und Angst zu empfinden. Da diese Empfindungen nur subjektiv sind, legt sich zwar ein skeptischer Einwand nahe: weil man sich in die Tiere nicht hineinversetzen könne, könne man ihnen die Schmerz- und Angstfähigkeit nicht attestieren. Der subjektiven Empfindung entsprechen aber objektiv wahrnehmbare Äußerungen, und diese sind bei Mensch und Tier ähnlich. Schon Darwin (1872) konnte feststellen, daß Tiere, die »arge Qualen erleiden«, nicht anders als der Mensch die Zähne zusammenpressen oder mit den Zähnen knirschen. Nach Konrad Lorenz (1980, 254) zeigt eine Graugans, die ihren »Gatten« verloren hat, dieselben objektiv feststellbaren

Symptome wie ein tieftrauriger Mensch; und nach seinem Lehrer Heinroth sind Tiere Gefühlsmenschen mit äußerst wenig Verstand. Anatomische Vergleiche bestätigen: Während sich erst beim Menschen der Neokortex zu beträchtlicher Größe entwickelt, finden sich in der Haut der Tiere zahlreiche Schmerzpunkte.

Entscheidend ist genau dieser Befund. Die deskriptive oder psychologische Prämisse für einen genuinen Tierschutz liegt nicht darin, daß die Tiere dem Menschen gleich sind und ebenfalls über Verstand und Zurechnungsfähigkeit verfügen oder aber der Mensch den Tieren gleicht und es auch ihm an beidem fehlt. Ebensowenig kommt es auf die Mitgeschöpflichkeit an (Blanke 1959), denn sie trifft auch auf Pflanzen und Bodenschätze, selbst auf Wasser und Luft zu, ohne daß sie denselben Schutz wie Tiere verdienen. Worauf es ankommt, ist die Schmerz- und Angstfähigkeit; und gemäß diesem Kriterium ist eine unterschiedliche Behandlung geboten. Nicht aus Sentimentalität reagieren wir bei Versuchen an der Drosophila anders als bei Versuchen an Katzen, Hunden und Primaten, sondern weil wir aufgrund der Haut- und Gehirnstruktur einen qualitativ verschiedenen Grad an Schmerzfähigkeit erwarten. Und darin liegt nicht, wie Habermas (1991, 221) Patzig (1983) entgegenhält, eine Abschwächung der »Pflichten im deontologischen Sinn«. Denn das Gebot »Rücksicht auf Schmerzfähigkeit« gilt schlechthin; da es aber unterschiedliche Grade von Schmerzfähigkeit gibt, sind auch – was wir von der Hilfspflicht schon kennen – unterschiedliche Grade der Rücksicht geboten.

Schopenhauer glaubte, der Mensch leide deshalb unter erheblich höheren Schmerzen, weil er im Unterschied zum Tier nicht bloß in der Gegenwart lebe (*Die Welt als Wille und Vorstellung*, 2. Band, 1. Buch, Kap. 5). Richtig ist, daß sich das Verhältnis zu den Schmerzen ändert, falsch, daß die Schmerzen aus diesem Grund größer werden. Der Mensch kann beim Schmerz auch dessen baldiges Ende absehen oder – wie im Fall einer Therapie – um den langfristigen Vorteil wissen. Außerdem versteht nur er die Sinnfrage zu stellen, weshalb nur er ein Leiden »annehmen« und kreativ verarbeiten kann. Sosehr also Verstand und Vernunft das Verhältnis zu den Schmerzen verändern, so wenig bieten sie ein Argument für die Ansicht, der Schmerz subhumaner Wesen falle notwendigerweise geringer aus. Im übrigen rechtfertigt ein höheres Maß an Schmerzfähigkeit nicht, sich über das geringere Maß

hinwegzusetzen; sobald eine signifikante Schmerzfähigkeit vorliegt, ist Rücksicht geboten.
Dazu eine philosophiegeschichtliche Fußnote. In der neueren Tierschutzethik gilt als geradezu zynischer Philosoph René Descartes. Es sei »gut cartesisch«, heißt es, wenn man das schmerzinduzierte Schreien von Tieren für rein mechanische Reaktionen erklärt. Selbst Hösle (1991, 54) glaubt, weil Descartes in Tieren Maschinen ohne Innenseiten sehe, beseitige er »alle ethischen Bedenken gegenüber Tierversuchen«. Dort, wo Descartes die Tiere mit einer Maschine vergleicht, im fünften Kapitel des *Discours*, verteidigt er aber für den Menschen ein Privileg, das eine Ethik, die es auf Pflanzen und Tiere ausweiten wollte, nur diskreditieren würde; es ist die Unsterblichkeit der Seele. Auf den Tierschutz selbst geht der Text nicht ein; er setzt sich aber mit den Bedingungen auseinander, ohne die keine Ethik, folglich auch keine Tierethik, möglich seien. Descartes' Apologie der Unsterblichkeit richtet sich nämlich gegen die von Libertinisten vorgebrachte These, mangels Unsterblichkeit sei der Mensch von den Ansprüchen der Moral entlastet. Indem Descartes nur dem Menschen Unsterblichkeit zuspricht, betont er zwar dessen Sonderstellung, erklärt den Menschen aber nicht zum einzigen Adressaten der Moral, sondern nur zu dessen einzigem Subjekt; die Moral ist also wie bei Kant kein bloßes Privileg. Und die Bedingung der Adressatenfähigkeit, die Schmerzfähigkeit der Tiere, stellt Descartes nicht in Frage; im Gegenteil billigt er ihnen »passions«, Leidenschaften, zu, was die Empfindungsfähigkeit miteinschließt. Abgesprochen wird den Tieren nur, dies aber mit aller Entschiedenheit, die Vernunftfähigkeit. Damit will Descartes eine Nebenfolge vermeiden, die Montaigne übersehen haben dürfte (s. o. Kap. 12.2); er will verhindern, daß der Mensch aufgrund einer zu großen Nähe zum Tier von seiner Sonderverantwortung, der Moral, sich entlastet fühlt. Daß man mit Wesen, denen jede Vernunft fehle, deshalb beliebig umgehen dürfe, davon ist nicht einmal andeutungsweise die Rede.
Unter den Philosophen der Aufklärung verdient einen Vorwurf viel eher Malebranche, da er die Tiere ausdrücklich von der Leidensfähigkeit ausnimmt. Seine Argumentation ist erstaunlich. Statt empirische Beobachtungen anzustellen, und sei es nur mit einfachen Haustieren, entwickelt er ein theologisch »hochspekulatives«, vom Common sense her aber entwaffnend naives Argu-

ment. Weil mit dem Leiden Adams Sünde bestraft werde, die Tiere jedoch nicht von Adam abstammten, könnten sie nicht leiden (*Recherche de la vérité* IV,11 (3): 104). Darauf kann man nur antworten: zu gönnen wäre es den Tieren durchaus, tatsächlich leben auch sie – ob mit oder ohne Erbsünde – unter der nachparadiesischen Last von Mühsal und Leid. Warum fehlt in der Tierschutzethik trotzdem eine Malebranche-Diskussion? Gelegentlich dürfte es aus kontingenten Gründen geschehen: man kennt diese Ansicht nicht. Andere Autoren übergehen sie, weil Malebranche in eine Tradition gehört, von der sie für den Tierschutz positive Impulse erhoffen; er ist ein religiöser Denker. Wieder andere konzentrieren sich deshalb auf Descartes, weil er für das neuzeitliche Denken weit einflußreicher ist. Für den, der »die« Moderne anklagen will, möglichst umfassend und radikal, bietet er in der Tat die bessere Zielscheibe; allerdings sollte man sie kennen. Mit der historischen Genauigkeit nimmt es aber bei ihren »Negativautoritäten«, den »Kirchenvätern des falschen Bewußtseins«, die ökologische Kritik nicht so ernst.

13.3 Mitleid oder Gerechtigkeit

Die Schmerzfähigkeit, ein bloßer Tatbestand, kann allein keine moralische Verbindlichkeit begründen. Das fehlende, normative Element scheint jedoch klar auf der Hand zu liegen; auf Schmerzen und Leiden pflegen wir mit Mitleid zu antworten. Oft genug geschieht es zwar nur gegen die Artgenossen und auch dann eher gegen Nahestehende als gegen Fremde. Die Moral, sogar eine ebenso elementare wie unstrittige Rechtsmoral, der Gleichheitsgrundsatz nämlich, verlangt aber, derartige Partikularismen zu überwinden. Wer den Grundsatz anerkennt – daß Gleiches nach Maßgabe seiner Gleichheit gleich zu behandeln sei –, übt Mitleid nicht nur gegen Nahestehende, sondern auch gegen Fremde, sogar gegen artfremde, gleichwohl schmerzfähige Wesen, also auch gegen Tiere.

Den Kern dieser Rechtfertigung finden wir schon eine Generation vor Bentham, weshalb der »Mythos« zu korrigieren ist, der nichtanthropozentrische Tierschutz sei utilitarismusspezifisch (selbst Ricken 1987, 5). Weder auf die deskriptive Seite, das Prinzip Schmerzfähigkeit, trifft die Ansicht zu, noch auf die normative

Seite, auf das Gebot, das Wohl aller empfindungsfähigen Wesen zu berücksichtigen. Im »Vorwort« zum *Zweiten Diskurs* spricht Rousseau von der »commisération«, dem Mitleiden, und schließt die Tiere mit einem Argument ein, das wir inzwischen als »gut cartesisch« kennen: Tiere seien zwar nicht vernunftbegabt (»raisonnable«), wohl aber empfindungsfähig (»sensible«). Und noch ältere Belege wurden schon im letzten Kapitel angeführt.

Bis heute bildet das Prinzip Mitleid – von Spaemann (1989, 123 ff.) erweitert zum Prinzip Wohlwollen – in einschlägiger Universalisierung die moralische Grundlage für einen genuinen Tierschutz. Ist es aber auch das angemessene Prinzip? Verschiedene Gründe mahnen zur Skepsis. Wie schon Rousseau im »Vorwort« zum *Zweiten Diskurs* betont und Kant bekräftigen wird, geht das Mitleid der Vernunft voraus (»antérieur à la raison«, ebd.), findet sich auch beim Tier und ist daher keine genuin moralische, sondern nur eine moralanaloge Eigenschaft. Außerdem kann sie in Konkurrenz zu einer zweiten, ebenso natürlichen Eigenschaft treten, dem »brennenden Interesse an unserem Wohlbefinden und unserer Selbsterhaltung«; und bei dieser Konkurrenz verdient auch Rousseau zufolge die Selbsterhaltung den Vorrang (ebd.; vgl. das vierte Fragment der *Fragments préparatoires*). Ferner kennt das Mitleid viele und vielerlei Adressaten, was Konflikte heraufbeschwört, bei denen die Interessen der Tiere gern zu kurz kommen; selbst Rousseau räumt an der genannten Stelle nüchtern genug ein, daß sich das Mitleid vornehmlich auf unsere Mitmenschen richte.

Der dafür maßgebliche Grund, die Verwandtschaft, ist aus der Ethik des Hilfsgebotes bekannt. Wie bei begrenzten Hilfsressourcen trägt man auch bei begrenzten Mitleidsressourcen für seine Nächsten (Familie usw.) eine größere Verantwortung als für Fernerstehende. Andererseits ist eher dem zu helfen, der mehr, als dem, der weniger Not leidet. Beide Gesichtspunkte ergänzen den Gleichheitsgrundsatz und haben – im Gegensatz zur Ansicht radikaler Tierschützer – zur Folge, daß vor dem Mitleidsgebot Mensch und Tier nicht als gleichrangig gelten können. Bei annähernd gleicher Notlage gebührt dem Menschen der Vorrang; in das Rettungsboot, das nur eine geringe Zusatzlast verträgt, soll man – und zwar aus moralischen Gründen und nicht etwa bloß aus Angst vor strafrechtlichen Konsequenzen – auch dann einen Menschen aufnehmen, wenn das Lieblingstier deshalb ertrinken müßte.

Außerdem droht nicht nur ein Adressatenkonflikt, sondern auch ein oft tiefes Mitleidsdefizit; manche Menschen sind gegen fremdes Leid überhaupt, mehr Menschen gegen das Leid von Tieren wenig sensibel. Aus diesem Grund stellt sich die Frage, ob es eine moralische Pflicht gibt, ein allfälliges Defizit zu überwinden: Gibt es eine »Pflicht zum Mitleid?« Das zunächst bloß naturale Gefühl bedarf der Transformation zu einem moralischen Gebot.

Ein entsprechendes Gebot ist der moralphilosophischen Tradition wohlvertraut; die Art seiner Verbindlichkeit erlaubt aber nicht, einen Rechtsschutz zu begründen. Das Gebot zählt nämlich zu den Tugendpflichten, näherhin zu den Liebespflichten (z. B. Kant, *Tugendlehre*, §§ 23 ff.), deren Anerkennung dem anderen nicht geschuldet ist. Mitleid ist durchaus in Einseitigkeit geboten, nur Gerechtigkeit ist eine Pflicht der Wechselseitigkeit. Weil das Mitleid zum verdienstlichen Mehr gehört, kann es zwar den einzelnen moralisch geboten sein, darf aber nicht zum Bestandteil der zwangsbefugten Rechtsordnung werden. Eine Ethik, die dieser Konsequenz entgehen will, sucht daher nach mitleidsunabhängigen, nach Gerechtigkeitsargumenten. Dabei ist Bescheidenheit geboten; bei einem so komplexen Thema sind sowohl eilfertige wie einfache Lösungen verdächtig.

»Ius naturale est, quod natura omnia animalia docuit, nam ius istud non solum humani generis proprium est, sed omnium animalium, quae in caelo, quae in terra, quae in mari nascentum.« Einem Tierschutz im Namen der Gerechtigkeit könnte dieser Satz – er stammt von einem so wirkungsmächtige Autor wie Ulpian – willkommen sein, da er von einer Quelle der Gerechtigkeit, dem Naturrecht, sagt, es gelte »nicht bloß für das Menschengeschlecht, sondern für alle Tiere, die im Himmel, auf Erden oder im Meer leben«. Ein genuiner Tierschutz wäre aber nur dann angesprochen, wenn von einem subjektiven Recht die Rede wäre, also einem Anspruch, der den anderen gewisse Ein- und Übergriffe verbieten würde. Bei Ulpian geht es aber nicht darum, daß die Tiere einander etwas schulden, wohl aber, daß jedes Tier befugt ist, für seine Selbsterhaltung zu sorgen, weshalb es, wenn es mit einem anderen ums Überleben ringt, gegen diesen anderen, wie auch immer der Kampf ausgeht, kein Unrecht begeht.

Ein genuiner Tierschutz will sowohl weniger als auch mehr; weniger, da er als Subjekt des Schutzes nicht das Tier, sondern nur den Menschen anerkennt, mehr, da er dem Menschen für seine

Auseinandersetzung mit Tieren moralische Grenzen setzt. Der maßgebliche Begriff heißt: Rechte der Tiere (zur fast uferlosen Diskussion: Magel 1989; aus der neueren deutschen Debatte Hoffmann 1988, Kaufmann 1992). Derlei Rechte, wird eingewandt, seien juristisch nicht realisierbar. Dagegen läßt sich leicht erwidern, »daß es in unseren Rechtsordnungen möglich ist, selbst einen Haufen Geld, eine Stiftung, mit Rechten auszustatten, oder andere sogenannte juristische Personen zu schaffen, wie Aktiengesellschaften und Vereine etc., die als Rechtssubjekte eigene Rechte haben« (Leimbacherer 1990, 44). Ergänzen kann man: in den Vereinigten Staaten werden selbst Schiffen Rechte zugesprochen. Diese Hinweise klingen auf überwältigende Weise überzeugend, denn wer will schon ein Tier schlechter behandeln als ein Schiff? Anscheinend stellt sich eine nur noch rhetorische Frage: »Warum sollte ein solches Vorgehen gegenüber der Natur nicht ebenso geboten und vernünftig sein!?« (Altner 1991, 114)

Die Antwort ist einfach; das entsprechende Vorgehen ist kontraproduktiv, da es erlaubt, was ein genuiner Tierschutz verhindern will: daß das Tier an sich selbst keinerlei Rechte hat. Die juristische Person ist ein rein anthropozentrisches Institut, das, über Zwischenstufen vermittelt, ausschließlich den dahinter stehenden natürlichen Personen dient. In erster Linie vom Zivilrecht definiert, gelten die Rechte juristischer Personen bloß hypothetisch (vgl. Höffe 1987, 144 ff.). *Vorausgesetzt*, daß natürliche Personen den Verein oder die Stiftung wollen, überdies die gebotenen Verfahren einhalten, tritt eine juristische Person ins Leben; entfällt die Voraussetzung, so ist das Lebensrecht verwirkt.

Ein Recht in Abhängigkeit vom Eigentümer, ein zivilrechtlich definiertes Recht, hat das Tier wahrscheinlich schon so lange, wie es überhaupt ein Eigentumsrecht gibt. Was es gegebenenfalls neu braucht, sind Rechte, die nicht anthropozentrisch, sondern genuin und daher nicht unter Vorbehalt und auf Widerruf, vielmehr in einem gewissen Sinn kategorisch gelten. Zum Beispiel soll ein Eigentümer, was auch immer er sonst will, das Tier nicht quälen dürfen; außerdem soll er es artgerecht halten müssen. Für diese gegenüber juristischen Personen neuartigen Rechte braucht es auch neuartige Argumente, und zwar Gerechtigkeitsargumente.

13.4 Veränderungen in den Tierbeziehungen

Angenommen wird meist, Gerechtigkeit sei nur unter gleichrangigen Wesen geboten; aus diesem Grund siedeln Montesquieu und Hume den Tierschutz außerhalb der Gerechtigkeit an (siehe Kap. 12.2). An Gleichrangigkeit ist die Gerechtigkeitsidee aber nicht gebunden, sondern nur an eine Beziehung der Wechselseitigkeit. Um nachzuweisen, daß sie vorliegt, reicht der Blick auf die Eigenschaften, die das Tier an sich selbst hat, nicht aus. Zusätzlich zum Wissen um die Schmerzfähigkeit muß man etwas kennen, das die Ethik der Tierrechte bislang nicht berücksichtigt, die Art der Mensch-Tier-Beziehung. Zu verändern ist also nicht bloß die europäische Rechtstradition, sondern ebenso eine zur Tradition gewordene Tierethik. Wir untersuchen drei Phasen der Mensch-Tier-Beziehung und beginnen mit genuinen Jägerkulturen; gemeint sind Gesellschaften, die von der Jagd leben und ihr nicht etwa nur aus Jagdlust oder wegen bloßer Gaumenfreuden nachgehen.

1. Ethnologen berichten von eindrucksvollen Riten. Sibirische Völker sprechen Bären, bevor sie auf sie schießen, als »Großvater«, »Herr«, sogar als »Heiliges Tier« an und bitten, keinen Widerstand zu leisten (Shnirelman 1988, 9). Ist das Tier erlegt, ersucht man es, auf Rache zu verzichten, und lädt es zum Mahl als Ehrengast ein. Ähnliche Beschwichtigungsformeln werden von den Abuti-Pygmäen, einem Elefanten jagenden Stamm aus dem Kongo-Regenwald, berichtet (Marschall 1985, 67). Tierschützer sehen darin eine moralisch überlegene Tierbeziehung am Werk. Eine größere Ehrfurcht vor dem Leben pflegt man aber nicht; denn schließlich wird das Tier getötet. Auch tötet man nicht mit schlechtem Gewissen, weil man dann gegen seine moralischen Überzeugungen handeln müßte. Davon kann aber die Rede nicht sein, wenn geschieht, was zu einem Ritual gehört: eine ständig geübte und in soweit frei anerkannte Praxis. Die Jäger haben zwar Angst, aber nicht vor einer moralischen, sondern vor einer natürlichen Strafe. Bevor sie das Tier erlegen, fürchten sie, seiner größeren Kraft eventuell nicht gewachsen zu sein. Und nachher fürchten sie Rache; deutlich genug ist eine Übung von Eskimos, die einem Fuchs, den sie erlegt haben, die Beinsehnen durchschneiden, damit sein Geist nicht Rache nimmt (nach Laufs 1986, 107).

Nicht in ihren Jagdritualen sind Jägerkulturen moralisch überlegen, sondern nur in einer anderen Hinsicht. Aufgrund ihrer weniger entwickelten Technik treten sie dem Tier noch nicht mit einer überwältigenden Macht entgegen. Der unparteiische Beobachter sieht darin einen sowohl hinsichtlich der Zwecke wie der Mittel weitgehend gerechten Kampf. Denn weder verwendet der Mensch Instrumente (Fernwaffen, Geländewagen, sogar Flugzeuge), die dem Tier so gut wie keine Chance lassen, noch »kämpft« er für »Luxusinteressen«, für Trophäen etwa oder für wachsenden Reichtum. In genuinen Jägerkulturen geht es auf beiden Seiten um ein Äußerstes und Letztes; zwischen Mensch und Tier findet ein Kampf auf Leben und Tod statt. Daß in der objektiven Beziehung Gerechtigkeit waltet, geht jedoch nicht auf das Subjekt zurück, denn in seinem Kampf nimmt der Jäger auf die Interessen des Tieres keine Rücksicht. Ungerecht ist er aber auch nicht, da er nur sucht, was das Naturrecht erlaubt, die Selbstbehauptung. Einschlägig ist vielmehr eine Antithese, die in ihrem ursprünglichen Kontext, der Politik, Anstoß erregt hat: Carl Schmitts Opposition Freund-Feind. Im Kampf ist der Jagdgenosse Freund, Feind dagegen das erhoffte Opfer; die Gerechtigkeit des Subjekts dagegen ist, weil es um die elementare Selbstbehauptung geht, so gut wie außer Dienst.
Das Freund-Feind-Verhältnis besteht freilich nur zwischen den Individuen, nicht zwischen den Arten. Eine Jägerkultur wäre ja töricht, wenn sie ihre Nahrungsgrundlage zerstörte. So besehen, pflegt sie gegenüber ihrem Beutetier eine Kooperation, freilich nur eine negative Kooperation; sie hütet sich vor einer zu starken Dezimierung. Das traurige Resultat des Ausrottens bringt – fast – nur eine Zivilisation zustande, die keine genuine Jägerkultur mehr ist. Dann verfügt sie erstens über alternative Nahrungsmittelmöglichkeiten; zweitens pflegt sie das erlegte Tier nicht »ökonomisch«, nämlich als ganzes zu nutzen, sondern nur partiell, etwa wegen des Felles oder wegen des Elfenbeins. Nicht zuletzt überschreitet der entsprechende Bedarf die Bedürfnisse der Jäger; der Handel mit Fellen und Trophäen bezweckt nicht nur ein angenehmes Überleben, man will auch reich werden.
Um die erst jetzt drohende Gefahr des Ausrottens abzuwehren, bedarf es, was vorher nicht nötig war, einer genuinen Moral. Ob freiwillig oder durch entsprechende Rechtsbestimmungen: die Jagd muß Regeln unterworfen werden, die die Tiere verbindlich

schützen. Wieder zeigt sich die Moral als Preis für Modernisierungen. Während die vormoderne, genuine Jägerkultur gegenüber dem Tier so gut wie moralfrei lebt, bedarf die Moderne – angesichts ihrer überlegenen Technik und ihrer so gut wie unbegrenzten Bedürfnisse – moralischer Gebote und Verbote.

2. Aufgrund der Domestikation wird die Beziehung grundlegend verändert. Menschen und Tiere stehen sich nicht länger als Feinde gegenüber; in den Grenzen, die einerseits die Spezies, andererseits der menschliche Zweck setzen, entsteht eine Kooperation. Weil eine gegenseitige Adaptation stattfindet und nicht nur der Mensch, sondern auch das Tier einen Vorteil erhält, kann man nach der bekannten Lehre des Aristoteles (*Nikomachische Ethik* VIII 2, 1155 b 17-27) durchaus von Freundschaft sprechen; nicht um ihrer selbst willen erfolgt sie, jedoch zu gegenseitigem Nutzen. Zugleich wird die Alternative »Person oder Sache« unterlaufen; behandelt wird das Tier weder als Person noch bloß als Sache, vielmehr wie ein Geschäftspartner, fast wie ein Kompagnon.

Um auf den Vorschlag »Frieden mit der Natur« zurückzukommen: mit domestizierten Tieren wird der Friede eo ipso gepflegt, mit Tieren als Jagdbeute ist er eo ipso nicht möglich; die Domestikation bringt also einen moralischen Fortschritt. Das Tier wird in einem wörtlichen Sinn zum Domestiken, zu einem Diener zwar, der aber in den Domus, den Lebensraum des Menschen, integriert ist. Dabei stellt sich der Mensch auf die Bedürfnisse des Tieres ein; die zum Haus gewordene Bleibe ergänzt er um Stall und Weide. Vielleicht herrscht die Wechselseitigkeit sogar von Anfang an vor. Vermutet wird nämlich, daß das älteste Haustier, der Hund, von den Fischresten angezogen wurde, die die im Küstengebiet siedelnden Menschen übrigließen: der Hund erhält die Fischreste, der Mensch einen Wächter.

Aristoteles glaubt sogar, den domestizierten Tieren gehe es besser als den wildlebenden (*Politik* I 5, 1254 b 10-13). In der Tat werden domestizierte Tiere vom Kampf ums Überleben entlastet, außerdem in ihrem Wohlbefinden gefördert; der Hirte schützt die Schafe vor dem Wolf, er sucht gute Weiden auf und trägt Sorge für Mutterschafe und ihre Neugeborenen. Insofern er für den Nutzen, den er vom Tier erhält, dessen Leben erleichtert, übt er Gerechtigkeit. Platon glaubt sogar, ein guter Hirte sorge für seine Schafe nur zu deren Besten und nicht wegen seines eigenen Vorteils (*Der Staat* I, 343 b). Aristoteles übersieht allerdings jene

Kehrseite, die Rousseau im *Diskurs über die Ungleichheit* (III, 139), hier ebenso einseitig, hervorhebt: für die Erleichterung ihres Lebens bezahlen die Tiere mit einem Verlust von Kraft, Stärke und Mut, kurz: mit Entartung (»abatardir«).

Ob es den Tieren in freier Wildbahn oder in domestizierter Form besser ergeht, ob wir also Aristoteles oder Rousseau folgen sollen, ist eine sowohl müßige wie offene Frage. Müßig deshalb, weil die Tiere mangels der dafür erforderlichen Intelligenz die Alternative nicht vor Augen haben; von Zootieren und gewissen Übergangsphänomenen abgesehen, sind sie entweder das eine oder das andere, Haustier oder Wildtier, und sind es jeweils ganz. Und offen ist die Frage, weil sie sich kaum eindeutig entscheiden läßt; sowohl auf seiten der domestizierten wie der wildlebenen Tiere gibt es genügend Beispiele, die das maßgebliche Kriterium, das Wohlbefinden des Tieres, erfüllen, genügend Gegenbeispiele freilich ebenso. Statt für eine moralische Priorität plädiere ich deshalb für ein Unentschieden; angemessen entfalten kann sich das Tier in beiden Formen. Eine moralische Bewertung ist andernorts anzusetzen, beim Vergleich von Jagdbeute und Nutztier.

Die Domestikation bringt nicht nur dem Menschen einen Vorteil, sondern auch dem Tier. Einerseits steigert der Mensch im Verhältnis zur Jagd den Ertrag; überdies erweitert er seine Überlegenheit, nicht zuletzt wird sie dauerhaft, so daß die Beschwichtigungsrituale entfallen können: domestizierte Tiere stehen zur ständigen und so gut wie gefahrlosen Verfügung. Erreicht wird dieser Vorteil auf einem technischen und doch moralisch angemessenen Weg. Durch die Züchtung wird die Erbsubstanz dergestalt verändert, daß dem neuen Domestiken der Dienst am Menschen keine aufgezwungene Äußerlichkeit ist; in einem wesentlichen Sinn erfolgt er artgerecht: aus dem Inneren des Tieres heraus. Darüber hinaus bezahlt in Jägerkulturen das Tier seine Dienstbarkeit notwendigerweise mit dem Leben, in Hirtenkulturen nicht; Hund, Katze und Pferd sind (fast) ausschließlich als lebende Wesen von Nutzen, Schaf, Ziege, Schwein und Rind sind es vornehmlich. Schließlich wird auf der Jagd die Beute oft genug bis zur Todesangst gehetzt; andere Tiere entkommen, aber verwundet; wieder andere müssen irgendwo qualvoll verenden. Tiere, die man weidet, werden am Ende zwar auch getötet, aber in der Regel auf eine schmerz- und leidensärmere Art.

In der Jagd ist das Tier, vom Tier aus betrachtet, lediglich ein

Opfer, eine mögliche Beute, deren Situation durch die Rituale nicht verbessert wird. Zwar klingt in den Ritualen eine Wechselseitigkeit an, doch kommt sie, da sie im Symbolischen verbleibt, nur dem Menschen zugute. Die neue Tierbeziehung muß man nicht sentimental einschätzen und kann trotzdem eine mehr als nur symbolische Wechselseitigkeit anerkennen; als Motiv reicht nämlich der Eigennutz aus. Tiere, deren Nutzen nicht erst nach der Tötung beginnt, erfahren schon um des größeren Ertrages willen eine Behandlung der Hege und Pflege. Weiterhin entstehen persönliche Beziehungen. Zu Haustieren ohnehin, aber auch zum Begleiter und Wächter, dem Hirtenhund, pflegt man einen mindestens ansatzweise kommunikativen Umgang. Und in jedem Fall überwindet die Domestikation jene Barrieren, die eine Kommunikation von vornherein verhindern: Angst und Scheu der Tiere.
Nach dem Prinzip Mitleid verdienen alle schmerz- und leidensfähigen Tiere dieselbe Zuwendung; sie haben aber kein Recht darauf. Nach dem Gedanken der Gerechtigkeit gibt es unterschiedliche Stufen der Verantwortung und zumindest ansatzweise auch Rechte. Da er domestizierte Tiere von sich abhängig gemacht hat, trägt der Mensch gegen sie eine größere Verantwortung als gegen wildlebende; und innerhalb der Domestikation trägt er gegen die Tiere im eigenen Oikos mehr Verantwortung als gegen die von außerhalb. Allerdings besteht auch gegen wildlebende Tiere eine Gerechtigkeitsverpflichtung; denn eine Zivilisation, die ihnen den natürlichen Lebensraum mehr und mehr einschränkt, macht sich alle Tiere zumindest indirekt abhängig. Für die Vernichtung von Lebensraum und gegen die Gefahr der Ausrottung schuldet der Mensch einen Ausgleich, indem er beispielsweise für Tierreservate sorgt.
3. Die Modernisierung, die die Tierbeziehung in den letzten Generationen durchmacht, zeigt sich vor allem in der Industrialisierung der Landwirtschaft und im wissenschaftlichen Tierversuch. In beiden Fällen wird die Tierbeziehung nicht so grundlegend transformiert wie infolge der Domestikation; der Charakter der Kooperation bleibt erhalten. Die Verteilung von Nutzen und Kosten verändert sich aber auf eine Weise, die unter Menschen als klare Ungerechtigkeit gilt: der Nutzen wird für die eine Seite gesteigert, für die andere dagegen drastisch gesenkt.
In der Tierbeziehung ist die Moral ein Preis nicht erst der Moderne. Von Mißbrauch abgesehen, wird gegen domestizierte Tiere

der Preis aber so gut wie von selbst bezahlt; aus Eigeninteresse sorgt der Mensch fürs Wohl der Tiere; er lebt mit ihnen in einer Sym-biose. Die Koinzidenz des Wohlergehens lockert sich nun in beiden Modernisierungsphänomenen; und nicht selten kommt es zum Interessenkonflikt. Eine Industrialisierung der Landwirtschaft, die das »Wesen« der Tiere auf Milch-, Eier- und Fleischlieferanten reduziert, sieht in einer artgerechten Tierhaltung nur einen ertragsmindernden Kostenfaktor. In dieser Situation wird, was früher aus Selbstinteresse geschah, zu einer genuin moralischen Aufgabe; man muß auf einen Teil des Selbstinteresses verzichten.

Aristoteles' These, domestizierten Tieren ergehe es besser, kann man im Unterschied zu ihrem Autor als ein normatives Kriterium lesen: daß man Tiere, um sie besser zu nutzen, der Wildform entfremdet, ist nur insoweit legitim, wie man im Gegenzug für ihr Wohlbefinden Sorge trägt. Eine Wissenschaftsethik braucht dieses Thema nicht umfassend zu behandeln; näher befaßt sie sich nur mit einem der Modernisierungsphänomene, mit dem zu Forschungszwecken unternommenen Tierversuch.

13.5 Zum Beispiel Tierversuche

Für das Jahr 1880 sind 311 Versuche, für 1910 knapp 100 000 Versuche registriert; innerhalb der nächsten 60 Jahre, bis zum Höhepunkt im Jahr 1971, steigt die Zahl auf 5,6 Millionen; danach nimmt sie ab, schon für 1983 werden 35 Prozent weniger Versuche gemeldet. In diesen Zahlen – hier aus Großbritannien (nach Home Office 1881, 2, Ryder 1975, 30, und Regan 1984) – spiegelt sich eine Einstellung der wissenschaftlich-technischen Zivilisation wider. Nachdem die Debatte des 19. Jahrhunderts, zentriert auf die Vivisektion, verklungen war (vgl. Bretschneider 1962), werden Tierversuche lange Zeit bedenkenlos unternommen; erst seit zwei Jahrzehnten melden sich kräftige Zweifel.

Gegner, die den Experimentatoren Gewinnsucht, Karrierestreben, sogar Sadismus unterstellen, machen sich die Kritik offensichtlich zu leicht. Denn den Versuchen liegt ein Zweck zugrunde, der, von kontingenten Motiven unabhängig, von moralischer Verantwortung zeugt und dem Tierversuch – hier immer im Sinne des wissenschaftlichen Versuchs – eine Sonderstellung einräumt. Bei den anderen Themen kollidiert ein moralischer Tierschutz mit wirtschaftlichen, also rangniederen Interessen, hier hingegen mit einem so hochwertigen Gut wie der Gesundheit. Um schädliche oder gar gefährliche Folgen zu vermeiden, werden neue Arzneimittel und Operationsmethoden vor ihrer Zulassung erst einmal Experimenten ausgesetzt. (Aus der Literatur Langley 1989, Reinhardt 1990, auch Höffe 1984). Bedenklich ist erst, daß man sich auf die eigene Gattung einschränkt; die Tierversuche erfolgen aus einem negativen anthropozentrischen Utilitarismus; um den Menschen vor Schaden zu bewahren, wird an Tieren experimentiert.

Aus Gründen der historischen Genauigkeit ist daran zu erinnern, daß die Medizin Tierversuche seit langem praktiziert. Zur Zeit des Hippokrates beginnt, was von Galen, im 2. Jahrhundert nach Christus, systematisch angewandt und in der entdeckungsfreudigen Renaissance, durch Leonardo da Vinci zum Beispiel, wiederbelebt wird. Tierexperimentatoren wie Albrecht von Haller leiden zwar unter der Grausamkeit, die die Versuche mit sich bringen; eine signifikante »Humanisierung« erlaubt aber erst die Einführung der Anästhesie.

Die moralisch entscheidende Frage heißt nicht: sind die Experimentatoren gewinnsüchtig, schon gar nicht: sind sie sadistisch; sie heißt auch nicht: gibt es teils genauere, teils geldsparende Alternativen (es gibt sie, und sie sorgen aus vormoralischen Gründen für eine Reduktion der Tierversuche). Zu entscheiden ist, ob eine Rechtfertigung, die lediglich auf menschliche Interessen achtet, moralisch überzeugt. Wir bleiben beim Prinzip Schmerzfähigkeit und untersuchen nur jene Versuche, die in einem nennenswerten Maß Schmerzen und Leiden verursachen; Experimente, die an nicht schmerzfähigen Tieren oder aber unter Vollnarkose durchgeführt werden, stehen hier nicht zur Diskussion.

In ihrer utilitaristischen Form überzeugt die anthropozentrische Legitimation sicherlich nicht. Andernfalls müßte man Versuche mit Kriegsgefangenen für zulässig halten, die zwar einen diagnostischen oder therapeutischen Nutzen erbringen, aber gegen den erklärten Willen der Betroffenen erfolgen, oder Versuche an Armen und an Strafgefangenen, die zwar mit deren Zustimmung stattfinden, aber deren verminderte Ablehnungsfähigkeit ausnutzen. Weil solche Experimente auch dann unseren moralischen Intuitionen widersprechen, wenn sie per Saldo mehr Nutzen als

Schaden stiften, bedarf das Nutzen-Argument selbst bei Humanexperimenten eines verschärfenden Zusatzes.
Worin die genaue Verschärfung besteht, mag umstritten sein, die Richtung ist es nicht; es bedarf einer Gerechtigkeitsperspektive, für die unser bescheidenes Kriterium genügt, das Verbot, in Fällen von Kooperation dem anderen nur den Nachteil aufzubürden. Da die genannten Humanexperimente nicht den Versuchspersonen zugute kommen, sind sie in einem elementaren Sinn ungerecht.
Bevor wir die Gerechtigkeitsperspektiven an die Tierversuche anlegen, argumentieren wir, probeweise, aus bloß anthropozentrischer Sicht. Selbst von ihr aus sind viele Versuche, immerhin sieben Gruppen von Experimenten, moralisch nicht gerechtfertigt:
(1) Am wenigsten lassen sich Tierversuche im Dienst von Angriffswaffen legitimieren; Experimente für Verteidigungswaffen schneiden aber nicht viel besser ab, weil die meisten Waffen leicht zu Angriffszwecken umgebaut werden können. (2) Allenfalls begrenzt legitim sind Experimente im Dienst kosmetischer Zwecke. So sehr es zum Menschen gehört, sich schön zu machen, so wenig rechtfertigt das Schmuckverhalten die schweren Schmerzen vieler Tiere.
(3) Das Gebot, den Menschen vor Gesundheitsschäden zu bewahren, ist für Experimente bloßer Grundlagenforschung zu wenig, nämlich allenfalls indirekt zuständig. Natürlich soll die Grundlagenforschung nicht als solche diskreditiert werden; nur läßt sich bei ihr Schmerz und Angst von Tieren noch weniger verteidigen. Nehmen wir ein Beispiel (nach Hardegg-Preiser 1986, 80f.): Bei Verhaltensversuchen hat man Ratten über ein elektrisch geladenes Gitter laufen lassen, wobei die Stromstärke nach und nach erhöht wurde; dabei fand man, daß eine Rattenmutter, um zu ihrer Brut hinüberlaufen zu können, sich Stromstößen bis zu fast tödlicher Stärke ausgesetzt hat; der zweithöchste Wert wurde erreicht, als man ein Männchen auf die eine und ein Weibchen im Zyklus auf die andere Seite setzte; das Nahrungsbedürfnis erwies sich dagegen als eine erheblich schwächere Antriebskraft. Ein derartiges Resultat ist ohne Zweifel »wissenschaftlich spannend« und erlaubt doch die Rückfrage, ob es nicht auf eine »humanere« Weise zu gewinnen wäre.
Unzulässig sind (4) die vielen Versuche, die mangels Qualifikation der Forschung zu wenig einbringen oder mangels Veröffentlichung unnötige Wiederholungen nach sich ziehen. Um Wiederholungen

zu vermeiden, ist die Einrichtung zentraler Datenbanken nicht nur wissenschaftspolitisch, sondern auch moralisch geboten. Genausowenig zulässig sind (5) Versuche, die nach ihrer Anlage, Durchführung oder von ihrem Ziel her vermeidbare Opfer fordern. In diese Rubrik fällt das Aufsuchen der mittleren Sterberate (Letal Dosis $_{50}$; kurz: LD_{50}-Test), da es wissenschaftlich unzuverlässig ist (Zbinden/Fleury-Roversi 1981). Abzulehnen sind ferner (6) all die Versuche, die ohne hinreichende Erwägung alternativer Methoden unternommen werden. Nicht zu rechtfertigen ist schließlich (7) der »administrative Tierverschleiß«, daß nämlich der Gesetzgeber im Rahmen von Arzneimittelprüfungen Wiederholungen fordert, weil er – oft genug aus protektionistischen Gründen – die Prüfungen anderer Länder nicht anerkennt oder weil er bei nur minimal variierten Heilmitteln keine vereinfachte Registrierung erlaubt.
Unser Zwischenresultat: Die Berufung auf die Gesundheit und das Leben des Menschen, ein nicht bloß rhetorisch, sondern auch sachlich starkes Argument, darf nicht übersehen, wie viele Tierversuche dadurch gerade nicht legitimiert werden.
Stünde einer Tierethik als Legitimationsgrund nur das Mitleid zur Verfügung, so dürfte man sich mit einem Adressatenkonflikt entlasten; bei der Konkurrenz »Tier oder Mensch« halte man nun einmal den Menschen für wichtiger. Für Tierversuche, die Schmerzen zufügen, sind aber zwei Elemente charakteristisch, für die die Gerechtigkeitsperspektive zuständig ist.
Erstens treten die Schmerzen nicht von selbst auf; sie werden wissentlich und willentlich zugefügt. Wer den jeweiligen Schmerz nicht verursacht und trotzdem hilft, handelt, weil einseitig, aus Großmut und Erbarmen. Wer dagegen das Schmerzzufügen unterläßt, tut nichts mehr als der andere auch; er nimmt an einer negativen Wechselseitigkeit teil, dem Verzicht auf gegenseitige Schädigung. Er folgt – mag es auch unbewußt sein – der Idee der Gerechtigkeit, erfüllt also nicht mehr als seine Schuldigkeit. Zweitens ist daran zu erinnern, daß in der Domestikation der Mensch die Tiere von sich abhängig macht und insofern für sie eine direkte Verantwortung übernimmt. In den Tierexperimenten wird die Abhängigkeit qualitativ gesteigert; ein domestiziertes Tier kann in der Regel den arteigenen, »inneren« Impulsen frei folgen; im Laborversuch wird diese Freiheit empfindlich eingeschränkt. Wer die gesteigerte Abhängigkeit lediglich zum eigenen Interesse gebraucht, verletzt wieder das Gebot der Wechselseitigkeit, und er

steigert die Verletzung, wenn er sich dabei über ein so elementares Interesse wie die Schmerz- und Angstfähigkeit hinwegsetzt.
Nun gibt es auch Humanexperimente, die weder ungefährlich noch schmerzlos sind und doch als moralisch zulässig gelten – vorausgesetzt, zwei Bedingungen werden erfüllt. Zum einen bedarf es der aufgeklärten Zustimmung (»informed consent«), die ihrerseits aus dem elementaren Recht auf Selbstbestimmung folgt. Damit die Experimente nicht mit Ungerechtigkeit einhergehen, sind zum anderen die Nachteile durch Vorteile auszugleichen, etwa durch erhöhte Heilungschancen oder durch Belohnungen; und erhalten müssen die Vorteile – so verlangt es die Gerechtigkeit – genau jene Individuen, die die Nachteile auf sich nehmen. Dieses Gerechtigkeitskriterium tritt in zwei Varianten auf. Nach dem stärkeren, distributiven »Kriterium« ist nur jenes Experiment zulässig, bei dem der Vorteil der jeweiligen Versuchsperson selber zugute kommt. Nun gehören die Humanexperimente zu den Bedingungen der modernen, wissenschaftsgestützten Medizin. Deshalb legt sich ein schwächeres, »kollektives Kriterium« nahe: wer die Vorteile dieser Medizin in Anspruch nimmt, muß auch den Preis mitbezahlen; wer nicht sein will, was moralisch verwerflich ist, ein Trittbrettfahrer, darf sich medizinischen Humanexperimenten nicht grundsätzlich versperren.
Dem zweiten Gerechtigkeitskriterium genügen nur diejenigen Tierversuche, die man um des tierischen Wohlergehens willen unternimmt. Ohne Zweifel gibt es veterinärmedizinische Experimente, außerdem Experimente, die zwar der Humanmedizin verpflichtet sind, zur Verbesserung der Tierdiagnose und Tiertherapie aber mit beitragen. Beide Gruppen machen jedoch nur einen kleinen Teil aus; und die zweite Gruppe ist nach dem genannten Gerechtigkeitskriterium nur dann zulässig, wenn die positiven Nebenfolgen für das Tier sowohl groß wie wahrscheinlich genug sind.
Die Anwendung des ersten Kriteriums, der aufgeklärten Zustimmung, sieht sich naturgemäß mit der Schwierigkeit konfrontiert, daß Tiere nicht über die erforderliche Sprach- und Entscheidungsfähigkeit verfügen. Bei der analogen Schwierigkeit im humanen Bereich, bei Säuglingen und Kindern, bei Geisteskranken und – in abgeschwächter Form – bei Gefangenen, verlangt man die Zustimmung eines dem Betroffenen wohlwollenden Vertreters. Dieser überlegt sich, ob sein Mündel, falls es das Für und

Wider abwägen könnte, dem Versuch zustimmen würde. Auf die Tierversuche angewandt, führt dieser Maßstab auf das Gerechtigkeitskriterium zurück; wie ein guter Vormund so setzt sich auch ein »Ombudsmann der Tiere« ausschließlich für die Interessen der Tiere ein. Nun hat das Tier bei allen humanmedizinischen Experimenten zwar das Interesse, nicht zu leiden, zieht aus ihnen aber keinen Vorteil – es sei denn, es würde hinreichend belohnt, beispielsweise durch eine besonders gute Behandlung. Vergessen darf man allerdings nicht das Umfeld; beraubt man die Versuchstiere der Obhut ihrer Mütter, so fügt man diesen einen Schmerz zu, der nach Auskunft der genannten Rattenexperimente höher liegt als der, den Hunger oder »sexuelle Frustration« bereiten.
Nach den beiden für Humanexperimente gültigen Bedingungen sind jedenfalls nur jene Versuche legitim, die dem Versuchstier selbst dienen, sei es direkt, sei es über entsprechende Kompensationen vermittelt. Bei der zweiten Bedingung könnte man sich noch auf das schwächere, kollektive Gerechtigkeitskriterium berufen. Viele der Versuchstiere – Mäuse, Ratten, Katzen ... – begleiten die menschliche Zivilisation und können von ihr durchaus profitieren. Falls diese Bedingung tatsächlich zutrifft, könnte man den Tieren das »Opfer« von Versuchen zumuten, vorausgesetzt, daß das tierische Wohlergehen nur geringfügig beeinträchtigt wird.
Die bisherigen Überlegungen berücksichtigen noch nicht die »ontologische Differenz«, die zwischen Mensch und Tier besteht. Fragen kann man sich, ob ein gegen Tier und Mensch neutraler Beobachter aufgrund dieser Differenz Experimente befürwortete, in denen Tiere leiden, damit die Menschheit weniger zu leiden hat. Die hier erforderliche Güterabwägung kann der Philosoph nicht abschließend entscheiden; er kann jedoch gewisse Kriterien entwickeln. Ein erstes Kriterium wiederholt das Argument der (Spezies-)Verwandtschaft; im Rahmen der allgemeinen Pflicht, Notleidenden zu helfen, trägt man gegen Artgenossen eine größere Verantwortung als gegen Artfremde; der Spielraum des Hilfsgebotes reicht aber nicht so weit, daß er, um seinen Nächsten zu helfen, Fernerstehende zu schädigen erlaubte.
Ein zweiter Gesichtspunkt sagt: Angesichts begrenzter Sympathiekapazitäten solle man die Mitleidsbereitschaft nicht an nichtmenschliche Lebewesen verschwenden; solange es immer noch Krieg, Hunger, Vertreibung, Unterdrückung und Ausbeutung

gibt, mache, wer zu sehr auf das Wohl von Tieren achte, sich eines »falschen Humanitarismus« schuldig. Berechtigt wäre dieser Einwand aber nur dann, wenn die Medizin tatsächlich diesem Kriterium folgte und einen großen Teil ihrer Ressourcen in die Kriegsgebiete und in die Länder der Dritten Welt schickte. Und eine Medizin, die »Luxusinteressen« wie der künstlichen Befruchtung dient, müßte man in einer Welt der Überbevölkerung, der Geburtenkontrolle und Unterernährung vielleicht sogar ganz aufgeben.

Die nur fragmentarischen Überlegungen kann ich hier mit einem Hinweis abbrechen: Solange man Tierversuche noch durchführt, die ein hohes Maß an Schmerz und Leid zufügen, müssen sie den Charakter der Ausnahme behalten und sich aus diesem Grund einer dreifachen Einschränkung unterwerfen: Wo immer möglich, sind die Versuche zu vermeiden; wo sie unumgänglich erscheinen, ist die Zahl der Versuchstiere zu vermindern, und das Experiment selbst ist so zu verfeinern, daß der körperliche und psychische Streß des Tieres mimimal bleibt.

Daß insbesondere die dritte Einschränkung, die Forderung nach Leidensbegrenzung, nicht einem »Humanitarismus professioneller Moralisten« entspringt, belegt Andrew Huxley, damals Präsident der »Royal Society«, der Britischen Akademie zur Förderung der Naturwissenschaften. Bei nur geringen Schmerzen hält Huxley (1983, IV) wissenschaftlich verheißungsvolle Versuche für erlaubt, bei wesentlichen Schmerzen fordert er eine sorgfältige Überprüfung des Versuchsvorhabens, schwere, aber kurzfristige Schmerzen hält er für nur ausnahmsweise erlaubt, schwere und anhaltende Schmerzen oder quälenden Schmerz aber niemals.

Dritter Teil
Fliegt die moralische Vernunft erst am Abend?

Eine Wissenschafts- und Umweltethik sieht philosophisch anspruchslos aus, geht es doch nur um »Anwendung«. Der Ausdruck »Anwendung« überspielt aber Schwierigkeiten sehr grundsätzlicher Natur. Schon das Erkenntnisinteresse ist nicht unangefochten; gegen die vormals herrschenden empirisch-analytischen Wissenschaften haben sich zwar auch die hermeneutischen Disziplinen, am Ende selbst die kritischen Theorien Anerkennung verschafft; eine angewandte Ethik fällt darunter aber nicht. Im Gegenteil stößt sie auf Mißtrauen nicht nur in den traditionellen, sondern auch den neueren Wissenschaften. Die folgenden Überlegungen, Bausteine zu einer Methodenlehre angewandter Ethik, beginnen daher apologetisch; gegen einschlägige Skepsis verteidigen sie, was hier praktiziert wird, eine Wissenschafts- und Umweltethik *modo philosophico*.

14. Eine neue Kompetenz

14.1 Wann ist eine Ethik kritisch?

In der neueren Philosophie, zumal der Sozialphilosophie hat sich eine Tendenz unter Zugzwang gesetzt, die verschiedene Namen trägt, sich in unterschiedlichen Spielarten zeigt und doch aus einem gemeinsamen Kern lebt, aus der Subversion von Macht. Unter der Prämisse, daß Macht nicht sein soll, weil sie schlecht ist, vielleicht sogar böse, ist die Subversion gewiß sinnvoll. Die von Wissenschaft und Technik bereitgestellte Macht ist aber nicht per se verwerflich, per se legitim allerdings ebensowenig. Ihre jeweilige Gestalt bedarf einer moralischen Bewertung, und genau darin liegt das neue Erkenntnisinteresse.

Eine von der Idee der Moral inspirierte Reflexion auf Praxis heißt in der Tradition schlicht praktische Philosophie. Als Prototyp gilt die Aristotelische Ethik; das Programm greift jedoch auch Kant auf, eigentlich – er spricht zwar von Sittlichkeit – ebenso Hegel. Mit dem Argument, praktische Philosophie sei Neoaristotelismus, läßt sich deshalb das Programm nicht diskreditieren. Trotzdem sieht es heute etwas angestaubt aus; der genannten Tendenz folgend, nennt sich eine Reflexion im Dienst der Praxis lieber »kritisch«. Wer statt einer Ethik von Wissenschaft und Technik deren Kritik einfordert, etwa unter Berufung auf Adornos suggestives Wort vom ungegängelten Denken, der übersieht, daß er eine Frage für beantwortet hält, die in Wahrheit noch offen ist, die Vorfrage, wann die Auszeichnung, »kritisch« oder auch »ungegängelt« zu sein, wohlverdient ist.

Die Theorien, die sich kritisch nennen, haben den Ausdruck so erfolgreich okkupiert, daß wir die Mehrdeutigkeit nicht mehr wahrnehmen. Kritisch ist aber nicht nur, wer sich in der Nachfolge Marx' auf Emanzipation verpflichtet. In der Abhandlung »Über die Einrichtung einer kritischen Zeitschrift der Literatur« (1819/20) führt Hegel eine zweite Bedeutung ein, weshalb es einen qualifizierenden Zusatz braucht. Bei den Linkshegelianern liegt eine negative, kompromittierende oder emanzipierende Kritik vor, bei der genannten Hegelschrift und bei den Rechtshegelianern eine positive: eine affirmative oder apologetische Kritik.

Nach ihrem Selbstverständnis folgen die kritischen Theorien der Freiheits- und Gerechtigkeitsintention der Neuzeit. Nach Ansicht affirmativer Theorien hingegen verlegen sie bloß stets in die Zukunft, also in ein ewiges Irgendwann, was sich in Wahrheit schon in der Gegenwart entdecken lasse. In der Tat besteht die Gefahr, daß derjenige, der sich auf die noch fehlende Emanzipation fixiert, die schon geleistete Anerkennung von Freiheit und Gerechtigkeit übersieht und in den entsprechenden Institutionen nur eine Macht entdeckt, die es zu brechen gilt. Bei den affirmativen Theorien droht die entgegengesetzte Gefahr, ein Überschätzen der schon realisierten Freiheit, so daß sich nahelegt, die heute dominierende Alternative selbst, affirmative oder aber emanzipatorische Kritik, zu überwinden.

Im Fall von Wissenschaft und Technik betonen affirmative Theorien die Chancen, negative Theorien dagegen die Gefahren und Bedrohungen; während man hier zur Verlustrechnung neigt, zieht man dort eine immer noch positive Bilanz. In seiner Abhandlung »Über die moralische Verfassung der wissenschaftlich-technischen Zivilisation« räumt Lübbe (1990) die wachsenden Folgelasten der industriellen Entwicklung freimütig ein; mehr Gewicht erhalten aber Lebensvorzüge von »bezwingender Evidenz« (151). Obwohl aufgrund wachsender Folgelasten der Grenznutzen abnehme, bleibe, was der Obertitel ankündigt, der »Lebenssinn der Industriegesellschaft«, erhalten. Lübbe beruft sich auf die »triviale Evidenz der Wohlfahrt« (152): auf die Chancen für Freiheit und Selbstverwirklichung, auf die Blüte moderner Alltagskultur und die Zunahme der Bürgerfreiheit. Die Belege, ohne Zweifel stichhaltig, sprechen für die moderne Zivilisation aber nur generell und nicht spezifisch für ihren wissenschaftlich-technischen Charakter; der Affirmation fehlt es bemerkenswerterweise an Genauigkeit. Verantwortlich für mehr Chancen zur Selbstverwirklichung sind nämlich nicht bloß technische, sondern auch genuin soziale Fortschritte; und zuständig für die Zunahme an Bürgerfreiheit sind vornehmlich Rechtsentwicklungen.

Beweiskräftiger wäre eine andere Argumentation; sie bleibt bei Lübbes Pragmatik des Alltagsverstandes und legt dem Gegner von Wissenschaft und Technik eine Frage vor, die den Ernst seiner Position auf die Probe stellt. Man frage ihn, auf welchen Operationstisch (des Chirurgen, des Zahnarztes usw.) er sich denn lieber lege: auf den des Medizinmannes, auf den zur Zeit der Jahrhundertwende oder von heute. Die Antwort dürfte hier ebenso klar sein wie bei fast beliebig vielen Zusatzfragen; der entsprechende Fortschritt ist so überwältigend, daß, wer ihn leugnet, sich eigentlich lächerlich macht. Man muß weiter gehen. Getreu dem Wort »Wissenschaft und Technik sind das Schlimme, welches noch Schlimmeres verhütet«, liegt heute in einer pauschalen Verhinderung von Wissenschaft und Technik nur eine andere Weise, die Welt zugrundezurichten. Wie schon angedeutet, kann man weder die Umwelt- noch die Bevölkerungsprobleme mit nur vortechnischen Mitteln bewältigen.

Trotzdem bleibt die Einseitigkeit; die affirmativen Theorien sehen an Wissenschaft und Technik nur die lichte Seite, der die Gegner relativ leicht die schattigen, sogar beängstigenden Elemente entgegenhalten. Nach Lübbe (213 ff.) behält zwar das letzte Wort die Moral. Weil er sich aber wie schon in früheren Veröffentlichungen (z. B. 1979) auf sekundäre Tugenden konzentriert und zusätzlich nur deren affirmative Seite herausgreift, kommt er zu einem Schluß, der schon ironisch klingt: mit dem Ernst der Lage wachse die Verpflichtung zur Zuversicht. Zu Recht sagt Lübbe (224): »Gerade in prekären Lagen wird ja der Faktor, den unsere eigene Subjektivität repräsentiert, schließlich zum ausschlaggebenden Faktor«; dies berechtigt aber nicht, an der Subjektivität allein die Zuversicht hervorzuheben.

Von Jonas kennen wir als entgegengesetzte Option die Heuristik der Furcht, die ihrerseits Blochs Utopie der Hoffnung ablöst. Wer die Furcht privilegiert, argumentiert ebenso einseitig; erneut erweist sich die Alternative von Affirmation und (negativer) Kritik als bedenklich. Die Entdeckungen der modernen Wissenschaft bergen im Prinzip immer beides: neue Chancen ebenso wie neue Gefahren. Falls es in dieser Situation wirklich nur das Entweder-Oder gibt, nämlich mit Lübbe pflichtschuldig zuversichtlich oder mit Jonas nicht weniger pflichtschuldig, aber mißtrauisch oder furchtsam zu sein, dann drängt sich die trivialisierende Abwandlung des Fichte-Wortes auf: Was für eine Kritik man wähle, hängt sonach davon ab, was für ein Mensch man sei.

Sachgerechter ist die Offenheit für beide Seiten, für die Zuversicht nicht weniger als für die Furcht. Der »doppelte Blick« (Kap. 5.3) verlangt freilich mehr als ein Sowohl-als-auch, ebenso mehr als bloß einen Mittelweg oder Kompromiß; er bedarf einer neuen Kompetenz. Diese löst sich von der heute vorherrschenden Alternative und entfaltet, was der Ausdruck »Kritik« ursprünglich meint, eine Fähigkeit des Unterscheidens und Richtens, kurz: eine richterliche Kompetenz. Nennen wir sie, eine dritte Kritikform, die judikative Kritik. Bekanntlich wird sie von der Philosophie schon sehr früh als eine ihrer Aufgaben anerkannt. Die Anfänge einer judikativen Kritik reichen bis zu Platon und Aristoteles zurück; und in der Neuzeit folgt ihr kein geringerer als Kant. Generell ist die judikative Kritik dort gefragt, wo es widerstreitende Parteien gibt, deren Streit nicht nach Maßgabe von Macht geschlichtet werden soll. Im Fall von Wissenschaft und Technik werden diese zwei Bedingungen in besonderer Klarheit erfüllt. Im Unterschied zu Kants transzendentaler Vernunftkritik liegt ein Rechtsstreit nicht nur im analogen Sinn vor. Kollidiert beispielsweise das Lebensrecht mit der Wissenschaftsfreiheit, so ist das Urteil nicht bloß über kontroverse Wahrheitsansprüche zu fällen, sondern über konkurrierende Rechte. Damit ein Richter tatsächlich nicht nach Maßgabe von Macht urteilt, hat er zwei Zusatzbedingungen zu erfüllen. Die subjektive Bedingung, die Einstellung der Unparteilichkeit, kann die Ethik übernehmen, die objektive Bedingung, die Verpflichtung auf vorgegebene Gesetze, hingegen nicht. Im Unterschied zum gewöhnlichen Richter blickt sie nicht auf einen positiven, sondern einen überpositiven Maßstab, auf den aller Praxis immanenten Anspruch der Moral.

Auf jeweils verschiedene Weise haben affirmative und kritische Theorien mit diesem Anspruch Schwierigkeiten. Sie des näheren auszuführen, ist hier nicht der Ort. Der Hinweis genügt, daß Philosophen wie Lübbe und Marquard (1973) der Hegelschen Kant-Kritik folgen und einem moralischen Sollen grundsätzlich mißtrauen. Dabei setzen sie – so muß man ergänzen – die in der *Rechtsphilosophie* geübte Praxis Hegels, Rechts- und Staatsverhältnisse mit einem zur Sittlichkeit erweiterten moralischen Blick zu beurteilen, hintan. Die emanzipatorischen Theorien dagegen erkennen zwar ein positives Sollen an; dessen Gehalt »Emanzipation soll sein« ist aber wesentlich negativ; die Gesellschaft soll von Widersprüchen frei werden. Der allfälligen Nachfrage, wie die davon freie Gesellschaft denn positiv aussehe, begegnet man seit Marx mit notorischer Zurückhaltung.

Für die neue, judikative Kritik spricht nun ein durchaus moralisches, aber nicht moralisierendes Argument. Sowohl die emanzipatorische wie die affirmative Kritik müssen sich an einer so elementaren Gerechtigkeitsforderung messen lassen wie »audiatur et altera pars«. Dort muß man trotz der noch ausstehenden Emanzipation die schon geleistete, hier trotz der schon erfolgten Emanzipation die immer noch bestehenden Defizite anerkennen; mit einem Wort: die Kritik bedarf der Unparteilichkeit. Diese erschwert sich, wer, zusammen mit der Kunst des ebenso scharfen wie einseitigen Blicks, entweder bloß die Zuversicht oder aber nur das Mißtrauen pflegt.

Mehr als eine vorläufige Bedeutung hat diese Forderung aber nicht; entscheidend ist die Frage, welche Kritikform denn von der Sache her geboten ist. Sachgerecht wäre eine primär affirmative Kritik dann, wenn Wissenschaft und Technik nur brauchten, was im kritischen Rationalismus »Stückwerktechnologie« heißt, also lediglich kleinere Verbesserungen. Umgekehrt wäre die vornehmlich negative Kritik sinnvoll, wenn sie für entschieden weitergehende Veränderungen plädieren müßte, für eine veritable Verabschiedung der uns vertrauten Wissenschaft und Technik. Ob eine der beiden Prämissen zutrifft, zeigt erst die substantielle Analyse. Aus diesem Grund ist eine erste Form judikativer Kritik in jedem Fall vonnöten; sie macht zum Gegenstand, was der negativen und der affirmativen Kritik schon eine Prämisse ist; sie unterwirft Wissenschaft und Technik einer moralischen Beurteilung.

Den vorangehenden Untersuchungen zufolge ist weder nur Stückwerktechnologie noch eine radikale Verabschiedung gefragt, vielmehr eine Entwertung der Alternative. Die Art, wie man sich wissenschaftliche Entdeckungen zunutze macht, bedarf grundsätzlich und unter den Bedingungen der Moderne weit mehr einer Bewertung vom Standpunkt der Moral. Und diese Bewertung hält sich für alle drei Möglichkeiten offen: für die Legitimation, für ihre Limitation und für das vollständige Verbot.

14.2 Statt dessen Ehrfurcht (Heidegger)?

Schwierigkeiten mit dem moralischen Blick auf Wissenschaft und Technik hat auch die phänomenologische und hermeneutische Bewegung. Der wirkungsmächtigste Beitrag stammt zweifelsohne von Martin Heidegger. Da er, wie es im Vortrag *Die Frage nach der Technik* (5 u. ö.) heißt, zu ihr »ein freies Verhältnis« ermöglichen will, eine Beziehung also, die sich durch die Grundeigenschaft neuzeitlicher Moral auszeichnet, scheint der Beitrag unmittelbar ethisch relevant zu sein. Tatsächlich steht die Freiheit, auf die es in diesem Vortrag ankommt – und auf diesen Text beziehen wir uns –, einer moralischen Beziehung im Wege.

Heidegger beginnt »hermeneutisch-hypoleptisch«; er greift zwei umlaufende Ansichten auf, die »instrumentale Bestimmung«, der zufolge die Technik als »ein Mittel für Zwecke« gilt, und die »anthropologische Bestimmung«, die sie für »ein Tun des Menschen« hält. Beide Aussagen erklärt Heidegger für richtig, die eine sogar für »unheimlich richtig«, womit er andeutet, daß ihre Vordergründigkeit Angst mache; sie verharmlose die – mittlerweile universal gewordene – Vernutzung von Welt. Als Antwort auf einen bloß vernutzenden Umgang drängt sich die negative Kritik auf, der gemäß ein solcher Umgang nicht sein darf. Entgegentreten könnte ihr eine dann resignierende Affirmation. Beide Reaktionen – der Text sagt: »sich mit dem Technischen abfinden oder ihm ausweichen« und später: »die Technik blindlings zu betreiben ... (sich) hilflos gegen sie aufzulehnen« – schiebt Heidegger mit dem Argument beiseite: »Überall bleiben wir unfrei an die Technik gekettet« (*Technik*, 5). Nicht mehr unfrei sei erst, wer ihr Wesen erkenne, das Wahre, das vom »bloß Richtigen« scharf zu unterscheiden sei.

Seit einem Vortrag aus dem Jahr 1938 (1950, 69) identifiziert Heidegger das Wesen der neuzeitlichen Technik »mit dem Wesen der neuzeitlichen Metaphysik«. Für diesen Gedanken selbst, den Grundsatz seiner »Tiefenhermeneutik der Technik«, interessiert sich eine ethische Methodenlehre nicht, wohl aber für die zugrunde liegende Frageintention. Bedenken gegen sie dürften allerdings auf die Wesensbestimmung der Technik durchschlagen. Obwohl sich Heidegger auf die Metaphysik beruft, verfolgt er eine praktische Intention; um so erstaunlicher ist, daß er die moralische Perspektive gleichwohl ausblendet. Der Grund liegt in der Natur jener Freiheit, die der gewinnt, der Heideggers Gedanken nachvollzieht. Diese Freiheit ist sowohl mit Heideggers Vorgehen als auch mit der Grundthese in der *Frage nach der Technik* so wesenhaft verknüpft, daß man die moralische Frage nicht etwa als Ergänzung nachtragen könnte – ein Umstand, der gegen neuere Versuche, Heideggers Technikphilosophie in eine Ethik der Technik zu integrieren, skeptisch stimmt.

Wer den Zusammenhang mit der abendländischen Metaphysik

einsieht, wird die Technik – Heidegger spricht vom »Ge-stell« – als eine »Schickung des Geschicks« (*Technik*, 24) anerkennen, als einen Weltbezug also, dessen sukzessive Entfaltung unausweichlich ist. Von der Metaphysik seit den Griechen, namentlich dem Kausalitätsdenken, vorgeprägt, sei die Technik das Produkt einer dieser Metaphysik immanenten Entfaltung und Vollendung. Für vordergründig erachtet Heidegger die genannte anthropologische Bestimmung nun deshalb, weil sie den Menschen noch als das für die Technik verantwortliche Handlungssubjekt ansieht; in Wahrheit, das zeige der Zusammenhang mit der Metaphysik, sei der Mensch das Subjekt nur vermeintlich.

Nach dem Höhepunkt der Subjektivitätstheorie im Deutschen Idealismus arbeitet die Philosophie bekanntlich an einer Entmachtung des Subjekts generell. Marx depotenziert den Menschen als das Subjekt der Ökonomie, Nietzsche, durch Freud fortgesetzt, den Menschen als das moralische Subjekt, und Heidegger entmachtet den Menschen hinsichtlich einer dritten Form von Rationalität, der Technik. Ihre Mächte, heißt es im Vortrag *Gelassenheit* (1959, 19), »sind längst über den Willen und die Entscheidungsfähigkeit des Menschen hinausgewachsen«. Nach einem Wort, das schon zum Gemeinplatz geworden ist, kommt der Technik eine Eigenmacht zu. Dieser Gedanke klingt bei Heidegger zwar auch an, aber nur um die Technik-Beziehung zu charakterisieren, die der Mensch überwinden kann. Die Entmachtung, die auch dann noch bleibt, ist subtiler. *Die Frage nach der Technik* erläutert sie durch die doppelte Opposition: Verhängnis – Geschick und Höriger – Hörender. Der erste Begriff steht jeweils für Unfreiheit, der zweite für eine charakteristische Freiheit. Hätte die Technik eine unüberwindbare Eigenmacht, so wäre der Mensch ihr gegenüber ein Höriger, also lediglich unfrei; tatsächlich soll er frei werden, aber nur so weit, wie es dem Hörenden im Angesicht eines Geschicks möglich ist.

Eigentümlicherweise kommt bei Heidegger ein Moment zu kurz, die Einbettung der Technik in die Bearbeitung der Natur. Dieses Defizit hat die durchaus positive Folge, daß einem Emanzipationstraum der Aufklärung, der Befreiung mittels Wissenschaft und Technik, Heidegger nicht verfällt. Andererseits übergeht er die anthropologisch tiefere Verankerung der Technik und die daraus folgende Relativierung seiner sowohl seinsgeschichtlichen wie seinsgeschicklichen Perspektive. Sie ist schon aufgrund folgender

Überlegung zu relativieren: Bestimmt man die abendländische Technik hinreichend offen, nämlich als wissenschaftsgestützte Erforschung der Naturkräfte, so mag sie mit der Metaphysikgeschichte verknüpft sein und kennt doch keine ernsthafte Alternative. Noch weiter reicht die anthropologische Einsicht in die Notwendigkeit von Technik überhaupt. Die Frage, in welcher Gestalt die Technik sich darstellt, ist gewiß nicht belanglos; und doch ist sie sekundär gegenüber dem Umstand, daß der Mensch, um überleben zu können, der intelligenzgestützten Naturbearbeitung, und das heißt nichts anderes als der Technik, bedarf. Daß es sie überhaupt gibt, ist von epochal gültigen Bedingungen unabhängig. So gesehen ist der Mensch sogar ein »Höriger«; die anthropologischen Vorgaben schaffen eine Zwangssituation, der er in voller Unfreiheit ausgeliefert ist. Hörig ist er allerdings nicht auf die gewöhnliche Weise, daß er von einem ihm Fremden abhängig wäre; in der Technik begegnet der Mensch sich selbst.

Über die gängigen Bestimmungen der Technik geht Heidegger denn doch zu rasch hinweg; statt ihnen eine tiefere Grundlage zu geben, nimmt er ihre Verabschiedung vor. Daß der Mensch, so wie er von der Natur ausgestattet ist, Mittel braucht, rehabilitiert aber die instrumentale Bestimmung, daß er sie sich selber entwikkeln muß, die anthropologische Bestimmung der Technik. Rehabilitiert werden die Ansichten freilich in einer Verknüpfung, die von ihnen selbst nicht thematisiert wird: Nicht bloß richtig, sondern auch wahr ist die instrumentale Bestimmung erst dann, wenn man sie in anthropologischer Perspektive sieht, also nicht länger als ein neutrales Mittel zu beliebigen Zwecken, sondern als ein Element der Selbsterhaltung.

Während Heidegger die anthropologische Dimension unterschätzt – vielleicht läßt sie für ein unverwechselbar eigenes Philosophieren zu wenig Raum –, entdeckt er als neue Dimension die Metaphysik- oder Seinsgeschichte. Zur gewohnten »Geschichte der Technik« bringt sie eine Vertiefung, im Verhältnis zur Anthropologie entwickelt sie gleichwohl nur eine mittlere Ebene. Dazu kommt eine dritte Ebene, die Heidegger ebensowenig wie die erste behandelt; Stellung nehmen kann man zur Technik nicht nur pauschal, sondern auch zu den bestimmten Gestalten, in denen sie sich jeweils präsentiert. Und hier öffnet sich das Feld für die moralische Vernunft als judikativer Kritik.

Im Gefolge von Heidegger besteht die Neigung, die mittlere,

seinsgeschichtliche Ebene der Technik zu verabsolutieren; Argumente dafür findet man aber nicht. Die Fragen in bezug auf die erste und die dritte Ebene blendet Heidegger schlicht aus. Das Denken über Technik, das er ebenso bescheiden wie pathetisch unter den Titel der »Frage« stellt, geht *seiner* Frage zwar mit einer kompromißlosen Gründlichkeit nach, zieht aber die Möglichkeit, daß es noch weitere, ebenfalls wesentliche Fragen gibt, nicht in Erwägung.

Da wir die erste, anthropologische Ebene schon des näheren behandelt haben (Kap. 7-8), genüge ein Hinweis zur dritten Ebene. Führen wir, um Heideggers impliziter Skepsis gegen eine moralische Bewertung der Technik entgegenzutreten, ein Gedankenexperiment durch: Der Gesetzgeber streiche zunächst den entsprechenden Forschungshaushalt, schaffe sodann die technischen Universitäten ab, ebenso die Ingenieurschulen und verbiete schließlich – mit Strafen, wie sie für Eigentums- oder gar für Tötungsdelikte vorgesehen sind – jede technische Forschung. Daß der Gesetzgeber die erforderliche Zustimmung findet, mag zweifelhaft sein; falls die Technikaversion aber stark genug wäre, fände er sich zu erstaunlich radikalen Einschnitten bereit. Sollte das Vorbild zudem noch ansteckend wirken, könnte bald global zutreffen, was andernfalls nur, aber immerhin regional geschähe: nicht nur die angebliche Eigenmacht, auch das Seinsgeschick Technik fiele rasch in sich zusammen.

Dieses Gedankenexperiment zeigt dreierlei. Als erstes, daß Wissenschaft und Technik weder aus sich heraus leben noch das Resultat einer schicksalhaften Metaphysikentwicklung bilden; sie sind auf Zustimmung angewiesen und insoweit doch ein Tun des Menschen. Gerichtet ist die Zustimmung auf das, was man den Gesetzgeber fragen kann, also nicht auf die Zustimmung zur Technik überhaupt – sie findet ohnehin statt –, sondern zu ihrer jeweiligen Qualität und Quantität. Zugleich bestätigt sich, daß der Mensch in der Technik, statt etwas Fremdem unterworfen zu sein, in Wahrheit sich selbst begegnet. Wie tief auch immer in die Technik er inzwischen verstrickt sein mag – sie ist nicht wie eine Kolonialmacht, die in unsere Gesellschaften oder in unsere Gedankenwelt von außen einbricht; es sind die eigenen Bedürfnisse und Interessen, die uns an die Technik binden.

Ein zweites: Die Zustimmung ist ohne Zweifel von einer Technik-Mentalität vorgeprägt. Weil man in der Neuzeit, schon wegen der bisherigen Erfolge, zu allen Problemen eine technische und nur technische Lösung sucht, entstehen ein technikgeprägter Lebensstil und eine sich ausbreitende Technosphäre; diese wiederum ziehen die entsprechenden Forschungs- und Ausbildungsstätten nach sich, deren Konkurrenz den technischen Fortschritt beschleunigt. Wegen derartiger Faktoren darf man nicht glauben, eine Vorherrschaft der technischen Mentalität sei leicht zu überwinden; Mentalitäten und Lebensstile lassen sich generell nur unter großen Schwierigkeiten ändern.

Der Reichtum der Erfahrungen mit Technik und die Fähigkeit zum freien Urteil erlauben dem Menschen jedoch, nicht nur die von Heidegger kritisierte Alternative zu überwinden, entweder »die Technik blindlings zu betreiben oder, was dasselbe bleibt, uns hilflos gegen sie aufzulehnen und sie als Teufelswerk zu verdammen«. Man kann auch Heideggers neue Option, die eines Seinsgeschicks, mit gewissen Vorbehalten anerkennen und trotzdem zur Technik in ihrer Bestimmtheit Stellung nehmen. Dabei erhöht man jenen Handlungs- und Subjektcharakter, der bei Heideggers Option nur eingeschränkt gegenwärtig ist.

Die Subjektivität dessen, der auf ein Geschick hört, ist auf die Bereitschaft reduziert, das Geschick hinzunehmen. Auch wenn die Hinnahme, wie Heidegger sagt, einen »befreienden« Charakter hat, handelt es sich um eine passive Befreiung, um ein wissendes Erdulden: man wird in Anspruch genommen. Gemäß dem Sprichwort »fata volentem ducunt, nolentem trahunt« kann man bei freier Zustimmung die Vorteile der Technik »genießen«, während man sich beim Widerstreben zusätzlichen Verdruß einhandelt; ändern kann man die Technik aber nicht. Wer hingegen die Technik in ihrer Bestimmtheit beurteilt, erkennt einerseits an, was in einem höheren Maße passiv ist, die anthropologische Angewiesenheit auf Technik, und nimmt sich andererseits, was mehr Aktivität erlaubt, das Recht, über die Art und Weise mitzuentscheiden. Der Metapher des Hörens ist diese erweiterte Subjektivität versperrt.

Ob die Metapher hinsichtlich der Metaphysik voll überzeugen kann, sei dahingestellt. Gewiß paßt sie für die Beziehung zu Gott, die deshalb Karl Rahner, ein ehemaliger Student von Heidegger, zu Recht unter den Titel »Hörer des Wortes« stellt. Denn gegen Gott ist der Mensch nur insofern frei, als er sich dessen Anspruch versperren kann; sobald er sich dem Anspruch geöffnet hat, steht er im Angesicht einer ihn überwältigenden Macht und ist insofern unfrei. Nach diesem Muster ist aber die Beziehung zur Technik nicht zu denken; der Mensch hat hier eine größere Freiheit. Er kann – freilich in Grenzen – die Richtung der Technik und ihr Tempo mitbestimmen sowie ihre Qualität und Quantität, dies um so mehr in fortgeschrittenen Stadien der Geschichte, weil dann sowohl die Erfahrung als auch die Zahl der Optionen größer ist. Im übrigen wird das Mitbestimmen längst praktiziert, sogar in normativ verschiedener Form. Eine erste, technische Bewertung der Technik sucht immanente Verbesserungen; die zweite, ökonomische Bewertung spricht sich bald für ein Preiswerter, bald für ein Schneller, bald für ein Materialsparen aus; eine dritte, pragmatische Stellungnahme verlangt zum Zweck der menschlichen Interessen teils neue, teils andere Techniken.

Für eine weitere Bewertung stellt die Philosophiegeschichte Elemente zur Verfügung, die zusammengenommen das dritte Element des Gedankenexperimentes ausmachen. Bei Heidegger spielen sie aber keine Rolle; und der Autor bezieht nicht etwa, wie manche »Schüler« glauben, eine Gegenposition; er »schweigt sich aus«. Es ist eine Tradition, für die sich Heidegger wenig interessiert, die Tradition der politischen Philosophie, in der sich herausbildet, was gegenüber der Technik die größere Freiheit erlaubt: die Fähigkeit zur Prärogative. Die Rechtsethik entwickelt Prinzipien wie die Grund- und Menschenrechte, denen der Rechts- und Verfassungsstaat zur Wirklichkeit verhelfen will. Entsprechend weiterentwickelt, gewinnen beide Seiten auch bei der Technik, was »Prärogative« bedeutet: die Macht über die Macht. Wie gesagt: in Grenzen gibt man die Richtung vor, bestimmt das Tempo der Entwicklung und erläßt nicht zuletzt Verbote oder erteilt im Gegenteil eine Lizenz.

Wer die Technik zu eng an die Metaphysikgeschichte bindet, läßt sich auf mehr als nur eine rhetorisch durchaus zulässige Überspitzung ein; er nimmt einen blinden Fleck in Kauf. Heidegger thematisiert eindringlich die eine Signatur unserer Epoche, die wissenschaftlich-technische Rationalität. Das Leitproblem der Epoche sieht aber erst, wer sie mit der anderen Signatur, der Rechtsmoral, verbindet. Wer lediglich auf Wissenschaft und Technik achtet, übersieht, daß sie in eine soziale Praxis eingebunden sind und als solche immer schon unter einer externen Kontrolle stehen. Und diese verfügt, hier der Wissenschaft und Technik ebenbürtig, über eine tendenziell universale Macht; Einfluß nehmen kann die Rechtsordnung auf so gut wie jede soziale Praxis. Die entscheidende Frage lautet deshalb: Ist die Rechtsordnung fähig und willens, die der Wissenschaft und Technik immanente Abstinenz an moralischer Vernunft wissenschaftsextern aufzufangen? Das Korrektiv muß nicht schlechthin extern sein und staatlichen Instanzen überlassen werden. Schon aus Eigeninteresse sollten die Wissenschaftler ihr Tun als soziale Praxis wiederentdecken, von sich aus eine angemessene Moral entwickeln und für deren Wirksamkeit Sorge tragen. Die dann maßgebliche Moral bleibt, was der Ausdruck »Rechtsmoral« philosophisch beinhaltet: eine Verantwortung, die man der Gesellschaft nicht etwa großzügig schenkt, ihr vielmehr schuldet. Die damit bezeichnete Aufgabe kann Heidegger nicht einmal formulieren.

Unter den Gründen, warum seine Technik-Philosophie so fasziniert, ist nicht der geringste Grund dieser: Man bleibt beim traditionellen Begriff einer Ersten Philosophie, befaßt sich mit einer – freilich gewandelten – Metaphysik und hat trotzdem, also ohne sich in eine praktische Philosophie vertiefen zu müssen, die Genugtuung, zur Ethik der Gegenwart beizutragen. In dieser Genugtuung liegt eine Täuschung. Die als Seinsgeschick definierte Technik macht unmöglich, was zu einem moralischen Verhältnis gehört: eine Bewertung, die im gegebenen Fall zu einer gezielten Veränderung auffordert. Das Freiheitspotential, das Heidegger offenlegt, ist so groß wie das gegen einen Gott; an die Stelle einer Rechtsmoral tritt die Haltung der Ehrfurcht.

14.3 Eine neue Interdisziplinarität

Zu einem guten Richter gehört mehr als die Bereitschaft zur Unparteilichkeit und eine Kenntnis der Gesetze; bei jedem Streitfall muß er sich neu in dessen unverwechselbare Eigentümlichkeit einarbeiten. In Form einer Grundlagenreflexion gibt es die Wissenschaftsethik zwar auch im Singular. In der substantiellen Durchführung – das übersieht die große theoretische Geste – herrscht jedoch der Plural, sogar ein vierfacher Plural vor.

Der erste, thematische Plural folgt einer der Philosophie vertrauten Maxime – »sozein ta phainomena« –, und trotzdem ist die Wissenschaftsethik ein philosophisch weder vertrautes noch einträgliches Unternehmen. Nicht vertraut ist sie, weil man sich in Themen kundig machen muß, zu denen die professionellen Vorkenntnisse fehlen. Und nicht einträglich ist sie, weil die Kenntnisse, die man sich erarbeitet, die Fachkompetenz so gut wie nicht erweitern. Die Nachfrage ist zwar groß; wer über »Wissenschaft und Verantwortung« nicht nur global zu reden versteht, kann sich der erdrückend vielen Einladungen nur durch die Kunst des selektiven Nein-Sagens erwehren. Die Nachfrage mag schmeicheln; an die philosophische Fachkompetenz wendet sie sich nur zum geringsten Teil.

Gegenwärtig ist in diesem Umstand schon der zweite Plural, eine neue Interdisziplinarität. Das gewöhnliche Verständnis, die »Personen-Interdisziplinarität«, begnügt sich mit der schlichten Addition. Methodisch und thematisch unterschiedliche Beiträge verschmelzen zur Einheit von Tagungsort und Tagungssammelband, in einer fortgeschrittenen Phase zur bürokratischen Einheit einer Forschungsstelle. Die eigentliche und anspruchsvollere Aufgabe besteht jedoch in einer »Intrapersonen-Interdisziplinarität«: ein und dieselbe Person überschreitet ihre angestammten Kompetenzen und denkt schon für sich selbst interdisziplinär.

In der Regel ergeht es der Wissenschaftsethik nicht anders als jeder sogenannten angewandten Ethik: sie pflegt zu enttäuschen. Den »Praktiker« enttäuscht sie, weil er zu wenig Sachverstand am Werk sieht, außerdem keine fertigen Rezepte erhält, den Philosophen, weil man auf sein Interesse an Letztbegründung nicht eingeht. Beide Seiten verkennen die eigentümliche Aufgabe, daß etwas Drittes gesucht wird, nicht ein Kompromiß zwischen Rezept und Letztbegründung, sondern eine Vermittlungsleistung. In einem ursprünglichen, der Professionalisierung noch vorangehenden Sinn handelt es sich sogar um eine philosophische Aufgabe. Ob Philosophen vom Fach sie ausüben oder Juristen, ob Theologen, Naturwissenschaftler oder Mediziner, spielt dafür keine Rolle. Entscheidend ist jenes Sichkundigmachen in fremden Forschungsgebieten, das nicht als Last empfunden wird, sondern als eine Lust: als Neugier auf eine Welt, die sich selbst und unser Leben verändert.

Sollte die Neugier nur additiv verfahren, so erreicht sie ihren Zweck nicht. Wissenschaftsethik wird nicht dadurch philosophisch, daß sie einzelwissenschaftliches Wissen um ethische Kenntnisse ergänzt und auf diese Weise dem Ideal der Allgemeinbildung eine regionale Wiederbelebung gewährt. Man muß vielmehr – darin liegt ein zweites philosophisches Moment – zwei Elemente, die zunächst einmal heterogen sind, einen Sachverhalt und eine Norm bzw. einen Wert, in eine Beziehung zueinander bringen. Es kommt darauf an, eine genau bestimmte Forschungspraxis – nicht etwa eine vage »Genmanipulation« – »im Licht« und »nach Maßgabe« moralischer Kriterien auszulegen (vgl. Pieper 1991).

Weil es weder professionelle Vorbilder noch eine professionelle Ausbildung dafür gibt, also faute de mieux, kommt, wer Wissenschaftsethik treibt, aus den traditionellen Disziplinen. Mit liberalistischem Optimismus kann man hoffen, daß die spezifischen Defizite in der Konkurrenz der Defizite sich weitgehend aufheben. Dazu eine Randbemerkung: Leichter fällt die neue Aufgabe jenen Wissenschaftlern, die das Inbeziehungsetzen von Sachverhalten und normativen Gesichtspunkten in ihrer professionellen Ausbildung lernen. Dazu gehören die Juristen, sofern sie die Fähigkeit zu richten lernen. Die Moraltheologen und (theologischen) Sozialethiker dagegen zählen nur dann dazu, wenn sie noch zur Beichtpraxis ausgebildet werden oder zu einer äquivalenten Praxis der Fallbeurteilung; eine Kenntnis der alt- und neutestamentlichen Ethik genügt nicht; zudem droht die Gefahr, daß man statt mit einer Rechtsethik mit der christlichen Liebesethik argumentiert. Weil eine allgemeingültige Moral gefragt ist, wittern die dafür zuständigen Fachvertreter, die Philosophen, Morgenluft; sie freuen sich aber zu früh. Ex professione kennen sie sich zwar in den Grundbegriffen und Theorien der Moral aus und können sich, vorausgesetzt, sie verfügen über philosophiegeschichtliche Bildung, gegen mancherlei intellektuelle Moden absetzen. Für die Aufgabe, moralische Gesichtspunkte mit Sachfragen zu vermitteln, bringen sie aber nur dann eine Fachkompetenz mit, wenn sie lernen, was selbst in der praktischen Philosophie nicht die Regel ist: die lebensweltbezogene Reflexion angewandter Ethik. Für Naturwissenschaftler schließlich und jene Sozialwissenschaftler, die mit gutem Grund dem Prinzip Wertfreiheit folgen, ist der Bezug auf Normatives mehr als ungewohnt; er ist ihnen methodisch untersagt. Wenn sie sich trotzdem darauf verstehen, verdanken sie es weniger der Fachkompetenz als dem, was zum Menschen- und Bürgersein gehört, dem Common sense.

Richter entnehmen ihre Kriterien dem meist geschriebenen, gelegentlich ungeschriebenen, in jedem Fall aber positiven Recht. Auch der Wissenschaftsethik, allerdings mehr der Wissenschaftsethik im engeren Sinn als der ökologischen Ethik, bietet es eine Hilfe an. Denn für ihre Kontroversen – so ein dritter Plural – ist eine Vielzahl von positiv geltenden Rechtsprinzipien zuständig, außer der Wissenschafts- und Forschungsfreiheit etwa die Unantastbarkeit der Menschenwürde, das Recht auf Leib und Leben und das Recht auf Selbstbestimmung, ferner der institutionelle Schutz von Ehe und Familie, das Diskriminierungsverbot und der Datenschutz.

Der vierte Plural, genauer ein Dual, besteht in der Doppelexistenz derartiger Kriterien. Einerseits gehören sie zu den Legitimationsbedingungen einer Rechts- und Staatsordnung, andererseits bilden sie den anerkannten Bestandteil des geltenden Rechts; dort führen sie eine rechtsethische, hier eine positivrechtliche Existenz. Demzufolge gibt es den wissenschaftsethischen Diskurs in zwei Formen.

Der eine, positivrechtliche Diskurs fällt paradoxerweise in die Ethik und erkennt trotzdem, da er vom geltenden Recht her argumentiert, das Prinzip Wertfreiheit an. Erst der überpositive Diskurs geht über das geltende Recht hinaus. Seinerseits gestaltet er sich, schematisch gesprochen, in zwei Stufen. Auf der ersten, für eine Wissenschaftsethik noch unspezifischen Diskursstufe, dem binnenphilosophischen Diskurs, bestimmt man den Standpunkt der Moral, ferner ihren höchsten Maßstab und jene substantiellen Prinzipien, die für das Recht generell gültig sind. Da über den Maßstab endlos gestritten wird, gewinnt man den Eindruck, die Fortsetzung zur zweiten Diskursstufe, zur angewandten Ethik, sei ab ovo unmöglich. Falls die Ethik aber, davon unbeeindruckt, zur Rechtfertigung substantieller Prinzipien übergeht, findet sie oft ein erstaunliches Maß an Übereinstimmung. Ein gutes Beispiel bieten die Menschenrechte; obwohl ihre genaue Begründung noch umstritten ist, sind sie als moralische Vorgaben für das positive Recht so gut wie unumstritten. Unkontrovers ist auch das Verbot des Trittbrettfahrens, auf das sich die ökologische Gerechtigkeit berufen kann.

Soweit es ihr möglich ist, knüpft die zweite Stufe des rechtsethischen Diskurses, die angewandte Ethik, an derartige Prinzipien an. Auf diese Weise führt sie einen philosophischen Außendiskurs, bei dem nicht bloß erlaubt, vielmehr sogar geboten ist, was sich im Binnendiskurs verbietet. Nach dem Vorbild eines guten Richters urteilt sie nicht nach privaten Grundsätzen, sondern nach anerkannten Rechtsprinzipien. Die vertraute Gegenüberstellung von wertfreier Wissenschaft und nichtwissenschaftlichen Werten wird damit untergraben. Die Ethik bedient sich einer von Aristoteles her bekannten Methode und beruft sich, soweit möglich, auf unkontroverse Grundsätze der Moral; sie argumentiert also topisch. Die nicht geringste Bedingung für das Gelingen angewandter Ethik liegt in der entsprechenden Fähigkeit, von binnenphilosophischen Kontroversen vorläufig zu abstrahieren, die Unstrittigkeit vieler Grundsätze einzusehen und mit ihrer Hilfe einen Großteil der anstehenden Fragen zu erörtern.

15. Rehabilitierung der Urteilskraft

Vonnöten hat die Wissenschaftsethik nicht das, was mit großer Geste der Moralist einfordert, eine neue Moral. Statt dessen bedarf es einer neuen, judikativen Kritik und zu ihrem Zweck einer Fähigkeit, die in der Tradition Phronesis bzw. Prudentia oder Klugheit heißt. Gemeint ist aber nicht die Klugheit der Schlange, sondern eine intellektuelle Kompetenz, die von vornherein im Dienst moralischer Zwecke steht, eine auf Moral vorabverpflichtete Urteilskraft. Deren Rehabilitierung steht auf unserer Agenda. Zusammen mit den Einstellungen der Gelassenheit, Besonnenheit und Gerechtigkeit bildet sie das »Quartett« der für eine Wissenschafts- und Umweltmoral erforderlichen Kardinaltugenden.

15.1 Die Entmachtung: Machiavelli und Kant

Wer die Urteilskraft rehabilitieren will, muß sich zuerst die Schwierigkeiten vergegenwärtigen; er muß wissen, warum sie, die Jahrhunderte lang den Rang einer Kardinaltugend bekleidete, in der Neuzeit diesen Rang verliert. Die Entwicklung liest sich als ein komplexes Kapitel abendländischer Geistesgeschichte; für unseren Zweck reicht ein Blick auf die beiden wichtigsten Autoren aus. Die Depotenzierung, die sie vornehmen, weist zwar in verschiedene Richtungen, hat aber – sagt die übliche Interpretation – dasselbe Resultat: Moral und Klugheit werden voneinander abgekoppelt. Im einen Fall, bei Machiavelli befreie sich die Klugheit von ihrer moralischen Vorgabe und wandle sich zur Klugheit der Schlange, zum moralisch indifferenten, sogar amoralischen Selbstinteresse. Im anderen Fall, bei Kant, befreie sich die Moral von der Aufgabe der Klugheit, und eine selbstgenügsam gewordene Moral, die Gesinnung, triumphiere über die Urteilskraft (Lübbe 1987). In beiden Fällen – so glaubt man – findet eine Emanzipation statt, die als Ausdruck einer Modernisierung gilt. Läuft eine Rehabilitierung der Phronesis-Klugheit also auf eine Entmodernisierung hinaus?

Machiavelli. Die Antriebskraft des Handelns, die Virtù, verliert bei Machiavelli in der Tat die Bedeutung einer moralischen Tugend. Aufgrund dieses Bedeutungswandels löst sich auch die auf Virtù bezogene Urteilskraft, die Klugheit, von der Moral ab. Die Tragweite dieses Vorgangs wird jedoch häufig überschätzt. Daß Menschen lieber ihrem Eigeninteresse folgen, ist so selbstverständlich, daß das Neue der Neuzeit, ihre Modernität, darin nicht liegen kann. Selbst wer die Geschichte nur als Philosophiegeschichte kennt, weiß um eine Urteilsfähigkeit, die, von den moralischen Vorgaben abgekoppelt, nur selbstsüchtigen Zielen dient. Aristoteles, dem wir die zur Klugheit maßgeblichen Überlegungen verdanken (*Nikomachische Ethik* VI, Kap. 5 und 8 ff.), spricht hier von Panurgia, Gerissenheit (VI 13, 1144 a 27 ff.). Aus dieser Beobachtung folgt die erste Korrektur: Nicht eine Entmoralisierung geht auf das Konto von Machiavelli, sondern eine gründliche Gewichtsverschiebung; die längst bekannte, moralisch aber negativ bewertete Gerissenheit erhält einen positiven Rang.
Überschätzt wird zweitens die Reichweite der Entmoralisierung. Weil Machiavelli rät, besser Grausamkeit als Milde zu üben (*Il principe*, Kap. 17), oder auch: sein Wort lieber zu brechen als zu halten (Kap. 18), weil er also, was so gut wie jede Moral verbietet, sogar für geboten hält, scheint er jene pure Amoral zu vertreten, die als »rücksichtsloser Machiavellismus« schon sprichwörtlich geworden ist. An den diesbezüglichen Stellen befaßt sich Machiavelli aber nicht mit der Politik insgesamt, sondern nur mit der »Moral« des regierenden Herrschers; für die politischen Institutionen und für den Gesetzgeber kann von einer analogen Amoral keine Rede sein. Und vor allem erfolgt der Widerspruch gegen die Moral im Namen eines Zweckes, der seinerseits einen moralischen Charakter hat.
Verfassungen, die auf den Vorteil der Regierenden abzielen, heißen seit Aristoteles (*Politik* III 6, 1179 a 17-21) despotisch. Wäre Machiavellis Theorie amoralisch, müßte sie den Despoten verteidigen; tatsächlich orientiert sie sich an einem Zweck, der die Herrschaft als legitim qualifiziert, am Wohl des Gemeinwesens. Nach den *Discorsi* kommen zwei weitere Staatszwecke, die Freiheit und die Größe, dazu und bilden dann die Trias *libertà, grandezza* und *bene commune*. Statt den Fürsten zur Amoral anzuleiten, verpflichtet ihn Machiavelli auf seine eigentliche Aufgabe, auf die Verantwortung für den Bestand und die Blüte der Republik,

mithin auf das Staatswohl. Dazu tritt die Aufgabe, die eigene Macht zu behaupten und Ruhm zu finden, das Herrscherwohl also, von dem Machiavelli in gewisser Naivität glaubt, daß es mit dem Staatswohl koinzidiere. In *Il principe* (Kap. 26) sagt er: »onore a lui e bene alla università degli nomini di quella [sc. Itali]«, »zum eigenen Ruhm und zum Wohl des ganzen italienischen Volkes«. Nicht amoralisch ist die Klugheit, sondern im Kantischen Sinn pragmatisch, beim Bezug aufs Staatswohl sogar sozialpragmatisch, womit sie einen moralischen Rang erreicht.

Machiavelli plädiert nicht für eine Trennung der Politik von der Moral, vielmehr bemerkt er die Möglichkeit einer strukturellen Komplikation, die eines Konfliktes von zwei verschiedenen Moralen – hier Staatswohl, dort Milde und Ehrlichkeit –; und für diesen Konflikt schlägt er eine Prioritätsregel vor. Solange es nur möglich ist, darf der Herrscher vom Guten – zu verstehen als: von der im persönlichen Leben gültigen Moral – nicht abweichen (»non partirsi dal bene, potendo«: *Il principe*, Kap. 18). Nur im Notfall (necessitato), dann freilich kompromißlos setze er sich über die personale Moral hinweg und gebe dem Staatswohl, wir sagen: der politischen Moral, den Vorrang.

Statt der großen Emanzipation, der der Politik von jeder Moral, finden wir nur die kleine Emanzipation, die der politischen von der personalen Moral. Selbst sie vertritt Machiavelli nur unter einer strengen und bis heute gültigen Bedingung (ebd.); sie erinnert an das Gefangenendilemma: Nur so lange, wie ein Herrscher von seinem Gegenspieler eines Wortbruchs gewärtig sein muß – beispielsweise weil es an einer übergreifenden Rechtsmacht fehlt –, darf man ihm, um nicht am Ende als der Dumme dazustehen, mit dem Wortbruch zuvorkommen. Dieses Argument setzt die Moral, gegen die der Herrscher verstoßen darf, nicht eigentlich außer Kraft, nur bindet er die reale Anerkennung an Wechselseitigkeit. Andernfalls böte man sich, wie Hobbes sagen wird, dem Gegner als Beute dar. Von Descartes kennen wir die provisorische Moral, Machiavelli führt hier eine provisorische Amoral ein und kann sich dabei auf einen guten moralischen Grund berufen. Persönlich darf man sich dem Gegner als »Beute« eines Wortbruchs darbieten; wer es als Herrscher, also auch für andere tut, verletzt die Verantwortung für sein Gemeinwesen.

Die Rehabilitierung einer auf Moral verpflichteten Urteilskraft ist natürlich weder an Machiavellis Begriff des Staatswohles gebunden noch an die Randbedingung seiner Prioritätsregel, an die fehlende Rechtssicherheit. In beiden Hinsichten hat sich die politische Welt tiefgreifend verändert. Statt sich nach außen mit der Selbstbehauptung zu begnügen und im Innern mit wirtschaftlichem und kulturellem Wohlergehen, verpflichten sich die Gemeinwesen heute auf Rechts- und Verfassungsprinzipien eines moralisch höheren, nicht bloß sozial-pragmatischen Anspruchs. Und zumindest innerstaatlich ist ihre Durchsetzung im wesentlichen gewährleistet.

Kant. Eine zu Machiavelli gegenläufige Entmachtung geht auf Kant zurück. Insofern er die Klugheit den pragmatischen Imperativen zuordnet, steht er zwar in Machiavellis Tradition; für unser Thema wichtiger sind aber die Überlegungen direkt zur Urteilskraft. Nachzulesen sind sie allerdings nicht in der Schrift, in der man seit Hannah Arendt (vgl. 1982, bes. lecture 2 und 10) Elemente für eine Theorie der politischen Urteilskraft sucht, in Kants »Kritik der ästhetischen Urteilskraft«. Im politischen und ebenso im wissenschaftsethischen Urteil ist zwar gefragt, was Kant dem ästhetischen Urteil attestiert, der Gemeinsinn. Die spezifische Aufgabe, der Bezug auf rechtsethische Prinzipien, kommt in der dritten Kritik aber nicht vor; wer für Kant eine praxisbezogene Urteilskraft rehabilitieren will, muß für sie einen Platz innerhalb der Schriften zur Ethik suchen.

Da sie dort nicht einmal eine Nebenrolle spielt, erscheint der beliebte Vorwurf einer souveränen Mißachtung von Individualität und Erfahrung als berechtigt. Wäre das thematische Defizit vollständig, dann dürfte man in der Tat Hegels Kant-Kritik wiederholen und mit Marquard (1986, 127) von einer Sollenshypertrophie sprechen; man dürfte mit Ricœur (1986, 243) die aus der transzendentalen Methode erwachsende »Schleifung« (démantèlement) der menschlichen Handlung bedauern oder auch mit Schwemmer (1986, 154 mit 166) »ein Ausblenden der jeweiligen Individualität« behaupten.

Schon in der »Vorrede« zur *Grundlegung* (*GMS* IV, 389) spricht Kant aber von der ›durch Erfahrung geschärften Urteilskraft‹, so daß »im Prinzip« vorhanden ist, was Ricœur mit gutem Grund wünscht: ein Bewußtsein für Übergänge und Vermittlungen zwischen dem Apriori und der Erfahrung. Des näheren erhält die Urteilskraft zwei Aufgaben, die beide von Aristoteles' Prohairesis-Lehre bekannt sind, also von jener Ethik, in der man heute eine Gegenposition zur Ethik Kants sieht. Weil die Urteilskraft unterscheiden soll, in welchen Fällen die moralischen Gesetze ihre Anwendung haben (ebd.), erbringt sie, dabei der Bouleusis bzw. Phronesis vergleichbar, eine kognitive Leistung; sie vermittelt ein Allgemeines mit dem Einzelfall. Und weil sie den moralischen Gesetzen »Eingang in den Willen der Menschen und Nachdruck zur Ausübung« verschaffen soll (ebd.), übernimmt sie zusätzlich mindestens einen Teil jener voluntativen Aufgabe, die Aristoteles nicht der Urteilsfähigkeit selbst zuordnet, jedoch der mit ihr verbundenen moralischen Einstellung, der Arete ethike; die Urteilskraft verhilft den Prinzipien zur wirklichen Anerkennung. Zugleich erweist sich Kant als der getreuere Aristoteliker. Während sich Marquard (1986, 122 ff.) mit einem moralisch neutralen Element, der Üblichkeit, zufriedengibt, kommt es Kant ebenso wie Aristoteles auf eine moralische Vorgabe an; wer heute Aristoteles rehabilitieren will, muß ihn gegen neoaristotelische Tendenzen zur Entmoralisierung verteidigen.

Da Kant auf die Urteilskraft schon in der »Vorrede« eingeht, ist es um so erstaunlicher, daß er weder in der *Grundlegung* selbst von ihr spricht noch in seinem »System« der Moral, der *Metaphysik der Sitten*. Wer deshalb glaubt, Kant unterschätze die Tragweite der Urteilskraft, übersieht aber den Grund; im Zuge einer thematischen Spezialisierung entwickelt Kant eine reine Moralphilosophie. Wer in ihr für die erfahrungsgesättigte Urteilskraft einen zentralen Ort sucht, erliegt einem zum »category mistake« analogen Fehler; er verwechselt philosophische Disziplinen. Im ausdrücklich nichtempirischen Teil der Ethik, in einer Metaphysik der Sitten samt ihrer Grundlegung, sucht er, was zu ihrem Gegenstück, der praktischen Anthropologie, gehört.

Die thematische Spezialisierung bereitet das entscheidende Argument natürlich nur vor. Die konkrete moralische Handlung, dies weiß Kant durchaus, entsteht aus dem Zusammenspiel von nichtempirischen mit empirischen Momenten. Weil das eigentlich Moralische aber nicht im Zusammenspiel liegt, sondern ausschließlich bei einem Moment, der erfahrungsunabhängigen Willensbestimmung, sieht sich Kant zur Depotenzierung des anderen Momentes gezwungen. Von ihr, der Entmachtung der Erfahrung, wird die Urteilskraft, weil »erfahrungsgeschärft«, selbstverständlich mitgetroffen. Trotzdem findet der von Lübbe (1987, 37 ff.)

befürchtete »Triumph der Gesinnung über die Urteilskraft« nicht statt. Entwertet wird nämlich nicht jene Erfahrung, die den Einzelfall oder auch Falltyp mit dem moralischen Gesetz vermittelt, sondern diejenige, die sogar die Vorgabe der Vermittlung, das moralische Gesetz, aus der Erfahrung ableiten will. Entmachtet wird nicht die Erfahrung, insofern sie in das konkrete Handeln eingeht, sondern insofern sie den zugrundeliegenden Willen bestimmt. Kantisch formuliert, »triumphiert« in der Moral die Pflicht über die Neigung.

Selbst in dieser Hinsicht wird aber die Urteilskraft nicht schlechthin entwertet, sondern lediglich ihre erfahrungsgeschärfte Form. Denn im Gedankenexperiment der Verallgemeinerung sieht Kant eine erfahrungsunabhängige Urteilskraft am Werk, die reine praktische Urteilskraft (*KpV* v, 67 f.). In ihr zeigt sich statt eines thematischen Defizits im Gegenteil eine Erweiterung der Thematik. Die moralische Handlung bedarf der Urteilskraft nicht nur, um eine individuelle Situation im Lichte einer Regel auszulegen, sondern zusätzlich, moralisch gesehen sogar vorrangig, um Regeln bzw. Maximen als moralisch auszuweisen. In demselben Sinn, in dem die Urteilskraft des Gesetzgebers der des Richters vorangeht, in einem geltungstheoretischen, nicht historisch-praktischen Sinn also, ist die Fähigkeit, Regeln als moralisch auszuweisen, gegenüber der Fähigkeit, sie anzuwenden, prioritär. Dort wird der Rahmen definiert, hier wird er ausgefüllt; dort ist die Urteilskraft regelbestimmend, hier regelanwendend.

Eine regelbestimmende Urteilskraft, die Fähigkeit zur Selektion und Dignifikation moralischer Maximen, kennt Aristoteles nicht. Während die Phronesis nur unter der Voraussetzung moralischer Ziele ihrerseits moralisch ist, trägt die von Kant neu eingeführte Urteilskraft den moralischen Charakter unmittelbar an sich. Erst bei ihr handelt es sich um eine genuin moralische Urteilskraft (*Rel.* IV, 186), bei Aristoteles dagegen um eine zwar auf Moral verpflichtete, an sich selbst aber nur praktische Urteilskraft.

Die Frage, ob das Kriterium der moralischen Urteilskraft, die Verallgemeinerbarkeit, tatsächlich erfahrungsfrei funktioniert, brauchen wir hier nicht zu erörtern. Sinnvoll ist jedoch, an jene Unterscheidung zu erinnern, die viele Einwände zu entkräften erlaubt, die von handlungs*internen* und handlungs*externen* Überlegungen (vgl. Höffe 1990, Kap. 7). Nach Kant ist eine Maxime dann verallgemeinerbar, wenn »der Begriff der Handlung an sich selbst schon ein Gesetz für mich enthält« (*GMS* IV, 402); es kommt also allein auf handlungsinterne und in diesem Sinn erfahrungsfreie Überlegungen an. Wer sich dagegen von handlungsexternen Überlegungen bestimmen läßt – im Fall des Hilfsgebotes von der Erwartung einer ideellen oder materiellen Belohnung, nämlich von Dankbarkeit oder Geld –, der braucht einerseits, wissenstheoretisch gesehen, Erfahrung und relativiert andererseits, moralisch betrachtet, sein Tun und Lassen zum Mittel für etwas anderes, für den externen Grund, der zum wahren Bestimmungsgrund wird. Übrigens kann derjenige, der sich nur vom Begriff der Handlung bestimmen läßt, der mithin, wie Kant sagt, »aus Pflicht« handelt, kaum je sicher sein, wie er die Hilfe zustande bringt. Insofern geschieht nicht, was die einen erhoffen, die anderen befürchten; weder kann noch will die Ethik des kategorischen Imperativs von allen Unsicherheiten über eine moralische Lebensführung befreien. Die Frage, wie man die Hilfe zustande bringt, ist aber eine Phronesis-Aufgabe, der die moralische Urteilskraft mit der Bereitschaft zur Hilfe vorgeordnet bleibt.

15.2 Ein Esprit moral

Insoweit die Wissenschaftsethik keine neue Moral sucht, vielmehr von bekannten Prinzipien aus neuartige Sachverhalte beurteilt, liegt ihre primäre Aufgabe bei der praktischen Urteilskraft. Der Rahmen, in dem diese tätig werden kann, ist ihr aber durch die genuin moralische Urteilskraft vordefiniert, weshalb es wichtig ist zu wissen, ob diese für neuartige Sachverhalte überhaupt offen ist. Finden werden wir verschiedene, sogar strukturell verschiedene Offenheiten, denen sich charakteristische Probleme einer Wissenschaftsethik zuordnen lassen. Eine Rehabilitierung der Urteilskraft trägt deshalb zur Diagnose unserer Zeit bei.

Von Habermas (1973, Kap. II, 6) kennen wir das Sprichwort der Legitimationskrise, dem Lübbe (1980, 36 u. ö.) das der Orientierungskrise entgegengestellt hat. Wieland (1989) spricht, allerdings generell, von »Aporien der praktischen Vernunft«; Larmore (1985, 323) behauptet eine Heterogenität der praktischen Vernunft, und Tugendhat (1990) beklagt »die Hilflosigkeit der Philosophie angesichts der moralischen Herausforderungen unserer Zeit«. Unter dem Stichwort »Aufgaben der praktischen Urteilskraft« schlage ich – durchaus für einen weiten Bereich – eine mindestens partielle Alternative vor. Deutlicher als Lübbe empfehle ich eine ethische, im Gegensatz zu Larmore eine ethisch homogene, im Verhältnis zu Habermas und Wieland eine ethisch nüchterne, nicht zuletzt und im Unterschied zu Tugendhat eine weniger pessimistische Diagnose. Das Paradigma einer Prinzipienethik, Kant, bleibt der Bezugspunkt.

Die Aufgabe, die Kant der praktischen Urteilskraft stellt, nämlich zu unterscheiden, in welchen Fällen die moralischen Gesetze »ihre Anwendung haben« (*GMS* IV, 389), sieht nach einer trivialen Identifikationsleistung aus: hier leidet jemand Not, mithin ist Hilfe gefragt; dort wird eine Auskunft verlangt, folglich ist Ehrlichkeit geboten usw. Im Fall der Wissenschaftsethik ist aber schon diese Aufgabe alles andere als trivial. Nehmen wir als Beispiel den Tierschutz. Das Verbot der Tierquälerei kennt das positive Recht schon seit langem. Daß man bei den Tierversuchen, der Massentierhaltung und den Massentransporten, also bei diesen neuartigen Phänomenen über den wissenschaftlichen und ökonomischen Vorteilen das durchaus traditionelle Verbot nicht »vergißt«, dafür ist praktische Urteilskraft zuständig.

Hat man die moralische Aufgabe identifiziert, so ist die genaue Lösung zu überlegen. Bei den Pflichten, die die Tradition als unvollkommen qualifiziert, trägt der bloße Begriff die Offenheit, sogar eine mehrfache Offenheit an sich. Zunächst geht es um die Art und Weise, wie man eine moralische Bereitschaft, etwa die zu helfen, realisiert; wie aktuell dieses Thema ist, belegen die vielen Fehler, die man in der Entwicklungshilfe begeht. Weiterhin kommt es auf Fragen des Maßes an; in den diesbezüglichen »Kasuistischen Fragen« sagt Kant zu Recht, man dürfe den Aufwand beim Wohltun nicht so weit treiben, »daß man zuletzt selbst anderer Wohltätigkeit bedürftig würde« (*Tugendlehre*, § 31). Ferner stellen sich Prioritätsfragen: Gegenüber welchen Personengruppen ist in welcher Rangfolge Hilfe geboten? Aus der christlichen Aristoteles-Tradition kennen wir eine Vorzugsregel, derzufolge man als erstes dem Ehepartner, sodann den Kindern und Eltern verpflichtet sei; danach kommen – in dieser Reihenfolge – Geschwister, Verwandte und Freunde, erst am Ende Wohltäter (Thomas von Aquin, *Summa theologica* II-II, quaest. 26, art. 6-13). Gültig ist eine derartige Vorzugsregel nur unter der Ceteris-paribus-Klausel. Trifft diese Bedingung nicht zu, so kann es – eine vierte Offenheit – zu Konflikten kommen, zu Adressatenkonflikten, die sich gelegentlich zu einer veritablen Entscheidungsnot steigern. Bei dem berühmten Dilemma, das Sartre (1946, 37) skizziert, bei der Frage, ob man für die kranke, überdies verwitwete Mutter sorgen oder eher der Résistance sich anschließen soll, besteht der Konflikt aber nicht zwischen konkurrierenden Prinzipien. Eine Theorie der Urteilskraft bietet diese Ernüchterung: Was im praktischen Leben tatsächlich ein existentielles Dilemma ist, stellt sich urteilstheoretisch lediglich als ein bestimmter Anwendungskonflikt dar.

Bei den Fragen nach der Art der Realisierung und nach ihrem Maß, nach der Prioritätensetzung und dem Adressatenkonflikt, also bei den verschiedenen Teilen der zweiten Anwendungsaufgabe spielen Folgenabschätzungen eine wichtige Rolle. Nach der üblichen Interpretation sind sie bei Kant nicht zulässig. Aufgrund der Differenz, die zwischen handlungsinternen und handlungsexternen Überlegungen besteht, sind sie es durchaus, allerdings nur so weit, wie sie sich tatsächlich im handlungsinternen Rahmen bewegen. Nicht erlaubt ist es, den Rahmen selbst anzutasten und die Hilfsbereitschaft zugunsten anderer Zwecke zu relativieren.

Daß unvollkommene Pflichten Anwendungsfragen aufwerfen, ist leicht einzusehen. Lassen auch jene vollkommenen Pflichten, auf die es der Wissenschaftsethik als Rechtsethik ankommt, für die erfahrungsgeschärfte Urteilskraft noch Raum? Ist Kants Beispiel, das Gebot, ein Depositum zurückzugeben (z. B. *KpV*, § 4 Anm.), auch dann gültig, »wenn es sich bei dem Depositum um eine Waffe handelt, die der jetzt seiner Sinne nicht mehr mächtige Eigentümer zurückverlangt?« Anhand dieser Frage erläutert Wieland (1989, 17) eine Schwierigkeit, die er die Applikationsaporie nennt: »Selbst wenn jedem Merkmal, das in der Norm berücksichtigt wird, ein Merkmal der zu regulierenden konkreten Situation entspricht, kann man doch nicht ganz sicher sein, ob es erlaubt ist, die Norm anzuwenden.« Nach Wieland liegt ein Grenzfall vor, in dem es vernünftig ist, die Norm lieber nicht anzuwenden.

Moralisch gesehen erscheint Wielands Lösung als plausibel. Weil die Nichtanwendung eine Ausnahme beinhaltet, was dem Begriff der Rechtspflicht als einer vollkommenen Pflicht widerspricht, erheben sich aber moral*philosophische* Bedenken. Zeigt sich damit eine erste Grenze der Kantischen Prinzipienethik; verbietet sie einen Typ von Beurteilungsfragen, der nach allem moralischen Common sense durchaus zulässig sein sollte? Die von Wieland beschriebene Situation läßt eine alternative Interpretation zu. Die Rückgabe des Depositums ist nicht schlechthin unvernünftig, sondern nur so lange, wie die genannte Beschreibung zutrifft. Wer mit der Rückgabe wartet, bis der Eigentümer der Waffe wieder Herr seiner Sinne ist, nimmt sich weder eine Ausnahme heraus, noch macht er sich einer unvernünftigen Anwendung schuldig. Er sieht vielmehr ein, daß auch zu vollkommenen Pflichten situationsbezogene und trotzdem nur handlungsinterne Überlegungen gehören. Nicht für den Grenzfall einer Norm spricht also Wielands Beispiel, sondern für deren praktische Offenheit; selbst vollkommene Pflichten sind insoweit unvollkommen, als sie die Art und Weise, wie sie zu erfüllen sind, nicht mitdefinieren. Stets findet die konkrete Handlung unter Bedingungen statt, die Aristoteles unter dem Begriff der individuellen Umstände zusammenfaßt (*kath' hekasta: Nikomachische Ethik* III 3, 1111 a 2-6). Wer sich die deshalb erforderlichen Beurteilungen erspart und, den Kairos mißachtend, die Waffe zur Unzeit zurückgibt, handelt nicht etwa moralischer, sondern lediglich töricht.

Vergleichen kann man die Leistung von Moralprinzipien mit den grammatischen und semantischen Regeln einer Sprache. Wer sie mißachtet, spricht inkorrekt, wer sie zwar beachtet, aber sich auf nicht mehr als ihre mechanische Anwendung versteht, ist ein Pedant, der sein eigenes Leben im trockenen Packpapierstil schreibt. Über Urteilskraft verfügt nur, wer – wiederum im tatsächlichen Leben – die Sprache moralischer Prinzipien sensibel, kreativ und flexibel, kurz: intelligent zu sprechen vermag. Verlangt ist dafür nicht nur weit mehr als eine bloße Subsumtion, sondern auch mehr als lediglich eine Kontextualisierung. Universalistische Prinzipien sind nicht wie ein fertiges Drehbuch; sie bedeuten erst eine Grundidee, eine Lebens*form*, für die man, während der Dreharbeiten – und das heißt: ein Leben lang – das Drehbuch noch schreibt.

Wegen der Offenheit, die jeder moralischen Pflicht inhärent ist, bedarf es jenes Esprit de finesse, die Pascal gegen eine Dominanz des Esprit de géométrie eingefordert hat; es braucht einen Esprit d'un principe moral, kurz: Esprit moral. Beim Depositum besteht er in der Fähigkeit, das Verbot von Betrug und Diebstahl als kompromißlos gültig anzuerkennen und trotzdem, wenn es die Situation erfordert, mit der Rückgabe des Depositums zu warten.

In der Wissenschaftsethik bedarf es einer analogen Urteilsfähigkeit für ein Prinzip, das bei Humanexperimenten gefragt ist, für die freie Zustimmung (»informed consent«). Hingegen bedarf es einer höherstufigen Fähigkeit für die neuen Möglichkeiten der Medizin, menschliches Leben zu verlängern oder beginnen zu lassen. Während dort die Urteilsfähigkeit eines Richters genügt, braucht es hier, wegen einer qualitativ größeren Unbestimmtheit, jenes größere Maß an Kreativität und Risikobereitschaft, das den guten Gesetzgeber auszeichnet. Zugleich wird aus einem Drehbuch, das man für sein eigenes Leben schreibt, die ethische Dauerreflexion der wissenschaftlichen Zivilisation:

Die Begriffe »Beginn« und »Ende« klingen nach Momentaneität. Teilweise wegen ihrer neuen Instrumente (dem Mikroskop usw.) hat die Naturforschung die Momentaneität jedoch aufgelöst und zeigt statt dessen einen klaren Entwicklungsprozeß. Weil es um biologische Sachverhalte geht, könnte man glauben, statt auf einen Esprit moral käme es auf naturwissenschaftliche Kenntnisse an. Vonnöten sind diese ohne Zweifel; der Esprit moral einer wissenschaftlichen Zivilisation bedarf der (natur-)wissenschaftlichen Belehrung. Was in einem rechtsethisch verbindlichen Sinn »Leben« heißt, läßt sich aus ihr allein aber nicht ableiten.

Werfen wir nur einen Blick auf den Lebensanfang. Da mit der Befruchtung ein Leben beginnt, in dem die Eigenart eines Individuums vorprogrammiert ist, darf man den Organismus ab diesem Zeitpunkt nicht als bloße Sache ansehen, über die die Eltern zusammen mit den Wissenschaftlern beliebig verfügen dürften. Da der Organismus andererseits erst im Fortgang der Entwicklung zur aktualen Individualität und Personalität gelangt, könnte man für die Frühzeit eine Güterabwägung vertreten; rechtsmoralisch zulässig ist sie allerdings nur bei gleichrangigen Gütern. Im Verhältnis zum Lebensschutz besitzt das Interesse an einer möglichst freien Embryonen-Forschung den gleichen Rang kaum. Einer Ranggleichheit näher kommt die Forschung dort, wo sie gewisse Formen von Unfruchtbarkeit zu überwinden sucht. Allerdings bleibt immer noch eine gewichtige Differenz, also Rangungleichheit; während bei Embryonen ein aktuelles individuelles Leben vorliegt, dient, wer eine Therapie gegen Unfruchtbarkeit entwikkelt, erst einem potentiellen Leben.

Das Beispiel zeigt exemplarisch, wie die Anwendung selbst einer vollkommenen Pflicht Schwierigkeiten aufwirft, deretwegen jede

eilfertige Auskunft unseriös ist. Generell ist Urteilsfähigkeit nur von dem zu erwarten, der bisher unbekannte Komplikationen wahrnimmt und sich ihretwegen mit dem Urteil schwer tut. Für Komplikationen verantwortlich sind wissenschaftliche Entdekkungen, also erneut ein Modernisierungsschub. Dynamisch geworden nicht etwa wegen moralischer Laxheit, sondern aufgrund naturwissenschaftlicher Erkenntnis, wird der Begriff »Lebensbeginn« nie mehr zur Einfachheit eines momentanen Ereignisses zurückfinden. Unter dieser Bedingung ist die Forderung nach Lebensschutz nicht etwa ungültig, aber unscharf: eine unaufgebbare Vorgabe und doch unzureichend für einen Diskurs, der, hier einem Mikroskop der Rechtsethik vergleichbar, die fehlenden Feinbestimmungen aufzusuchen hilft.
Wer den Verlust der Einfachheit erkannt hat, geht mit dem Pathos, das die neuzeitliche Moral begleitet, vorsichtig um. Das Pathos verdient die Moral wegen ihrer Unbedingtheit und wegen ihrer universalen Geltung. Beides trifft auf die normative Vorgabe des Esprit moral, auf die rechtsethischen Prinzipien, zu, aber nicht auf seine konkrete Entscheidung. Diese Differenz wird von Moralisten gern übersehen: daß das Pathos des Unbedingten, das sie für das Prinzip Lebensschutz zu Recht beanspruchen, nicht auch jedem Konkretisierungsversuch gebührt.

15.3 Prinzipienkonflikte

Von einer Prinzipienethik befürchtet man generell, daß der Vorteil der Phronesis, durch Erfahrung belehrt, das individuelle Leben anzuleiten, verlorengehe. Nach den bisherigen Überlegungen bleibt jedoch für Erfahrung und Individualität überraschend viel Raum. Wie sieht es aber mit der Situation aus, in der konkurrierende Prinzipien aufeinanderstoßen; läßt eine Prinzipienethik auch Raum für eine Prinzipienkonkurrenz, ja sogar eine Prinzipien- bzw. Pflichtenkollision?
Die schwierigeren Moralprobleme sind heute oft von genau dieser Art, daß Prinzipien gleichermaßen gefragt sind, die von ihrem moralischen Gehalt her in unterschiedliche Richtungen weisen. Ein Beispiel aus der Reproduktionsmedizin: Das Selbstbestimmungsrecht der Frau kann medizinische Praktiken erlauben, die, vom Wohlergehen des zukünftigen Kindes gesehen, zumindest

bedenklich sind. Für derartige Prinzipienkollisionen wenn nicht eine Theorie, so zumindest einige theoretische Instrumente zu entwickeln, gehört zu den heute dringlichen Aufgaben einer wirklich praktischen Philosophie.

Bei den einschlägigen Themen fehlt nicht selten schon das Problembewußtsein, was einer fatalen Alternative Vorschub leistet. Wer zu einem moralischen Handeln zwar grundsätzlich bereit ist, sich aber auf nur eines der relevanten Prinzipien fixiert, fällt in einen legalistischen Rigorismus. Und derjenige, dem die Bereitschaft fehlt, findet leicht Entschuldigungsgründe, die seine mangelnde Bereitschaft verschleiern. Das Defizit fördert also genau jene Alternative von Moralismus oder Entmoralisierung, die zwar, und dann auf beiden Seiten, rhetorisch wirksame Energien der Polemik freisetzt, sachgerechte Lösungen jedoch erschwert.

Im Zuge einer Liberalisierung des Vernunftbegriffs wird neuerdings die Ansicht vertreten, manche Prinzipienkonkurrenz sei so elementar, daß man die Idee einer in sich homogenen praktischen Vernunft aufgeben und stattdessen Heterogenität einräumen müsse. Nach Larmore (1985) gibt es für die Moral drei gleichermaßen plausible Grundnormen: eine Voreingenommenheit oder Parteilichkeit (»partiality«), eine Folgenorientierung (»consequentialism«) und gewisse unverletzliche Pflichten (»deontology«). Larmore folgt hier dem Muster der frühneuzeitlichen Staatsentwicklung. Dort, wo man eine Konkurrenz nicht schlichten kann, erklärt man die Konkurrenten – damals Konfessionen, heute Grundnormen – für gleichermaßen wahr. Allerdings werden sie auch gleichermaßen unwahr; der neuzeitliche Staat ist konfessionell neutral.

Was in der Politik möglich ist, läßt die normative Ethik nicht zu, genaugenommen die Politik ebensowenig. Der neuzeitliche Staat ist ja nicht in jeder Hinsicht pluralistisch, vielmehr hat er im Fall der religiösen Wahrheit eingesehen, daß ein politisch sekundäres Thema vorliegt, das man um der politischen Primäraufgabe, des gesellschaftlichen Friedens, willen relativ problemlos zur Privatsache erklären kann. Für die normative Ethik ist nun die Suche nach der Grundnorm kein Sekundärthema, sondern die Kernaufgabe selbst. Vor der Frage, wie man angesichts konkurrierender Kandidaten die wirkliche Grundnorm bestimmt, kann sie sich nicht drücken; drei verschieden gerichtete Wegweiser sind ja so gut wie keiner (vgl. Spaemann 1989, 10). Das Phänomen, auf das sich Larmore beruft, eine »tragische Wahl«, gibt es durchaus. Das Sartre-Dilemma – kranke Mutter oder Résistance – zeigt aber, daß man daraus nicht auf eine Heterogenität praktischer Vernunft schließen kann; zu einer tragischen Wahl kann es schon innerhalb ein und derselben Pflicht kommen.

Eine der Grundnormen, das Prinzip Parteilichkeit, hat nur im abgeschwächten Sinn einen moralischen Rang. Larmore denkt an Phänomene wie Freundschaft, Gruppensolidarität und bewährte Traditionen. Für den antiken Begriff der Moral, für ein gelungenes Leben, sind sie mehr als nur hilfreich; den Rang des neuzeitlichen, radikaleren Anspruchs, den der Moral als einer sowohl universalen wie unbedingten Verbindlichkeit, erreichen sie aber nicht. Im Konfliktfall gebührt die moralische Priorität den deontologischen Prinzipien. Im übrigen gibt es den Konflikt gar nicht so häufig, da manche Forderung des Prinzips Parteilichkeit von einer deontologischen Ethik validiert wird. Und im Validieren behauptet sie ihren moralischen Vorrang; es ist die deontologische Ethik, die dem Prinzip Parteilichkeit sowohl seinen legitimen Platz zuweist wie dessen Grenze bestimmt. Bei der Hilfspflicht beispielsweise ist im Fall knapper Ressourcen eine Voreingenommenheit nicht nur moralisch erlaubt, sondern sogar geboten, da man, wie gesagt, für Nahestehende mehr Verantwortung als für »Wildfremde« trägt. Dabei darf man sich aber nicht – das beinhaltet die deontologische Moral – über kategorische Rechtsprinzipien hinwegsetzen.

Das zweite Prinzip, die Folgenorientierung, läßt sich – wie angedeutet – über den Begriff handlungsinterner Folgen in eine deontologische Ethik integrieren. Soll es trotzdem eine Heterogenität der Moral geben, dann muß sie anderer Art sein; moralische Prinzipien, die derselben Grundnorm, der der Universalisierung, folgen, müssen gleichwohl miteinander kollidieren. Angesichts derartiger Kollisionen bedarf es einer höherstufigen Urteilskompetenz; die schon bislang geforderten Fähigkeiten – der Sensibilität, Flexibilität und Kreativität – sind auf eine neue, komplexere Weise gefragt.

Die ethische Tradition erörtert die Prinzipienkollision gern als Konflikt zwischen dem Lügeverbot und dem Hilfsgebot. Kant vertritt dabei einen Rigorismus – selbst gegen einen Mörder sei man zu Ehrlichkeit verpflichtet (VIII, 425) –, der unseren wohlüberlegten, moralischen Überzeugungen widerspricht und nach

Ansicht vieler Interpreten auf eine kontraintuitive Moralphilosophie schließen läßt. Für unser Thema kommt es aber nicht darauf an, daß Kant die Lüge für unter allen Umständen unzulässig hält. Entscheidend ist, ob eine universalistische Prinzipienethik auch im Fall von Prinzipienkonflikten der Urteilskraft einen Stellenwert einräumt oder ob sie sich gegen Güterabwägungen schon vom Ansatz her, gewissermaßen systembedingt, versperrt.

Kants Ansatz zeigt sich in der *Grundlegung* (vgl. Höffe 1990, Kap. 7.3). Sie behandelt das Lügeverbot anläßlich einer Notlage; in Not befindet sich aber nicht ein Dritter, sondern der Handelnde selbst bzw. seine Familie. Kant diskutiert also nicht einen Prinzipienkonflikt, sondern die Konkurrenz von Pflicht und Neigung. Der dabei vertretene Rigorismus wehrt sich lediglich gegen Ausnahmen zugunsten der Selbstliebe – er verbietet die Vorteilslüge –, und nur dieses Verbot ergibt sich aus Kants Ansatz, der erfahrungsfreien Willensbestimmung. Das Verbot entspricht einem Rigorismus der Gesinnung, einem genuin moralischen Rigorismus, der von jenem legalistischen Rigorismus streng verschieden ist, der selbst zugunsten einer anderen moralischen Pflicht keinerlei Ausnahme erlaubt. Halten wir fest: aus Kants Ansatz folgt nicht ein absolutes, sondern nur ein relatives Lügeverbot (so im »Gemeinspruch«: VIII, 287 f., Z. 19 f.). Eine Unehrlichkeit, die der Erfüllung anderer Pflichten, beispielsweise der Lebensrettung, dient, kann nicht als eo ipso unmoralisch gelten.

Bietet das Muster einer universalistischen Prinzipienethik mehr als nur diesen negativen Befund? Stellt Kant auch theoretische Instrumente bereit, mit denen sich eine Prinzipienkollision wenn nicht lösen, so zumindest einer rationalen Diskussion zugänglich machen läßt? Eine wichtige Hilfe bietet die Unterscheidung einer geschuldeten von einer verdienstlichen Moral, also die einer Rechts- von einer Tugendmoral, verbunden mit dem Vorrang der geschuldeten Moral. Weiterhin nimmt Kant die traditionelle Lehre vom kleineren Übel auf und erkennt – allerdings nur in Form einer vorsichtigen Frage – ein »Erlaubnisgesetz der moralisch-praktischen Vernunft« an; danach kann etwas »an sich zwar Unerlaubtes, doch zur Verhütung einer noch größeren Übertretung (gleichsam nachsichtlich) erlaubt« sein (*TL* VI, 426, 12-14).

Im Zusatz »gleichsam nachsichtlich« klingt eine der Einschränkungen an, die eine »Theorie« der Güterabwägung genauer auszuarbeiten hätte. Weil die Erlaubnis nur »nachsichtlich« gilt, müßte sich der Handelnde der Übertretung bewußt bleiben und auf jede moralische Selbstgerechtigkeit verzichten; die Ansicht, der Zweck heilige die Mittel, ist eine moralisch zu leichtfertige Entschuldigung. Damit das Bewußtsein der Übertretung kein »leeres Wort« bleibt, ist außerdem vom Handelnden zu verlangen, daß er auf eine Verbesserung der Verhältnisse hinarbeitet; die Bedingungen, unter denen ein Erlaubnisgesetz gültig ist, sollten nämlich bald hinfällig werden. Schließlich bleibt die Frage zu klären, ob nicht gewisse Handlungen schlechterdings unmoralisch sind, beispielsweise die Tötung Unschuldiger.

Ein drittes Instrument für Güterabwägung bietet der Begriff des Notrechts, demzufolge gewisse Handlungen, die die Rechte anderer verletzen, nicht als unsträflich (inculpabile), wohl aber als unstrafbar (impunibile) zu bewerten seien (*RL* VI, 235 f.). Ein viertes Element erinnert an den beim Prinzip Lebensschutz genannten Gesichtspunkt, daß nämlich die abzuwägenden Güter in etwa gleichrangig sein müssen. Kant unterscheidet die Verbindlichkeit vom Grund der Verbindlichkeit und erklärt, im Konfliktfall verdiene der stärkere Verbindlichkeitsgrund den Vorrang vor der stärkeren Verbindlichkeit (*TL* VI, 224).

Die von Kant für Pflichtenkollisionen bereitgestellten Instrumente sind ohne Zweifel nützlich, aber kaum zureichend. Ist deshalb, wie man heute sagt, eine Rearistotelisierung der Ethik geboten? Aus zwei Gründen ist Skepsis angebracht. Einerseits leben wir in prinzipienbestimmten Rechtsgesellschaften, für deren charakteristische Konflikte Aristoteles' Ethos-Ethik wenig hilft. Nun könnte man deren theoretische Instrumente auf den neuen Gegenstand übertragen wollen. Das, was heute Prinzipienkonflikte sind, wären bei Aristoteles Zielkonflikte oder Tugendkollisionen. Theoretische Instrumente, um derlei Konflikte zu lösen, finden sich aber – und darin liegt der zweite Grund für Skepsis – in der *Nikomachischen Ethik* nicht; mehr noch: eine Kollision von Tugenden ist ihr fremd. Die Lehre der Bouleusis bzw. Phronesis betrifft nur die Mittel und Wege sowie die Ziele vom Charakter der Zwischenziele, also die Aufgabe der »Kontextualisierung«. Ebenfalls nur dafür zuständig sind die Lehre der »Umstände« (*kath' hekasta*) und der Vorrang der Billigkeit, Epikie, vor der Gerechtigkeit; im Stich läßt uns auch die erwähnte Prioritätsregel. Einschlägig ist nur eine andere Priorität, die der Gerechtigkeit vor der Barmherzigkeit, die in der mittelalterlichen Aristoteles-Tradition vertreten wird. Über die Kantischen Instrumente geht sie aber nicht hinaus; daß den vollkommenen Pflichten gegenüber den unvollkommenen der Vorrang gebührt, entspricht Kants Priorität der Rechts- vor den Tugendpflichten.

Berufen könnte man sich noch auf eine »wissenschaftstheoretische« These, wonach die Ethik sich mit Aussagen zufrieden gebe, die meistens, aber nicht immer gelten: *hos epi to polu* (*Nikomachische Ethik* I 1, 1094 b 16-22). Diese bloß generelle Gültigkeit läßt jedoch zu, was die Abwägung innerhalb von nur moralischen Prinzipien ausschließt: Ausnahmen zugunsten der Selbstliebe. Für die Güterabwägung braucht es ein spezifischeres Instrumentarium, eines, das im Konflikt von Pflicht und Selbstliebe die Pflicht als kompromißlos gültig erscheinen läßt und allein im Konflikt von moralischen Pflichten eine Abwägung erlaubt.

Auch in jener Ethik, gegen die Marquard die Rearistotelisierung einfordert, in der Diskursethik, sehe ich keine theoretischen Instrumente, die über Kants Beitrag zum Thema Pflichtenkollision hinausgehen. Dieser Befund bietet einen Grund mehr, im ethischen Grundlagenstreit die längst unfruchtbar gewordene Alternative »Aristoteles oder Kant« aufzuheben und statt dessen an einer Theorie von Prinzipien zu arbeiten, die universalistischer Natur sind und trotzdem für Prinzipienkonflikte, mithin für die Aufgabe der Urteilskraft offen bleiben.

15.4 Ein fragiles Expertentum

Von den Fertigkeiten des Lebens unterscheidet sich die Moral wesentlich; im ersten Fall gibt es Experten, in der Moral fehlen sie in zweierlei Hinsicht. Für die erfahrungsunabhängige, genuin moralische Urteilskraft ist jeder Mensch zuständig; für die erfahrungsabhängige Urteilskraft braucht es zwar Talent, außerdem Übung, eine wirklich professionelle Kompetenz existiert aber nicht; dort ist jeder Experte, hier jeder ein Amateur.

Einwenden wird man, gerade Kant beanspruche mit dem Instrument, das er der moralischen Urteilskraft in die Hand gebe, mit dem Test der Verallgemeinerung, eine besondere Kompetenz. Zuständig ist die Philosophie aber nur für die Entdeckung des Testes, während seine Handhabung jedem offensteht. Über Rousseau vermittelt, folgt Kant der sokratischen Tradition, der zufolge man das moralische Bewußtsein längst kennt; verhelfen kann die Philosophie nur zu Klarheit und Deutlichkeit. Außerdem braucht man nach Kant den Test nicht, um vorher unbekannte Prinzipien zu entdecken, vielmehr nur, um dem sehr menschlichen Hang entgegenzutreten, daß man sich aus der Strenge wohlbekannter Prinzipien herausredet und Sonderkonditionen der Erleichterung anmaßt. Kant tritt der Tendenz entgegen, die Moral zugunsten des Eigenwohls zurechtzubiegen.

Daß Experten fehlen, ist übrigens nicht ungewöhnlich. Wo immer es im Leben wesentlich wird, gibt es zwar Talent, auch Erfahrung, gelegentlich – wie in der Politik – Ämter, überdies Fachleute im Reden darüber, Fachleute in der Sache selbst aber nicht: weder im Eingehen und Aufrechterhalten von Freundschaft oder Partnerschaft noch für eine gute Politik noch für Moral. Für die in der Wissenschaftsethik gefragte Urteilskraft vermitteln zwar, wie gesagt (Kap. 14.3), manche Berufe eine gewisse professionelle Übung; zudem haben einige Menschen dafür weniger, andere mehr Talent, und manche verfügen über den Esprit moral in einem so ungewöhnlichen Maß, daß man sie weise nennt. Experten für den Esprit moral oder für die Prinzipienkonflikte, Fachleute von der Art eines Handwerkers, Arztes oder Rechtskundigen, gibt es gleichwohl nicht. Dieser Umstand hat eine einschneidende Konsequenz. Bekanntlich sind Auskünfte selbst von Experten mit Unsicherheiten behaftet: mit einer subjektiven Unsicherheit, weil keiner schlechthin alles Fachwissen kennt; mit einer objektiven Unsicherheit, weil selbst das vollständige Fachwissen derzeit noch unvollständig ist; nicht zuletzt mit einer objektiven Unsicherheit zweiter Stufe, weil selbst ein vollständiges Wissen nur begrenzt Aussagen über die Zukunft erlaubt. Was nun schon die Auskunft von Experten auszeichnet, trifft um so mehr dort zu, wo es spezifische Fachleute gar nicht gibt.

Den Unsicherheiten der entsprechenden Urteilskraft steht die Wissenschaftsethik aber nicht hilflos gegenüber. Im Alltag verwenden wir Strategien, die nur auf den ersten Blick unprofessionell aussehen, in Wahrheit die sachgerechte Reaktion darstellen: Wir holen Rat ein, überlegen die Sache ein zweites Mal und halten Entscheidungen so weit wie möglich für Revisionen offen. Derlei Strategien entsprechen Einstellungen wie Vorsicht, Umsicht und Bedachtsamkeit. Allerdings darf man sie nicht mit Unentschlossenheit verwechseln; daß Entscheidungsschwäche kein Vorzug ist, hat schon Machiavelli gewußt.

Die Wissenschaftsethik hat nun eine doppelte Aufgabe. Einerseits warnt sie vor der zu hohen, eigentlich falschen Erwartung eines Nachschlagewerkes von fertigen, jederzeit abrufbaren Rezepten; andererseits entwickelt sie die Strategien des Alltagsverstandes sachgemäß fort. Die Frage, wie die Strategien im einzelnen aussehen, kann anderen Studien überlassen bleiben (ein Versuch war Höffe 1975), außerdem der rechtlichen und politischen Erfahrung. Hier genügt es festzuhalten, daß sie den genannten Unsicherheiten gegensteuern, sie aber nicht aufheben: Für die Urteilskraft bleibt jedes Expertentum fragil.

16. Für eine Kultur der Rechtzeitigkeit

16.1 Ein grundsätzliches Zuspät?

Ein drittes Kapitel der wissenschaftsethischen Methodenlehre ist von den genannten Kontroversen unabhängig. Ob man die judikative Kritik als neue Kompetenz anerkennt oder der traditionellen Alternative treu bleibt, und ebenso: ob man die neuartigen Sachverhalte von einer bekannten oder eher von einer neuen Moral aus bewertet – in jedem Fall stellt sich die Frage: Nimmt das Korrektiv zur Wissenschaft und Technik, die moralische Vernunft, ihre Aufgabe rechtzeitig wahr?

Wer die Frage als eine empirische auffaßt, findet Argumente für eine negative Antwort leicht. Einen klaren Beleg bietet die immer noch wachsende Umweltbelastung, einen anderen der Vortrag »Die Verantwortung der Wissenschaft im Atomzeitalter«; denn dringlich wurde das Thema spätestens durch die Zündung der Atombombe; den Vortrag hielt v. Weizsäcker (1957) aber erst zwölf Jahre später. Der faire Blick nimmt allerdings auch die Gegenbelege wahr; zum Beispiel diskutierte man über die moralische Legitimität einer Atombombe schon vor Hiroshima. Ohnehin gibt es, das zeigt der Eid des Hippokrates, zumindest für die Medizin eine rechtzeitige, nämlich die forschungsbegleitende Ethik seit langem. Der faire Blick sieht auch die Fülle von Symposien, Vorlesungsreihen und Instituten, selbst Zeitschriften, die sich der Wissenschafts- oder Umweltethik widmen; die entsprechende Debatte erfreut sich, inzwischen erstaunlich lange, einer Hochkonjunktur.

Übersehen darf man indes nicht einen Unterschied – den zwischen einer Debatte über Moral und dieser selbst –, der die Befürchtung nährt, statt eine einzige, durchgreifende Handlungsstrategie zu entwickeln veranstalte man lieber endlose Debatten; also: statt *einer* Politik lieber tausend Konferenzen. Nach einer weiteren Befürchtung ist die Ethik nicht nur eine Alibiübung, sondern auch ein Feigenblatt, hinter dem sich eine amoralische Forschung umso ungestörter entfalte. Manche denken sogar an Zynismus, denn Debatten, die nichts anderes bewirken als neue Debatten, schenken den »interessierten Kreisen« die willkommene Verzögerung. Weil echte Forschung ein Gang ins Neuland sei, sagt eine dritte Befürchtung, komme die Ethik notwendig zu spät. Die immer neuen Entdeckungen schafften ständig neue Tatbestände, denen gegenüber nur ein Hinterher-Denken möglich sei: ein vielleicht ehrenwerter, jedoch, da post festum abgegeben, stets folgenloser Kommentar.

Unberechtigt sind derlei Befürchtungen zwar nicht, zugrunde liegt ihnen aber eine einseitige Diagnose. Das Ferment für Veränderungen, das öffentliche Bewußtsein, bleibt durch die Debatten doch nicht unbeeindruckt. Außerdem haben die Debatten längst dort Einzug gehalten, wo sie mehr als bloße Debatten sind: in der Politikberatung, in Kliniken und Berufsverbänden, in den Studiengängen der zuständigen Disziplinen, nicht zuletzt in Moratorien und Sicherheitsvorkehrungen, denen sich die Forscher, beispielsweise in den siebziger Jahren die Molekularbiologen, aus eigener Initiative unterwerfen.

Empirisch gesehen ist die Situation also nicht eindeutig, und die Nichteindeutigkeit, die Ambivalenz, folgt aus der für die Moral charakteristischen Existenzweise. Obwohl umstritten ist, worin genau die Moral besteht, herrscht über zwei Grundelemente Einigkeit. Gemeint ist sowohl eine bestimmte Art, über die Praxis zu urteilen, wie die vorgängige Bereitschaft, die Praxis entsprechend einzurichten.

Für beide Elemente, sowohl für das intellektuelle Können wie für das moralische Wollen, ist nun beim Menschen charakteristisch, was in der Tradition »Endlichkeit« hieß. Obwohl man die moralische Vernunft stabilisieren kann – bei einer Person als Charaktermerkmal, als Tugend, im sozialen Bereich etwa durch eine verbindliche Rechtsmoral –, läßt sich nie verhindern, daß es bald am Wollen, bald am Können fehlt, oft genug an beidem zugleich. Derartige Defizite – besagt die Endlichkeit – existieren zwar nicht mit Notwendigkeit, aber möglicherweise.

Kant hatte dafür noch einen klaren Begriff. Daß er heute fehlt – vielleicht als eine Folgelast der Hegelschen Kant-Kritik –, dürfte mit dafür verantwortlich sein, daß die Diagnosen zuweilen ins Extrem fallen. Die Katastrophenpoesie macht aus der Möglichkeit eines Moraldefizits eine (Fast-)Notwendigkeit. Das andere Extrem, ein ungetrübtes Vertrauen, extrapoliert, was zum Glück oft genug, aber nicht gerade ständig der Fall ist: die Gegenwart der moralischen Vernunft. In Wahrheit ist der Mensch zu ihr fähig –

und läßt es trotzdem an ihr immer wieder fehlen. Weder meldet sich die moralische Vernunft von selbst rechtzeitig, noch, beharrlich zu spät, erst dann, wenn die Katastrophe nicht mehr aufzuhalten ist. Zu fragen ist daher nicht: »Wann beginnt de facto der Flug der moralischen Vernunft?«, sondern: »Läßt man ihn rechtzeitig beginnen?«

Die Frage benennt eine Aufgabe, mit der sich die Wissenschaftsethik und die Ethik generell noch zu wenig befaßt; es bedarf der Bereitschaft, sich auf die jeweils neuen Probleme beizeiten einzulassen. Erneut zeigt sich, daß die Grundaufgabe – eine schon bekannte Moral »anzuwenden« – nur auf den ersten Blick enttäuschend einfach ist. Tatsächlich stellen sich relativ neuartige Aufgaben; zusätzlich zur judikativen Kritik und einer Rehabilitierung der Urteilskraft braucht es eine Kultur der Rechtzeitigkeit.

16.2 Vorbild Tragödie

Die gewöhnlichen Aufgaben sind bekannt; die zuständigen Systeme, also Wissenschaft, Technik und vor allem die Politik, müssen reflexiv, responsiv und deliberativ werden. Weniger beachtet ist eine charakteristische Gefahr: man will die Komplexität der Situation, insbesondere das Bestehen von Prinzipienkonflikten, nicht wahrhaben und reagiert eben deshalb zu spät. Angesichts dieser Gefahr bedarf es einer moralischen Leistung, die als moralisch anzuerkennen allerdings einer Epoche schwerfällt, die auf die Dichotomie von Gut und Böse und deren Ursprung in der Willensfreiheit fixiert ist, der Neuzeit also. Nicht grundsätzlich, aber für eine Ethik der Rechtzeitigkeit kann man auf das Pathos der Willensfreiheit verzichten und sich mit der Handlungsfreiheit zufriedengeben. Bausteine für deren Theorie finden wir schon in der Antike, namentlich bei Aristoteles. So wie er im dritten Buch der *Nikomachischen Ethik* (Kap. 1-7) die Handlungsfreiheit diskutiert, tritt das angedeutete Problem aber nicht in den Blick. Anders sieht es bei Texten aus, die selbst historisch kundige Ethiker leicht übersehen. Ich denke an die Tragödie, und dabei an einen Text, der noch alle Debatten über einen literarischen Kanon überdauert hat: an Sophokles' *Antigone*.

Diese Tragödie hat einen durchaus »modernen« Charakter; sie zeigt die moralische Vernunft im Konflikt. Legt man probeweise das neuzeitliche Konfliktmuster an, so gibt es ein klares Entweder-Oder – Pflicht oder Neigung – und für beide Möglichkeiten einen Protagonisten. Die positive Heldin, Antigone, befolgt das göttliche, sprich: moralische Gebot, bestattet den Bruder Polyneikes und opfert dafür die Neigung: die Lust zu leben und den Wunsch, den Verlobten zu heiraten. Bei Kreon dagegen, dem negativen Helden, setzt sich die Neigung, das Verlangen nach unbegrenzter Macht, über das moralische Gebot hinweg.

Befangen im neuzeitlichen Denken, lieben wir diese »heroische« und zugleich moralisierende Lesart, daß sich der moralisch integre Bürger dem gewissenlosen Herrscher widersetzt; *Antigone* lesen wir als Schauspiel von Tyrannenwillkür und moralischem Widerstand. Dort, wo Wissenschaftler elementare Grundsätze der Rechtsmoral verletzen – man denke an das Euthanasieprogramm und die Menschenversuche im Nationalsozialismus, ferner an japanische Experimente mit Kriegsgefangenen und an den Mißbrauch der Psychiatrie in der Sowjetunion, auch an amerikanische Versuche mit Strafgefangenen und mit Schwarzen –, jedenfalls bei den großen Verfehlungen ist die Rede von gewissenlosen Forschern sinnvoll. Für die heute aktuellen Probleme enthält sie in der Regel ein falsches Pathos. Eine Kultur der Rechtzeitigkeit stellt sich auf menschlichere Verfehlungen ein, nicht auf das mit Wissen und Willen verübte Verbrechen – das zu einfache Gegenbild wirkt entlastend –, sondern auf Gefährdungen, in denen sich jeder wiedererkennt, auf sehr menschliche Gefährdungen also – vorausgesetzt, sie erfüllen eine Zusatzbedingung: die Nichtrechtzeitigkeit hat beunruhigende, sogar erschreckende Folgen.

In diesem Sinn thematisiert Sophokles eine moralisch einfachere und zugleich komplexere Situation. Einfacher ist sie, weil ein persönliches Interesse besteht, die Pflicht zu erfüllen; zugespitzt: die Pflicht koinzidiert mit der Neigung. Die Komplikation: beide Hauptpersonen finden sich in einer ihnen internen Kollision vor. Zunächst bemerkt man zwar nur den Konflikt, der sich zwischen zwei Personen abspielt und zugleich zwischen den dahinterstehenden Gesetzen: das Recht der älteren Sozialform, der Blutsverwandtschaft, kollidiert mit dem Recht der neueren Sozialform, der Polis; nicht zuletzt widerspricht das göttliche Gesetz dem menschlichen Gebot. Im Fortgang der Tragödie bemerkt man jedoch einen zusätzlichen, nicht mehr interpersonalen, sondern intrapersonalen Konflikt.

Wegen der genannten Koinzidenz läßt sich dieser sowohl als eine Kollision von Pflichten wie von Neigungen lesen. Weit davon entfernt, die undankbare Rolle des negativen Helden zu spielen, ist Kreon nicht ein »skrupelloser Machiavellist«, vielmehr der Vertreter von Recht und Gerechtigkeit. Polyneikes hat sich gegen die Vaterstadt aufgelehnt und verdient, um Theben zu entsühnen, also um des Gemeinwohls willen, die vom Herrscher auferlegte Strafe durchaus. Indem Antigone ihren Bruder trotzdem bestattet, folgt sie zwar einem göttlichen Gebot, handelt aber zugleich – und darin besteht ihre Pflichtenkollision – einem gerechten Verbot zuwider. Da Kreons Sohn mit Antigone verlobt ist, muß es ihn, Haimon, mittreffen, wenn Antigone – zu Recht – bestraft wird. Und daß er mitgetroffen werde, spricht Haimon deutlich genug aus; er droht, sich selber zu töten; und aus genau diesem Grund kollidieren bei Antigone zwei Neigungen, die Liebe zum Bruder mit der Liebe zum Verlobten. Kreon hingegen, der zunächst lediglich seine Herrscheraufgabe erfüllen will, findet sich – wider Willen – in der anderen Pflichtenkollision vor, und auch sie erweist sich zugleich als eine Kollision von Neigungen. Einerseits liegt die Verantwortung für Theben im Widerstreit mit der Verantwortung für die Familie, andererseits das Interesse an Macht mit der Zuneigung zum Sohn und zur Frau.

Wo in etwa gleichrangige Verbindlichkeiten aufeinanderstoßen, stellt sich die Moral anders, und zwar bis zum Grund anders dar als dort, wo eine Pflicht mit einer Neigung kollidiert. Hier liegt ein Entweder-Oder vor, und die Moral zeigt sich in der Überwindung des Selbstinteresses; dort braucht es statt dessen das Sowohl-als-auch einer Güterabwägung, und nur wer zu ihr sowohl bereit wie fähig ist, stellt die der Sache gerechte moralische Vernunft unter Beweis.

Weil Kreon gegen Polyneikes keine ungerechte Strafe verhängt, gebührt dem Ungehorsam der Schwester nicht jener Rang, den wir ihm gern zuschreiben; ein moralischer Widerstand gegen Tyrannenfrevel liegt nicht vor. Wir zitieren zwar gern die großartige Berufung auf die »ungeschriebenen Gottesgebote, die wandellosen, die nicht von heute oder gestern stammen« (*Antigone*, Vers 471-473). Das hehre Wort nimmt Antigone aber, bevor sie lebendig begraben wird, selbst zurück. Auch sie und nicht nur Kreon folgt dem falschen Entscheidungsmuster, statt eines Sowohl-als-auch einem Entweder-Oder. Wer nun anstehende Entscheidungen so eklatant falsch interpretiert, daß er nicht einmal die Art der geforderten Aufgabe, die Güterabwägung, in den Blick nimmt, der, so zeigt die Tragödie, verletzt nicht nur die andere Pflicht; er stürzt sich auch ins Unglück. Hier findet eine Koinzidenz statt, die dem neuzeitlichen Interpreten fremd geworden ist: die moralische Verfehlung erweist sich zugleich als eine pragmatische, als eine Torheit (für Kreon: Vers 1327); der falsch Handelnde bestraft sich selbst.

Wegen der Koinzidenz drängt sich die Anschlußfrage auf, wieso die Pflicht, da sie doch mit einer Neigung zusammenfalle, verletzt werde. Die Antwort: Bei Kreon ebenso wie bei Antigone dominiert eine Neigung, und deren Vorherrschaft wird noch durch die Überzeugung bestärkt, moralisch richtig zu handeln; aus Selbstgerechtigkeit steigert sich der einseitige Blick zur Verblendung. Voll Stolz sagt Antigone »schön ist es hernach, zu sterben ... / Wenn Heiligs ich vollbracht« (Vers 74-77). Nicht minder stolz spricht Kreon: »Und wenn für größer als sein Vaterland, / Das Liebste jemand hält, der gilt mir gar nichts« (Vers 189-190). Auf das Wohl der Polis ist Kreon und auf die Sorge um den Bruder ist Antigone so stark fixiert, daß beide die jeweils andere Neigung erst sehen, wenn es grundsätzlich zu spät ist (vgl. Vers 1328). Bevor sich Kreon aus der Verblendung befreit, muß sich erst sein Sohn, daraufhin seine Frau selbst töten. Glaubte Kreon anfangs, das Wohl der Polis sei ihm wichtiger, so gehen ihm jetzt im wörtlichen Sinn die Augen auf; er sieht, wie sehr er auch an seiner Familie hängt.

Wäre *Antigone* ein Theaterstück über Tyrannenwillkür und moralischen Widerstand, so führte es die Wissenschaftsethik auf die doch meist falsche Fährte eines heroischen Moralismus. Aktuell ist der Text in anderer Hinsicht, als Tragödie über das Nichtwahrhaben-Wollen eines Prinzipienkonfliktes und, daraus resultierend, als Tragödie über den zu späten Flug der moralischen Vernunft. Diese meldet sich erst, wenn es endgültig kein Zurück gibt: in der Nacht des Erschreckens.

Für Kreon macht Sophokles unmißverständlich klar, was er für Antigone zumindest andeutet: daß nicht nur ein Schicksal vorliegt, welches, von überirdischen Mächten verhängt, den Menschen unentrinnbar in den Bann schlägt. Beide »Helden« treffen eine Fehlentscheidung; und diese erfolgt aus dem, was Aristoteles in seiner »Theorie« der Tragödie eine *hamartia* nennt (*Poetik* 13,

1453 a 9 f.), aus einer Verfehlung. Sie besteht allerdings, wie Aristoteles erläutert, nicht in einer Schlechtigkeit oder Gemeinheit. Ins Unglück stürzt Kreon nicht deshalb, weil er ein moralisch verwerfliches Ziel verfolgt, sondern weil er sich nicht auf die moralische Vernunft einläßt, die im Fall einer Kollision gleichrangiger Verbindlichkeiten gefordert ist, auf eine Güterabwägung.

Die Güterabwägung stellt eine intellektuelle Aufgabe dar; glauben könnte man deshalb, ihr Fehlen sei ein vormoralisches Defizit; mangels Urteilsfähigkeit seien Kreon und Antigone intellektuell überfordert, moralisch hingegen entlastet. Gegen diese Interpretation spricht jedoch, daß gewarnt wird: Antigone von Ismene, Kreon von Teiresias und ebenfalls von Ismene; der Weg zur Einsicht ist also gewiesen. Und später klagen sich beide, Antigone (Vers 875) und Kreon (Vers 1261 ff.), einer Verfehlung an und sagen damit selbst, daß kein bloß intellektuelles Defizit vorliegt.

Die Verantwortung, auf die die Tragödie anspielt, ist von einer ungewöhnlichen, deshalb so häufig übersehenen Art. Die richtige Entscheidung hat zwar mit der Gegenwart von Einsicht, die verkehrte Entscheidung mit deren Abwesenheit zu tun. Über die Gegenwart oder Abwesenheit der Einsicht entscheidet aber nicht wieder eine Einsicht, sondern ein selber nicht intellektuelles, die Intellektualität jedoch ermöglichendes Moment. Erst weil es daran fehlt, nimmt das Schicksal, dann freilich unaufhaltsam, seinen Lauf. Hier können sowohl die Wissenschaftsethik wie die Ethik im allgemeinen von Sophokles lernen: Die Verantwortung beginnt dort, wo sie oft noch nicht wahrgenommen wird, bei den veritablen Vorbedingungen, bei einer Bereitschaft zur Einsicht.

Daß Antigone und Kreon den Weg der Güterabwägung nicht einschlagen, hat seinen Grund in einer falschen Einstellung. Eine an sich legitime Aufgabe wird, was nicht mehr legitim ist, in Ausschließlichkeit verfolgt; die falsche Einstellung hat den Charakter einer Verblendung. Auf eine einzige Aufgabe fixiert, sehen weder Kreon noch Antigone das Ganze der vorliegenden Situation; sie nehmen nicht etwa eine falsche Güterabwägung vor, sondern gar keine. Mehr noch: die Aufgabe einer Güterabwägung halten sie – zunächst – für moralisch falsch; die Verblendung verbindet sich mit Selbstgerechtigkeit.

Wer die Selbstgerechtigkeit und Verblendung überwindet, wird die Prioritäten nicht etwa umkehren; weder wird er der Liebe zur Familie das Wohl der Polis noch der Lust zu leben und der Liebe zum Verlobten die Bruderpflicht opfern. Der einen wie der anderen Neigung ist vielmehr jene Steigerung zu einer Leidenschaft zu nehmen, die sich absolut setzt und deshalb der anderen Seite kein Recht läßt. In ihrer Macht gemäßigt, könnte im Fall Kreons die Sorge für das Wohl der Polis mit der Sorge für die Familie vermittelt werden; und im Fall Antigones die Verantwortung für den Bruder mit der Aufgabe, des Bruders Frevel gegen die Stadt zu sühnen.

Nun würde man gern wissen, wie denn nach Sophokles die Vermittlung, die Güterabwägung, des näheren aussieht. In der Wissenschaftsethik werfen wir Fragen derselben Art auf, wie man – bei der Genforschung, der Reproduktionsmedizin, den Tierversuchen usw. – die konkurrierenden Zwecke gegeneinander abwägen könnte. Wir veranstalten sittlich-politische Diskurse, setzen vielleicht Ethik-Kommissionen ein und erwarten für die Güterabwägung klare Richtlinien. Diese Aktivitäten sind richtig und wichtig; zum Preis, den die Wissenschaften für ihre neuzeitlichen Transformationen zahlen müssen, gehören sie zweifelsohne hinzu.

Sophokles geht auf die Aufgabe gleichwohl nicht ein. Man könnte es für ein Defizit halten, ich sehe darin eine positive Aussage: daß der Güterabwägung eine Leidenschaft im Wege steht, die bezwingen muß, wer sich auf die Aufgabe einlassen will; bevor die Güterabwägung beginnen kann, ist eine Barriere zu überwinden, eine tiefsitzende emotionale Verspannung. Auf die Wissenschaftsethik trifft es ebenso zu: es gibt eine moralische Aufgabe, die zusätzlich zu den sittlich-politischen Diskursen zu lösen ist und die, systematisch gesehen, ihnen vorausgeht. In den uns vertrauten Ethiken, immerhin von Aristoteles über Kant bis zur Diskursethik, wird sie allerdings nicht diskutiert. Die Umgangssprache jedoch, hier einmal differenzierter als die Philosophie, kennt einen eigenen Ausdruck; sie verwendet ihn aber fast nur in Bezug auf Kinder. Verhindert wird die zu späte Anerkennung der Güterabwägung nur von dem, der über eine Bereitschaft von durchaus moralischem Rang verfügt. Vonnöten ist, was den Blick für die Aufgabe der Güterabwägung allererst freigibt: ein Sich-Öffnen für eine strukturell komplexere Situation; es braucht ein Hören-Wollen.

16.3 Erschrecken und Mitleiden

Nach dem neuzeitlichen Konfliktmuster läßt die moralische Vernunft so lange auf sich warten, wie Neigungen über die Pflicht, wie Partikularinteressen über Allgemeininteressen dominieren. Wissenschaftsethische Konflikte sind aber häufig moralisch weniger »aufgeladen« und zugleich verwickelter. Beim Tierversuch beispielsweise können viele Argumente der Befürworter überzeugen, namentlich die Berufung auf den medizinisch-pharmakologischen Nutzen, jedoch nimmt man die Gegenargumente nicht hinreichend ernst, etwa daß viele Versuche gar nicht im Dienst neuer Medikamente oder Heilmethoden stehen. Nur dort, wo man weder bloß die Pro- noch lediglich die Contra-Argumente sieht, erkennt man den Kern des Problems, einen Konflikt zwischen berechtigten Interessen. In einer derartigen Situation kann man auf sittlich-politische Diskurse nicht verzichten und trotzdem bilden sie für die Anerkennung der Moral erst den zweiten Schritt; vorab kommt es darauf an, die eigene Einseitigkeit zu überwinden und sich auf eine Güterabwägung einzulassen.

Eine Ethik der Rechtzeitigkeit überlegt sich, ob es Gründe gibt, die diese Aufgabe erschweren. Triviale Gründe gibt es zweifelsohne, etwa eine bloße Nachlässigkeit; nicht ganz so trivial sind der Konkurrenzdruck und die Suche nach Reputation, nach Macht oder nach Geld. Dazu kommen die Folgen, die sich aus der Autonomie der Wissenschaft ergeben. Nicht nur agiert man primär systemspezifisch, der Wissenschaftler also nur qua Wissenschaftler, und läßt das Korrektiv, die Moral dann »außen vor«. In Verbindung mit dem Konkurrenzdruck setzt die Systemautonomie der Moral sogar einen Widerstand entgegen; wer Mittel und Wege, die den anderen offenstehen, sich selbst verbietet, verringert seine Erfolgschance. Die Anerkennung der Moral stellt also einen evolutionären Nachteil dar, geringere moralische Skrupel bedeuten hingegen einen Wettbewerbsvorteil. Dieser Umstand bekräftigt die Notwendigkeit einer Rechtsethik: dort, wo sich die Moral mit einer Zwangsbefugnis verbindet, tritt sie – durch Widerstand gegen den Widerstand – der Wettbewerbsverzerrung entgegen.

Erschwert wird die moralische Sensibilität durch eine zur Tragödie analoge Gefahr der Selbstgerechtigkeit. Im Bewußtsein, humanitären Zielen zu dienen – wenn nicht mit seinem speziellen

Forschungsprojekt, dann jedenfalls als Teil der modernen Wissenschaft –, also aufgrund von tatsächlich legitimen Intentionen hält man sich, was nicht mehr legitim ist, für pauschal gerechtfertigt. Ein Anlaß, moralischen Zweifeln sich auszusetzen, fehlt. Ein deutlicher Beleg für Selbstgerechtigkeit: der Anstoß zur Diskussion über den Tierversuch und viele andere Themen erfolgt allzu oft von außen.

Grund zur Selbstkritik hat auch die philosophische Ethik. Der neuzeitliche Begriff der Moral, die Willensfreiheit, fixiert den Blick auf eine Alternative, die von partikularen Privatinteressen und moralischen Allgemeininteressen, wodurch die oft vorherrschende Problemlage, die Konkurrenz verschiedener, gleichwohl legitimer und deshalb zur Güterabwägung hin offener Interessen verdeckt wird. Mitverantwortlich ist auch ein mangelndes Interesse für jene strukturellen Schwierigkeiten bei der Durchsetzung, die sich mit Begriffen verstehen lassen, die manchen Moralphilosophen noch fremd sind, mit Begriffen wie »öffentliches Gut« und »Gefangenendilemma« (siehe oben Kap. 11).

Eine Ethik der Rechtzeitigkeit legt sich auch die Gegenfrage vor: Welche Bedingungen erleichtern der moralischen Vernunft, sich frühzeitig auf neuartige Problemfelder einzustellen, insbesondere auf die dabei entstehenden Pflichtenkollisionen? Für die Antwort könnte man noch einmal auf die Tragödie zurückgreifen, jetzt in Verbindung mit der Philosophie. Nach Aristoteles' wirkungsmächtigem Theorem aus der *Poetik* (6, 1449 b 27 f.) sucht die Tragödie den Zuschauer in ein Mitleiden mit den dramatisierten Personen zu ziehen und das Mitleiden so zu steigern, daß am Ende eine Befreiung und Entspannung stattfindet, eine lustvolle Erleichterung, die Katharsis; durch Steigerung der Emotionen löst sich eine emotionale Verspanntheit auf.

Möglich ist ein derartiges Mitleiden nur bei einer bestimmten Art von Verfehlung. Auf Bosheit oder Gemeinheit, auf Niedertracht, auch auf Macht- und Gewinnsucht reagiert man mit Abscheu oder Verachtung. Noch einmal: wer *Antigone* als Lehrstück von Tyrannenwillkür und moralischem Widerstand inszeniert, kommt einem Hang zum Moralismus entgegen; die charakteristische Wirkung der Tragödie erzeugt er nicht. Von »Rührung und Jammer« übermannt wird man erst bei einer subtileren Verfehlung; denn die von Kreon bzw. Antigone verfolgten Interessen, das Staatswohl bzw. die Bruderliebe, sind moralisch besonders ehren-

wert. Die Verfehlung besteht lediglich, aber auch immerhin in deren selbstgerechter Verabsolutierung.
Die andere Empfindung, das Erschrecken, ist ebenfalls an eine komplexere Situation gebunden. Vor dem Unglück, das Tyrannen zustößt, brauchen wir uns persönlich nicht zu fürchten, wohl aber vor dem Unglück, das jemandem zustößt, der zu moralischem Handeln bereit ist und sich dafür sogar auf Opfer einläßt. Erst hier wird man von einer mehr als nur pathologischen, von einer »existentiellen Furcht« übermannt und stellt sich vor, dieser Art von Verfehlung wäre man selber erlegen und dann das bedauernswerte Opfer geworden.
Als Paradigma der Wissenschaftsethik genommen, kommt es in der Tragödie nicht darauf an, daß man im neuzeitlichen Sinn moralisch besser werde, wohl aber daß man, wegen der andernfalls so erschreckenden Folgen, rechtzeitig auf die thematisierte Verfehlung aufmerksam wird. Zu reinigen ist von einer moralischen Hybris, die übrigens auf beiden Seiten droht, dort in Form von Selbstgerechtigkeit, hier in Form von auftrumpfender Kritik. An deren Stelle trete die Bescheidenheit des Hörenwollens: die Bereitschaft, das Recht der Gegenseite anzuerkennen und einen Ausgleich zu suchen, keinen politischen Kompromiß freilich, sondern einen moralischen Ausgleich.
Es versteht sich von selbst, daß die Gefahr, die droht, nicht immer so groß wie in der Tragödie ist; namentlich für die Wissenschaftsethik im engeren Sinn läßt die Rede von Katastrophen eines apokalyptischen Zuschnitts das Augenmaß vermissen. Entscheidend ist die Sensibilität für eine komplexere Situation; und zu dieser Sensibilität verhelfen die von der Tragödie gesuchten Empfindungen. Ohne Furcht bzw. Erschrecken sieht man keinen Anlaß zur wissenschaftsethischen Überlegung; für die eine Seite reicht eine Rehabilitierung der Forschungsfreiheit aus, für die andere Seite die kompromißlose Ablehnung aller wissenschaftlichen und technischen Neuerungen.
Man könnte glauben, weil uns die Furcht vertraut sei, liege die größere Schwierigkeit beim anderen Affekt der Tragödie, beim Mitleiden. Der mittlerweile geläufige Affekt der Furcht ist aber von grundlegend anderer Art. Die etwa von Jonas vertretene Heuristik der Furcht antwortet auf die Risiken der wissenschaftlichen Zivilisation; wegen der stets drohenden Gefahr, daß technische Prozesse, einzeln oder kumulativ, unserer Kontrolle entgleiten,

ist ein erhöhtes Maß an Umsicht und Vorsicht und als mindestes eine gründliche Risikoforschung in der Tat geboten. Die Hauptpersonen der *Antigone* erliegen aber einer vom Entwicklungsstand der Technik unabhängigen Gefahr, weshalb es eine ebenso unabhängige Gefahrenvorbeugung braucht. Vonnöten ist nicht, was heute Risikovorbeugung heißt, vielmehr die Bereitschaft, einen Güterkonflikt wahrzunehmen, bzw. die Bereitschaft zur Verständigung. Für unser Thema verhindert die fehlende Bereitschaft den Eintritt in eine wissenschaftsethische Debatte.

Gewöhnlicherweise sucht man die Mächte, die eine derartige Debatte verhindern, in gesellschaftlichen, insbesondere ökonomischen Randbedingungen. Die Tragödie macht auf andere, dem Menschen selbst innewohnenden Mächte der Verhinderung aufmerksam. Um allfällige Eintrittsbarrieren zu überwinden, braucht es einerseits ein Erschrecken über die Folgen, die aus einer mangelnden Verständigungsbereitschaft resultieren. Andererseits muß man sich in der vorgestellten Gefährdung wiedererkennen, also ein Mitleiden haben, das in letzter Instanz ein Mitleiden mit und an sich selber ist, an der Gefahr nämlich, durch den einseitigen Blick eine Konfliktsituation nicht in ihrer wahren Komplexität anzuerkennen. Der, dem es an Mitleiden fehlt, erliegt nicht nur einer übermäßigen Vereinfachung, einem Freund-Feind-Denken, das sich selbst für moralisch, den Gegenspieler aber für unmoralisch hält; die begrenzte Problemwahrnehmung ist auch kontraproduktiv.

Bleiben wir beim Beispiel: Wer den Tierexperimentator als gewissenlos hinstellt, provoziert nicht bloß eine Offensivverteidigung; er schenkt ihr zusätzlich die allzu einfachen Gegenargumente, etwa den Hinweis auf eine humanitäre Medizin und Pharmakologie. Somit verhindert er, woran ihm gelegen sein sollte; statt den Eintritt in einen Diskurs zu erleichtern, leistet er dem, was den Diskurs verhindert, der Selbstgerechtigkeit, Vorschub. Eine analoge Selbstgerechtigkeit pflegt mancher (Wissenschafts-)Kritiker. Deshalb meine Vermutung: zu einer Kultur der Rechtzeitigkeit verhilft das Zusammenspiel zweier Empfindungen von existentieller Bedeutung, die Verbindung von Furcht und Mitleiden.

17. Als Rückblick: Zehn Thesen über Wissenschaft und Verantwortung

Merkwürdigerweise verhält es sich mit dem Gegenstand der Ethik, der Moral, wie mit dem Geld. Wo man genug davon hat, verlangt man hier, bei den Banken, Diskretion, und dort, beim moralisch Handelnden, Bescheidenheit; in den Strudel der öffentlichen Auseinandersetzung gerät die Sache erst bei Knappheit. Der Vergleich klingt zwar unschicklich, in Wahrheit erklärt er aber die schon beneidenswert stabile Konjunktur, der sich die Wissenschaftsethik erfreut. Sie behandelt nicht ein moralisches Vorbild, sondern Defizite an Moral; es dominiert die Anklage, zumindest der Legitimationsdruck; den Naturwissenschaften samt der von ihnen geprägten Zivilisation wird der Prozeß gemacht. Die Gegenseite redet von Wahrheitssuche, von den segensreichen Anwendungen, vielleicht auch von wirtschaftlicher Konkurrenzfähigkeit; jedenfalls übernimmt sie die Verteidigung.

These 1: Nicht als Tribunal ist die Verantwortungsdebatte zu gestalten, sondern als Diskurs.

Angeregt werden kann der Diskurs durch anthropologische Erfahrungen, durch Grunderfahrungen, die sich in Bildern voll visionärer Kraft niederschlagen: die Wissenschaft als Prometheus, der die Macht der Menschen steigert, allerdings auch zur Hybris verführt; die Wissenschaft als Büchse der Pandora, die uns nur Übel beschert, die Hoffnung dagegen einsperrt; eine Wissenschaftskritik, deren Aussagen man so wenig Glauben schenkt wie den Weissagungen der Kassandra; oder eine Verantwortungsdiskussion, die wie die Eule der Athene erst am Abend fliegt. Derlei Bilder regen die Imagination an; sie motivieren zum Nachdenken, ersetzen können sie es aber nicht.

These 2: Ein Diskurs läßt sich durchaus von Visionen inspirieren; er selbst besteht aber aus dem Begriff, dem Argument und dem Abwägen von Argumenten.

Intellektuelle Moden leben von einer gewissen Unschärfe. Ein Verantwortungsdiskurs, der selber verantwortlich ist, lernt daher zu unterscheiden: eine Verantwortung, die man trägt, von einer Verantwortung, zu der man gezogen wird. Dort, bei der Primärverantwortung geht es entweder um die Zuständigkeit für Rollen, Funktionen oder Ämter oder um die Folgen und Nebenfolgen des Handelns, also entweder um eine spezifische Aufgabenverantwortung oder um eine generelle Handlungsverantwortung. Hier, bei der Sekundärverantwortung, verteidigt man sich gegen den Verdacht, vielleicht sogar Vorwurf, man habe seine Primärverantwortung nicht wahrgenommen. Bei ihr, der Rechenschaftsverantwortung, steht man in der Tat vor einem – dann entweder rechtlichen oder politischen oder moralischen – Tribunal. Die dann beliebte Verteidigungsstrategie bringt – wie gesagt – mit erfrischender Frechheit Ambrose Bierce auf den Begriff: »Verantwortung ist eine abnehmbare Last, die sich leicht Gott, dem Schicksal, dem Zufall oder dem Nächsten aufbürden läßt.« Falls die Verteidigung mißlingt und man jemandem im Zuge der Sekundärverantwortung Verfehlungen oder Vernachlässigungen der Primärverantwortung nachweist, tritt eine dritte Stufe der Verantwortung auf den Plan: die (wieder rechtliche oder politische oder moralische) Haftung.

These 3: Dem Tribunal, der Rechenschaftsverantwortung, sind die Aufgaben- und die Handlungsverantwortung vorgeordnet, und diese definieren sich durch eine vierfache Frage (1) Wer trägt (2) wofür und (3) vor wem (4) nach Maßgabe welcher Kriterien Verantwortung?

Einfache Aussagen lassen sich vorweg und in einem simplen Pflichtenheft festlegen; ferner reicht, um die Pflichten zu erfüllen, Gewissenhaftigkeit aus; und der Träger der Verantwortung ist wohldefiniert. Ob wir an Eltern, an Unternehmensführer, an Politiker oder an andere sogenannte Verantwortliche denken – ihre Aufgaben sind strukturell komplexer. Auch für die Wissenschaften trifft folgendes zu: (a) Außer den Zuständigkeiten, die sie ausdrücklich übernehmen, gibt es andere, die ihnen geschichtlich zuwachsen. (b) Die Zuständigkeiten bestehen nicht bloß aus wohldefinierten Normen, sondern auch aus generellen Leitprinzipien, die immer wieder neu in wohldefinierte Zuständigkeiten zu

»übersetzen« sind. (c) Überdies gibt es verschiedene Leitprinzipien, die untereinander konkurrieren, deshalb gegeneinander abzuwägen sind. (d) Für die dann erforderliche »schöpferische« und »abwägende« Verantwortung braucht es außer den geläufigen Faktoren, der Gewissenhaftigkeit und einem hohen Maß an kognitiven Fähigkeiten, zusätzlich sowohl moralische Sensibilität wie die Bereitschaft, das Vorhandensein von Prinzipienkonflikten anzuerkennen. (e) Für manche Aufgaben müssen sich noch neue Verantwortungsträger bilden. (f) Dagegen braucht es kaum, was die einen befürchten, die anderen verlangen: die Wissenschaften werden weder einer neuen Art von Moral noch einem vorher unbekannten Maß an Verantwortung unterworfen; in der Regel genügen die ebenso anerkannten wie anerkennenswerten Prinzipien der Rechtsmoral.

These 4: Ohne Gewissenhaftigkeit bleibt die Rede von Verantwortung ein trockenes Versichern; ohne Sensibilität für neue Aufgaben hinkt die Verantwortung immer nach; ohne eine höherstufige Urteilskraft einerseits, ohne die Bildung neuer Verantwortungsträger andererseits bleibt Verantwortung nur ein frommer Wunsch.

Die erste Aufgabe klingt konventionell und ist doch grundlegend; sie folgt aus der Idee von Wissenschaft. Daß der Mensch Wissen sucht, hat schon immer verschiedene Gründe gehabt; die einen forschen bloß aus theoretischer Neugier, andere verfolgen natur- und sozialtechnologische Zwecke, wieder andere sind hermeneutischen, therapeutischen oder sogenannten kritischen Interessen verpflichtet; gleicherweise höchst unterschiedlich sind die Methoden. Trotzdem gibt es eine Gemeinsamkeit. Zuständig sind die Wissenschaften dafür, daß aus einem angeblichen Wissen ein tatsächliches Wissen und daß aus einem rudimentären ein entwickeltes Wissen entsteht; die Wissenschaften sind eine Instanz gegen Unklarheit und Ungenauigkeit, gegen Irrtümer und gegen Täuschungen. Dabei geben zu Verzerrungen nicht nur die Sinne Anlaß, sondern auch die Denk- und Sprachgewohnheiten, sogar gewisse Erkenntnisinteressen und Forschungsmethoden, zumal wenn sie verabsolutiert werden. Die Wissenschaften haben aber nicht nur eine methodische und antidogmatische Seite; als Forschung verlangen sie auch Experimentierfreude und kreatives Denken.

These 5: In einer funktional gegliederten Gesellschaft sind die Wissenschaften für die Kultur des Wissens verantwortlich: für die Kriterien, für die Themenbereiche, nicht zuletzt für die leitenden Erkenntnisinteressen. Zugleich bieten sie das Vorbild für ein Leben an, in dem nicht die wirtschaftliche und die politische Macht zählen, sondern die Erkenntnis, die sich überprüfen läßt, und die intellektuelle Kreativität.

Noch in einer weiteren Hinsicht geben die Wissenschaften ein Vor- und Gegenbild ab. Widerstand leisten sie der Tendenz, die Welt lediglich als universales Utilitätennetz zu gestalten. Zugegeben: die Wissenschaft als Ausbildungsstätte entscheidet über Berufs- und Sozialchancen; ebenso dient sie der Lebenserleichterung, ferner der wirtschaftlichen Konkurrenzfähigkeit oder auch der Politikberatung. Weder ihre Aufgaben noch ihre Chancen sind aber damit ausgeschritten. Wer das Wissen auch um seiner selbst willen sucht, zeigt exemplarisch, was »freies und sinnerfülltes«, was »humanes Leben« heißt. Und statt eine Last zu sein, die man lieber abschiebt, wird die Verantwortung zu einer Lust, die man sich von niemandem abnehmen läßt.

These 6: Die Wissenschaftler als Beruf, die Studenten zumindest auf Zeit suchen in der Wissenschaft als solcher ein sinnerfülltes Leben. Zu diesem Zweck dürfen sie sich allerdings weder in den Accessoires noch den Nebentätigkeiten der Wissenschaft verlieren.

Seit der Diskussion über die Verantwortung, die die Wissenschaft im Atomzeitalter trägt, hat das Thema »Wissenschaft und Verantwortung« Hochkonjunktur. Wer dann von der Verantwortung für objektive Erkenntnis spricht, hat recht und nimmt trotzdem eine Verkürzung vor, da er nicht den Bedingungen der modernen und der modernsten Wissenschaften nachgeht. In der Antike bestand das Vorbild der Wissenschaft in der Theoria, in der interesselosen Betrachtung der unveränderlichen Struktur des Kosmos. Die neuzeitliche Wissenschaft löst das kontemplative Ideal als vorherrschendes Leitbild auf und unterwirft sich dabei moralischen Ansprüchen. Zum Beispiel übernimmt sie als Natur- und Ingenieurwissenschaften die Aufgabe, materielle Not zu lindern, Krankheiten zu heilen und die Mühsal der Arbeit zu verringern; als Sozialwissenschaft sucht sie gesellschaftliche und politische

Not zu reduzieren; und die Geisteswissenschaften, freilich nicht sie allein, wollen den Menschen über sich und seine Kultur aufklären. Bei all diesen Aufgaben erweisen sich die Wissenschaften als höchst erfolgreich und tragen trotzdem nicht immer zu dem bei, was man von ihnen erwartet, zum »Fortschritt des Menschengeschlechts«. Eine erste Doppelgesichtigkeit: die Wissenschaften stellen ein ungeheures Machtpotential bereit, das wie jede Macht nicht nur zur Hilfe, sondern auch zum Mißbrauch und zur Zerstörung fähig ist. Eine zweite Ambivalenz: Die Wissenschaften verhelfen nicht bloß zur Orientierung, sie lösen auch vertraute Orientierungsmuster auf; und manche Richtungen stellen Freiheit und Verantwortlichkeit des Menschen grundsätzlich in Frage. Nicht zuletzt gehören die Wissenschaften zu den stärksten Motoren, die die Zivilisation bewegen; die Richtung, die sie nimmt, steuert aber keiner, und wohin sie führt, weiß niemand.

These 7: Ein Ratschlag der Klugheit ist es, zudem ein Gebot der Ehrlichkeit, daß die Wissenschaften ein neues Selbstverständnis entwickeln. Ohne die humanen Leitziele aufzugeben, sollten sie sich die Ambivalenz ihrer tatsächlichen Leistung eingestehen, überdies versuchen, daß der Zivilisationsprozeß, auch wenn dies nur in Grenzen möglich ist, eine vom Menschen gewollte Richtung nimmt.

Daß echte Forschung ein Gang ins Neuland ist, versteht sich von selbst. Trotzdem ist zu fragen, ob es erlaubt ist, ins Neuland auch bei Nebel zu gehen, und vor allem, ob man andere ungefragt mitziehen darf. Noch in einer anderen Hinsicht nämlich haben die modernen Wissenschaften an moralischer Neutralität verloren. Durch das Experiment werden sie aus einem »Handeln im Denken« zu einem »Handeln in und an der Welt«. Fand es zunächst nur im Kleinmaßstab, zudem an lebloser Materie statt, geschieht es heute im Großmaßstab (»Atombombenversuche«) oder enthält vorher unbekannte Betriebsgefahren (»genbiologische Labors«); es betrifft die Bausteine, die Anfangsphasen und das Ende des menschlichen Lebens; mit schmerzempfindsamen Tieren geschieht es oder erstreckt sich – teils natur-, teils sozialwissenschaftlich – auf den Menschen selbst.

These 8: Sich selbst vor zu hohen Risiken zu schützen ist bloß ein Ratschlag der Klugheit; ein Gebot der Gerechtigkeit ist es aber, andere den Risiken nur mit deren Zustimmung auszusetzen.

Manche Wissenschaftler schirmen sich gegen das Thema »Wissenschaft und Verantwortung« mit dem Hinweis ab, sie betrieben lediglich Grundlagenforschung. Es ist richtig: Wissenschaftler suchen Erkenntnis und wollen damit in der Regel weder die Welt verändern noch sind sie es, die mögliche Veränderungen ins Werk setzen. Durch das, was sie erkennen, entstehen aber neue Handlungsmöglichkeiten oder neue Sichtweisen, und letztlich sind sie es, die zählen. Kein Außen- oder Verteidigungsminister hat die internationalen Verhältnisse so nachhaltig geprägt wie die Chemiker Hahn und Strassmann. In neuerer Zeit sind es die Molekularbiologie und die Computerwissenschaften, die noch jedem Wissenschafts- und Bildungspolitiker den Rang ablaufen. Ein Grund: Die Grenze zwischen Grundlagenforschung, angewandter Wissenschaft und industrieller Nutzung ist nicht immer trennscharf zu ziehen. Manche Forschung trägt das Muster der Anwendung in sich, andere wird von vornherein mit dem Ziel der Kommerzialisierung, wieder andere mit dem Ziel der politischen Einflußnahme betrieben.

These 9: Auch hier gebietet die Ehrlichkeit, das Selbstverständnis der Wissenschaft zu modifizieren, außerdem jene Verantwortlichkeit wahrzunehmen, die sich teils aus der praktischen Bedeutung von Grundlagenforschung, teils aus der zur Anwendung hin fehlenden Trennschärfe ergibt.

Zu tragen sind Verantwortlichkeiten »am Ende« fachbezogen und fallweise. Der Verantwortungsdiskurs im Singular muß sich ausdifferenzieren in einen – interdisziplinären und vor allem auch internationalen – Diskurs im Plural. Und im Wissenschaftsbetrieb darf der Diskurs weder bloß das Hors d'œuvre ausmachen, noch darf er lediglich im nachhinein, als »Kind-im-Brunnen-Debatte«, geführt werden.

These 10: Statt der Forschung immer nur nachzuhinken, ist der Verantwortungsdiskurs begleitend, sogar prospektiv zu führen: Wenn schon die Eule der Athene nur am Abend fliegt, warum dann nicht am Abend vorher?

Literatur

Soweit im Text statt Jahreszahlen (Kurz-)Titel verwendet werden, sind sie hier kursiv gedruckt. Zitiert wird aus der nicht in Klammern gesetzten Ausgabe.

Adams, R. M., u. a., 1990, »Global climate change and US agriculture«, in: Nature 345, 219-224.

Agricola, G., (1556), Georgii Agricolae de re metallica libri XII; dt. Zwölf Bücher vom Berg- und Hüttenwesen, hg. von der Agricola-Gesellschaft beim Deutschen Museum zur Förderung der Geschichte der Naturwissenschaften und der Technik, Düsseldorf: VDI-Verlag [5]1978.

Alembert, J. le Rond d', 1751, Einleitung in die französische Enzyklopädie von 1751 (Discours préliminaire), hg. von E. Hirschberg, Leipzig: Meiner 1912.

Altner, G., 1991, Naturvergessenheit. Grundlagen einer umfassenden Bioethik, Darmstadt: Wissenschaftliche Buchgesellschaft.

Amery, C., 1972, Das Ende der Vorsehung. Die gnadenlosen Folgen des Christentums, Hamburg: Rowohlt.

Ammon, C. V., 1843, Das sittliche Verhältniß der Menschen zu den Thieren, Dresden/Leipzig: Arnoldische Buchhandlung.

Arendt, H., 1958, The Human Condition. A Study of the Central Dilemmas Facing Modern Man, Chicago: University of Chicago Press (dt.: Vita Activa oder Vom Tätigen Leben, Stuttgart: Kohlhammer 1969).

–, 1982, Lectures on Kant's Political Philosophy, hg. von R. Beiner, Chicago: Chicago University Press.

Aristoteles, Analytica Priora et Posteriora, hg. von W. D. Ross und L. Minio-Paluello, Oxford: Oxford University Press 1964; dt.: Lehre vom Beweis oder Zweite Analytik, übersetzt von E. Rolfes, Hamburg: Meiner 1976 (Nachdruck von 1922).

–, De Arte Poetica Liber, hg. von R. Kassel, Oxford: Oxford University Press 1964; dt.: Poetik, übersetzt von O. Gigon, Stuttgart: Reclam 1961.

–, Ethica Nicomachea, hg. von I. Bywater, Oxford: Oxford University Press 1890; dt. Nikomachische Ethik, übersetzt von O. Gigon, Zürich: Artemis 1951, München: dtv 1972.

–, Metaphysica, hg. von W. Jaeger, Oxford: Oxford University Press 1957; dt.: Metaphysik, übersetzt von F. Bassenge, Berlin: Aufbau 1960.

–, Politica, hg. von W. D. Ross, Oxford: Oxford University Press 1957; dt.: *Politik*, übersetzt von E. Rolfes 1912, Hamburg: Meiner [3]1965.

Augustinus, Confessiones. *Bekenntnisse*, lat. und dt., übersetzt von J. Bernhart, München: Kösel 1955.

Bacon, F., Valerius Terminus (ca. 1603), in: The Works of Francis Bacon,

hg. von J. Spedding u. a., London 1857-1874, Bd. III, 199-252; Nachdruck Stuttgart: Frommann 1963.
–, *Instauratio* Magna (1620), in: The Works, a.a.O., Bd. I, 119-149.
–, Novum Organum (1620) (*NO*), in: The Works, a.a.O., Bd. I, 149-365; dt.: Neues Organ der Wissenschaften, Leipzig 1830; Nachdruck: Darmstadt: Wissenschaftliche Buchgesellschaft 1981.
–, »Preface«, in: The Great Instauration, in: The Works, a.a.O., Bd. IV, 13-21.
–, »Natural and Experimental History«, in: The Works, a.a.O., Bd. V, 127-417.
–, »De Dignitate et Augmentis Scientarum« (1623), in: The Works, a.a.O., Bd. I, 421-837; dt.: Über die Würde und den Fortgang der Wissenschaften, Darmstadt: Wissenschaftliche Buchgesellschaft ²1966.
–, New Atlantis (1627), in: The Works, a.a.O., Bd. III, 119-168; dt.: *Neu-Atlantis*, Stuttgart: Reclam 1982.
–, The Essays (1985), hg. von J. Pitcher, London: Penguin Classics (dt.: Essays, hg. von L. L. Schücking, Stuttgart: Reclam 1970).
Bätzing, W., 1984, Die Alpen. Naturbearbeitung und Umweltzerstörung. Ein ökologisch-geographischer Essay, Frankfurt am Main: Sendler.
Beck, U., 1986, Risikogesellschaft. Auf dem Weg in eine andere Moderne, Frankfurt am Main: Suhrkamp.
–, 1988, Gegengifte. Die organisierte Unverantwortlichkeit, Frankfurt am Main: Suhrkamp.
Bentham, J., An *Introduction* to the Principles of Morals and Legislation (1789), in: The Collected Works, hg. von J. H. Burns und H. L. A. Hart, London: Athlone Press 1970.
Bierce, A., 1966, The Devil's Dictionary, in: Collected Writings of Ambrose Bierce, Bd. 7, New York: Citadel Press; dt.: Des Teufels Wörterbuch, Werkausgabe, Bd. 1, Zürich: Haffmans 1986.
Birnbacher, D., 1988, Verantwortung für zukünftige Generationen, Stuttgart: Reclam.
Blanke, F., 1959, »Unsere Verantwortlichkeit gegenüber der Schöpfung«, in: P. Vogelsanger (Hg.), Der Auftrag der Kirche in der modernen Welt. Festgabe zum 70. Geburtstag von E. Brunner, Zürich/Stuttgart: Zwingli Verlag, 193-198.
Bloch, E., 1918, Geist der Utopie, Gesamtausgabe, Bd. 16, Frankfurt am Main: Suhrkamp 1976.
–, 1959, Das Prinzip Hoffnung, 3 Bde., Gesamtausgabe, Bd. 5, Frankfurt am Main: Suhrkamp.
Blumenberg, H., 1973, Der Prozeß der theoretischen Neugierde. Erweiterte und überarbeitete Neuausgabe von Die Legitimität der Neuzeit, 1966, 3. Teil, Frankfurt am Main: Suhrkamp.
Böhme, G., 1992, Natürlich Natur. Über Natur im Zeitalter ihrer technischen Reproduzierbarkeit, Frankfurt am Main: Suhrkamp.

Boutron, C. F. u. a., 1991, »Decrease in anthropogenic lead, cadmium and zinc in Greenland snows since the late 1960s«, in: Nature 353, 1-153.
Bregenzer, J., 1894, Thier-Ethik. Darstellung der sittlichen und rechtlichen Beziehungen zwischen Mensch und Tier, Bamberg: C. C. Buchner.
Bretschneider, H., 1962, Der Streit um die Vivisektion im 19. Jahrhundert. Verlauf, Argumente, Ergebnisse, Stuttgart: G. Fischer.
Canetti, E., 1960, Masse und Macht, Hamburg: Claasen.
Chargaff, E., 1989, »Erforschung der Natur und Denaturierung des Menschen«, in: H.-P. Dürr/W. Ch. Zimmerli (Hg.), Geist und Natur. Über den Widerspruch zwischen naturwissenschaftlicher Erkenntnis und philosophischer Welterfahrung, München: Scherz, 355-368.
Clark, S. R. L., 1977, The Moral Status of Animals, Oxford: Clarendon Press.
Darwin, C., 1868, The Variation of Animals and Plants under Domestication, 2 Bde., London: J. Murray.
–, 1872, The Expression of the Emotions in Man and Animals, London: J. Murray 1965 (dt.: Der Ausdruck der Gemüthsbewegungen bei dem Menschen und den Thieren, Stuttgart: J. V. Carus 1872; Nachdruck: Nördlingen: Greno 1986).
Dawkins, R., 1976, The Selfish Gene, Oxford: Oxford University Press (dt.: Das egoistische Gen, Berlin/Heidelberg/New York: Springer 1978).
Delitzsch, F., 1852, Die Genesis (3. Auflage als: Commentar über die Genesis, 1860), Leipzig: Dörffling und Franke.
Descartes, R., *Discours* de la méthode (1637), hg. von E. Gilson, Paris: Vrin 1964 (dt.: Abhandlung über die Methode des richtigen Vernunftgebrauchs, Stuttgart: Reclam 1961).
–, *Principia philosophiae* (1644), in: Œuvres de Descartes, hg. von C. Adam und P. Tannery, Bd. VIII, 1, Paris: Vrin 1973 (dt.: Die Prinzipien der Philosophie, Hamburg: Meiner 1965).
Dierauer, U., 1977, Tier und Mensch im Denken der Antike. Studien zur Tierpsychologie, Anthropologie und Ethik, Amsterdam: Grüner.
Dingler, H., 1928, Das Experiment. Sein Wesen und seine Geschichte, München: Reinhardt.
Douglas, M. und A. Wildavsky, 1983, Risk and Culture. An Essay on the Selection of Technical and Environmental Dangers, Berkeley: University of California Press.
Drewermann, E., 1981, Der tödliche Fortschritt. Von der Zerstörung der Erde und des Menschen im Erbe des Christentums, Regensburg: Pustet.
Duhem, P., 1908, La théorie physique. Son objet, sa structure, Paris: Vrin [2]1981 (dt.: Ziel und Struktur der physikalischen Theorien, Leipzig 1908; Nachdruck, hg. von L. Schäfer, Hamburg: Meiner 1978).
Eckhardt, K. A. (Hg.), 1966, Sachsenspiegel. Landrecht, in hochdeutscher Übersetzung, Bd. 1, Hannover: Hahn.

Emerson, R. W., 1950, »Thoreau«, in: Selected Writings of Emerson, New York: Modern Library College Editions.

Epikur/Epicurus, The Extant Remains, hg. von C. Bailey (2. Nachdruck Oxford 1926), Hildesheim/Zürich/New York: Olms 1989.

–, Von der Überwindung der Furcht, übersetzt von O. Gigon (1949), Zürich/Stuttgart: Artemis ³1983.

Evelyn, J., 1664, Sylva: or, a Discourse of a Forest-Trees and the Propagation of Timber in his Majesty's Dominions, 2 Bde., London: Henry Colburn ⁵1825.

Franklin, A., 1986, The Neglect of Experiment, Cambridge: Cambridge University Press.

Freud, S., 1953, Abriß der Psychoanalyse. Das Unbehagen in der Kultur, Frankfurt am Main/Hamburg: Fischer.

Gese, H., 1977, Zur biblischen Theologie, Alttestamentliche Vorträge, München: Kaiser, 3. verbesserte Auflage, Tübingen: Mohr 1989.

Glacken, C. J., 1967, Traces on the Rhodian Shore. Nature and Culture in Western Thought from Ancient Times to the End of the 18th Century, Berkeley: University of California Press ⁵1990.

Godlovitch, S., R. Godlovitch und J. Harris (Hg.), 1971, Animals, Men and Morals. An Inquiry into the Maltreatment of Non-Humans, New York: Grove Press.

Habermas, J., 1968, »Erkenntnis und Interesse«, in: ders., Technik und Wissenschaft als »Ideologie«, Frankfurt am Main: Suhrkamp, 48-103.

–, 1973, Legitimationsprobleme im Spätkapitalismus, Frankfurt am Main: Suhrkamp.

–, 1991, Erläuterungen zur Diskursethik, Frankfurt am Main: Suhrkamp.

Hacking, I., 1983, Representing and Intervening. Introductory Topics in the Philosophy of Natural Science, Cambridge: Cambridge University Press.

Haeckel, E., 1866, Generelle Morphologie der Organismen. Allgemeine Grundzüge der organischen Formen-Wissenschaft, mechanisch begründet durch die von Charles Darwin reformierte Descendenz-Theorie, 2 Bde., Berlin: G. Reimer.

Hardegg, W. und G. Preiser (Hg.), 1986, Tierversuche und medizinische Ethik. Beiträge zu einem Heidelberger Symposium, Hildesheim: Olms.

Hardin, G., 1968, »The Tragedy of the Commons«, in: Science 162, 1243-1248.

Hegel, G. W. F., »Über die Einrichtung einer kritischen Zeitschrift der Literatur« (1819/20), in: Berliner Schriften 1818-1831, in: Werke in zwanzig Bänden, Bd. 11, Frankfurt am Main: Suhrkamp 1970.

–, Vorlesungen über die Philosophie der Geschichte (1837), in: Werke in zwanzig Bänden, Bd. 12, Frankfurt am Main: Suhrkamp 1970.

Heidegger, M., 1927, Sein und Zeit, Tübingen: Niemeyer ¹⁴1977.

–, 1950, »Die Zeit des Weltbildes«, in: ders., Holzwege, Frankfurt am Main: Klostermann, 69-104.
–, 1954, »Die Frage nach der Technik«, in: ders., Vorträge und Aufsätze, Pfullingen: Neske, 13-44 (auch in: Die Technik und die Kehre, Pfullingen: Neske 1962).
–, 1954a, »Wissenschaft und Besinnung«, in: ders., Vorträge und Aufsätze, Pfullingen: Neske, 37-62.
–, 1959, Gelassenheit, Pfullingen: Neske.
Hirschman, A. O., 1977, The Passions and the Interests. Political Arguments for Capitalism before its Triumph, Princeton: Princeton University Press (dt.: Leidenschaften und Interessen, Politische Begründungen des Kapitalismus vor seinem Sieg, Frankfurt am Main: Suhrkamp 1980).
Hobbes, Th., Leviathan, or the Matter, Form and Power of a Commonwealth, Ecclesiastical and Civil (1651), hg. von C. B. Mcpherson u. a., Pelican Books 1968 (dt.: Leviathan oder Stoff, Form und Gestalt eines bürgerlichen und kirchlichen Staates, hg. von I. Fetscher, Neuwied/Berlin: Luchterhand 1966; Nachdruck: Frankfurt am Main 1984).
Höffe, O., 1975, Strategien der Humanität. Zur Ethik öffentlicher Entscheidungsprozesse, Freiburg/München: Alber; Frankfurt am Main: Suhrkamp ²1985.
–, 1984, »Der wissenschaftliche Tierversuch: eine bioethische Fallstudie«, in: E. Ströker (Hg.), Ethik der Wissenschaften?, München u. a.: Fink/Schöning, 117-150.
–, 1987, Politische Gerechtigkeit. Grundlegung einer kritischen Philosophie von Recht und Staat, Frankfurt am Main: Suhrkamp.
–, 1989, »Wann ist eine Forschungsethik kritisch? Plädoyer für eine judikative Kritik«, in: Merkur 4, 305-316.
–, 1989a, »Die Ethik der Natur im Streit um die Moderne«, in: Scheidewege 19, 57-74.
–, 1990, Kategorische Rechtsprinzipien. Ein Kontrapunkt der Moderne, Frankfurt am Main: Suhrkamp.
–, 1990a, »Universalistische Ethik und Urteilskraft«, in: Zeitschrift für philosophische Forschung 44, 537-563.
Hoffmann, H., 1988, »Natur und Naturschutz im Spiegel des Verfassungsrechts«, in: Juristenzeitung 43, 265-278.
Hösle, V., 1991, Philosophie der ökologischen Krise. Moskauer Vorträge, München: Beck.
Home Office, 1881, Experiments on Living Animals [...] Return the Number of Experiments on Living Animals; Issued in the Series of Reports and Papers of the House of Commons of Parliament, H. M. Stationery Office, 298, 28 June 1881, 1-10.
Humboldt, A. v., 1807-1825, Voyage aux régions équinoxiales du nouveau continent fait en 1799-1804 (dt.: Reise in die Äquinoktial-Gegenden des

neuen Kontinents, hg. von O. Ette, 2 Bde., Frankfurt am Main: Insel 1991).
Hume, D., Enquiries Concerning the Human Understanding and Concerning the Principles of Morals (1777), Oxford: Clarendon Press 1902.
Huxley, A., 1983, »Anniversary Address by the President«, in: Supplement to Royal Society News 2 (6), November 1983, i-vii.
Imboden, C., 1990, »Massnahmen zur Erhaltung der globalen biologischen Vielfalt«, in: Schweizerischer Wissenschaftsrat (Hg.), Technologien zur Erhaltung der biologischen Vielfalt, Bern: Schweizerischer Wissenschaftsrat, 13-45.
Jonas, H., 1979, Das Prinzip Verantwortung. Versuch einer Ethik für die technologische Zivilisation, Frankfurt am Main: Insel.
Jungk, R. und H. J. Mundt (Hg.), 1966, Das umstrittene Experiment: der Mensch. Siebenundzwanzig Wissenschaftler diskutieren die Elemente einer biologischen Revolution, München/Wien/Basel: Desch.
Kant, I., *Anthropologie* in pragmatischer Hinsicht (1798), in: Kant's Werke, Akademie Textausgabe (Akad. Ausg.), Bd. VII, Berlin: de Gruyter 1968, 117-334.
–, *Grundlegung* zur Metaphysik der Sitten (*GMS*) (1785), Akad. Ausg., Bd. IV, 385-464.
–, Kritik der praktischen Vernunft (*KpV*) (1788), Akad. Ausg., Bd. V, 1-164.
–, Kritik der reinen Vernunft (*KrV*) ([1]1781), Akad. Ausg., Bd. IV, 1-252.
–, Kritik der Urteilskraft (*KU*) (1790), Akad. Ausg., Bd. V, 165-486.
–, Metaphysische Anfangsgründe der *Rechtslehre* (*RL*) (1797), in: Metaphysik der Sitten, 1. Teil, Akad. Ausg., Bd. VI, 203-372.
–, Metaphysische Anfangsgründe der *Tugendlehre* (*TL*) (1797), in: Metaphysik der Sitten, 2. Teil, Akad. Ausg., Bd. VI, 373-493.
–, »Die *Religion* innerhalb der Grenzen der blossen Vernunft«, (1793), Akad. Ausg., Bd. VI, 1-202.
–, »Über den Gemeinspruch: Das mag in der Theorie richtig sein, taugt aber nicht für die Praxis« (1793), Akad. Ausg., Bd. VIII, 273-314.
–, »Über ein vermeintes Recht aus Menschenliebe zu lügen« (1781), in: Akad. Ausg., Bd. VIII, 423-430.
–, »Zum ewigen Frieden« (1795), Akad. Ausg., Bd. VIII, 341-386.
Kaufmann, A., 1992, Gibt es Rechte der Natur?, in: Festschrift für G. Spendel zum 70. Geburtstag am 11. Juli 1992, hg. von M. Seebode, Berlin/New York: de Gruyter.
Kaufmann, F. X., 1993, Der Ruf nach Verantwortung, Freiburg im Breisgau: Herder.
Keel, O., 1987, »Anthropozentrik? Die Stellung des Menschen in der Bibel«, in: Orientierung 51, Nr. 20, 221 f.
Knigge, A. Freiherr von, 1788, Über den Umgang mit Menschen, ausgewählt und eingeleitet von I. Fetscher, Frankfurt am Main: Fischer [3]1970.

Kotter, L., 1966, Vom Recht des Tieres. Münchener Universitätsreden, N.F.H. 39, München: Hueber.
Kuhn, T. S., 1962, The Structure of Scientific Revolutions, Chicago: University of Chicago Press (dt.: Die Struktur wissenschaftlicher Revolutionen, Frankfurt am Main: Suhrkamp ²1976).
Langenbach, W. und E. Heintel, 1971, »Besonnenheit«, in: Historisches Wörterbuch der Philosophie, Basel/Stuttgart: Schwabe, 848-850.
Langley, G. (Hg.), 1989, Animal Experimentation. The Consensus Changes, London: Macmillan.
Larmore, Ch., 1985, »The Heterogeneity of Practical Reason«, in: K. Gloy und E. Rudolph (Hg.), Einheit als Grundfrage der Philosophie, Darmstadt: Wissenschaftliche Buchgesellschaft, 322-337.
Laufs, A., 1986, »Rechtshistorische Analekten«, in: Hardegg/Preiser (Hg.), 1986, a.a.O., 104-114.
Leimbacherer, J., 1990, »Rechte der Natur«, in: L. Vischer (Hg.), Rechte künftiger Generationen – Rechte der Natur. Vorschlag zu einer Erweiterung der Allgemeinen Erklärung der Menschenrechte. Texte der Evangelischen Arbeitsstelle Ökumene, Schweiz, Nr. 9, Bern, 34-47.
Link, C., 1991, Schöpfungstheologie angesichts der Herausforderungen des 20. Jahrhunderts, in: ders., Schöpfung, 2. Halbband, Gütersloh: Mohn.
Lorenz, K., 1980, »›Tiere sind Gefühlsmenschen‹. Konrad Lorenz über Triebstau und moderne Massentierhaltung«, in: Der Spiegel, Nr. 47, 17. November, 251-264.
Lübbe, H., 1979, »Holzwege der Kulturrevolution«, in: Mut zur Erziehung. Beiträge zu einem Forum am 9./10. Januar 1978 im Wissenschaftszentrum Bonn-Bad Godesberg, Stuttgart: Klett-Cotta, 107-120.
–, 1980, Philosophie nach der Aufklärung. Von der Notwendigkeit pragmatischer Vernunft, Düsseldorf/Wien: Econ.
–, 1987, Politischer Moralismus. Der Triumph der Gesinnung über die Urteilskraft, Berlin: Siedler.
–, 1990, Der Lebenssinn der Industriegesellschaft. Über die moralische Verfassung der wissenschaftlich-technischen Zivilisation, Berlin u. a.: Springer.
Lübbe, H. und E. Ströker (Hg.), 1986, Ökologische Probleme im kulturellen Wandel, München: Fink/Schöningh.
Luhmann, N., 1984, Soziale Systeme. Grundriß einer allgemeinen Theorie, Frankfurt am Main: Suhrkamp.
–, 1990, Die Wissenschaft der Gesellschaft, Frankfurt am Main: Suhrkamp.
Machiavelli, N., Discorsi sopra la prima Deca di Tito Livio (1543), in: Tutte le Opere, hg. von M. Martelli, Florenz: Sansoni 1971, 73-254 (dt.: Die Erörterungen über die erste Dekade von Titus Livius, Stuttgart: Kröner ²1977).

–, Il Principe (1539); in: Tutte le Opere, a.a.O., 255-258 (dt.: Der Fürst, Stuttgart: Kröner [6]1978).

Magel, C. R., 1989, Keyguide to Information Sources in Animal Rights, London: Mansell.

Malebranche, De la recherche de la vérité (1678-1712), in: Œuvres complètes, Bd. II, Buch IV-VI, hg. von G. Rodis-Lewis, Paris: Vrin [2]1974.

Markl, H. (Hg.), 1983, Natur und Geschichte. Schriften der Carl Friedrich von Siemens Stiftung, Bd. 7, München/Wien: Oldenbourg.

–, 1986, Natur als Kulturaufgabe. Über die Beziehung des Menschen zur lebendigen Natur, Stuttgart: Deutsche Verlagsanstalt.

Marquard, O., 1973, »Hegel und das Sollen«, in: ders., Schwierigkeiten mit der Geschichtsphilosophie, Frankfurt am Main: Suhrkamp, 37-51.

–, 1984, »Neugier als Wissenschaftsantrieb oder die Entlastung von der Unfehlbarkeitspflicht«, in: E. Ströker (Hg.), Ethik der Wissenschaften? Philosophische Fragen, München u. a.: Fink/Schöningh, 15-26.

–, 1986, Apologie des Zufälligen. Philosophische Studien, Stuttgart: Reclam.

Marshall, W., 1985, »Tiere in Mythen und Riten«, in: Svilar (Hg.), 1985, 55-74.

Marx, K., Das Kapital (1867-1894), in: K. Marx/F. Engels, Werke, Bd. 23-25, Berlin: Dietz 1964.

–, »Thesen über Feuerbach« (1845), in: K. Marx/F. Engels, Werke, Bd. 3, Berlin: Dietz 1969, 5-7.

Meyer-Abich, K. M. (Hg.), 1979, Frieden mit der Natur, Freiburg im Breisgau: Herder.

–, 1984, Wege zum Frieden mit der Natur: praktische Naturphilosophie für die Umweltpolitik, München/Wien: Hanser.

Mill, J. S., Utilitarianism (1861), London: Parker, Son and Bourn (dt.: Der Utilitarismus, hg. von D. Birnbacher, Stuttgart: Reclam 1991).

–, »Nature«, in: Three Essays on Religion (1874), London: Longmans, Green, Reader and Dyer (dt.: »Natur«, in: Drei Essays über Religion, hg. von D. Birnbacher, Stuttgart: Reclam 1984, 9-62).

Moltmann, J., 1985, Gott in der Schöpfung. Ökologische Schöpfungslehre, München: C. Kaiser.

Montaigne, M. de, Essais (1595), in: Œuvres complètes, Paris: Gallimard 1980 (dt.: Essais, 3 Bde., Zürich: Diogenes).

Mumford, L., 1934, Technics and Civilization, New York: Harcourt; Neudruck: New York: Harcourt, Brace & World 1963.

Narveson, J., 1967, Morality and Utility, Baltimore: Johns Hopkins Press.

Nietzsche, F., Die Fröhliche Wissenschaft (1882), in: Sämtliche Werke. Kritische Studienausgabe in 15 Bänden, hg. von G. Colli und M. Montinari, München: de Gruyter/dtv 1980, Bd. 3, 343-651.

–, Zur Genealogie der Moral (1886/87), in: Sämtliche Werke, a.a.O., Bd. 5, 245-412.

Ornstein, M., [3]1938, The Role of Scientific Societies in the Seventeenth Century, Hamdon, London: Archon Books 1963.
Parfit, D., 1984, Reasons and Persons, Oxford: Clarendon Press.
Partridge, E. (Hg.), 1980, Responsibilities to Future Generations. Environmental Ethics, Buffalo, N.Y.: Prometheus Books.
Pascal, B., Pensées et Opuscules (1670), hg. von L. Brunschvicg, Paris: Hachette 1946 (dt.: Über die Religion und über einige andere Gegenstände (Pensées), übersetzt und hg. von E. Wasmuth, Heidelberg: Schneider [6]1963).
Patzig, G., 1983, Ökologische Ethik – innerhalb der Grenzen bloßer Vernunft, Göttingen: Vandenhoeck & Ruprecht.
Pieper, A., 1991, Praktische Urteilskraft. Zur Frage der Anwendung moralischer Normen, in: T. M. Seebohm (Hg.), Prinzip und Applikation der praktischen Philosophie, Mainz, 153-167.
Platon, Apologia, Bd. I, in: Platonis Opera, 5 Bde., hg. von J. Burnet, Oxford 1899-1906 (zahlreiche Nachdrucke) (dt.: Apologie des Sokrates und Kriton, übersetzt von O. Apelt, Hamburg: Meiner 1955).
–, Kritias, in: Platonis Opera, a.a.O., Bd. IV (dt. in: Kritias und Timaios, übersetzt von O. Apelt, Hamburg: Meiner 1922).
–, Politeia, in: Platonis Opera, a.a.O., Bd. IV (dt.: Der Staat, übersetzt von O. Apelt, Hamburg: Meiner [8]1961).
Popper, K. R., 1935, Logik der Forschung. Zur Erkenntnistheorie der modernen Naturwissenschaft, Wien: Julius Springer; Tübingen: Mohr (Siebeck) [7]1982.
Prinzinger, R., 1991, »Lebensalter und physiologische Zeit. Messung der Lebensdauer in biologischen Systemen«, in: Neue Zürcher Zeitung Nr. 30, 6. Februar, 67.
Pufendorf, S., De jure naturae et gentium libri octo (1672), Lund (dt.: Acht Bücher vom Natur- und Völkerrecht, Frankfurt am Main: 1711; lateinisch-englische Ausgabe von 1688 in: The Classics of International Law, hg. von J. B. Scott, Bd. 17/1,2, Oxford: Clarendon Press; London: Humphrey Milford 1934).
Rad, G. v., [10]1976, Das erste Buch Mose (Genesis), Göttingen: Vandenhoeck & Ruprecht.
Radkau, J., 1986, »Warum wurde die Gefährdung der Natur durch den Menschen nicht rechtzeitig erkannt? Naturkult und Angst vor Holznot um 1800«, in: Lübbe/Ströker (Hg.), 1986, 47-78.
Rahner, K., 1941, Hörer des Wortes. Zur Grundlegung einer Religionsphilosophie, München: Kösel [2]1963.
Rawls, J., 1972, A Theory of Justice, Oxford Clarendon Press (dt.: Eine Theorie der Gerechtigkeit, Frankfurt am Main: Suhrkamp 1975).
Regan, T., 1984, The Case for Animal Rights, London: Routledge & Kegan Paul.

Reinhardt, C. A. (Hg.), 1990, Sind Tierversuche vertretbar? Beiträge zum Verantwortungsbewußtsein in den biomedizinischen Wissenschaften, Zürich: Verlag der Fachvereine.
Remmert, H., 1978, Ökologie. Ein Lehrbuch, Berlin/Heidelberg: Springer [5]1992.
Ricken, F., 1987, »Anthropozentrismus oder Biozentrismus? Begründungsprobleme der ökologischen Ethik«, in: Theologie und Philosophie 62, 1-21.
Ricœur, P., 1986, »Du texte à l'action«, in: ders., Essais d'herméneutique, Bd. II, Paris: Seuil.
Rossi, P., 1957, Francesco Bacone. Dalla magia alla scienza, Bari: Laterza [2]1974 (englisch: Francis Bacon. From Magic to Science, Chicago: Chicago University Press 1968).
Rousseau, J.-J., Discours sur les sciences et les arts (1750), Discours sur l'origine et les fondements de l'inégalité (1755), in: Œuvres complètes, hg. von B. Gagnebin und M. Raymond. Bd. III, Paris: Gallimard 1964 (dt.: Die zwei Diskurse, französisch/deutsch, übersetzt von K. Weigand, Hamburg: Meiner [4]1983).
–, »Fragments préparatoires«, in: Discours sur l'origine, (1755), in: Œuvres complètes, Bd. III, a.a.O.
Ryder, R. D., 1975, Victims of Science. The Use of Animals in Research, London: Davis-Poynter.
Salt, H., 1892, Animal Rights Considered in Relation to Social Progress, Clarks Summits/Penns.: Society for Animal Rights, Inc. 1980 (dt.: Die Rechte der Tiere, Berlin: M. Schwantje 1907).
Sartre, J.-P., 1946, L'existentialisme est-il un humanisme? Paris: Nagel (dt.: Ist der Existentialismus ein Humanismus?, in: ders., Drei Essays, Frankfurt/Berlin/Wien: Ullstein 1975).
Schelsky, H., 1970, »Zur soziologischen Theorie der Institutionen«, in: ders. (Hg.), Zur Theorie der Institution, Düsseldorf: Bertelsmann, 9-26.
Schild, W., 1980, Alte Gerichtsbarkeit. Vom Gottesurteil bis zum Beginn der modernen Rechtsprechung, München: Callwey.
Schmitt, C., 1932, Der Begriff des Politischen. Text von 1932 mit einem Vorwort und drei Corollarien, Berlin: Dunker & Humblot 1963.
Schneider, I., 1988, Isaac Newton, München: Beck.
Schopenhauer, A., Die Welt als Wille und Vorstellung, 2 Bde. (1818/1845), in: ders., Sämtliche Werke, 7 Bde., Wiesbaden: Brockhaus 1966.
Schweitzer, A., [2]1972, Kultur und Ethik. Sonderausgabe mit Einschluß von »Verfall und Wiederaufbau der Kultur«, München: Beck 1960.
Schwemmer, O., 1986, Ethische Untersuchungen. Rückfragen zu einigen Grundbegriffen, Frankfurt am Main: Suhrkamp.
Seel, M., 1991, Eine Ästhetik der Natur, Frankfurt am Main: Suhrkamp.
Serres, M., 1990, Le contrat naturel, Paris: Bouxin (dt.: Der Naturvertrag, Frankfurt am Main: Suhrkamp 1991).

Shnirelman, V. A., 1988, »Großvater Bär«, in: Unesco Kurier 29, Nr. 2, 9-10.
Singer, P., 1975, Animal Liberation. A New Ethics for our Treatment of Animals, New York: Random House (dt.: Befreiung der Tiere, München: F. Hirthammer 1982).
Sophokles, Antigone, griechisch/deutsch, übersetzt von N. Zink, Stuttgart: Reclam 1981.
Spaemann, R., 1980, »Technische Eingriffe in die Natur als Problem der politischen Ethik«, in: D. Birnbacher (Hg.), Ökologie und Ethik, Stuttgart: Reclam, 180-206.
–, 1989, Glück und Wohlwollen. Versuch über Ethik, Stuttgart: Klett – Cotta.
Spinoza, B. de, Ethica (1677), in: ders., Opera. Werke, hg. von K. Blumenstock, Bd. II, Darmstadt: Wissenschaftliche Buchgesellschaft 1967, 84-557.
Steck, O. H., 1975, Der Schöpfungsbericht der Priesterschrift: Studien zur literaturkritischen und überlieferungsgeschichtlichen Problematik von Genesis 1, 1-2, 4a, Göttingen: Vandenhoeck & Ruprecht ²1982.
Stephens, J., 1975, Francis Bacon and the Style of Science, Chicago: University of Chicago Press.
Stone, C. D., 1988, Should Trees Have Standing? Toward Legal Rights for Natural Objects, New York: Tioga Publishing Co. (dt.: Umwelt vor Gericht. Die Eigenrechte der Natur, München: Trickster).
Teutsch, G. M., 1983, Tierversuche und Tierschutz, München: Beck.
Tévoédjré, A., 1978, La pauvreté, richesse des peuples, Paris: Les Editions Ouvrières (dt.: Armut, Reichtum der Völker, Wuppertal: Jugenddienst-Verlag 1980).
Thomas von Aquin, Summa Theologiae, 5 Bde., Madrid: La Editorial Catolica 1957; dt.: Summa Theologica. Die Deutsche Thomas-Ausgabe, hg. vom katholischen Akademikerverband, Salzburg: Pustet 1933 ff.
–, Summa contra gentiles libri quatuor. Summe gegen die Heiden, hg. von K. Allgaier und L. Gerken, Darmstadt: Wissenschaftliche Buchgesellschaft 1990, Buch III, 3. Bd., Teil 1.
Tiedemann, K., 1988, »Umweltstrafrecht«, in: Handwörterbuch des Umweltrechts, hg. von O. Kimminich u. a., Bd. II, Berlin: Schmidt, 842-862.
Tugendhat, E., 1990, »Die Hilflosigkeit der Philosophie angesichts der moralischen Herausforderungen unserer Zeit«, in: Information Philosophie, Nr. 2, 5-15.
Unseld, G., 1992, Maschinenintelligenz oder Menschenphantasie? Ein Plädoyer für den Ausstieg aus unserer technisch-wissenschaftlichen Kultur, Frankfurt am Main: Suhrkamp.
Vattel, E. de, Le droit des gens ou principes de la loi naturelle appliqués à la conduite et aux affaires des nations et des souverains, 2 Bde. (1758),

Leide: Aux Dépens de la Compagnie (dt.: Das Völkerrecht oder Grundsätze des Naturrechts, angewandt auf das Verhalten und die Angelegenheiten der Staaten und Staatsoberhäupter, Nürnberg 1758; Tübingen: Mohr/Siebeck 1959).
Weber, M., 1921, Wirtschaft und Gesellschaft. Grundriß der verstehenden Soziologie, Tübingen: Mohr (Siebeck) [5]1976.
Weizsäcker, C. F. von, 1957, Die Verantwortung der Wissenschaft im Atomzeitalter, Göttingen: Vandenhoeck & Ruprecht [4]1963.
Westermann, C., 1974, Genesis 1-11, Neukirchen-Vluyn: Verlag des Erziehungsvereins.
Wetzel, M., 1990, »Kann in O. Höffes Ethik der politischen Gerechtigkeit eine ökologische Ethik aufgehoben werden?«, in: Zeitschrift für philosophische Forschung 44, 603-618.
White, Jr., L., 1967, »The Historical Roots of Our Ecologic Crisis«, in: Science 155, 1203-1207.
Whitney, C., 1986, Francis Bacon and Modernity, New York: Yale University Press (dt.: Francis Bacon. Die Begründung der Moderne, Frankfurt am Main: Fischer 1989).
Wickler, W. und U. Seibt, 1977, Das Prinzip Eigennutz, Hamburg: Hoffmann und Campe.
Wieland, W., 1989, Aporien der praktischen Vernunft, Frankfurt am Main: Klostermann.
Williams, B., 1985, Ethics and the Limits of Philosophy, London: Fontana.
Wilson, F. O., 1989, »Threats to Biodiversity«, in: Scientific American, 260, 60-66.
Wittgenstein, L., 1921, Tractatus logico-philosophicus. Logisch-philosophische Abhandlung, Frankfurt am Main: Suhrkamp 1963.
Wolf, J. C., 1992, Tierethik. Neue Perspektiven für Menschen und Tiere, Freiburg/Schweiz: Paulus.
Wolf, U., 1990, Das Tier in der Moral, Frankfurt am Main: Klostermann.
Wolstenholme, G. E. W. (Hg.), 1963, Man and his Future, London: Churchill; Boston: Little, Brown 1963 (dt. in: Jungk und Mundt (Hg.) a.a.O., 1966).
Zbinden, G. und M. Flury-Roversi, 1981, »Significance of the LD_{50}-Test for the Toxicological Evaluation of Chemical Substances«, in: Archiv für Toxicologie 47, 77-99.
Zoller, H., 1991, »Zur Entwicklung der Biosphäre, speziell der Pflanzen im Wechsel von Entfaltung, Bewahrung und Aussterben«, in: Mitteilungsblatt der Schweizerischen Akademie der Geisteswissenschaften und der Schweizerischen Akademie der Naturwissenschaften, Bern, XVI, Beiheft 1, 23-39.

Namenregister